세력처럼 매수해서 묵직하게 수익내는

저가 매수의 기술

세력처럼 매수해서 묵직하게 수익내는

저가 매수의 기술

오버솔드*oversold* 지음

필라멘트북스

머리말

실패의 경험에서 얻은, 시장에 순응하며 안정적 수익을 내는 평생 투자법

실패의 기억은 심장에 깊은 흉터를 남깁니다. 저에게는 세 개의 흉터가 있습니다. 애써 잊어버린 척했지만 피할 수 없는 기억으로 남아서 우두커니 서서 상흔을 더듬곤 했습니다. 오랜 시간 동안 주식시장에 들어갔다 나갔다 하면서, 갖은 꼴을 다 당하면서요. 뉴스에 주식시장에 대한 이야기가 나오면 슬그머니 채널을 돌리던 제 모습을 기억합니다. 근사하게 말했지만 결국 주식시장에서의 말로 바꾸면 '깡통을 세 번 찼다'라는 말입니다.

그래서 저는 갈 길을 찾지 못하고 손실에 눈물 흘리며 오도카니 서 있는 수많은 주식투자 실패자와 실패의 과정을 걷고 있는 사람들의 행동과 마음을 잘 이해합니다. 저도 다 겪어본 일이니까요.

그래도 저는 주식 매매에 대해 포기하지 않았습니다. 투자 아이디어를 얻기 위해 수많은 책을 읽고 엄청난 수의 차트를 검토하면서 매매의 핵심이 숨어 있는 지점을 찾고자 했습니다. 그리고 마침내 모든 실패의 원인이 내 안에 있었다는 사실을 깨닫게 되었습니다. 물이 흐르는 길이 물길이고 바람이 흐르는 길이 바람길이지, 내가 물길 바람길을 낼 수 있는 게 아니라는 사실을요. 주식이 상승하기 위해서는 반드시 통과해야 하는 지점이 있으며, 그 지점이 아닌 곳에서 매수하게 되면 결국 시장을 이길 수 없다는 사실을요. 이 간단한 말을 할 수 있게 되기까지 20여 년의 투자 경험이 필요했습니다.

그리고 이를 매매를 통해 검증할 수 있었고, 비로소 주식 매매가 숨 쉬는 것처럼 편안하게 느껴지게 되었습니다. 중장기와 단타를 자유자재로 다룰 수 있게 되었습니다. 그리고 이 책의 바탕이 된 원고를 이제 갓 대학생이 된 자식에게 실패하지 않는 주식투자를 오랫동안 할 수 있도록 선물해주기 위해 쓰기 시작했습니다. 네. 이 책은 실전 매매의 기록이자 그 실전 매매의 이론적 바탕을 가능한 한 상세히 적은 글입니다.

저는 유튜브로 활동하는 사람도 아니고 주식 관련 회사에서 근무하지도 않습니다. 이 기법을 알려서 유명(?)해지려는 마음도, 다른 수익을 창출하려는 욕심도 없습니다. 저는 다른 사업을 운영하면서도 주식으로 안정적인 수익을 내는 마인드와 기법을 갖게 된 일반 투자자에 지나지 않습니다. 그렇기 때문에 '아빠의 비밀 레시피' 같은 마음으로 정성껏 쓸 수 있었습니다.

이런 이야기가 출판사 대표님과의 안부 전화 가운데 우연히 나오게 되었고, 원고의 일부를 보신 대표님의 권유로 이렇게 멋진 디자인으로 더 많은 분들이 읽을 수 있는 모습을 갖추게 되었습니다. 이를 통해 투자 상실감을 느끼고 계신 여러분들이 희망을 가질 수 있게 될 것 같아 너무 기쁩니다.

이 책의 특징에 대해 잠깐 언급하고자 합니다.

이 책은 주식책을 몇 권 읽어본 분이라면 이미 잘 알고 있다고 생각하기 일쑤인 양봉의 의미와, 보조지표로 널리 알려져 있는 이동평균선, 엔벨로프 지표, RSI 지표, MACD 지표의 4개 지표에 대해서 그동안 어디서도 설명된 바 없을 정도로 치밀하게 설명하면서 최대한의 차트와 일러스트를 활용하여 실전에 반영한 사례를 보여드리고 있습니다.

보조지표는 흔히 '후행지표'라며 평가절하되는 경향이 있는데, 무엇을 위해 각 지표를 사용하는가를 정확히 알게 되면 매매에 큰 도움이 된다는 사실을 깨닫게 됩니다. 간단히 말해 단타 매매에서는 보조지표가 도움이 되지 않는 경우가 많습니다. 그렇지만 일봉 이상의 시간축 속에서 중장기 매매를 할 경우에는 매우 의미 있게 활용할 수 있습니다.

왜냐하면 '후행지표'란 거꾸로 '누군가가 무언가 일을 벌이기 위해 준비해야 할 어떤 일들이 잘 완료되었다'라는 사실을 확인시켜준다는 말이기 때문입니다. 그렇기 때문에 어정쩡한 위치에서 자기의 기분에 따라 매수하여 손실을 보는 실패를 반복하지 않고도, 주가를 움직이는 실체의 발걸음에 맞춰 저가에 매수하여 묵직한 수익을 그들처럼 내는 매매를 할 수 있습니다.

우리는 보조지표를 통해서, 종목에 개입한 매매자들의 심리를 시각화해서 객관적으로 살펴볼 수 있습니다. 이를 믿고 매매에 활용하지 못하는 이유 중 하나는 매매자들이 수박 겉핥기식으로 알 뿐 그 의미를 잘 모르기 때문입니다. 이들 지표가 의미하는 바를 정확히 알게 되면 흔들리지 않는 매매를 할 수 있습니다. 결국 주식은 오르고 내리고의 반복일 뿐이니까요.

주식 매매에서 수익을 지속적으로 낼 수 있는 순간을 맞이하기 위해서는 자신의 심층심리 속에 있는 '어떤 장벽'을 깨부수든지 뛰어넘든지 해야 합니다. 저가에 매수한다는 것은 더 떨어질 것 같다는 두려움을 이기고 해야만 하는 강인한 결단이 필요한 행위이며, 짧은 이익을 버리고 큰 이익을 기다리는 것 역시 자신이 길들여진 습관과는 거리가 있는 행위이기 때문입니다.

결국, 널뛰는 자신의 마음과 행동을 어딘가에 걸어놓을 필요가 있으며, 그것이 바로 보조지표를 활용한 매매법입니다. 자신의 재주나 기술로 수익을 내는 것이 아니라 시장에 순응하며 편하게 수익을 내는 경험을 해보십시오.

책 제목이 거창하지 않습니다. 말 그대로 '기술'입니다. 제대로 몸에 밴 기술은 절대 배반하지 않습니다. 좋아하는 음식 하나를 몇 번이고 반복해서 자신의 입맛에 맞게 만들 수 있게 되면 그 이후로는 언제 어디서든 재료만 있으면 해먹을 수 있게 됩니다. 다른 사람에게 대접할 만한 수준인지 아닌지, 돈을 받고 팔 수준인지 아닌지에 관계없이 스스로는 맛있게 먹을 수 있습니다. 저는 이 책을 통해 당신이 그런 '기술'을 가질 수 있도록 돕고자 합니다. 매매 관점이 명확하고 깨끗해지면 언제 어느 때나 주식 매매로 돈을 벌 수 있습니다. 믿기지 않겠지만 사실입니다. 잃지 않고 수익이 나는 매매의 기술은 분명히 존재합니다. 이 책을 통해 일반 투자자들도 어려움 없이 매매하는 기술을 알려드리고자 합니다. 배고플 때 언제든 라면은 끓여 먹을 수 있듯이 간단하게요.

저는 이 책에 소개된 기법과 관련하여 어떠한 유튜브 방송도 하지 않고, 수익화를 위해 회원을 모은다는 등의 일을 하지 않습니다. 그러니 혹시라도 이 책을 읽고 크게 공감하시어 저와 직접 연결될 수 있는 채널을 찾으시다가 그런 내용을 만나도 절대로 제가 아니니 이 점 꼭 기억해주십시오.

그 대신 책의 분량이 허락하는 한 최대한의 차트와 일러스트를 실을 수 있도록 노력했습니다. 반복해서 읽어보시는 가운데 현재 자신의 투자 위치를 검증할 수 있을 것으로 믿습니다. 책을 읽으시면서 이해가 잘 안 가시거나 궁금한 점이 있으시면 510goldencross@gmail.com으로 메일 주십시오.

그리고 이번 개정판에서는 2022년의 하락장에서도 저가 매수의 기술이 통했는지 2022년의 매매기록을 정리해 맨 뒤에 부록으로 실었습니다. 이를 통해 이 책은 대세상승에도, 시장폭락에도 누구든 원칙에 따라 매매함으로써 수익을 확보해나갈 수 있음을 스스로 증명할 수 있었다고 생각합니다. 이 책을 읽고 평생의 매매원칙으로 삼고자 하시는 독자 여러분들에게 복리로 누적되는 수익의 기쁨이 함께하기를 소망합니다.

당신은 어떤 경우에도 수익을 내는 매매를 할 수 있는 사람입니다.

2022년 10월

오버솔드 올림

차례

3 저점 매수를 위한 주식투자의 기술적 분석

4 이동평균선이 진짜로 의미하는 것들

7 수익의 극대화, 추세를 끝까지 먹는다: MACD

New

특별부록 2022 실전매매 기법 사례

1장

왜 주식에 물리는가?

투자하기 전에 점검하는 멘탈관리

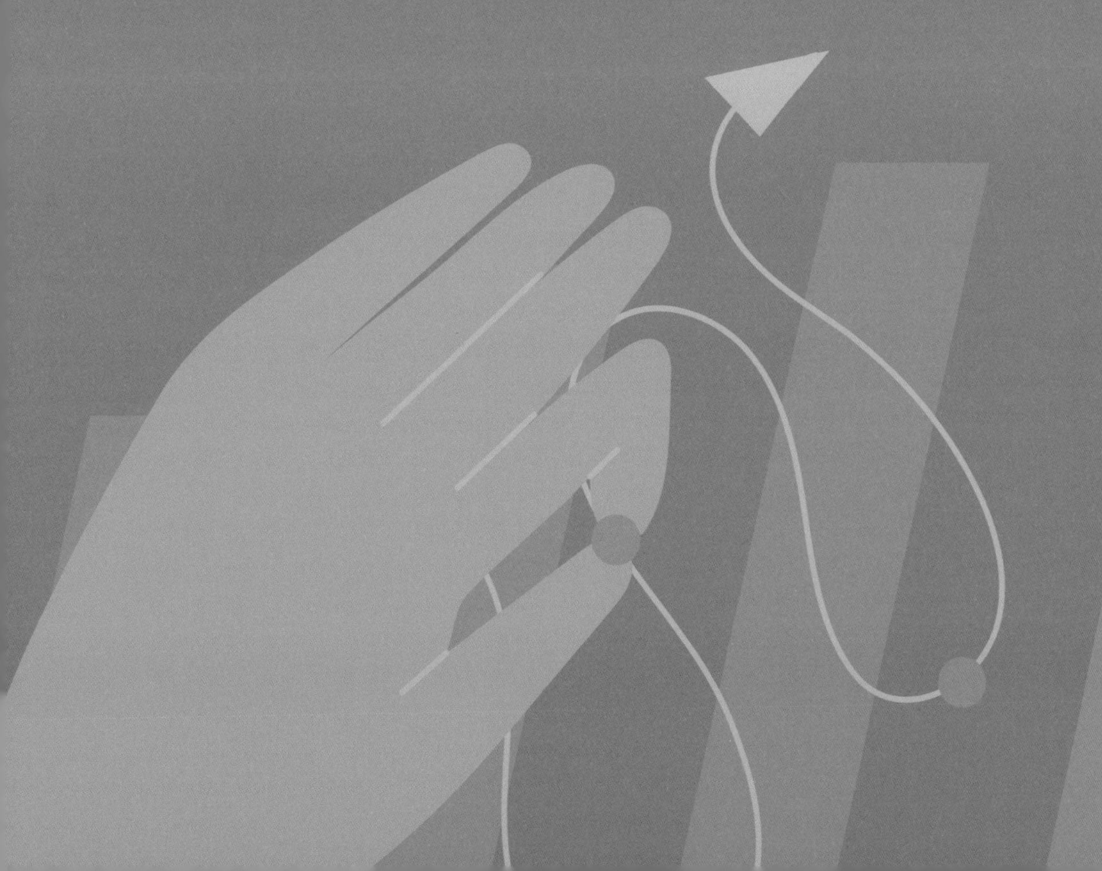

대부분 주식투자자는 어쩌다, 아니 언제나 주식에 물려 있습니다. 주위 사람들에게는 수익이 났다며 호기롭게 자랑도 하지만, 우리에게는 그 자랑의 그늘에 숨어 있는 물린 채 이러지도 저러지도 못하는 종목들이 있습니다. 이게 많은 주식투자자들의 현실입니다.

'물렸다'라는 느낌은 매우 주관적입니다. -2~-3%만 되어도 물렸다고 생각하는 사람이 있는가 하면 -40~-50% 정도는 돼야 물렸다고 생각하는 통 큰 분도 계십니다. 그러면 누구나 함께 공감할 수 있는 '물렸다'의 기준은 무엇일까요? 저는 특정 종목에 자금이 묶인 채로 팔지도 사지도 못하는, 즉 다른 매매를 할 수 없는 상태를 물린 상태라고 생각합니다.

주식을 시작할 때엔 '팔아서 수익을 내고 그 수익으로 다시 매수매도를 해서 또 수익을 내고, 그걸로 복리로 수익을 내고…' 이렇게 생각하지만, 실제로 시장에 들어와서 매수를 하면 떨어지는 주가에 도저히 어찌할 바를 모르고 망연자실하게 되는 경우가 태반입니다. 본의 아니게 투자를 지속할 수 있는 현금이 없어서 투자를 멈추게 되는 셈이지요.

그렇다고 새롭게 어디선가 투자자금을 가지고 와서 계속 투자 행위를 한들, 마찬가지로 물릴 수밖에 없습니다. 물려 있는 종목의 손실합은 계속 커지게 되고, 돈 쓸 일이 생기게 되면 결국 손해가 난 종목을 팔 수밖에 없게 됩니다. 우리는 왜 물릴 수밖에 없을까요? 그건 절대로 기술적인 기법을 몰라서가 아닙니다.

작은 이익과 손실에 급급해한다

매매를 금액으로 평가하는 습성

주식을 매수한 다음, 그 결과를 금액을 기준으로 평가하는 습관을 벗어나지 못하면 주식시장에서 성장할 가능성을 스스로 제한하게 됩니다. 왜 그럴까요? 일상 속에서 우리는 각자 가치판단의 기준이 되는 금액을 갖고 있습니다. 예를 들면 월급입니다. 당신이 한 달에 받는 월급이 300만원이라고 하면 3만 원, 30만 원, 90만 원 등등에 대해 나름의 평가를 하게 됩니다. 즉 30만 원이라고 하면 '월급의 10%!'라는 기준이 서버리는 것입니다. 이렇게 평가의 기준으로서 금액을 사용하게 되면 다음과 같은 영향을 받게 됩니다.

① 매수 후 하락을 금액으로 판단할 경우, 평정심을 잃어버리기 쉽다.

② 매수 후 상승을 금액으로 판단할 경우, 더 큰 수익으로 끌고 가지 못하는 경우가 많다.

1000만 원의 종잣돈으로 투자한다고 가정해보죠. 비중조절과 분할매수 같은 것도 모른 채 한 번에 500만 원어치를 한 종목에 투입할 경우, 매수한 가격에서 5% 정도가 내려가면 25만 원이 평가손으로 잡히게 됩니다. 30만 원이라고 하면 월급의 10%인데 벌써 그만큼 손해를 본 셈이라(팔아서 손해가 확정된 것은 아니지만), '어떡하지?' 하면서 마음의 동요가 끝없이 일어납니다. 어디서 들은 바는 있어 바로 손절매했는데, 손절매하자마자 주가가 올라가면 마음이 더 무겁습니다. 반대로 버티기로 마음먹었는데 50만 원 빠지고 60만 원 빠지고 더 나아가 급락을 해버리면 버티기로 한 판단을 내린 자신이 한없이 원망스러워집니다. (판단이라는 것은 근거가 있어야 하는데, 사실 어떤 근거도 없이 그냥 기분으로 버틴 거죠.) 이런 정신적인 혼란은 실제로 투자해보지 않은 사람은 알 수 없습니다. 하지만 주식의 매수는 항상 손실의 위험을 안고 진행하는 겁니다. 사지 않으면 손실은 없겠지만 수익도 없죠.

한편, 운이 좋게도 급등하는 종목을 매수한 경우에도 금액으로 판단하는 습관은 당신에게서 큰 수익률을 거둘 가능성을 빼앗습니다. 아까와는 다르게 5% 상승하여 25만 원의 수익으로 주가가 진행되는 중이라고 합시다. 이런 생각이 머리를 가득 채웁니다.

"역시 내가 옳았어!"
"25만 원이면 월급의 10% 정도인데, 이렇게 금방 벌었네?
빨리 매도해야지!"

그러고는 서둘러 매도를 합니다. 이 종목, 아마 나중에 보면 어마어마하게 올라가 있을지도 모릅니다. 매도의 기준을 세우지 않은 상태에서 자기가 가치를 평가하는 기준(금액)에 묶이게 되면 충분한 수익을 올리기 어렵습니다.

금액으로 평가하는 순간, 교환가치 즉 '무엇을 살 수 있다/할 수 있다'라고 생각이 흐르기 때문에 주관적이고 감정적으로 될 수밖에 없습니다. 반면에 퍼센트로 세운 기준은 객관적이고 사람을 냉정하게 만듭니다. 남이 금액으로 얼마를 벌었다고 말할 땐 내 돈도 아닌데 저렇게 벌고 싶다는 욕심이 생기지만, 퍼센트로 말하는 걸 들으면 그 즉시 자기의 투자금액에서 해당 퍼센트로 계산한 다음 '애개…'가 되어버립니다. 내가 내 돈으로 하는 투자라면 반드시 퍼센트로 평가하는 습관을 들여야 합니다.

스스로가 이런 상태를 애써 바꾸지 않으면 투자원금이 아무리 늘어도 수익은 늘어나지 않습니다. 1억 원을 갖고 매매한다고 해도 당장 수익이 30만 원 나면 팔기 바쁘고, 30만 원 손해나면 어찌할 줄 모르게 됩니다. 본인 입장에서는 30만 원이 크게 느껴질 수 있지만, 1억 원이라는 투자금액으로 보자면 0.3%에 지나지 않는다는 사실을 생각해보십시오.

매매 평가를 금액으로 하게 되면 마음의 평정을 잃기 쉽고, 기준이 흔들리게 됩니다. 많은 분이 이 습관을 벗어나지 못해서 물리게 됩니다.

그러므로 주식을 처음 시작할 때부터 오직 퍼센트로만 생각하는 습관을 들여야 합니다. 이것은 쉽지만은 않습니다. 평생 해온 습관을 바꾸는 것이기 때문입니다.

시간을 다스리지 못한다
늘 뭔가를 사고팔아야 하는 매매중독

주식투자를 하기로 한 사람에게 자기 마음대로 쓸 수 있도록 허락된 것은 오직 시간뿐입니다. 투자원금은 한계가 있습니다. 한계가 있는 투자금을 활용하여 돈을 벌기 위해서는 시간을 잘 다뤄야 합니다. 시간을 잘 쓴다는 말은 '아무것도 하지 않고 시간을 보낼 수 있어야 한다'라는 말이기도 합니다.

어느 종목이든 오르는 시간이 있고 내리는 시간이 있습니다. 내리는 시간에는 되도록 매수를 하지 않아야 하고, 오르는 시간에는 미리 세워놓은 매도 기준에 따라 이익을 거둘 수 있을 때까지 되도록 매도를 하지 않아야 합니다. 하지만 흐르는 시간 속에서 계속해서 변동하는 주가를 바라보고 있노라면 뭐라도 해야 할 것 같은 마음에 매수 버튼을 누르고 또 매도 버튼을 누르게 됩니다. 이상하게도 가만히 있는 순간 자신이 노력하지 않는 것 같고, 일하지 않는 것 같은 기분이 들기 때문이지요.

하지만 **'사지 않는 것도 적극적인 투자 행위'**라고 생각해야 합니다. 하락을 마치고 상승으로 전환할 타이밍까지 기다리는 것은 바로 **'시간을 투자하**

는 행위'인 것입니다. 그렇게 시간을 투자한 대가로 상승추세를 이용하여 수익을 낸다고 생각해야만 합니다.

이동평균선을 비롯하여 주가의 흐름을 시각적으로 볼 수 있게 도와주는 차트의 많은 구성요소는 시간과 연결되어 있습니다. 따라서 어떤 방법을 선택하여 시간을 다루는 기술을 익힐 것인가를 배워야만 물리는 확률을 최대한 줄일 수 있습니다.

주가가 흐르는 시간을 파악하기 전에 우선 자기가 시간을 어떻게 쓸 수 있는 매매자인지를 파악해야 합니다. 대부분은 직장생활을 하거나 학생인 상황으로, 주식시장이 개장한 시간 동안은 시간을 자유롭게 사용하지 못할 것입니다. 이런 분들은 종일 주식시장을 바라볼 수 있는 전업 매매자가 시간을 사용하는 방식과는 다른 시간 사용법을 익혀야 합니다. 전업으로 하는 투자가 아니라 사무실에서 눈치 보면서 스마트폰으로 매매하는 경우라면 더욱 시간을 관리하는 게 어렵습니다. 일하는 중간중간에도 매수한 종목이 어떻게 됐는지 신경이 쓰이면 이미 심리적으로 지는 투자가 됩니다. 전업 매매자는 그나마 종목마다 시간을 들여서 상승과 하락의 리듬을 몸으로 익힐 수라도 있는데, 그렇지 않은 일반 투자자라면 연속된 시간이 아닌 자신이 스마트폰으로 MTS를 열어보는 바로 그 '시각'이 움직이는 시간 속에서 어떤 순간인지를 판단해야 하기 때문입니다.

그러므로 자신이 놓인 매매 환경에 따라, 전업 매매자는 일봉보다 하위 시간인 30분봉이나 3분봉 등으로 매수매도를 결정하여 빠른 수익을 규칙적으로 내는 훈련을 해야 하고, 그렇지 않은 경우라면 일봉을 기준으로 시간을 넉넉하게 쓰면서 매매해야 합니다. 일봉으로 매매한다는 뜻은 아침 9시의 시초가나 오후 3시 30분의 종가로만 매매하는 것이라고 보면 됩니다. 시간의 흐름과 주가의 관계를 체득하지 못한 상태에서 직장인이 하루에 몇 번씩 샀다 팔았다 하는 것은 주식에 물리는 지름길입니다.

하루에 한 번 사거나 판다고 해서 크게 불리할 것은 없습니다. 오히려 주식이 움직이는 시간축이 장기일수록 추세 유지의 신뢰도가 높으므로 단타로 진입할 때보다 안정적으로 매수 비중을 높여 묵직한 수익을 얻기에 용이합니다. 그렇다면 매매하지 않는 무료한 시간에는 무엇을 하면 좋을까요? 그럴 때 종목마다 추세선을 그어보고 흐름을 예측하면서 공부하는 겁니다.

	매매 시점 판단 차트	RSI	MACD
전업 매매자 또는 주식시장 개장 중 시간을 자유롭게 쓸 수 있는 사람	일봉차트	3분봉/30분봉	하루에 여러 차례 매수매도 가능
직장인/학생	주봉차트 (또는 월봉차트)	일봉차트	하루 한 번 (시초가 또는 종가 또는 나름대로 정한 시간)

	매매 결정 차트	매수 비중	주가 변동의 안전성	투자전략
전업 매매자 또는 주식시장 개장 중 시간을 자유롭게 쓸 수 있는 사람	3분봉/30분봉 차트	적음	낮음	낮은 이익의 반복적 누적
직장인/학생	일봉차트	상대적으로 높음 (단타의 3~5배)	높음	장기간에 걸친 수익추세로 묵직한 수익

물론, 단타 매매자 중에서도 깜짝 놀랄 큰 매매금액으로 짧은 시간에 큰 수익을 거두는 분들이 있습니다. 하지만 수익보다 물리는 경우가 많은 우리는 가능한 한 위험부담을 회피할 방법을 선택해야 할 것입니다. 희망적인 사실은, 우리에게 시간이 주어진 한 꾸준히 부지런히 수익을 낼 수 있는 기회가 있다는 것입니다.

관리되지 않는 종목을 사 모은다

분산투자가 아닌 잡화점 투자

주식을 사는 행위는 너무나 쉽기 때문에 돈만 있으면 누구나 무슨 주식이든 살 수 있습니다. 문제는 매수한 주식으로 수익을 낼 수 있느냐 손해를 보느냐 아니겠습니까? 그리고 우리는 지금 물리는(또는 물리게 될) 이유에 대해서 살펴보고 있습니다.

초보자일수록 정말 피해야 함에도 노력하지 않는 한 잘 안 되는 것이 매매 종목 수를 제한하는 것입니다. 중장기 투자라면 조금 양해할 수 있는 부분이 있겠지만 단타~스윙의 시간 단위를 갖고 짧은 이익을 노리는 매매자가 과연 몇 종목까지 집중해서 살펴볼 수 있을까요? 책상 앞에 여러 대의 모니터를 설치해서 종목마다의 차트를 펼쳐놓고 장에 임한다고 해도 실제로 온전한 판단을 내릴 수 있을 정도로 집중할 수 있는 종목 수는 많지 않습니다. 그런데 심지어 컴퓨터 앞에 앉아서 집중하는 매매도 아닌, 스마트폰으로 생각날 때마다 매매프로그램을 열어서 보는 상태에서 보유 종목의 수마저 많다면 절대로 수익을 낼 수 없습니다. 물론, 보유 종목이 계속 늘어나는 상황을 이해하지 못하는 바는 아닙니다. 초보 투자자(매매자)들은 다음과 같은 두 가지 정도의 요소로 인해 보유 종목을 늘릴 수밖에 없게 됩니다.

① 내 종목만 빼고 다른 종목만 상승하고 또 날아가는 것 같아서 쫓아가서 산다.
② 경제 TV 등에서 전문가들이 소개해주는 다양한 종목들이 수익률도 높다고 하니 나도 그렇게 수익을 내고 싶어서 추천주들을 산다.

결국 자신이 갖고 있는 투자금액을 모두 써서 수많은 종목을 보유하게 되고, 분산투자를 했다고 애써 스스로를 위로하게 됩니다. 분산투자는 종목들을 스스로 납득이 될 때까지 살펴본 다음 포트폴리오를 만들고 나서, 종목마다 자신의 매매기법상 가장 적절한 매수 타이밍이라고 관측되는 지점에서 매수할 때 의미가 있는 것입니다. 분산투자를 통해 큰 손실을 볼 위험부담을 줄이는 효과를 기대할 수도 있을 것입니다. 그러나 리스크 회피를 위해서는 분산투자보다 투자금액의 비중조절이 먼저입니다. 다음의 예를 살펴보죠.

① 10%씩 10개의 종목을 보유하고 있음. (현금 0)
② 10%를 할애해서 1종목을 보유하고 90%를 현금으로 갖고 있음.

①의 경우는 주식 보유 중에 시장에 큰 하락 충격이 오면 아무 대응도 못하고 온몸으로 그 충격을 떠안을 수밖에 없습니다. 하룻밤 자고 났더니 9·11 테러 같은 영상이 TV에서 흘러나올 수도 있는 겁니다. 그러면 보유한 전 종목이 그대로 하락을 맞이해야 합니다. 10개의 종목이 모두 물려 있는 상태라면 더더욱 아무것도 못 하게 되고, 더 나쁜 점은 사람의 심리상 여러 보유 종목이 손실 중인 상태에서 몇 개가 수익으로 돌아서면 이익을 짧게 끊게 된다는 사실입니다.

'보유한 모든 종목이 다 상승하는데요?'라고 반문하신다면 정말 대단한 실력자라고 생각합니다. 하지만 90% 이상의 주식 매매자들은 보유 종목이 늘어날수록 전부 하락하는 희한한 경험을 하게 됩니다.

하지만 ②의 경우와 같이 적절한 비중조절로 1종목을 갖고 있고 90%를 현금으로 갖고 있다면, 시장충격이 심해도 추가매수를 통해 위험관리를 할 수 있습니다. 다른 사람들은 손해로 쩔쩔맬 때 평소 갖고 싶었던 종목을 할인해서 살 수 있게 되는 것입니다. 이번 코로나로 인한 주가 폭락 때 많은 개인투자자가 자금을 주식시장으로 밀어넣을 수 있었던 것도 이전 9·11 테러 때나 금융위기 때조차 금방이라도 궤멸할 것 같았던 주식시장이 다시금 회복하는 것을 봤던 기억이 있었기 때문이라고 생각합니다. 그리고 그때보다도 더욱 다양해진 개인들의 커뮤니케이션 툴을 통해 수익 경험이 적극적으로 전파되어 다른 잠재 투자자, 즉 주식투자를 생각하지 않았던 사람들의 신규 자금이 시장으로 들어온 것이지요. (하지만 이들 모두 다 결국 물리게 되는 금액일 것입니다.)

특히 스스로를 단기 매매자로 생각하고 있으면서 보유 종목 수가 늘어나 있다는 것은 위험을 껴안고 있는 상태라고 생각하시는 것이 정확한 진단입니다. 물론 장기 매매자라면 적절한 훈련을 통해 종목을 충분히 늘려갈 수 있습니다. 어쨌든 ②의 경우는 **투자원금을 주식과 현금으로 분산투자하고 있는 것이라**는 콘셉트로 해석해야 하고, 단기 매매에 조금 익숙해지면 보유 종목의 수를 늘릴 수도 있겠지만 처음에는 절대로 종목을 늘리지 않는 것이 좋습니다. **분산투자라는 것은 자신의 포트폴리오 안에 시장의 흐름과 반대로 움직일 수 있는 종목을 갖는 것을 뜻하는 것**이지 관리되지 않는 여러 종목을 매매하는 것이 아닙니다.

계속 매매기법을 바꾼다
자기 원칙 없는 매매습관

요즘 같은 시대에 영어를 좀 공부해보고 싶다고 마음먹으면 공부하는 데 활용할 수 있는 자료들은 차고 넘칩니다. 예전에는 구할 수도 없는 자료들을 너무나 손쉽게 구할 수 있습니다. 이익훈이라는 영어 선생님이 계셨어요. AP 뉴스 10분짜리를 테이프에 녹음해서 나눠주고 그걸 받아쓰기 해오면 다시 그다음 달 교재를 무료로 주셨습니다. 미국 현지 영어를 듣고 싶으면 정말 애를 많이 써야 했던 시절입니다. 그 당시 영어책들을 보면 테이프, CD 등이 첨부되어 있었죠. 하지만 지금은 어떻습니까? 케이블 TV에서도 24시간 CNN을 실시간으로 볼 수 있고, 인터넷을 통해서는 해외 유명 언론사의 훈련된 고급 영어를 마음껏 읽을 수 있습니다. 유튜브에는 초급부터 고급까지 무료로 자신의 실력을 뽐내며 많은 사람을 가르치는 분들도 있습니다. 다만, 자신이 공부를 안 할 뿐이지요.

주식도 그런 것 같습니다. 옛날에는 고수가 어디 있는지도 몰랐고 무슨 기법 하나 배우려면 큰돈을 지불해야만 했으며, 책으로 출판되는 주식책도 원론적인 내용 위주여서 실제 매매에 어떻게 적용해야 하는지는 모두 매매자

자신의 몫이었습니다. 그래서 본의는 아니었지만 다양한 투자기법을 자기 매매에 적용하는 함정에는 빠지지 않았던 것 같습니다. 그러나 지금은 어떻습니까? 온종일 방송하는 증권방송 채널이 여러 개 있습니다. 한국의 경제 전문가, 투자전문가는 모두 그곳에 나오는 것 같습니다. 현란하고 자극적인 종목 소개와 성공담 그리고 나와 똑같이 물린 사람들의 하소연과 상담을 들으면서 자기 종목에 대한 진단은 나오지 않을까 귀를 쫑긋 세우고 시청하게 됩니다. 전문가가 좋다고 하는 주식을 다음 날 매수했는데 주가가 떨어지면 어찌할 줄 몰라 하는 건 당연한 얘기고요. 증권방송뿐인가요? 유튜브에서는 TV에 출연하지 않지만 큰 수익을 올리는 수많은 고수들이 계좌를 까 보이면서 실력을 자랑합니다. 옛날에는 구경도 할 수 없었던 자신만의 기법을 과감하게 알려줍니다.

즉 투자자(매매자) 입장에서는 자신의 투자기술을 높이기 위해 활용할 수 있는 정말 다양한 학습자료가 많이 나와 있습니다. 괜찮다 싶은 방법을 택해서 흉내를 내보지만 좀 되나 싶더니 안 되고 실패하는 경우가 많은 것 같습니다. 그러면 또 '이 방법은 나랑 안 맞네' 하면서 다른 기법을 찾아갑니다. 그렇게 새로운 기법을 이것저것 실험하면서 계좌가 녹아납니다.

이 상황이 왜 위험할까요? 그것은 바로 자신이 놓이게 되는 손실의 상황에 대해 핑계를 댈 수 있기 때문입니다. 그 유튜버, 그 기법, 그 고수의 추천 종목 모두 다 자신이 마주하고 있는 손실에 대해 그 책임을 뒤집어씌울 수 있는 대상이 됩니다. 내 손실은 내 탓이 아니라 그들의 탓입니다. 언젠가 나랑 딱 맞는 누군가를 알게 되면 수익을 낼 수 있으리라 생각합니다.

생각해보면, 자신의 실력을 보여주는 그들이 그 위치까지 올라가는 데 과연 어느 정도의 시간이 걸렸을까요? 스스로 확신을 가질 수 있는 매매의 틀을 확립하고 방송에 나와서 또는 유튜브에서 수많은 사람에게 말할 수 있는 정도가 되려면 얼마나 많은 실패의 경험을 했을까요? 몇 번 시도해보고 '에이, 이건 아니네' 할 수 있는 방법들이 아닙니다. 그것을 한 번에 파악하고 그 방식으로 자신이 수익을 낼 수 있다고 생각하는 것은, 유튜브 몇 번 보고 영어를 갑자기 원어민 수준으로 하게 되기를 기대하는 것과 같은 것이라고 생각합니다. (다행인 것은, 영어보다는 주식이 좀 더 쉽습니다.)

방법을 자꾸 바꾸게 되면 물릴 가능성이 점점 더 커집니다. 매수 후 하락을 다양한 이유로 합리화할 수 있게 될 뿐입니다. 하나의 방법을 흔들림 없이 터득할 때까지 끝까지 관철하십시오. 그리고 그 방법을 자유자재로 이용할 수 있게 될 때 또 다른 방법을 공부하시면 됩니다. 시간은 길고, 투자할 수 있는 종목은 다양하기 때문입니다.

실제로, 선수들은 하나의 방식으로만 투자하지 않습니다. 장기투자를 통해 안정적인 수익을 거두면서 매일매일 단기 매매나 스윙으로 즐겁게 수익을 냅니다. 당신도 그런 수준에 오를 수 있습니다. 하지만 먼저 자기만의 '하나'를 만들 때까지 단련하도록 합시다.

매도의 원칙이 없다

익절 습관의 부재

단련되지 않은 매매자들은 매수한 주식의 주가가 상승해서 수익이 발생할 때, 어느 시점에서 수익을 실현해야 할지 잘 모르겠다는 말씀들을 하십니다. 이야기를 나누어보면 많은 경우 수익실현을 '한 방에 딱!' 매도를 해서 한몫의 수익을 '한 방에 딱!' 거두는 것이라고 잘못 이해하고 계시기 때문이라는 것을 알 수 있습니다. 그래서 수익률이 올라갈 때는 더 올라갈 것 같아서 매도하지 못하고, 그러다가 하락하기 시작하면 이전에 높았던 수익률을 기억하고 다시 오를 것 같아서 매도하지 못해서 마치 꿈을 꾼 것처럼 아무런 이익을 거두지 못하게 됩니다.

하지만 매수 후 수익이 발생하기 시작하면 **반드시 매도**(익절)를 함으로써 **수익을 현실화**하는 것이 중요합니다. 그래야 계좌가 불어나고 점점 더 큰 투자를 할 수 있게 됩니다. 따라서 매매자는 주식투자를 본격적으로 시작하기 전에, 매도에 대한 기준을 나름대로 갖고 있어야 합니다. 앞으로 우리는 주식 매매에서 꼭 기억해야 할 전제를 배우면서 보조지표를 기준으로 한 분할 매도에 대해 공부하게 될 것입니다.

매수 후 수익이 나기 시작할 때, 일정 수익률은 항상 기본적으로 매도해서 챙기는 익절 습관은 계좌를 불리는 데 도움이 됩니다. 예를 들면 이런 매도 규칙을 수익을 실현하는 습관으로 만들 수 있습니다.

① 매수 후 수익이 날 때 +3% 수익으로 매수물량의 반을 매도한다.

a. 일정 수익률에서 익절하는 것임. +3% 또는 +5% 정도가 적절.

b. (상승 후 하락한다면) 1%에서 일부 익절 또는 본전에서 전량 매도. (즉 손해는 보지 않는다.)

c. (계속 상승한다면) 장기 이동평균선 근처에 도달할 때 일부 익절.

② 나머지 매수물량의 반은

a. 상승할 경우 RSI 과매수권에 진입시 및 이탈시 전량 매도한다. 또는

b. 상승할 경우 MACD 하락교차 시점에서 전량 매도한다. 또는

c. 20이평선 기준 +10% 상단선에서 전량 매도한다. 또는

d. 상승할 경우 5일 이동평균선과 10일 이동평균선이 데드크로스 나는 시점에서 전량 매도한다.

우리는 보조지표가 알려주는 저가권 신호에서 매수 포지션을 구축하게 됩니다. 따라서 고가권 신호가 나왔을 때 매수 포지션을 정리해서 수익을 확정하는 것이 이상적인 방법입니다. 그것이 바로 위의 ②에 해당하는 부분입니다. (이후 각 보조지표의 해당 장에서 더 자세히 배울 것입니다.) 그러나 매수 후 보조지표가 고가권을 알려줄 때까지의 가장 큰 변수인 '시간'과 그 안에서의 주가 움직임에 적절하게 대응하기 위해 ①에서 설명하는 것과 같이 중간중간 이성적으로 '익절'을 할 수 있는 매도 포인트를 설정해놓을 필요가

있습니다.

즉 보조지표를 통해 확인된 저점에서 매수한 중장기 매매자는 매수한 보유 물량에서 일부를 3~5% 정도의 수익권에서 매도하도록 권합니다. 즉 종가 근처에서 수익률이 5% 남짓이면 일단 **보유 물량의 일부를 매도하여 현금화하고 수익을 평가익에서 실현익으로 챙기는 것이죠.**

그다음 우리가 저점에서 매수했다는 말은 이동평균선의 역배열 상태라는 뜻이기 때문에 우리의 매수가격 위에 있는 20이평선, 60이평선, 120이평선 같은 장기 이동평균선 근처에 도달하면 앞서 익절하고 남은 물량 중 또 일부를 익절합니다.

'+3% 정도의 수익은 언제나 낼 수 있는 거 아닌가?'라고 생각할 수 있습니다. 그래서 +3%의 수익에서 매도하는 것을 수익이라고 인식하지 않는 경우가 많습니다. 만약 그렇다면 +5%로 올려도 좋습니다. 또는 첫 매도 분량을 보유 비중의 반이 아니라 1/3로 만들어도 됩니다. 어떤 경우에서든 **반드시 첫 익절을 통해 수익을 챙기는 것은 무척 중요합니다.**

+3%의 수익은 언제든지 낼 수 있을 것 같지만, 복리로 매번 +3%의 수익을 1년 동안 매일 꾸준히 낼 수 있다면 이론적으로는

1.03의 250제곱=1619.2

즉 1620배의 수익을 거둘 수 있습니다. 매수물량의 반만 항상 수익실현한다

고 하면 원금의 800배 정도 수익입니다. 너무 신나는 일 아닙니까? 물론 이론적인 계산이고 다양한 경우가 있을 수 있습니다. 아무리 그렇더라도, 첫 익절의 습관화는 계좌를 불리는 데 큰 역할을 합니다.

중요한 팁입니다. 개미매매자가 성공적으로 주식 매매를 하기 위해서는, **가능한 한 무릎에서 매수해서 적절한 수익률에서 매도할 수 있어야만 합니다.** 상승할 수밖에 없는 방향성이 확실해지는 저가에서 매수해야만 하며 무릎(발목) 만들기 동안의 시간이 들어가기 때문에 첫 익절을 하는 수익률을 3%가 아니라 5%나 7% 정도로 올리고, 첫 익절의 비율을 보유 수량의 50%가 아닌 30% 정도로 삼으면 적절할 것입니다.

한 달에 한 번, 5% 익절을 1년간 하게 된다면 수익률은 1.05의 12제곱=1.79 즉 약 80%의 수익을 편안하게 거둘 수 있으며, 7% 익절이라면 1.07의 12제곱=2.25 즉 원금의 2.25배 수익을 거둘 수 있습니다.

매수한 보유 물량이 수익을 내기 시작할 때, 초기에 일정 비율을 항상 고정된 수익률로 수익을 확정한다는 익절의 규칙은 생각보다 계좌를 탄탄히 만들어줍니다.

'긴 시간 동안, 일정한 수익을 꾸준히 익절하면서 복리로 다시 원금+수익을 재투자한다.' 이것이 이 책을 통해 여러분과 나누고자 하는 이상이자 비전입니다.

매수의 원칙이 없다 ❶
비중조절을 모르는 투자습관

마음이 흔들리지 않을 정도의 투자원금을 갖고 매매를 시작하게 되었을 때, 어떻게 매수해야 할까요? 살 만한 종목이 나타났다면 투자원금으로 한 번에 다 사야 할까요? 그와 관련한 매수개입의 원칙에 대해 구체적으로 알려드리고자 합니다.

첫 번째 원칙은 비중조절입니다. 비중조절이란 자신의 투자자금을 일정 비율로 나눠서 여러 종목에 투자하는 방식을 일컫는 말입니다. 반대말로는 **몰빵(한 종목에 투자자금을 다 집어넣는 행위)**이 있겠습니다.

주식 격언 중에 달걀을 한 바구니에 담지 말라는 말이 있습니다. 위험관리의 중요성을 알려주는 말입니다. 격언 속의 한 바구니는 다음과 같은 식으로 해석됩니다.

① 투자자금을 한 종목에 모두 투자하지 말 것(몰빵 금지)

② 동일한 업종에 속하는 주식에 투자하지 말 것

③ 자신의 투자 가용금액을 하나의 투자처에 모두 투자하지 말 것

①에 대해서는 잠시 후 본격적으로 설명하겠습니다. ②는 자신이 한 종목에 몰빵하지 않고 여러 종목에 나누어 투자했다고 하더라도, 그 여러 종목이 동일한 업종에 속하는 종목이라면 결국 모든 종목이 같은 영향을 받는다는 뜻입니다. 예를 들어, 건설업황이 좋지 않은데 분산투자를 한다고 하면서도 현대건설, GS건설 등 건설주만 산다면 이건 한 바구니에 담은 것과 마찬가지라는 뜻입니다. 동일한 업종이 아닌, 서로 다른 업종에 속한 종목들을 산다면 한 바구니가 아닌 것이죠. 현대건설(건설업종)을 일부 매수하고, JYP Ent.(엔터테인먼트)를 일부 매수했다면 건설업종이 안 좋아져도 엔터테인먼트 업종이 같이 안 좋아지지 않는 이상 위험이 분산되는 효과를 거둘 수 있는 것이죠.

③은 자기의 투자금액을 하나의 투자자산에 다 넣지 말라는 내용인데, 그것까지 걱정할 정도로 우리가 투자자금이 많은 건 아니니까 패스하겠습니다.

①에 대해서 자세히 말씀드리도록 하겠습니다. 간단히 말해서 당신의 투자금액 전부를 한 종목에 다 넣지 말라는 뜻입니다. '당연한 얘기 아냐?'라고 하시겠지만, 세력은 당신에게 눈이 뒤집어지는 상황을 선사하는 데 아주 능숙합니다. 급등하는 상황을 만들어서 마음속에 잠들어 있던 '인생 뭐 있어, 한 방이야!'를 불러일으키고, 급락하는 상황을 연출하여 물타기로 매수단가를 낮춰서 '빨리 본전 회복하고 탈출해야지' 하는 마음을 만들어냅니다.

어느 경우든지, **한 종목에 투입할 최대 금액을 투자원금의 특정 비율로**

한정지어야 합니다. 예를 들어, '한 종목에 투입할 최대 금액은 원금의 30%다!'라고 정했다면 원금이 100만 원일 경우 한 종목을 매수하는 데 쓸 수 있는 최대 금액은 30만 원이라는 말입니다. 이게 무엇을 의미하는가 하면, **아무리 어떤 일이 이 종목에 발생해도, 내가 손 쓸 수 없는 금액은 투자원금의 30%에서 멈춘다는 뜻입니다. 투자원금의 70%는 잘 지킨 것입니다!** 내일 상장폐지가 된다고 해도 30만 원만 없애고 마는 것이죠.

자, 그렇다면 이게 무슨 얘기가 되겠어요? **내 마음속에 '이만큼은 없어져도 멘탈 안 부서진다'라는 투자원금 대비 비율이 바로 한 종목에 최대로 투자할 수 있는 금액입니다.** 여기서 다시. **금액이 아니라 비율입니다.** 그럼 조금 전의 예로 다시 말해볼까요? 당신은 원금의 30%가 다 없어져도 괜찮습니까?

저는 멘탈이 약해서 10%를 종목당 투자금액 상한선으로 잡고 있습니다. 즉 투자원금을 모두 다 넣을 경우 보유 종목은 10종목이 되는 것이죠. 이와 같은 비중조절 방법을 이야기해줄 때 많은 분의 반응은 이렇습니다.

"10%로 10% 수익 내봤자 원금 대비로는 1%잖아요?
그걸로 언제 수익 냅니까?"

자기 멘탈이 강하면 한 종목당 투자할 금액, 즉 투자 비중은 자유의지로 조정하시면 됩니다. 거꾸로 자기가 관리할 수 있는 종목의 수를 정하고 그 숫자로 투자 비중을 조절할 수도 있지요. 다만 기억해야만 하는 것은, 실망도 흥분도 하지 않고 꾸준히 매매 행위를 지속할 수 있는 심리상태를 만들

수 있도록 모든 애를 다 써야 한다는 점입니다.

실력이 붙고 매매 테크닉이 고도화되면 비중조절은 큰 의미가 없어지는 순간이 옵니다. 확실히 수익을 낼 수 있는 매수 포인트라는 걸 아는데, 즉 위험부담이 아주 적은 지점이라는 것을 아는데 굳이 적은 비중으로 기회를 없앨 필요는 없지 않습니까? 다만 그런 수준까지 가는 데에는 천천히 여러 경험을 하면서 차트를 눈에 익혀가는 과정이 꼭 필요합니다.

마지막으로 비중조절에서 하나만 더. **투자원금 일부는 항상 현금으로 남겨두어야 한다**는 사실입니다. 이는 자신의 스타일에 따라 다릅니다만, 평소와 다른 승부를 보고 싶을 때 이 현금을 이용하는 것입니다. 우리 시장에 본질적인 이상이 없는데 갑작스러운 미국 시장의 악재로 인해 보유 중인 종목이 급락하거나 매수하고 싶었던 종목이 급락하여 개장하는 경우가 있습니다. 현금을 들고 있다면 이때 매우 유리한 입장이 되는 것입니다.

정리해볼까요? 투자원금에서 투자 비중을 종목당 10%로 정하고, 투자 실행금과 현금의 비중을 80:20으로 정했다면, 내가 최대한으로 투자했을 때의 종목 숫자는 8종목이 되는 것입니다.

자, 그럼 한 종목에 투자원금의 10%까지는(비중은 매매자에 따라 다르겠지만) 투자할 수 있다는 비중조절의 원칙을 세웠습니다. 그럼 '이때다!' 싶을 때 10%를 계산해서 한 번에 매수하면 되나요?

아니요. 그에 대해서 이야기해보도록 합시다.

매수의 원칙이 없다 ❷
분할매수를 모르는 투자습관

매수개입의 원칙 두 번째는 분할매수입니다.

앞서 우리는 매수개입의 첫 번째 원칙으로 비중조절을 주제로 공부했습니다. 매매를 하고자 하는 종목마다 투자원금의 일정 비율만큼만 매수에 사용해야 한다는 내용입니다. 두 번째 원칙은 분할매수입니다. 일반 매매자가 할 수 있는 마지막 위험관리의 방법입니다. 즉 내가 종목당 사용할 수 있는 비중을 한 번에 모두 쓰는 것이 아니라, 그 비중에서도 나눠서 매수를 한다는 이야기입니다. 종목 선택부터 시작해서 우리가 어떻게 위험관리를 했는지 정리해보죠.

STEP ① 종목의 저가에서 매수

보조지표 RSI 과매도권 진입/탈출, MACD 상승교차, 일봉상 20이평선 기준 -10% 채널 하단선 등 주가 흐름상 저점에서 진입한다. 이를 통해 추가 하락의 리스크를 줄인다.

STEP ② 종목에 들어가는 투자금액의 비중조절

저가 진입이 가능한 종목에 제한된 비중만큼만 투자함으로써 최대 손실액을 제한한다.

STEP ③ 비중조절된 금액을 나눠서 종목을 매수

1차, 2차 또는 1차, 2차, 3차에 걸쳐서 매수한다. 이를 통해 저점에서 매수했는데 추가로 하락할 경우 추가매수하여 매수단가를 낮추면서 비중을 높이게 된다.

이 정도로 겹겹이 이성적으로 위험관리를 하게 되면 그다음은 시간의 흐름에 따라 자연스럽게 수익을 거두게 되는 상황을 즐길 수 있게 될 것입니다. 그러면 분할매수는 어떤 방식으로 하면 좋을까요? 역시 개인마다 다르지만 이런 방식들이 있습니다. 두 번 나눠서 매수할 경우에는 다음과 같은 비율로 분할매수할 수 있습니다.

1차	2차
3	7
5	5
6	4

예를 들어, 100만 원의 투자원금으로 종목당 10%의 비중조절을 하기로 했다면 종목당 10만 원까지만 매수할 때 사용할 수 있습니다. 여기서 분할매수를 적용하면 1차에 3만 원만큼 그리고 2차에 7만 원만큼 매수한다는 이야기가 됩니다. 2차에 더 큰 비율로 매수를 하게 되면 매수단가가 1차 매수가격보다 더 많이 내려갑니다. (즉 반등할 때 빠른 수익으로 연결됩니다.) 그러

나 2차 매수 지점까지 주가가 하락하지 않고 상승한다면 원하는 종목을 매수하는 데 허락된 원금 대비 비중 10%에서 3%밖에 사용하지 못하는 상황이 발생하게 됩니다. 1차 매수를 하자마자 주가가 상승하기 시작하는 경우가 있을 수 있죠.

2차 매수 지점을 결정하는 방법은 1차 매수 이후의 하락률이 됩니다. 1차 매수 이후 10% 하락하면 2차 매수하겠다고 마음먹으면 그대로 실행하면 됩니다. 하락률의 폭은 자신이 정하면 되겠습니다.

RSI 과매도권 진입이나 일봉상 20이평선 -10% 하단선 진입시 매수했다고 하면 경우에 따라 추가 하락이 있을 수 있습니다. 그럴 경우를 상정하여 대비하는 것이라 생각하시면 이해가 쉬울 것 같습니다. 세 번 나눠서 매수할 경우에는 아래와 같은 식으로 적절히 비율을 조정해서 매수하면 되겠습니다.

1차	2차	3차
3	3	4
2	3	5
3	4	3

그러나 이미 중장기 매매자로서 종목을 선정하는 기준이 저가권에서의 매수라면 2차, 3차 매수의 기준인 하락률을 너무 크게 잡을 필요는 없을 것입니다.

한편, 이렇게 조심스럽게 매수한 종목들이 상승을 시작하면 앞에서 공부한 익절의 개념을 적절히 활용하여 매수한 비중의 일부는 수익을 실현하고 이를 통해 재투자를 위한 현금을 마련해야 할 것입니다. 사례를 통해 공부한 개념을 더욱 명확하게 하도록 합시다.

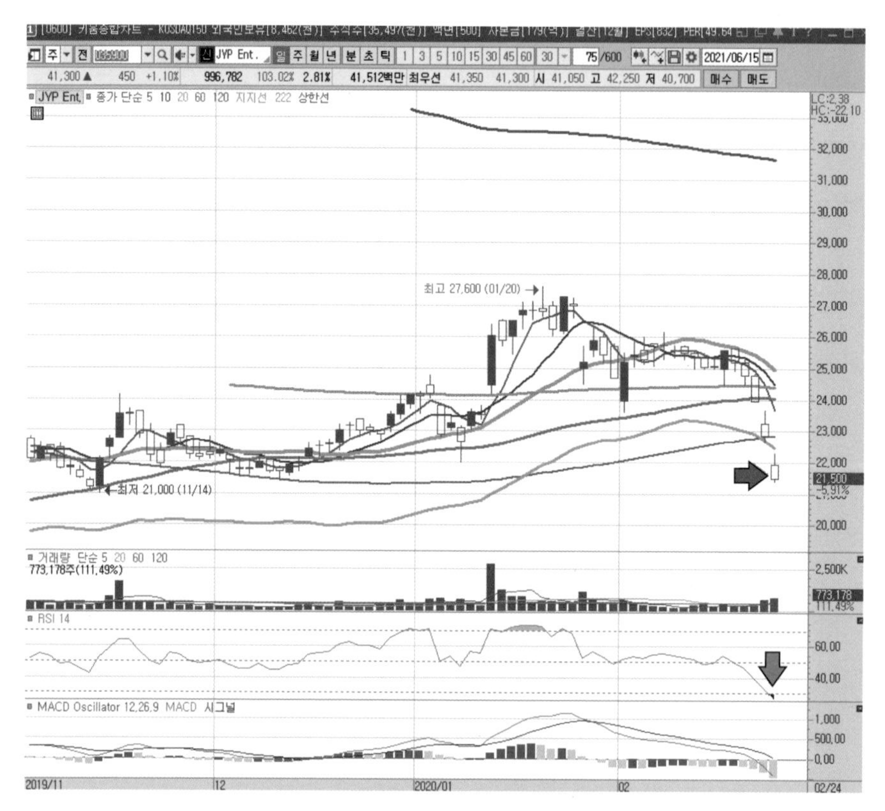

2020년 2월 24일 일봉 - JYP Ent.의 저가권 돌입 신호

2020년 2월 24일, JYP Ent.가 20일 이평선의 -10% 하단선 밖에서 종가가 형성되었습니다(파란색 화살표). 동시에 RSI도 과매도권으로 진입했습니다(초록색 화살표). 다만 '저 가격이 진짜 저점일까?'라고 묻는다면 MACD가 계속 하락교차 상황이 진행 중이고 오히려 두 선 사이의 거리가 멀어지는

것으로 봐서 더 하락할 수도 있다고 생각할 수 있겠지만 그래도 모른 척하고 지나가기에는 아까운 지점입니다.

매수해야죠. 최소한 낙폭 과대에 따른 단기 반등을 기대할 수 있을 것입니다. 다만 우리는 앞날을 예측할 수 없다는 사실, 차트의 오른쪽 끝 이후에 어떤 상황이 벌어질지는 모른다는 사실을 겸손하게 받아들이고 대응과 위험관리를 해야 할 것입니다. 21,500원 종가에 매수하겠습니다. 계산을 편하게 하기 위해 비중을 계산한 결과 10주까지 매수할 수 있다고 가정하겠습니다.

매수 유형	한 방 매수	2회 분할매수	3회 분할매수
매수 조건	10	5:5	3:3:4
1차 매수가	21,500원	21,500원	21,500원
매수 주수	10	5	3
매수 금액	215,000원	107,500원	64,500원
2차 매수조건		매수 이후 -10%	매수 이후 -10%
2차 매수 가능 가격		19,350원 이하	19,350원 이하

① (한 방에 매수) 21,500원에 10주 보유 : 보유금액 215,000원

② (2회 5:5 분할매수 계획 중 1차) 21,500원에 5주 보유 (10% 하락시 주가 19,350원에 2차 매수개입) : 보유금액 107,500원

③ (3회 3:3:4 분할매수 계획 중 1차) 21,500원에 3주 보유 (10% 하락시 2차 매수. 2차 매수 시점의 매수단가에서 10% 추가하락시 3차 매수) : 보유금액 64,500원

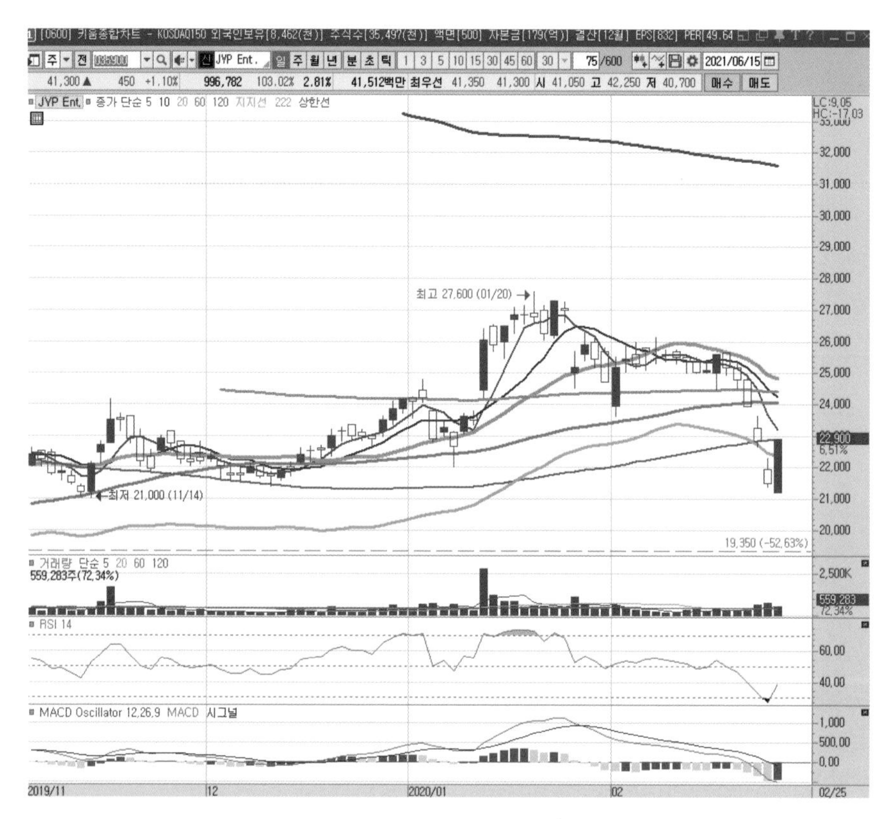

2021.02.25. JYP Ent. 6.51% 반등!

다음 날 반등했습니다. 전일 종가 대비 6.51%나 올랐죠. 익절의 개념을 갖고 있는 매매자라면 일부 수익실현할 수 있을 것입니다. 수익이 6%가 넘게 났는걸요. 특히 가질 수 있는 비중 전체를 어제 한 방에 산 사람이라고 하면 바로 매도했을 것입니다.

(그러나 이때 벌어지는 상황을 더 정확히 묘사하자면, 분명히 종가 기준의 매매를 하는 중장기 매매자임에도 '어제 너무 떨어진 데서 매수한 게 아닌가?' 하며 불안해서 잠도 잘 못 자고 다음 날 아침 시가부터 쳐다보고 있

을 가능성이 매우 큽니다. 투자원금 대비 10%라는 자신이 정한 비중은 잘 지켰지만, 한 방에 다 투입한 것이니 마음이 불안한 것이지요. 그런데 아니나 다를까, 장이 전일 매수한 종가보다 낮게 갭하락하면서 시작합니다. 9시에 아무 일도 못 하는 상태가 됩니다. 그러다가 전일 매수가격에 오면 급하게 본전만 챙기고 포지션을 정리해서 결국엔 마음만 번잡했지 수익은 하나 없는 상태가 됩니다.)

그러나 각 보조지표가 보여주는 저가권 사인에서 매수한 이상 그에 반대되는 고가권 사인이 나올 때까지 보유를 지속하겠다고 마음먹은 매매자라면 이 반등에 매도하지는 않을 것입니다. 이후의 계산을 간단하게 하기 위해서 이때 익절은 하지 않았다고 하겠습니다.

2021.03.12. JYP Ent. 추가 하락!

3월 9일부터 첫 매수를 했던 21,500원에서 10% 하락점인 19,350원 근처에서 3일 정도 머뭇거리다가 종가 기준으로 확실하게 그 라인을 깨고 17,700원에서 종가가 만들어졌습니다. 10% 하락점보다 더 내려간 18% 가까이 내려간 종가가 만들어졌습니다. 이때 각 매수자들의 상황은 이렇게 됩니다.

① (한 방에 매수) 21,500원에 10주 보유 : 보유금액 215,000원 : **-18.4% 평가손**

② (2회 5:5 분할매수 계획 중 1차) 21,500원에 5주 보유(10% 하락시 주가 19,350원에 2차 매수개입) : 보유금액 107,500원 → 17,700원에 5주 2차 매수. 매수단가 19,600원 : 총 보유금액 196,000원 : **-9.6% 평가손**

③ (3회 3:3:4 분할매수 계획 중 1차) 21,500원에 3주 보유(10% 하락시 2차 매수. 2차 매수 시점의 매수단가에서 10% 추가하락시 3차 매수) : 보유금액 64,500원 → 17,700원에 3주 2차 매수. 매수단가 19,600원 : 총 보유금액 117,600원 : **-9.6% 평가손.** 17,640원에서 3차 매수 가능

2021.03.18. JYP Ent. 추가 하락!

2차 매수까지 한 사람은 주가가 매수단가인 19,600원을 넘어서면 수익권입니다. 즉 주황색 수평선을 넘어서는 순간부터 수익입니다. (1차 매수에서 한 방하신 분은 매수단가가 21,500원이니까 한참 더 위죠.) 한편 19,600원에서 10% 추가 하락하게 되면 3차 매수를 계획했던 사람은 마지막 4주를 매수할 것입니다. 2차 매수 시점 이후 4일 만에 종가 기준으로 10% 하락선(연두색 수평선)인 17,640원 아래인 17,400원에서 종가가 만들어졌습니다. 3차 매수가 이뤄졌겠네요. 각 매매자의 상태를 정리해보겠습니다.

① (한 방에 매수) 21,500원에 10주 보유 : 보유금액 215,000원
  : **-19.1% 평가손**

② (2회 5:5 분할매수 계획 중 1차) 21,500원에 5주 보유(10% 하락시 주가 19,350원에 2차 매수개입) : 보유금액 107,500원 → 17,700원에 5주 2차 매수. 매수단가 19,600원 : 총 보유금액 196,000원
  : **-11.2% 평가손**

③ (3회 3:3:4 분할매수 계획 중 1차) 21,500원에 3주 보유(10% 하락시 2차 매수. 2차 매수 시점의 매수단가에서 10% 추가하락시 3차 매수) : 보유금액 64,500원 → 17,700원에 3주 2차 매수. 매수단가 19,600원 → 17,400원에 4주 3차 매수. 총 매수단가 18,720원. 총 보유금액 187,200원
  : **-7.05% 평가손**

모든 참여자의 매수가 끝난 시점에서 매수평단가를 차트상에 표시해보겠습니다.

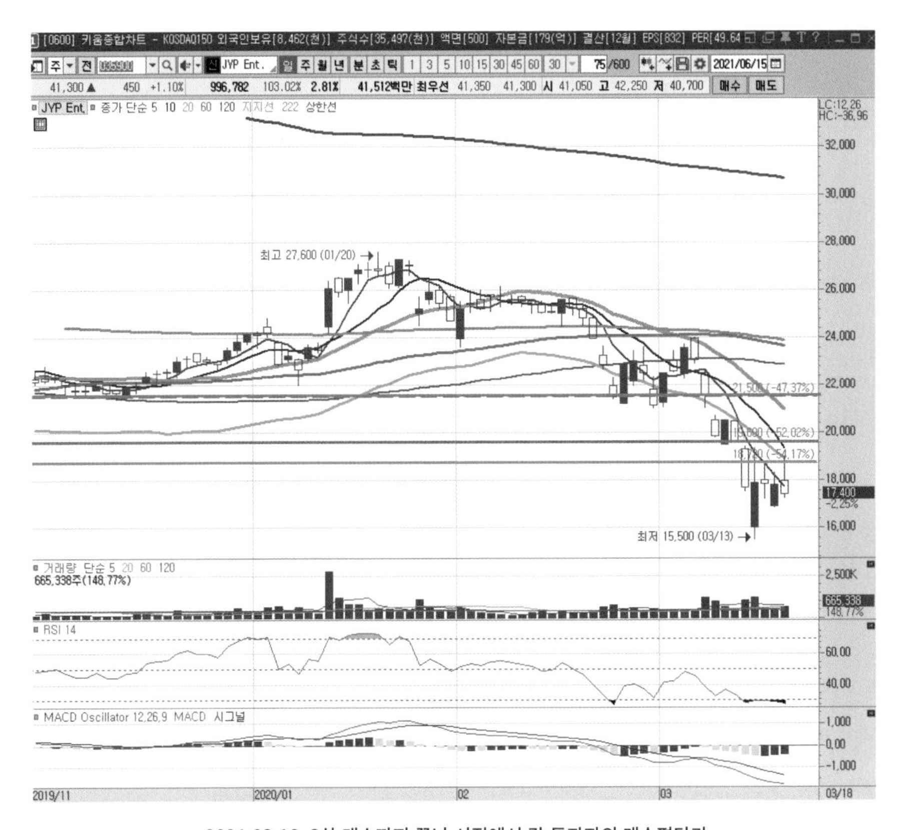

2021.03.18. 3차 매수까지 끝난 시점에서 각 투자자의 매수평단가

이제는 각자가 이 종목에 쓸 수 있는 비중만큼을 다 썼습니다. 각자의 매수평단가보다 주가가 아래에 있으므로 각자는 현재 손해를 보고 있는 중이라는 사실을 알 수 있습니다. 이제는 시간에 맡길 수밖에 없는 상황입니다. 이때가 바로 2020년 코로나로 인한 전 종목 폭락이 나오던 시점인데, 용감하게 들어가서 이런 플레이를 할 수 있다는 것 자체가 사실은 큰 경험입니다. 시간이 가면서 어떻게 변하는지 살펴보지요.

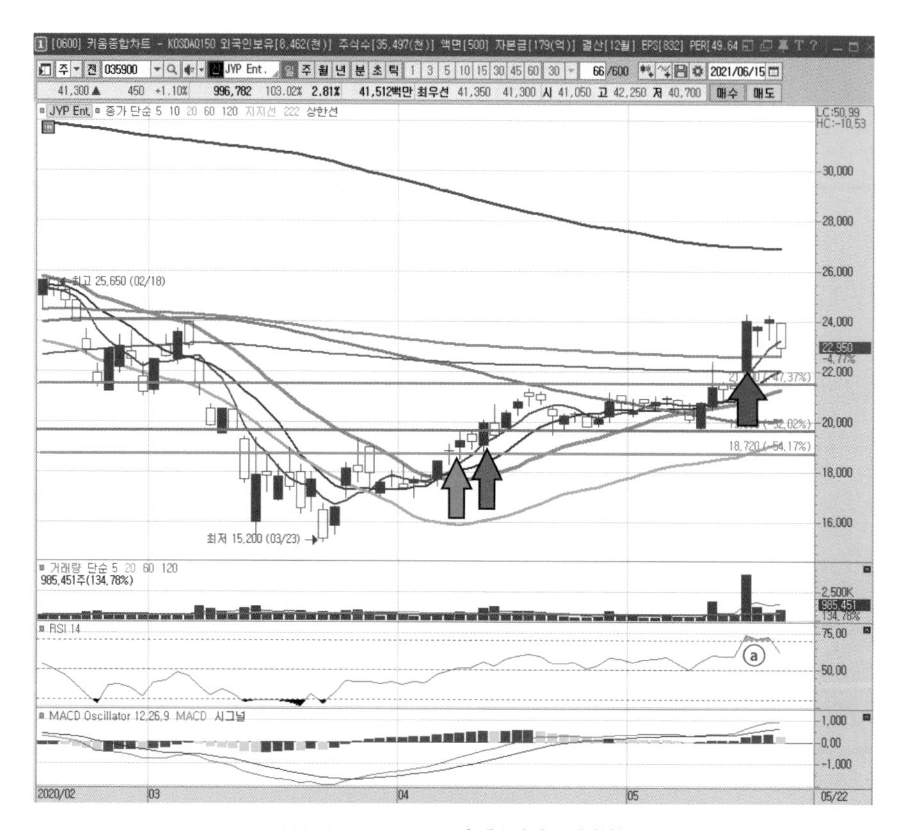

2021.05.22. JYP Ent.의 매수자별 수익 현황

각 매수자가 각자의 선택에 따라 매수했을 때 최종 매수단가는 달라지고, 그에 따라 수익실현의 시간과 크기가 달라집니다. 파란색 수평선은 한 방에 매수한 분의 매수평단가, 주황색 수평선은 2차로 나누어 분할매수한 분의 매수평단가, 초록색은 3차로 나누어 분할매수한 분의 매수평단가입니다. 그리고 각 색의 화살표는 각 매매자가 종가상 이익을 내는 시점입니다.

ⓐ시점에서 RSI 과매수권으로 들어갔다가 5월 22일 종가 22,950원으로 이탈했기 때문에 이때를 매도 시점으로 삼겠습니다.

① (한 방에 매수) 매수단가 21,500원 : 총 보유금액 215,000원

: 6.74% 실현수익률 (수익액 14,500원)

② (2회 분할매수) 매수단가 19,600원 : 총 보유금액 196,000원

: 17.09% 실현수익률 (수익액 33,550원)

③ (3회 분할매수) 매수단가 18,720원 : 총 보유금액 187,200원

: 22.59% 실현수익률 (수익액 42,300원)

이 사례를 통해 우리는 무엇보다도 분할매수를 할 경우 자신의 매수평단가까지 돌아오는 시간, 즉 본전에 도달하여 수익을 기대하게 되는 시점까지 오는 시간이 한 방에 매수하는 경우보다 많이 단축된다는 사실을 알 수 있습니다. 그만큼 마음의 부담을 빨리 덜 수 있겠죠?

그렇다면 언제 분할해서 들어가고 언제 한 방에 매수하면 좋을까요? 초급 매매자 단계에서는 정확히 분할해서 매매하겠다는 원칙을 세우고 원칙대로 하는 것이 좋겠습니다. 그러는 가운데 다양한 차트를 경험하게 되고 눈에 들어오는 패턴을 파악할 수 있게 되면 그때에서야 비로소 자금을 탄력적으로 운영할 수 있게 됩니다. 그렇지만 제 경험을 통해 얻은 것을 조금 나누자면 이렇습니다.

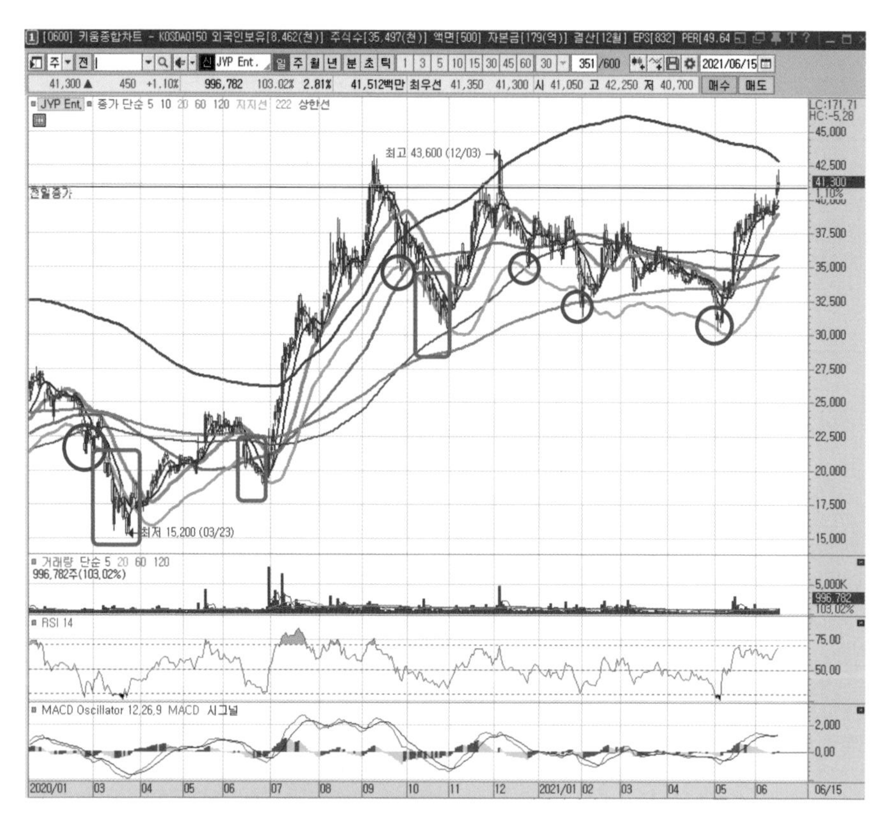

언제 분할매수하고 언제 한 방 매수해야 하는가?

지금까지 사례로 든 JYP Ent.의 경우, 2020년 2월부터 2021년 6월까지의 차트를 보면 저가권이라고 판단할 수 있는 시점에서 바로 반등하는 경우(파란 원)가 있는 한편으로 더 하락하며 밀리는 경우(주황색 박스)도 볼 수 있습니다.

일봉상 20일 이동평균선의 -10% 하단선에서는 바로 반등하기보다는 밀리는 경우가 있음을 파악할 수 있습니다. 한편, 저점을 나타내는 또 다른 신호인 RSI의 과매도권 진입 시점에서는 밀리지 않고 빠른 반등을 보이는 것을 볼 수 있습니다.

즉 저점을 가리키는 여러 보조지표도 각각의 신뢰도에 약간의 차이가 있다는 것을 기억하셔야 합니다. 다시 한번 말씀드리지만, 중급 이상의 매매자가 아니라면 원칙대로 차근차근 매매하는 것이 좋겠습니다.

지금까지 서술한 내용은 **매매자가 나름대로 비중조절을 하여 접근한 종목에서 분할매수를 통해 위험부담을 낮출 수 있음**을 사례 분석한 것입니다. 내용이 길다 보니 실제로 자신이 매매하면서 익숙해지기 전이라면 복잡하다고 생각할 수도 있습니다. 그렇지만 HTS를 통해서 매매하다 보면 적절한 요령이 생기게 됩니다. 복잡하게 계산하지 않아도 됩니다. 그보다는 이런 질문이 핵심이죠.

당신은 몇 종목까지 이렇게 대응해가면서
매매할 수 있을 것 같습니까?

초보 매매자일수록 말할 수 있는 종목 수가 적을 것입니다. 그것이 정답입니다. 다만 중장기 매매자로서 종가를 기준으로 매매한다고 하면 단기 매매자처럼 분 단위로 판단을 내리지 않아도 단지 몇 개의 보조지표를 확인함으로써 매수 관련 의사결정을 내릴 수 있으니 3종목 이상을 다뤄보시기를 추천합니다. 만약 3종목으로 압축해서 매매하겠다고 하면, 비중조절은 종목당 33%가 될 것이고(또는 30%씩 그리고 현금 10%), 이를 3차에 걸쳐 분할매수한다는 원칙을 세웠다면 매수 타점마다 투자원금의 10% 정도를 쓰게 됩니다. 그리고 매수 이후 적절한 수익률에서 일부 익절을 하게 되면 주식매수를 통해 보유하고 있는 금액과 현금이 항상 일정한 비율을 유지하면서 계속 수익을 내는 매매를 할 수 있게 됩니다. 즉 매도를 통해 수익을 확정하여 현금 보유를 하게 되면 다시 적절한 종목이 나타나서 매수할 수 있게 되는 것이죠.

10종목 정도는 다루고 싶다, 원금이 좀 크기 때문에 종목을 여럿으로 나누는 비중조절을 통해 위험부담을 분산시키고 싶다고 생각하면 종목당 비중을 최대 10%로 삼고 그에 따라 분할매수의 차수와 비중을 미리 결정해서 원칙대로 매수하면 됩니다.

예를 들어, 원금이 1000만 원이고, 비중조절을 종목당 10%로 하기로 하며, 분할매수를 2차에 걸쳐 5:5로 하기로 했다고 하면, 한 종목에 대해 1회 매수할 수 있는 금액은 50만 원어치입니다(1000만 원×10%×50%). 그러면 종가에 매수할 때 50만 원어치만 하면 되는 것입니다. 특별한 계산이 필요 없죠.

비중조절 이야기를 할 때 달걀을 한 바구니에 담지 말라는 말이 있다고 했습니다. 기억나시죠? 그런데 투자금액이 적을 때엔 집중투자를 하는 게 더 효율적이라는 말도 듣게 되실 겁니다. 다 각자의 논리가 있는 것이죠. 하지만 저는 투자금액이 작든 크든 소중한 내 돈이라는 사실에는 변함이 없으므로 위험부담을 최대한 줄이며 조심스럽게 키워나가는 방법을 택하시기를 권하고 싶습니다. 한번 적어보실까요?

① 내 투자원금은 (   )원이다.

② 나는 비중조절을 종목당 (   )%로 할 것이다. 따라서 내가 최대한 보유할 수 있는 종목의 수는 (   ) 종목이다.

③ 나는 종목당 (　　　　)회에 걸쳐 분할매수할 것이다. 따라서 1회 매수시 최대한 사용할 수 있는 금액은 (　　　　)원이다.

당신의 원금은 계속해서 늘어날 것이기 때문에 매달 말일이나 3개월마다 한 번씩 이 내용을 새로 정리해서 기억하도록 하세요. 자기가 최대한 보유할 수 있는 종목의 수를 넘어서서 보유하고 있으면 자신의 욕망이 앞서 달리고 있다는 뜻입니다. 뭔가 잘못되기 시작한 것이죠. 종목의 수가 변하려면 스스로 원칙을 정할 때 비중조절을 새롭게 한 다음이어야 합니다. 종목마다 매수 타점과 분할매수의 조건을 기록해놓으면 조금 더 손쉽겠죠? 다음 페이지의 표를 여러 장 복사해서 활용하시면 좋겠습니다.

매수유형	2차 분할매수	예
매수조건	(　　) : (　　)	5:5
매수비중	%	10%
매수비중에 따른 가능 금액	원	(1) 100만 원 *총투자원금×10%
1차 매수 가능 금액	원	(2) 500,000원 *(1)×50%
1차 매수가	원	(3) 10,000원 *1차 매수가격
매수 수	주	(4) 50주 *(2)/(3)
매수 금액	원	(5) 500,000원 *(3)×(4)
2차 매수조건	1차 매수 이후 -10%	매수 이후 -10%
2차 매수 가능 금액	원	(6) 500,000원 *(1)×50%
2차 매수 가능 가격	원 이하	(7) 9,000원 이하 *(3)×0.9
2차 매수가	원	(8) 8,900원 *실제 2차 매수가격
매수 수	주	(9) 56주 *(6)/(8)
매수 금액	원	(10) 498,400원 *(8)×(9)
2차 매수를 통해 조정된 매수단가	원	(11) 9,419원 *(12)/((4)+(9))
2차까지 보유금액	원	(12) 998,400원 *(5)+(10)
평가손실률	%	%

2차 분할매수

매수유형	3차 분할매수	예
매수조건	( ) : ( ) : ( )	3:3:4
매수비중	%	10%
매수비중에 따른 가능 금액	원	(1) 100만 원 *총투자원금×10%
1차 매수 가능 금액	원	(2) 300,000원 *(1)×30%
1차 매수가	원	(3) 10,000원 *1차 매수가격
매수 수	주	(4) 30주 *(2)/(3)
매수 금액	원	(5) 300,000원 *(3)×(4)
2차 매수조건	1차 매수 이후 -10%	매수 이후 -10%
2차 매수 가능 금액	원	(6) 300,000원 *(1)×30%
2차 매수 가능 가격	원 이하	(7) 9,000원 이하 *(3)×0.9
2차 매수가	원	(8) 8,900원 *실제 2차 매수가격
매수 수	주	(9) 34주 *(6)/(8)
매수 금액	원	(10) 302,600원 *(8)×(9)
2차 매수를 통해 조정된 매수단가	원	(11) 9,145원 *(12)/((4)+(9))
2차까지 보유금액	원	(12) 602,600원 *(5)+(10)
평가손실률	%	%
3차 매수조건	2차 매수를 통해 조정된 매수단가의 -10%	2차 매수를 통해 조정된 매수단가의 -10%
3차 매수 가능 금액	원	(13) 400,000원 *(1)×40%
3차 매수 가능 가격	원 이하	(14) 8,230원 이하 *(11)×0.9
3차 매수가	원	(15) 8,100원 *실제 3차 매수가격
매수 수	주	(16) 50주 *(13)/(15)
매수 금액	원	(17) 405,000원 *(15)×(16)
3차 매수를 통해 조정된 매수단가	원	(18) 8,838원 *(19)/((4)+(9)+(16))
3차까지 보유금액	원	(19) 1,007,600원 *(12)+(17)
평가손실률	%	%

3차 분할매수

2장

주식시장은 어떻게 움직이는가?

저점 매수를 위한 주식투자의 기본 전제들

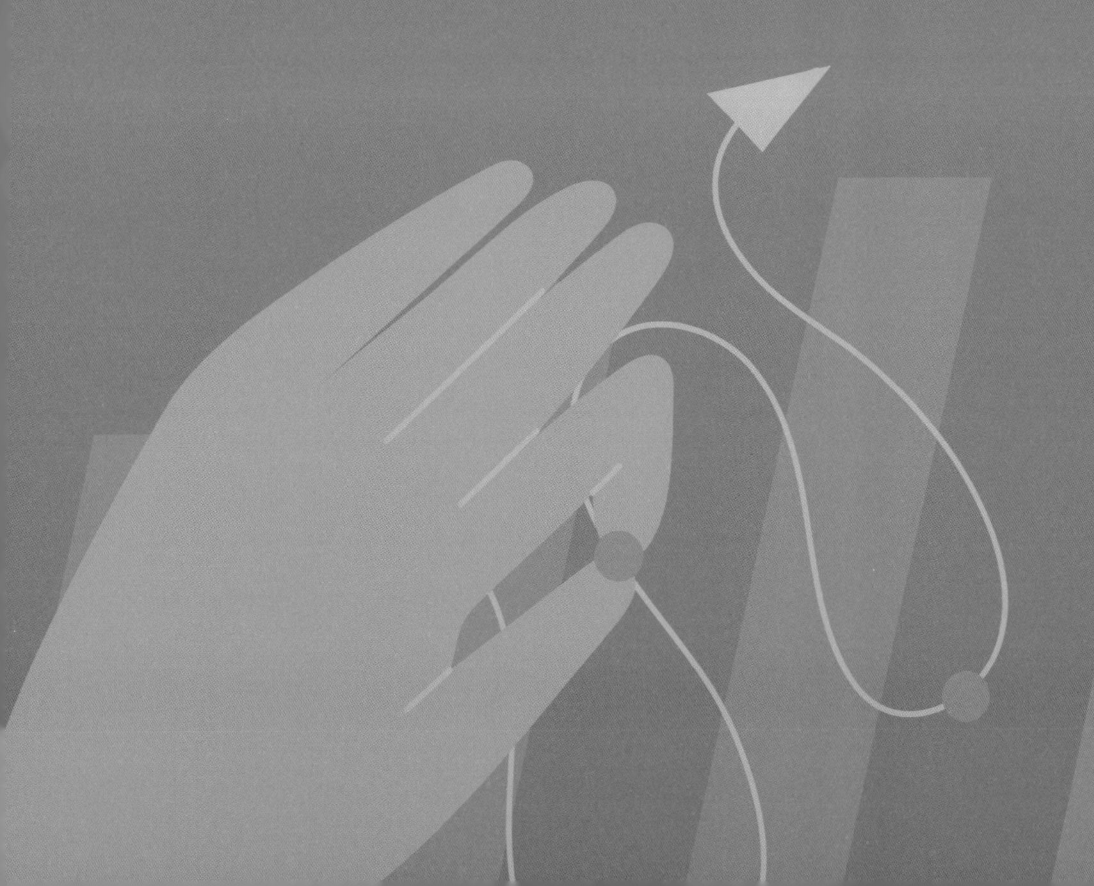

시간은 많은 문제를 해결해준다

주식시장에 들어온 많은 투자자(매매자)들은 수익과 손실이 만들어지는 과정의 속도감에 취한 나머지 종종 후회를 동반하게 되는 결정을 내리게 됩니다. 보통 이런 결정을 내리고, 그 이후에 또 이런 이유로 후회하게 됩니다.

① 손해를 많이 본 것 같아서 손절매하여 손실을 확정한다. (그러나 나중에 그 종목을 살펴보면 주가가 올라 있다.)

② 이익을 적당히 본 것 같아서 매도하여 수익을 확정한다. (그러나 나중에 그 종목을 살펴보면 매도한 가격보다 더 높게 주가가 올라 있다.)

③ 급등하는 것 같아서 따라잡았다. (그러나 매수 후 주가가 좀 오르는 듯하다가 계속 하락한다.)

속도감이란 상승률 대비 주가 상승에 걸린 시간이라고 바꾸어 말할 수 있습니다. 예를 들어 30% 상승하는 데 하루만으로도 상한가를 치며 상승할 수 있고(빠르다!) 수십 일이 걸려 상승할 수도 있습니다(느리다!). 실력과 경험이 뒷받침되지 않은 채 빠른 수익만을 원하는 투자자들은 매수 후 급한 상승이 일어나지 않으면 실망하여 매도하고, 급한 하락이 일어나면 놀라서 매도해 버립니다.

물론 빠른 매매의 기술을 몸에 익힌 일정 수준 이상의 매매자라면 리스크를 관리하며 속도감을 즐길 수 있겠지만, 그렇지 않은 일반적인 매매자는 **시간을 충분히 들이는 매매**를 하는 편이 안전합니다. 보통의 투자자는 자신이 투자하는 투자금의 크기보다는 시간에 의지하는 편이 낫습니다. 시간은 많은 경우 주식 매매와 관련된 문제를 해결해주기 때문입니다.

모든 종목은 종목이 속한 업황에 따라 상승하는 시기가 있고 하락하는 시기가 있습니다. 실력이 부족하여 어떤 종목을 하락이 시작하는 시기에 매수했다고 한다면 다음의 상승기를 기다려서 손실을 회복할 수 있으며, 운이 좋아서 어떤 종목을 상승이 시작하는 시기에 매수했다고 하면 하락이 시작하기 직전까지 포지션을 유지하여 수익을 최대한으로 거둘 수도 있습니다. 이런 식으로 긴 시간을 **활용하는 방법에 대한 개념이 없기 때문**에 많은 투자자/매매자들이 아까운 자산을 녹여버리고 마는 것입니다.

긴 시간을 활용하는 투자를 하기 위해서는 나쁜 종목에는 손을 대서는 안 됩니다. 불량식품 같은 이러한 종목들은 급등을 보여주면서 투자자를 꾀고, 유혹된 투자자들이 매수 후 내리는 주가에 어찌할 줄 모르다 상장폐지나 거래정지를 당하게 만듭니다. 좋은 종목들 많습니다. 그런데, 뭐하러 나쁜 종목에 손을 대 고생을 합니까?

긴 시간의 활용이라는 전제에 동의하신다면, 자신의 시간을 스스로 단축시키는 일을 절대로 해서는 안 됩니다. 다시 말해, 시간적 제약이 있는 돈을 써서는 안 된다는 것입니다. 특히 ①미수를 통한 매매(3일), ②신용을 통한 매매(1개월~3개월), ③대출을 통한 매매는 그 자금에 대한 상환 기간이 정해져 있으며, 이런 자금을 이용해서 훈련되지 않은 일반 매매자가 매수하게 되면 주가 하락에 적절히 대응하기 어렵습니다. **반대매매**라는 제도가 있어서, 미수를 사용한 매수금은 3일 후에 강제로 매도되기도 합니다. 미수나 신용, 대출은 자기 자본의 몇 배를 투자자금으로 활용하여 수익을 더욱 크게 만드는 레버리지(지렛대) 효과를 거둘 수 있다며 마음이 급한 투자자를 유혹합니다만, 그 타이밍에 따라 몇 배의 손실이 날 수도 있다는 점을 잊어서는 안 됩니다.

신용의 경우 역시 거래되는 주식 수를 계산할 수 있기 때문에, 급격한 상승시 개미투자자들이 신용을 써서 매수하면서 달라붙는다는 것을 '누군가'는 알게 되고 그들은 주가의 상승을 막거나 떨어뜨립니다. **결국 미수나 신용을 활용하여 레버리지를 활용한 수익을 낼 수 있는 사람들은 최상위급 매매자들로 제한된다고 말할 수 있습니다.** 훈련하는 과정에서는 자기 돈으로만 투자하셔야 합니다. 그래야 긴 시간을 활용할 수 있습니다.

긴 시간은 종목이 가진 다양한 위험요소(리스크)나 악재를 스스로 소화합니다. 따라서 **적절한 종목을 알맞은 타이밍에 매수한 상황**이라면 지금 당장은 물린 것 같고 수익은커녕 본전이나 건질 수 있을까 하는 불안한 마음이 들더라도 결국 긴 시간을 통해 가볍게 해결된다는 것을 아실 수 있습니다. 주식투자를 하기로 마음먹은 이상, 제대로 공부하면 평생을 즐겁게 해나갈 수 있습니다. 긴 시간을 활용하는 투자를 한다는 것이 우리가 공부하는 기본 전제가 될 것입니다.

종목에는 관리하는 주인이 있다

'주가 관리'라는 말은 논란의 소지가 있습니다만 주가는, 특히 매일의 종가는 불특정 다수의 불특정한 매매의 결과가 반영된 것이 아닙니다. 주가가 특정한 방향성을 갖고 움직이려면 그 방향으로 **보내주는** 자금이 집중적으로 집행되어야 합니다.

더 직설적으로 말씀드리자면, 주가가 상승하기 위해서는 매도하려는 사람들이 던지는 물량을 계속해서 매수를 통해 받아내는 동시에 더 높은 가격으로 일정한 기간 동안 사서 올리는 움직임이 있어야 합니다. 특히 시가총액이 높거나 주가 자체가 비싼 주식일수록 일반 매매자들은 그 방향성에 영향을 미치지 못한다고 보는 것이 좋습니다. 그렇기 때문에 주가가 방향성을 갖고 움직이기 위해서는 개인들의 매수나 매도세보다는 외국인이나 기관의 매수나 매도의 기세가 중요한 것입니다.

일반적으로 알려진 우량주가 아닌 기타 종목들은 큰 자금을 이용해서 주가를 원하는 방향으로 움직이는, 일반적인 개인이 아닌 '누군가'가 존재합니다. 주식투자를 하다 보면 듣게 되는 '세력' 또는 '형님들'이라고 일컬어지는 존재입니다. 이들은 다른 일반 매매자들의 눈에 자신들이 다루는 종목이 쉽게 눈에 뜨이도록 **상한가나 20% 이상의 장대 양봉**을 만들면서 주가를 움직이기 시작합니다. 즉 자신들이 주가를 원하는 만큼 올렸을 때 누군가에게 팔고 빠져나오기 위해서는 미리 세팅해놓을 필요가 있고, 그 시작점이 앞서 말한 눈에 띄는 상한가/장대 양봉인 것입니다.

우리는 일반적인 개미투자자이기 때문에, 종목별로 성격을 파악하고 그에 발맞춰 움직이게 되면 조금씩 수익을 낼 수 있습니다. **나 자신이 수익을 만드는 것이 아니라, 만들어지는 수익의 폭 안에서 조금 얻어먹는 것입니다.**

외국인이나 기관이 주가의 움직임을 만드는 종목인 경우, 개인이 매수하는 날에 함께 매수해서는 수익을 내기 어렵습니다. 외국인이나 기관이 주가를 하락시키는 쪽으로 마음먹었을 때는 외국인/기관의 수익실현 물량을 개미들이 받아주는 역할을 하는 것이기 때문이죠. 외국인이나 기관은 주가를 떨어뜨리면서도 수익을 낼 수 있는 **공매도**라는 무기를 갖고 있습니다. 외국인이나 기관 같은 주가 관리자들이 하락으로 방향을 유도하면 매수개입하지 않고 기다렸다가 그들이 공매도 수익실현을 위해 주식을 되살 때 함께 매수해서 수익을 내면 됩니다. 이런 날은 개인이 파는 날이 되겠죠?

세력이 관리하는 종목일 경우에는 상승 후 조정 중 추세를 전환하는 과정에서 매수개입함으로써 수익을 낼 수 있는 확률을 높일 수 있습니다. **주가는 남들이 만들어주는** 것으로 생각하시고, 남들이 움직이는 흐름을 주의 깊게 살피는 방향으로 공부하셔야 합니다. 그 '남들'이 어떻게 움직이는지를 파악하는 것이 이다음부터 공부할 내용입니다.

주가를 관리하는 세력들이 수익을 내기 위해서는 물량을 확보해야만 합니다. 따라서 온갖 방법을 동원하여 어르고 달래며 또는 겁을 주면서 당신이 보유한 주식을 뺏으려 할 것입니다. 수익이 먼저가 아니라 뺏느냐 빼앗기느냐의 싸움이 먼저입니다. 세력이 이런 갖은 수를 써서 당신으로부터 주식을 뺏으려고 할 때에도 결국은 누구도 벗어날 수 없는 주식투자의 전제 사항들을 알아놓으면 당신도 뺏는 쪽에 서게 되고 당신의 계좌는 서서히 수익으로 바뀌게 될 것입니다.

주식은 오른다

주식의 가격은 종목이 속해 있는 산업군에 따라 차이는 있을지언정 시간의 흐름에 따라 상승한다고 생각하면 틀리지 않습니다. 엄격한 심사를 거쳐 한 기업이 코스피 또는 코스닥에 상장된다는 사실 자체가 각각의 산업 분야에서 대한민국을 대표하는 기업임을 방증하는 것이며, 상장된 기업들은 존속과 성장을 위해서 그 어느 경쟁 기업보다도 치열하게 노력하기 때문입니다. (물론 상장폐지되는 기업도 나오기도 하지만. 확률적으로 그렇다는 것입니다.)

특히 시간의 폭이 넓어질수록, 성장하는 산업군에 속하는 종목들은 높은 확률로 상승한다는 사실을 확인할 수 있습니다. 이런 수익을 만끽하지 못하는 이유는, 결국 투자자 각자가 갖고 있는 투자심리상의 시간폭이 종목이 상승하는 시간폭보다 짧기 때문입니다.

예를 들어, 무언가의 중도금과 잔금을 그냥 은행에 묵혀두기에는 아까워서 삼성전자의 주식을 매수했다면, 매매자의 시간폭은 매수 시점부터 중도금을 치르는 때 그리고 잔금을 치르는 때까지가 될 것입니다. 이 시간폭이 10년이 되지 않기 때문에 종목의 전체적인 상승폭을 모두 누릴 수는 없다는 말입니다.

외부요인으로 인한 시간폭의 제약뿐 아니라, 매매자 자신이 스스로 참지 못하는 시간폭이 있을 수도 있습니다. 일반적으로 이는 수익폭이나 손실폭과 연결되는데, 3~5%나 백만 원 단위의 수익만 나도(또는 손실만 나도) 빨리 수익을 실현하고 싶어 하는 사람은 그 시간폭이 정말 짧다고 말할 수 있겠습니다.

실제로 투자금액이 커질수록 데이트레이딩(단타 매매)하기에는 무리가 생깁니다. 짧은 시간에 많은 물량을 사 들어가게 되면 세력이 계산하는 것과는 다른 상황이 되어(이를 '수급이 꼬인다'라고 말합니다) 오를 주식도 오르지 않게 되기 때문입니다. 결국 성공하는 투자를 하려면 장기투자로 갈 수밖에 없습니다. **시간을 주면 주식은 반드시 오르게 되어 있다**는 전제를 항상 기억하세요.

다음 페이지의 차트는 10년간의 삼성전자의 주가 흐름을 보여주고 있습니다. 2011년에 매수했다면 2021년 1월 초 삼성전자의 최고점일 때 거의 7배의 수익을 거둘 수 있었을 것입니다. 그 기간의 배당도 있었을 것이고요. 그렇다면 삼성전자는 여기서 끝일까요? 그것은 아무도 모르는 일입니다. 어떤 분야의 산업이 미래의 성장을 기대할 수 있고, 어떤 분야의 산업이 쇠퇴해가는지는 뉴스를 관심 있게 보는 것만으로도 어느 정도 감을 잡을 수 있습니다. 또한 특별하게 큰 성장은 하지 않더라도 우리의 삶에 꼭 필요한 것으로서, 변하지 않고 꾸준히 성장하는 사업에 연관된 종목들도 많이 있습니다.

2011년~2021년 10년간의 삼성전자 월봉

주식은 오랫동안 꾸준히 할 만한 가치가 있는 몇 안 되는 일이라고 생각합니다. 단기 매매에 적합한 기술을 배우고 활용하여 짧은 수익을 거두어 나가는 한편으로, 오랫동안 보유하면서 상승을 만끽하는 장기투자를 해내가는 것도 좋은 선택입니다. (모든 종목이 10년을 묵히면 무조건 오른다, 100% 오른다는 말은 아닙니다. 그래서 업종에 관한 공부나 매수 타이밍에 관한 공부가 필요한 것이기도 합니다. 다음 전제를 읽어봐 주세요.)

| 주식은 오르고 내린다

앞선 전제에서는 주식의 가격이 긴 기간을 두고 오른다고 하였습니다. 그러나 큰 상승의 흐름 안에서는 반드시 주가 하락의 시기가 있습니다. 간단히 말해, 상승과 하락을 반복하면서 결과적으로는 오른다는 말입니다.

다음 페이지의 삼성전자 월봉차트에서도 시작과 끝을 비교하면 큰 상승이 있었지만, 그 사이사이에 오랫동안 유지되는 하락이 있었음을 알 수 있습니다. 오랫동안의 지속적인 하락이나 일정 범위 내에서 특별한 상승이 보이지 않는 등락이 반복되면 심리적으로 실망하게 되어 결국 보유를 포기하고 작은 이익이나 손실로 매매를 결정짓고 종목을 떠나게 됩니다. 물리는 사람들은 주가가 하락하는 시간의 폭보다 짧은 투자 시간폭을 갖고 있기 때문에 그 하락이 마무리되고 상승하는 시간까지를 참지 못하고 스스로 지쳐서 손절매를 하게 되고, 결국 손실을 확정하게 되는 것입니다.

그렇기 때문에, 매수한 종목의 주가가 하락하게 되면 '아, 이 종목은 하락이 시작되었으니 일정 시간 동안은 내리겠구나. 다시 상승으로 방향을 돌릴 때까지는 매수하지 않고 기다려야겠다'라고 생각해야 합니다. (물론, 가능하면 매수한 이후 상승이 시작되는 종목과 타이밍을 찾는 게 더욱 좋지요.) '내가 산

종목이 왜 내리지?' 하며 마음 아파할 필요가 없습니다. 다시 말씀드리지만, 주식은 오르고 내립니다. 내린 다음에는 다시 오릅니다.

2011년~2021년 10년간의 삼성전자 월봉 흐름 중 하락추세의 시기

문제는 종목마다 하락의 시간폭이 다르기 때문에 투자자 자신이 가진 시간폭보다 길지 짧을지를 알기 어렵다는 것입니다. 따라서 우리는 기술적 분석을 통해 다음의 중요한 지점을 파악하는 공부를 하게 될 것입니다.

• 상승의 끝 무렵 - 하락의 시작 무렵을 찾는 방법

- **하락의 끝 무렵 - 상승의 시작 무렵을 찾는 방법**

위의 내용을 공부하여 매수매도의 타이밍이 실제로 눈에 들어오기 시작하면 주식이 정말 재밌어집니다. **주식은 오르고 내린다는 전제**를 기억해서, 상승 기간의 원금과 이익을 상승의 끝부분에서 이익실현한 다음, 하락 동안은 매매하지 않다가 다시 상승이 시작하는 부분에서 매수하여 상승의 끝에서 매도하는 방식을 반복하게 되면 복리의 효과가 극대화됩니다. 이론적인 얘기일 뿐이라고 생각하실 수 있습니다. 그렇기 때문에 우리는 앞으로 공부하면서 감정을 최대한 배제하고 객관적인 상황에서 매매하는 방법을 알게 될 것입니다.

주가는 기준선을 중심으로 오르고 내린다

지금부터는 주가가 오르고 내린다는 기본 전제에 더해 **'어디서 오르기 시작하고 어디서 내리기 시작하는가?'**에 대한 해석을 위해 우리만의 프레임을 몇 개 마련하려고 합니다. 프레임이 만들어지면 그 프레임 밖의 것은 무시함으로써 우리는 유혹되지 않고 집중할 수 있습니다. 주가의 움직임에 대한 변하지 않는 기본 전제를 이해하고 매매를 위한 프레임을 만드는 것입니다.

주가는 그냥 오르고 내리는 것이 아니라 '무언가를 기준'으로 삼아 그 기준으로부터 일정폭 상승하고 일정폭 하락합니다. 그리고 그 기준이 되는 무언가를 저는 **이동평균선**으로 삼고 있습니다. 이동평균선은 그 선이 만들어진 기간 동안 매매를 한 투자자들이 합의한 가격이라고 이해하면 크게 틀리지 않습니다. (수학적으로는 n일간의 종가의 합을 n으로 나눈 것을 그 시점에서의 이동평균선 가격이라고 설명하지만, 왠지 실감이 나지 않습니다. 이동평균선에 대해서는 4장에서 더 자세히 개념을 잡도록 하겠습니다.)

이렇게 특정 이동평균선을 중심으로 주가가 일정한 폭의 상승과 하락을 반복하며 만드는 것을 '채널(channel)'이라고 하는데, 우리는 보조지표를 활용하여 사전에 차트상에 채널을 설정해놓고 주가가 그 근처에 왔을 때 매수와 매도의 근거로 삼을 수 있습니다. 채널을 표시해주는 보조지표에는 **엔벨로프**와 **볼린저밴드**를 많이 사용합니다.

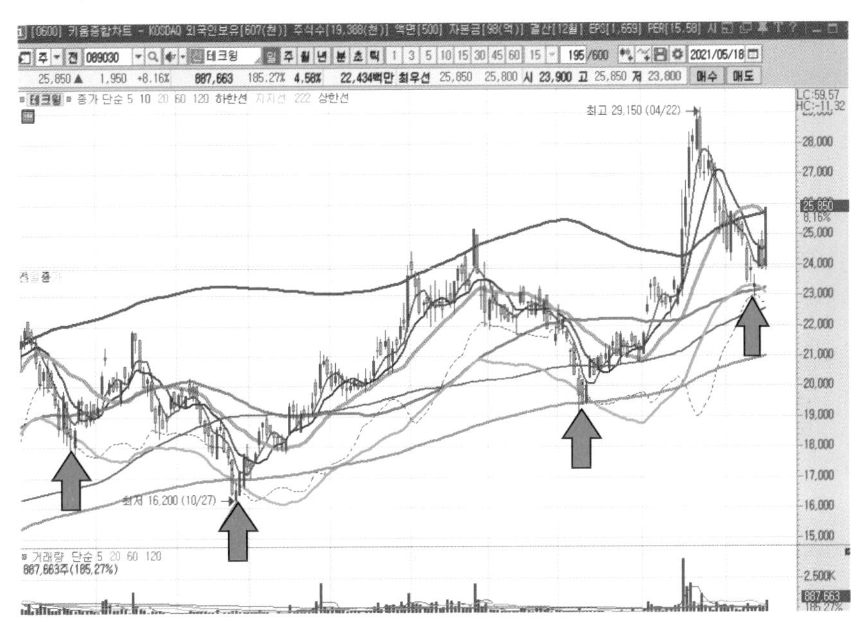

2020년 8월~2021년 5월까지의 테크윙의 주가 흐름

사례는 테크윙의 약 1년 동안의 주가 흐름입니다. 일봉상 20일 이동평균선(노란색)을 기준으로 -10% 가격을 채널의 하단(연두형광색)으로 표시되도록 설정하였습니다. 초록색 화살표로 표시한 것과 같이, 20일 이동평균선의 가격보다 10% 아래로 하락한 시점에서 매수하면 일정 정도 이상의 수익을 거둘 수 있었음을 알 수 있습니다. 매수 시점을 찾아서 크게 고민할 필요도 없습니다. 1년에 4번만 매수해서 큰 수익을 거두는 것입니다. 기본 전제를

모르고 프레임을 갖고 있지 않은 보통 매매자라면 너무 떨어지는 것 같다는 '기분' 때문에 매수할 수 없는 시점에서 우리는 매수해서 수익을 낼 수 있게 되는 것입니다.

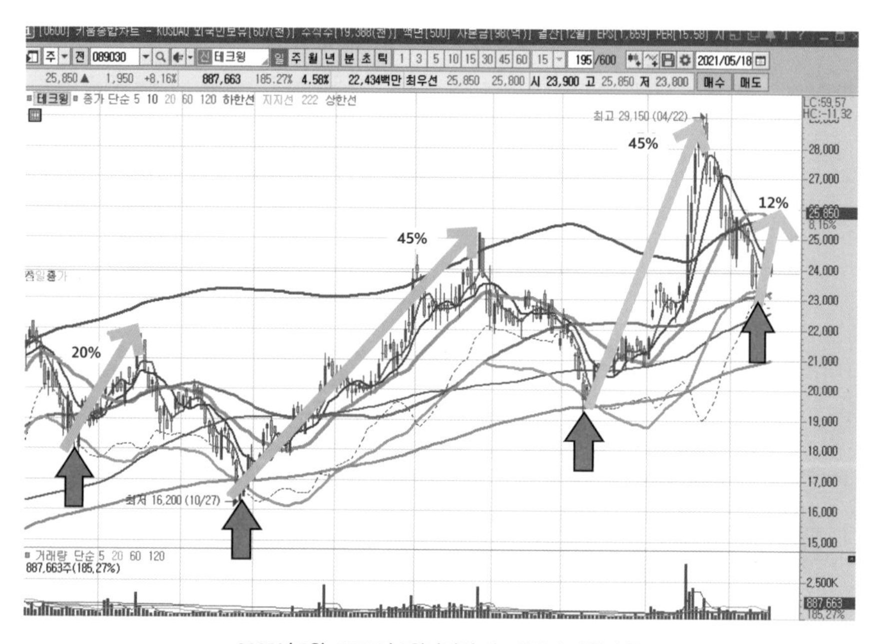

2020년 8월~2021년 5월까지의 테크윙의 수익률 흐름

수익률을 단순히 더하기만 해도 20% + 45% + 45% + 12% = 122%가 되며, 매도 후 원금과 수익금을 다시 합쳐 투자함으로써 복리 효과를 거두었다면 282%가 됩니다! 기준선을 중심으로 한 채널매매법을 사용하고 싶을 경우, 기준 시간 차트에 따라 활용하기 적절한 채널폭이 다릅니다. 또한 하나의 기준선과 채널을 사용할 때에는 채널폭이나 기준선을 바꿔서는 안 됩니다.

주가는 일정한 시간 간격으로 오르고 내린다

RSI는 Relative Strength Index의 첫머리 글자를 딴 약어로서, 우리말로는 상대강도지수(相對强度指數)라고 합니다. 1978년 미국의 웰스 와일더(J. Welles Wilder Jr.)가 개발한 RSI는 가격의 상승압력과 하락압력 간의 상대적인 강도를 나타냅니다. RSI는 일정 기간 동안 주가가 전일 가격에 비해 상승한 변화량과 하락한 변화량의 평균값을 구하여, 상승한 변화량이 크면 과매수로, 하락한 변화량이 크면 과매도로 판단하는 방식입니다. 보통 14일을 일정 기간으로 삼는데, 주식시장은 1주일에 5일간 개장하므로 **약 3주 동안의 상승과 하락의 강도**를 알려준다고 보면 되겠습니다.

주가는 끝없이 상승할 수도 없고 끝없이 하락할 수도 없습니다. 주식은 오르고 내린다는 전제를 두고, 앞에서는 이동평균선을 중심으로 만들어지는 상승주가와 하락주가의 폭을 매수매도의 반복주기로 삼았다면, **RSI는 특정한 기간 동안의 상승과 하락의 '세기(강도)'로서 반복을 인식**할 수 있도록 해줍니다. '너무 올랐다'와 '너무 내렸다'를 일정한 지표의 형태로 객관적으로 알 수 있게 해주는데, '너무 올랐다'를 과매수, '너무 내렸다'를 과매도라고 말하며, 우리는 이를 이용하여 매수와 매도의 기회를 찾아냅니다.

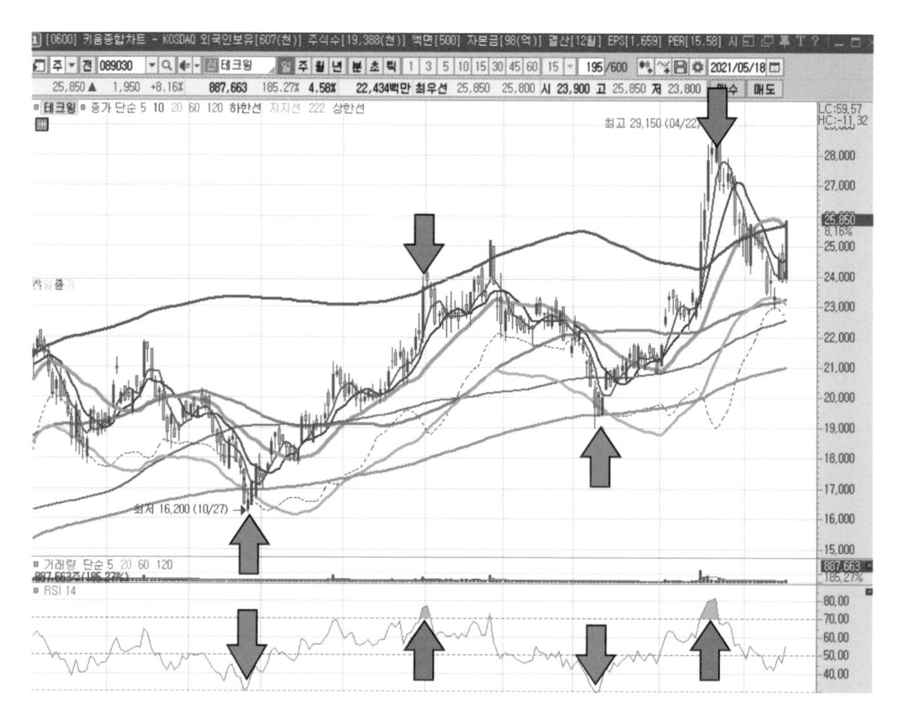

2020년 8월~2021년 5월까지의 테크윙의 주가 흐름(RSI)

위의 차트에서 초록색 화살표는 RSI 지표가 30 이하, 즉 주가가 하락하여 과매도권으로 진입한 때를 보여주고 있습니다. 그때를 기준으로 앞 14일 동안의 주가 하락의 폭을 살펴보면 대단히 급격하게 떨어졌다는 사실을 알 수 있습니다. 이런 과매도권에서 매수하여 오렌지색 화살표로 표시된 과매수권에서 매도할 경우 높은 수익률을 기대할 수 있음을 알 수 있습니다.

일봉을 기준으로 매매할 경우, RSI가 과매도권으로 떨어질 정도의 급격한 주가 하락은 1년에 몇 차례 나오지 않습니다. 따라서 관심종목 중에 RSI

의 과매도권 진입이 확인된 종목이 있다면 적극적인 매수 타이밍이라고 생각해야 할 것입니다. 왜냐고요? 떨어질 만큼 떨어졌으니까 이제 남은 건 상승밖에 없기 때문이죠!

RSI가 과매도권까지 떨어진 상황은 그 기간 동안 '팔 사람은 다 팔았다'라고 해석할 수 있습니다. 반등을 기대하면서 붙들고 있는 사람이 없으니까 많지 않은 매도 거래량으로도 급락을 유도할 수 있습니다. 과매도권으로 떨어지기까지의 주가 하락의 진행기간 동안에는 반등을 기대하며 매수로 대응하는 세력도 없습니다. 매도하는 기세를 아무도 받아주지 않으니 밑으로 밑으로 내려가는 것이며, 이 하락에 공포감을 느끼면 그나마 보유하고 있던 사람도 손을 들고 던집니다. **마지막까지 낮은 가격에 던지는 주식은 누가 사게 되는 것일까요? 산 사람은 무엇을 기대하는 것일까요?**

한편, RSI는 14일이라는 기간을 기준으로 하기 때문에 **과매도권으로 들어간 이후로도 날짜가 지나면서 주가의 하락이 지속되면 RSI의 과매도 상태가 유지될 수 있음을 기억해야 합니다.** (이럴 경우에도 적절한 기준을 설정해서 추가매수를 통해 단가를 낮추고 비중을 높여서 더 큰 수익을 도모할 수 있습니다.)

다음 페이지의 차트는 코로나로 인해 폭락이 있었던 2020년 3월의 테크윙의 모습입니다. 하늘색 선으로 표시된 지점이 RSI 과매도권으로 들어간 시점인데, 그 이후로도 날짜가 지나면서 하락이 지속되어 과매도권이 유지되는 것을 볼 수 있습니다. RSI를 적용하는 시간축이 일봉보다 장기일 경우, 즉 주봉이나 월봉이면 RSI 보조지표의 신뢰도는 더 높아집니다. 반대로 시간축이 30분봉이나 3분봉과 같이 일봉보다 단기인 경우에는 RSI 과매도 신호는 자주 나오고 또 주가가 과매도권 진입 후에 밀리는 경우도 많습니다.

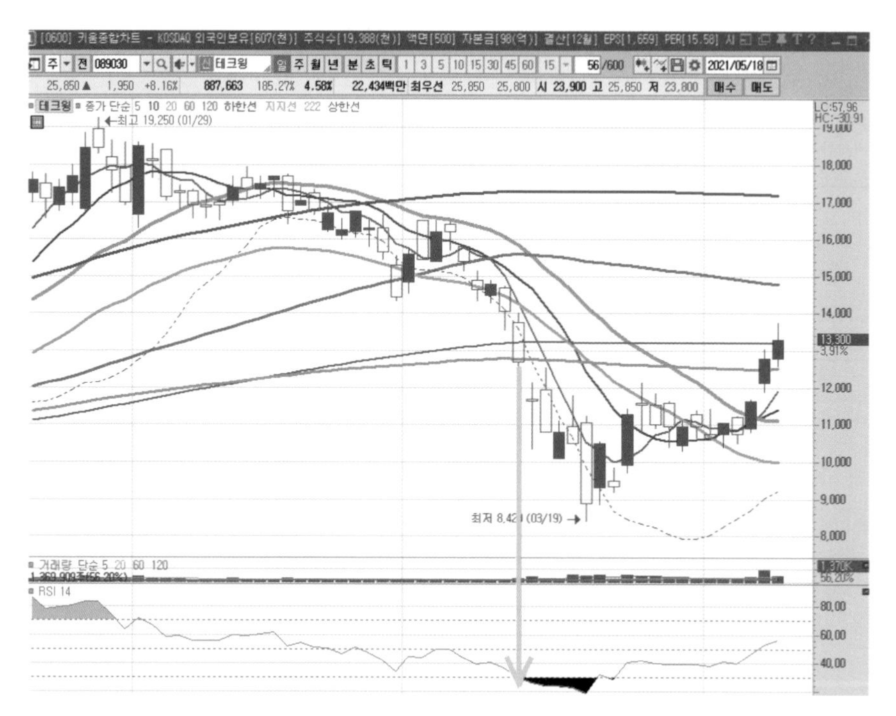

2020년 3월의 테크윙. RSI 과매도권 진입 후에도 하락이 이어진다.

예를 들어, 30분봉을 시간축으로 삼아 매매하는 단기 매매자들이 보는 RSI는 30분봉 14개가 만들어지는 기간의 상대강도인 셈이므로, 30분×14개=420분 즉 7시간 동안의 상대강도를 뜻하게 됩니다. 우리 주식시장이 오전 9시부터 오후 3시 30분까지 6시간 30분 동안 개장하니까, 하루 정도의 상대강도라는 뜻이 됩니다. 3분봉으로 한다고 생각하면 3분×14개=42분 동안의 상대강도니까 RSI가 보여주는 신호만을 신뢰하고 매매하기에는 신호가 너무 자주 나올 수 있습니다. 이 점은 반드시 기억해놓으시길 바랍니다.

한편, 단기 매매자일 경우 상승 후 조정 기간 중에 30분봉상 조정범위 안에서 과매도권으로 들어갈 경우, 조정이 끝나고 상승으로 전환하기 직전의 신호라고 이해하고 매수할 수 있습니다. 매우 중요한 매매기법입니다.

주가는 추세를 만들며 오르고 내린다

우리는 앞선 전제를 통해 RSI 보조지표를 활용하여 일정 기간(14일) 동안의 상승과 하락의 강도를 객관적으로 측정할 수 있고, 이를 활용하여 주식의 매매 타이밍을 잡을 수 있다는 사실을 배울 수 있었습니다. 일봉을 기준으로 매매하는 중장기 매매자의 관점에서, RSI의 14일이라는 기간은 실제로 짧은 기간이 아닙니다. 극단적으로 말해서, 14일 동안 주가가 급하락하여 과매도권에 들어갔다는 뜻은 과매도권에서 매수개입했을 경우 주가가 과매도권에서 벗어나서 상승을 이어갈지 아니면 계속 하락할지 판단하기 위해서 14일 정도는 지켜봐야 한다는 말이기도 합니다.

RSI가 과매도권을 탈출한다는 것은 주가가 하락을 멈추고 방향을 돌려 상승으로 전환된다는 말입니다. 과매도권 진입 및 이탈을 기준으로 매수한 매매자는 수익을 보고 있는 셈인데요, '그 수익을 얼마만큼 끌고 갈 수 있는가?' 하는 것이 심리적으로 극복해야만 하는 중요한 과제입니다. 수익이 나는 것을 보면 빨리 매도하고 싶은 게 일반적인 개미매매자의 심리이기 때문입니다.

현재를 중심으로 차트의 앞쪽(왼쪽)에서는 급격하게 하락한 모습이 선명하게 남아 있기 때문에 '또 내리면 어떡하지?' '잠깐 반등하다 다시 떨어질 거야'라는 심리가 매매자를 짧은 수익으로 만족하고 도망치게 만듭니다. 더욱이 과매도권 탈출 후 곧바로 상승을 쭉쭉 만들어내는 것이 아니라 며칠간 오르락내리락하면 마음이 더 심란해지고요. 그래서 결국에는 일 년에 몇 번 나오지 않는 최적의 매매 타이밍에서 매수(모두가 원하는 최저가 매수!)했음에도 불구하고 지속적인 상승이 가져다주는 큰 수익을 못 거두는 경우가 많습니다.

한편, 이런 질문을 해봅시다. **RSI 과매도권에서 출발한 주가가 과매수권까지 가게 되면 상승은 끝이 나고 하락이 시작되는 건가요?** (사실, 과매도권에서 출발한 주가가 과매수권에 도달하기까지 참는 것도 어려운 일입니다만.)

아니라고 딱 잘라 대답하기 어려운 질문이지만, 본질적인 질문이기도 합니다. **주가가 과매수권에 도달했다는 사실**은 14일 전부터 당일까지의 주가 상승의 강도가 최고도에 달했다는 것을 의미하며, **달리 말하면 '이제 힘이 빠질 때가 됐다' '상승을 잠시 쉴 수도 있겠다'라고 해석**할 수도 있습니다. (과매도에 도달했을 때는 반대로 생각할 수 있고요.) 따라서 상승하는 추세를 계속 밀고 더 올라가는 예외적인 경우가 있긴 하지만, 일반적으로는 하락하는 경우가 많습니다.

그러나 대전제인 '주가는 오르고 내린다'에 비추어 생각해보면 과매수권에 도달한 다음 주가가 일정 기간 하락한다고 해도 과매도권까지 가지 않고 적당한 지점에서 반등하여 다시 상승할 수도 있고, 과매도권으로 내려간다고 해도 재상승이 일어나서 큰 상승의 흐름이 손상되지 않은 채 주가의 움직임이 지속될 수 있습니다. 즉 **특정한 기간 동안에는 하락일 수 있으나 더 큰 기간으로 보면 오르고 내리고 다시 오르면서 상승추세를 만드는 것입니다.** 그림을 통해 조금 더 개념을 명확히 하도록 하지요.

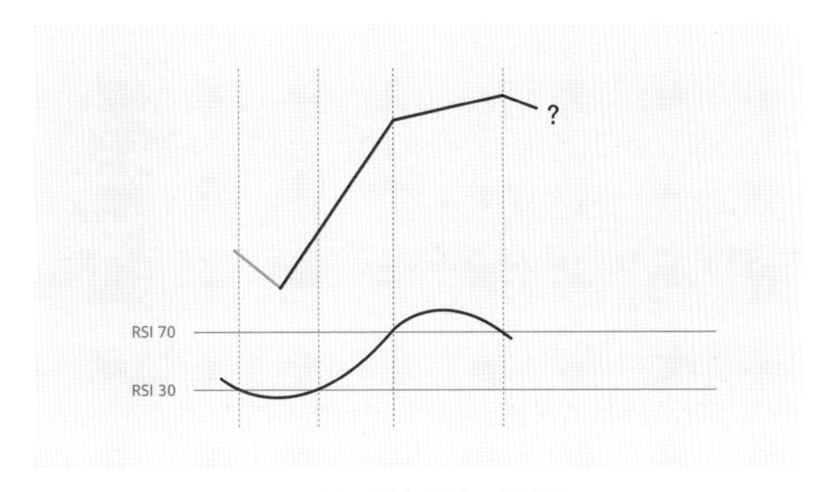

RSI 과매수권에서 이탈시 주가의 흐름

그림과 같이 RSI 과매도권인 30 이하에서 치고 올라와서 과매수권 진입할 때까지의 추세 진행 동안에는 주가의 상승이 이어집니다. 그런데 과매수권에서 이탈하면 어떻게 될까요? 이것으로 그냥 끝일까요? 다시 한번 우리는 기억해야 합니다. RSI는 오늘을 기준으로 한 14일 동안만의 상승과 하락의 상대강도를 나타낼 뿐입니다. 이탈 이후에는 대체로 이런 그림들이 나오게 됩니다.

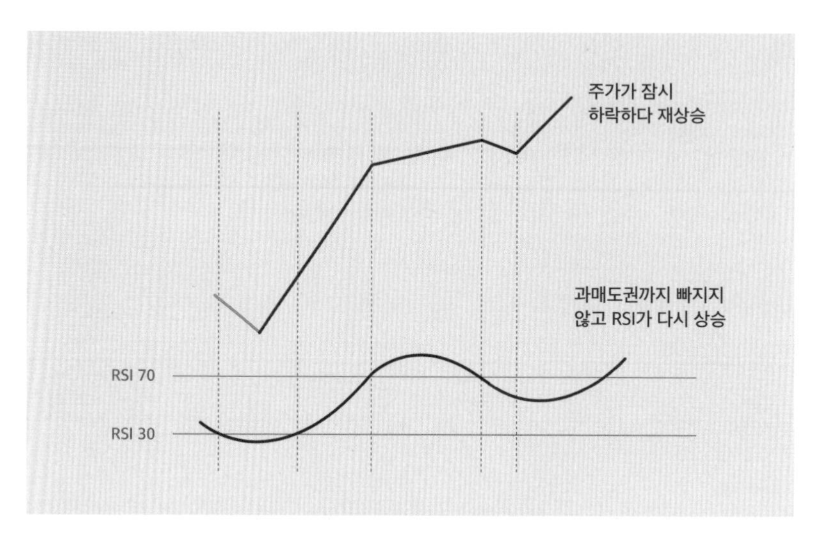
주가가 잠시
하락하다 재상승
과매도권까지 빠지지
않고 RSI가 다시 상승
RSI 70
RSI 30

RSI 과매수권에서 이탈시 주가의 흐름 2

RSI를 과매수권으로 진입시킨 주가가 하락하여 RSI도 과매수권에서 이탈하지만, 어느 정도의 하락 이후 주가의 상승과 함께 RSI도 다시 상승으로 돌아가는 경우입니다. 일봉을 기준으로 하는 RSI는 좋은 종목일수록 과매도권으로 진입하는 상황은 자주 나오지 않습니다. (좋은 종목이 단 며칠 만에 급락하는 일은 별로 없지 않겠습니까?)

따라서 일단 RSI가 **과매도권에서 탈출하여 상승하게 되면 주가는 RSI를 과매수권으로 올릴 때까지 꾸준히 상승하려는 경향을 보여주게 됩니다.** 그런 이유에서 위의 그림과 같이 주식 보유자들이 수익을 실현하는 과정에서 잠시 주가가 내릴 수 있지만, 주가가 내리는 것을 기다리던 신규 매수세력의 매수를 통해 주가가 다시 반등하면서 RSI도 하락에서 상승으로 방향을 틀게 되고, 더 나아가서는 다시 과매수권으로 들어가는 등의 모습을 보일 수 있습니다.

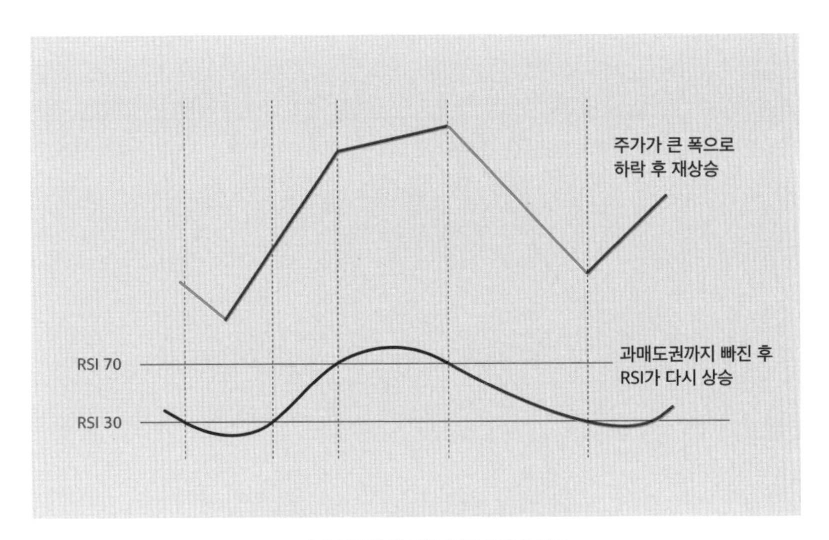

주가가 큰 폭으로
하락 후 재상승
RSI 70
RSI 30
과매도권까지 빠진 후
RSI가 다시 상승

RSI 과매수권에서 이탈시 주가의 흐름 3

상승 후 하락이 커서 RSI가 다시 과매도권으로 내려가는 경우도 있습니다. 그러고서 다시 주가가 상승하며 과매도권을 벗어납니다. **두 번째 하락으로 만들어진 저점이 첫 번째 저점보다 높은 상태라는** 점을 눈여겨봐야 합니다.

두 그림에서 다음과 같이 보이지 않던 선을 유추해볼 수 있습니다.

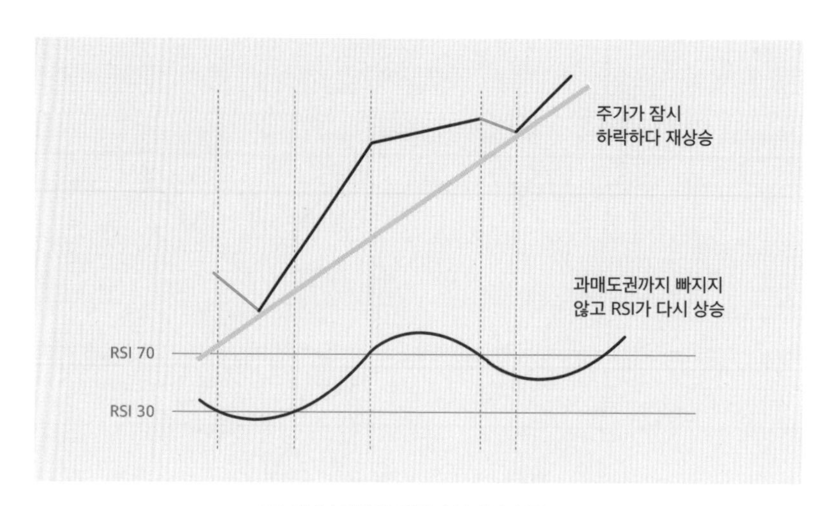
주가가 잠시
하락하다 재상승
과매도권까지 빠지지
않고 RSI가 다시 상승
RSI 70
RSI 30

RSI 과매수권에서 이탈시 주가의 흐름 2-1

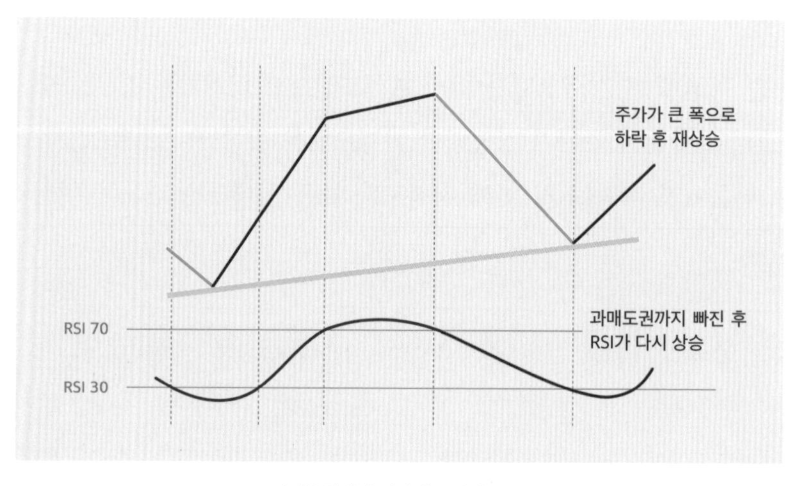
주가가 큰 폭으로
하락 후 재상승
과매도권까지 빠진 후
RSI가 다시 상승
RSI 70
RSI 30

RSI 과매수권에서 이탈시 주가의 흐름 3-1

노란색 선은 실제 차트에서는 나타나지 않지만, 우리가 차트 위에서 저점끼리 잇는 보조선을 그을 경우 확인할 수 있는 추세선입니다. 추세선은 다양한 기준으로 그을 수 있지만, 여기서는 RSI를 통해 만들어진 저점을 이어서 추세선을 만들었습니다. 어떠세요? 시간이 흐르면서 주가는(그리고 RSI도) 오르고 내리지만 결국에는 상승추세를 유지하고 있는 모습이 보이나요? 14일을 기준으로 하여 단기간의 급락이나 급등을 반복해서 알려주는 RSI보다 더 긴 시간을 활용하기 원한다면 우리는 '추세'라는 것을 이용할 수 있습니다.

'추세'를 잘 이용하면 빈번한 매매를 하지 않고도 오랜 시간 보유하여 안정적인 수익을 거둘 수 있으니 매매자들이라면 꼭 알아둬야 할 것입니다.

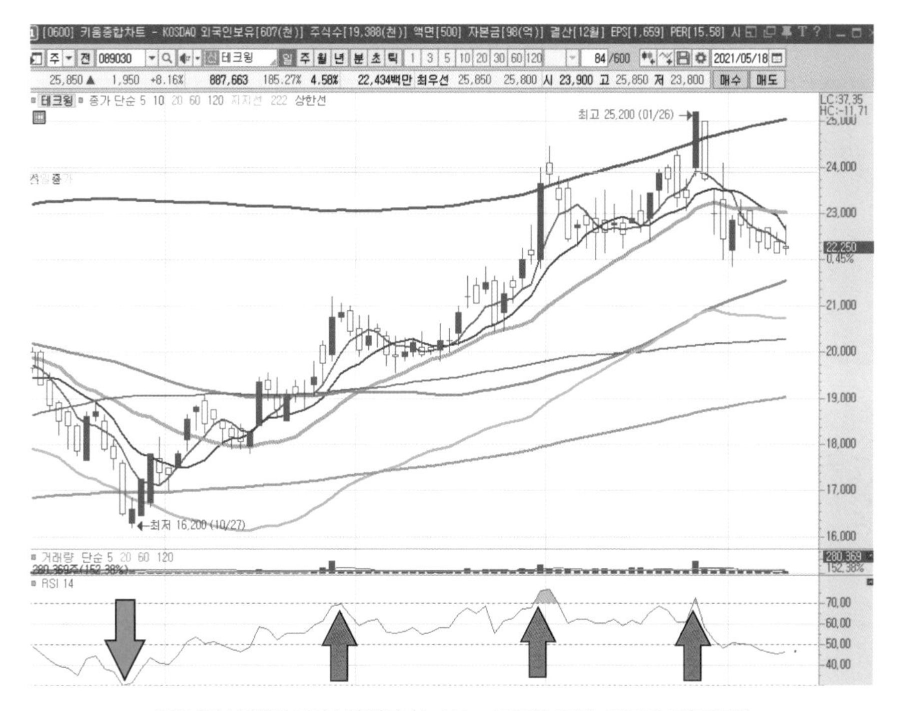

RSI 과매수권에서 재상승이 일어나는 모습 - 2020년 10월~2021년 1월 테크윙

위의 차트에서 주황색 화살표 부분은 RSI 과매수권 진입을 나타냅니다. 일반적으로 14일이라는 기간 동안 주가가 급하게 오르면 RSI는 과매수권에 들어가고, 주가는 하락 또는 조정을 통해 쉬게 됩니다. 첫 과매수권에 진입

시에 앞서 RSI 과매도권(초록색 화살표)에서 매수한 물량을 모두 다 매도한다면 그 뒤에 있을 추가 상승을 놓치는 셈이 되니 좀 억울하겠죠? (물론, 첫 과매수권으로 진입하는 시점에서는 미래의 일을 알 수 없으니 매도하는 것도 좋은 매매습관입니다. 수익은 실현해야 내 것이 되니까요!)

과매수권으로 들어갔다가 일정 기간 하락한 다음 다시 상승하면서 RSI도 과매수권으로 확확 올라가는 모습을 볼 수 있습니다.

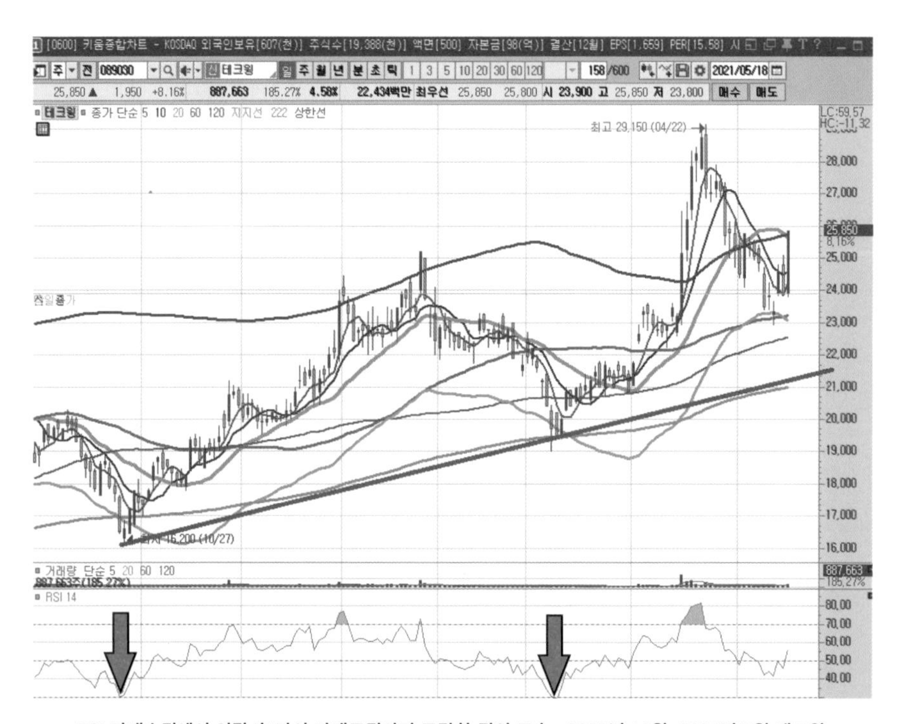

RSI 과매수권에서 이탈 후 다시 과매도권까지 도달한 뒤의 모습 - 2020년 10월~2021년 5월 테크윙

2021년 1월 말에 하락을 시작하면서 RSI가 과매수권을 이탈했을 때 이전과는 달리 다시 반등하지 않는 주가의 큰 하락과 함께 RSI가 과매도권까지 떨어졌습니다(두 번째 초록색 화살표). 그러나 주가는 다시 반등했고 RSI가 과매도권을 벗어난 이 시점과 최초의 RSI 과매도권에서의 주가를 이었을 때 나오는 선(보라색 선)이 이처럼 상승추세선을 만든다면

① 주가가 추가 하락할 것을 걱정하지 않고 보유할 수 있다.

② 주가가 추가 하락할 것을 걱정하지 않고 매수 진입할 수 있다.

라고 받아들일 수 있습니다. 실제 종목 차트에 놓고 보니 일봉상의 RSI 흐름은 설명을 위해 도식화한 그림에서 느껴지는 것보다는 긴 시간이 걸린다는 사실을 아실 수 있을 겁니다.

이렇듯 RSI에 기반한 과매수권 이탈시의 대응은 매매자가 어떻게 의사 결정하느냐에 따라 추가수익을 얻느냐 그동안 얻었던 수익을 뺏기느냐가 결정되므로 중요하며, 이를 위해 RSI를 만들어가는 상승의 추세가 살았는지 죽었는지를 판단할 수 있도록 도와주는 객관적인 지표가 필요합니다. 저는 이때 MACD를 사용합니다.

MACD는 이동평균 수렴확산 지수(移動平均 收斂擴散 指數, moving average convergence divergence)의 약어로 1970년대 후반에 제럴드 아펠(Gerald Appel)이 만든 보조지표입니다. 이것이 어떤 원리로 만들어졌는지 등등에 대해서는 구체적으로 아실 필요는 없을 것 같습니다. 다만 한 가지, MACD를 구성하는 두 선이 교차해서 올라가는 동안은 상승추세가 지속되는 것이니 미리 매도해서 수익을 놓치지 않도록 하고, 교차해서 내려가는 동안은 하락추세가 진행되는 것이라고 판단하여 섣부른 매수개입을 하지 않는 것이 좋다는 것

을 기억해주세요. 사례를 보면 쉽게 이해할 수 있습니다.

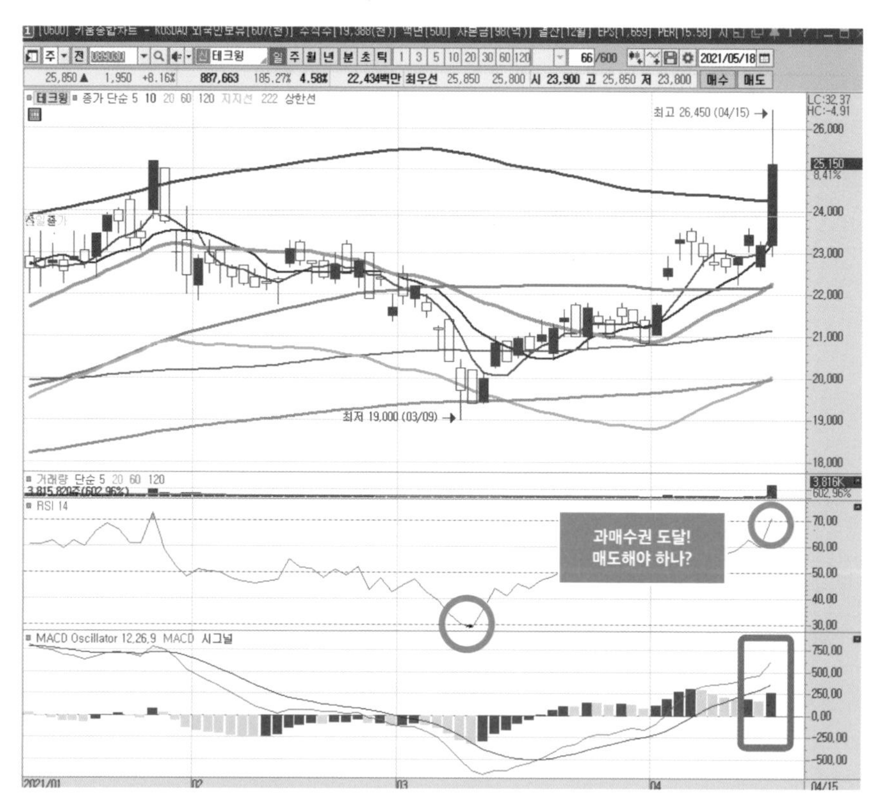

2021년 3월~4월의 RSI 과매도권에서 과매수권까지의 주가 상승 - 테크윙

테크윙은 2021년 3월 초에 급락하면서 RSI 과매도권에 진입했습니다. 이때 '과매수권까지 기다릴 거야' 하고 생각하며 매수한 분들은 보유하고 있었다면 상당히 높은 수익률을 보고 있었겠지만, 실제로 과매수권에 도달한 4월 15일에는 정말 생각이 복잡해질 것입니다. 과매수권에 도달했는데 더 갈지, 아니면 위꼬리를 맞고 내려왔으니 하락을 우려해서 매도할 것인지 판단하기 어려울 것입니다.

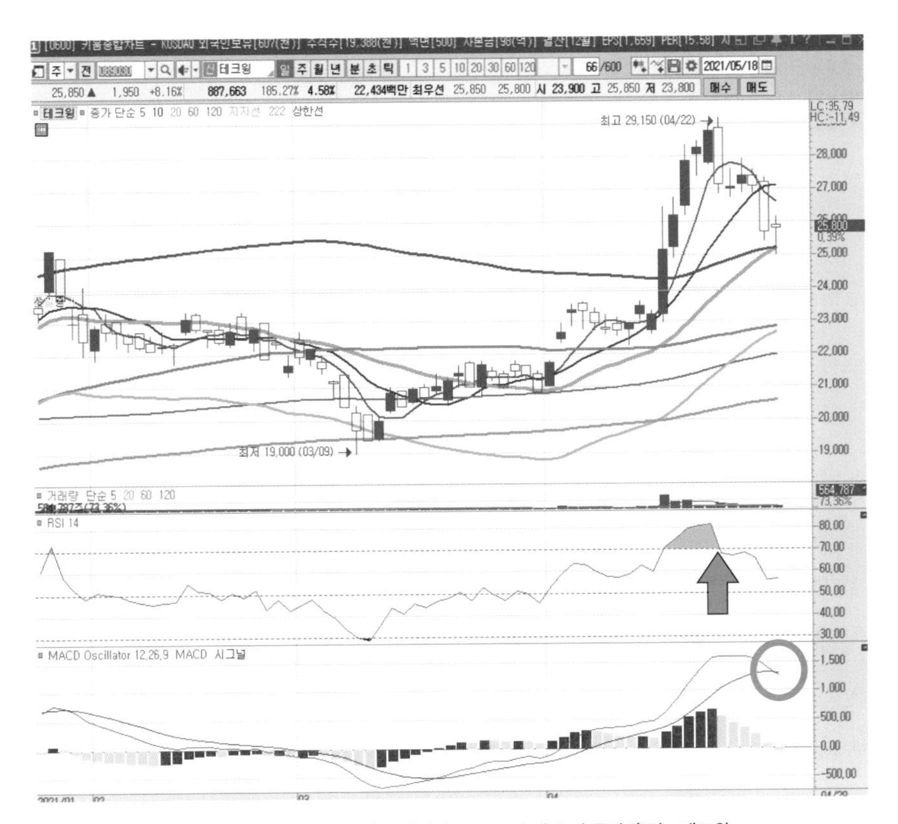

2021년 4월 15일 RSI 과매도 진입 후 MACD 추세 유지 동안 홀딩 - 테크윙

그런데 추세를 알려주는 MACD를 보면 교차 후 상승이 지속되고 있으며 두 선의 간격이 좁아지지 않았습니다. (즉 교차하고 하락할 기색이 보이지 않습니다.) 그래서 '아, 추세가 더 이어질 수 있겠구나. 추세가 이어지는 중이구나'라고 생각하고 계속 보유하는 의사결정을 내릴 수 있습니다. 4월 15일 RSI 고점 도달과 위꼬리에도 불구하고 MACD를 믿고 홀딩했다면 추가로 15% 정도의 상승을 누릴 수 있었을 것입니다. MACD가 교차하는 지점(초록색 동그라미)에 매도했다고 하더라도 4월 15일 매도한 것보다는 더 높은 가격에 매도할 수 있었습니다.

방향이 바뀔 땐 기준봉이 나타난다

주식 매매를 할 때, 너무너무 알고 싶은 것은 결국 **'언제 매수해야 하는가'**일 것입니다. 매수하면 더 이상 하락하지 않는 시점을 알고 싶은 것입니다. 하락이 마무리되고 상승으로 돌아서는 지점에서 매수하면 물리지 않는다는 말은 당연한 것으로 생각하겠지만, 실제로 장에 뛰어들어 매매하게 되면 연속되는 봉 속에서 길을 잃는 경우가 많습니다. 하락하는 동안, 즉 하락의 추세가 이어지는 동안에는 '매수개입을 하지 않는 편이 좋다'라는 전제에 동의하신다면 비로소 이런 질문이 머릿속에 떠오릅니다.

하락이 멈춘다는 것을 무엇으로 알지?

하락추세는 매도자들의 물량을 모두 사버리고 '팔 거 더 없냐?!'라는 듯한 더 큰 기세로 위를 향해 계속해서 매수해 주가를 올리는 새로운 힘이 들어오지 않는 이상 뒤집히지 않습니다. 따라서 조심스러운 매매자는 다음의 두 가지 상황을 보고 하락추세의 끝을 짐작할 수 있게 됩니다.

① 거래량이 매우 적어진다. (즉 더는 매도물량이 나오지 않는다. 팔고 싶은 사람은 다 팔았다.)

② 거래량이 많이 붙은 장대 양봉이 만들어진다. (해당 종목의 상승을 예견하거나 앞으로 상승을 가져올 재료—시장에 알려지지 않은—를 아는, 또는 상승을 만들어 내려는 새로운 매수세가 들어와서 물량을 확보한다.)

①의 **거래량 감소**는 어떻게 보면 상대적인 것이고(얼마나 적어야 매우 적은 것일까요?) 추세의 진행 과정에 있기 때문에 바로 알아차리기가 어렵습니다. 따라서 ②의 **장대 양봉**을 통해 무언가 새롭게 시작될 준비가 되었다는 것을 알아차리고 매수개입을 준비하는 것이 매수의 타이밍을 잡는 요령입니다. **일봉상 20일 이동평균선 아래에서 거래량을 수반한 장대 양봉이 출현하면 하락하던 역배열 추세가 바뀐다는 중요한 신호입니다.** 의미 있게 살펴야 할 장대 양봉은 세종류가 있습니다. 우리는 이런 장대 양봉을 '기준봉'이라 부르게 될 것입니다.

- 상한가 (전일 종가 대비 30% 상승)

전일 종가 대비 30% 상승가	• 전일 종가 대비 당일 상승이 30%일 경우를 말한다. • 시가 및 저가와는 관계없다. • 시가 형성 후 하락했다가 다시 시가를 회복한 후 상한가가 만들어지면 아래꼬리가 생긴다. • 이론적으로 하루 60%의 등락폭이 생길 수 있다. (시가를 하한가로 시작해서 종가를 상한가로 끝낼 경우)

• 몸통으로 15% 이상 상승한 양봉 (위꼬리 없거나 아주 짧음)

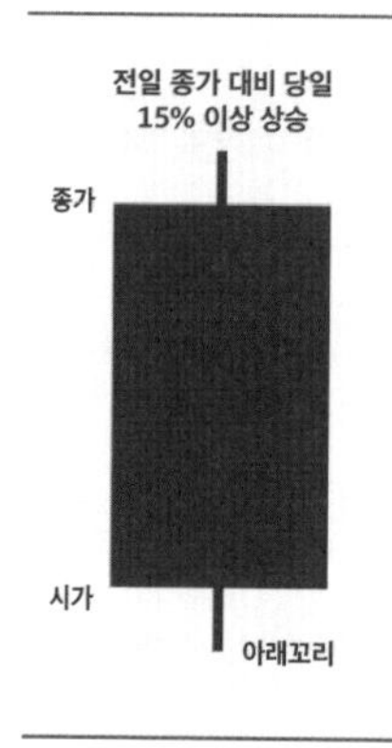	• 몸통 : 시가와 종가로 만들어진 공간. 시가보다 종가가 높으면 양봉이 됨. • 시가 및 저가와는 관계없다. • 시가 형성 후 하락했다가 다시 시가를 회복한 후 15% 이상 상승하여 종가를 만들면 아래꼬리가 생긴다. 아래꼬리가 길수록 앞으로의 상승 확률이 크다.

• 위꼬리가 있으나 위꼬리+몸통으로 10% 정도 상승한 양봉

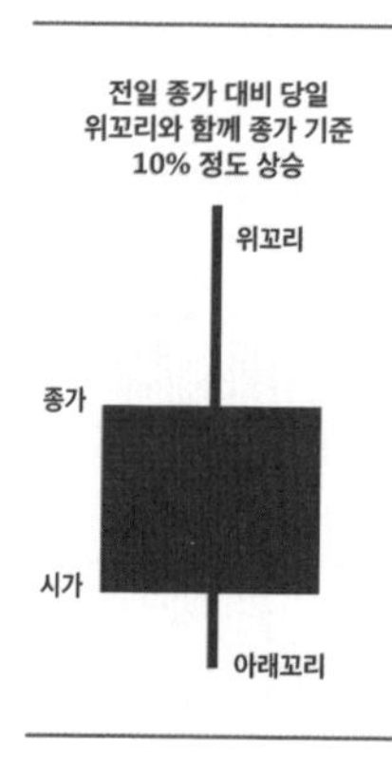	• 몸통 : 시가와 종가로 만들어진 공간. 시가보다 종가가 높으면 양봉이 됨. • 시가 및 저가와는 관계없다. • 시가 형성 후 10% 이상 높게 상승했다가 하락하여 종가를 만들면 위꼬리가 생긴다. 위꼬리가 길수록 앞으로의 상승 확률이 크다.

꼬리에 대한 적절한 이해를 하게 되면 이후의 대응에 도움이 됩니다. 하락 추세 중에 기준봉이 만들어졌는데 아래꼬리가 길었다면 투매를 통해 마지막까지 버티던 투자자들의 물량까지 싹싹 끌어모은 다음 상승을 시킬 정도로 매수 주체가 돈을 많이 갖고 있다는 뜻입니다. 한편, 긴 위꼬리를 만들면

서도 10% 정도의 양봉을 만든다는 뜻은, 주가를 올리면서 이전 매수자들의 손절 또는 본전실현 및 익절하는 물량을 받아내면서 목표한 물량을 확보한 다음, 추가매수를 하지 않아 저절로 꺼진 모습입니다. 하락추세가 지속되는 가운데 당일 상승이 진행되면 앞서 물린 사람들은 조금이라도 손해를 덜 보고 싶은 마음에 올라오는 주가를 바라보며 팔 타이밍을 찾게 되는데, 자기가 생각한 가격대에 미치지 못한 상태에서 매수자가 추가매수를 하지 않으면 주가가 슬슬 빠지기 시작합니다. 이렇게 되면 타이밍을 재던 사람들은 어차피 심리적으로 '판다'라는 생각이 있기 때문에 더 떨어질까 봐 앞다투어 팔게 됩니다. 이러면서 만들어지는 것이 위꼬리입니다. 어느 경우든 매수자는 물량을 모은 상황이기 때문에 그다음에는 올리는 수밖에 없겠지요?

저는 이런 양봉들을 **매수의 기준봉**이라고 말하며, 이런 기준봉이 만들어진 시점 다음부터 매수개입을 합니다. 하락추세의 끝에 나오는 장대 양봉(기준봉)은 발생을 **예측할 수 없습니다. 다만 만들어진 다음에 대응할 뿐입니다.** 따라서 배우는 입장에서는 이를 신호로 인식하는 것이 좋습니다. 즉 이렇게 만들어지는 봉에서 함부로 매수개입을 하지 말라는 말씀입니다. (전업 매매자들은 이런 봉에서도 매수하고 수익을 내지만 흉내 내지 않는 것이 건강한 매매를 위해 바람직합니다.)

기준봉이 만들어지면 보수적으로는 시가와 고가로 만들어진 영역, 더 여유를 놓는다면 저가와 고가로 만들어진 영역을 매수 영역으로 인식하고 기준봉을 만든 매수 주체가 상승을 만들기 전까지 물량을 확보해가면 됩니다.

하락추세가 이어진 기간이 길수록 단번에 상승으로 전환되기는 쉽지 않습니다. 하락하는 동안에 성급하게 매수했던 매수자들이 모두 손해인 상태에서, 조금이라도 주가가 상승할 것 같으면 손절 또는 본전에라도 매도하기 때문입니다. 매수하여 올리려는 힘보다 매도하려는 물량이 많으면 주가는 오르지 못합니다. 따라서 급하게 '여기가 급소야! 올인!' 하며 흥분하지 마시고, 기준봉의 신호를 기준으로 삼아 차분히 물량을 **분할로 모아가면서 대응**하다 보면 좋은 결과를 만나게 될 확률이 높습니다.

한편, 하락추세가 마무리되고 상승으로 전환된 후의 장대 양봉은 어느 정도 발생을 예측할 수 있습니다. 돌파매매라는 기법을 사용하는 사람들은 그런 자리가 만들어지는 것을 보고 과감하게 매수하여 짧은 시간에 높은 수익을 실현합니다. 중장기 매매를 안정적으로 해나가는 것을 목표로 하는 우리는 그보다는 조금 더 시간을 투자해서 상승 장대 양봉을 기다리는 것도 배우게 됩니다.

마지막으로 덧붙여 말하자면, 주가의 흐름이 상승추세로 전환되고 나면 하락추세에서의 기준봉 발생의 기준에 더해(즉 장대 양봉의 발생) 그 상승폭이 장대 양봉에는 미치지 못하여 조금 작더라도 일단 양봉이 발생하면 그 양봉을 기준봉으로 삼아서 매수 진입을 고려하게 됩니다.

수익을 낼 수 있는 자리는 따로 있다

주식을 통해 수익을 내려면 '**내가 산 가격보다 주가가 올라가야 하고**(평가수익) **오른 상태에서 매도해야 합니다**(수익실현).' 너무 당연한 얘기인데 이것을 하기가 너무 힘들죠. 여기에 중요한 하나의 질문이 빠져 있고 그 답을 갖고 있지 않기 때문입니다.

어디서 사느냐. 어디서 사야 빠지는 것보다 오를 가능성이 크냐.

누구나 예치금이 있는 동안에는 마음대로 아무 시점에서나 살 수 있습니다. 하지만 저 질문을 마음에 굳게 새기는 순간, **실제로 매수할 수 있는 지점, 기간, 시간은 매우 한정적**이라는 사실을 알 수 있습니다. 매매를 통해 수익을 거둘 수 있는 확률을 높이기 위해서는 우선 자신이 중장기 매매자인지 단기 매매자인지에 따라 매수 영역이 달라진다는 것을 이해해야 합니다.

장중에 시장에 개입하기 어려운 입장에 있는 중장기 매매자(예를 들면 직장인)는 가능한 한 주가가 낮은 가격에 있을 때나 상승 시작의 시점에서 매수하는 식으로 하락의 가능성보다는 상승의 가능성이 큰 영역을 찾아야 합니다(상승을 시작하기 전이므로 시장이 관심이 없는 상태라 거래량이 적어 움직임이 지루합니다). 반면 빠르게 수익을 모아가고자 하는 단기 매매자는 주가가 상승 탄력을 받아 움직이는 영역(고가 영역)에서 남들이 만들어내는 상승 기세에 편승하여 수익을 내기 위한 매수 지점을 찾아야 합니다(시장의 관심을 받아 거래량이 몰리면서 주가의 움직임이 빠르고 역동적입니다).

중장기 투자자가 자칫 고점에서 매수했다가 적절한 대응을 하지 못하고 몇 년씩 고생하는 경우도 흔하고(저도 겪어보았습니다), 단기 매매자가 시장에서 소외된 종목을 하락 중이거나 하락 후 횡보하는 구간에서 매수하여 종일 움직임도 없는 HTS 화면만 멍하니 보고 있는 경우도 많습니다.

2020년 5월~2021년 5월 효성의 일봉 흐름

효성의 2020년 5월에서 2021년 5월까지의 일봉차트입니다. 주식시장은 1년에 250일 정도 개장됩니다. 따라서 일봉으로 매매하는 매매자의 경우, 250일 중 아무 날이나 주식을 매수할 수 있습니다. 그러나 '어느 날'에 매수하느냐에 따라서 수익이 달라지고 기다리는 시간이 달라지며 기다림의 질이 달라집니다.

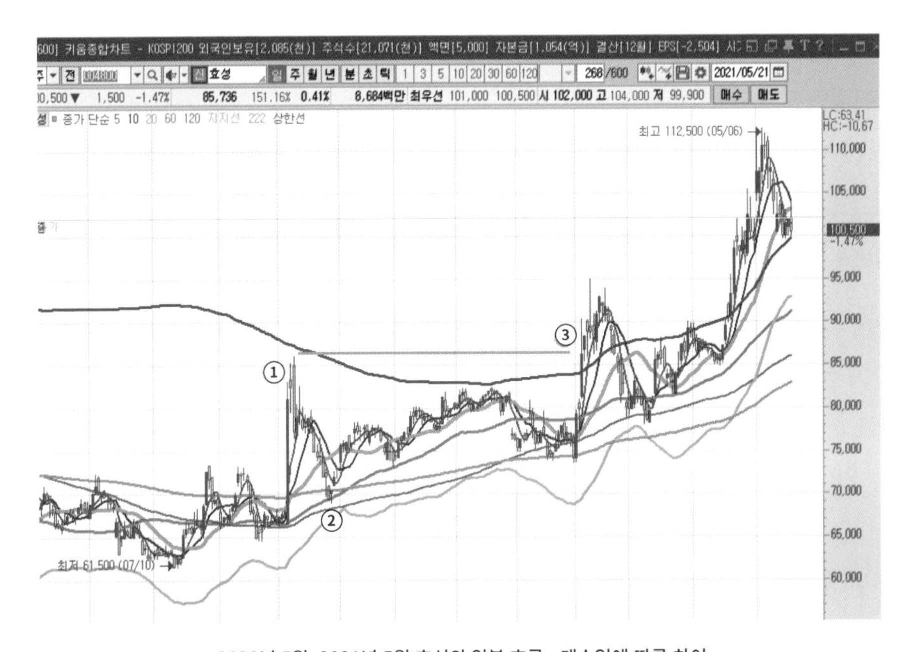

2020년 5월~2021년 5월 효성의 일봉 흐름 - 매수일에 따른 차이

예를 들어, 아무 때나 살 수 있다고 해도 ①지점에서 매수한 사람과 ②지점에서 매수한 사람은 ③지점에서 느끼는 감정이 무척 다를 것입니다.

①에서 매수한 사람은 본전가격이 만들어지는 ③지점에 다다르는 동안 5개월가량을 기다려야 했고(기다리는 시간) '본전이라도 건질까, 손해를 보게

되는 것은 아닐까, 왜 더 강하게 못 뚫어주지?' 하며 마음고생을 하다가(기다림의 질) ③지점에 도달할 때 '아이고, 본전이라도 건지자'라고 생각하고 매도하게 됩니다(수익 거의 없음).

더 큰 문제는 ③지점에서 매도한 다음 주가가 오르는 것을 보고는, '아이고, 5개월을 기다려서 본전으로 매도했는데 더 올라가네?' 하면서 매수했다가 또다시 하락의 시간을 겪게 된다는 사실입니다. 일반 개미의 심리가 딱 이렇습니다.

하지만 ②에서 매수한 사람은 중간중간에 원하는 가격에서 매도해서 수익을 낼 수 있고(수익실현), 기다리는 시간 동안 계속 주식이 상승하니 기분도 좋고(기다림의 질), 수익이 나니 언제든지 보유 기간을 자기 뜻대로 결정할 수 있습니다(기다리는 시간). 굳이 ③까지 기다리지 않아도 되는 것이죠.

2020년에서 2021년까지의 기간은 좀 특별해서 거의 1년 내내 가격이 상승했지만, 종목별 진입 시점을 잘못 잡게 되면 정말로 고생을 심하게 하게 됩니다. **따라서 정말 사야 할 때만 살 수 있도록 공부해야 하지요.**

결론적으로 말해, 주식으로 수익을 낼 수 있는, 돈을 벌 수 있는 타이밍은 다음의 세 타이밍입니다.

① 상승이 급하게 진행되는 동안 올라타기
② 일정한 상승 이후 잠시 쉬어가는 눌림목에서 매수하기
③ 주가가 하락을 거의 마친 시점에서 매수하기

①은 고수의 영역이고 ②는 중수의 영역입니다. ③이 일반적인 개미매매자의 영역인 것이지요. ③이 개미매매자의 영역이라고 해서 나쁘거나 손해를 보는 방식이 아닙니다. 오히려 일상에서 주식의 등락과 관련해서 지나친 신경을 쓰지 않아도 되고, 크게 겁나는 지점이 아니니 종목의 하락을 유도한 여러 리스크가 해소된 상태에서 비중을 실을 수 있으므로 수익률과 수익액이 커지게 되니까요. 훈련되지 않은 개미매매자가 ①이나 ② 상황에서 진입하게 되면 정말 난처한 상황을 맞이할 수도 있습니다.

그리고 지금까지 배워온 것이 바로 ③의 타이밍을 높은 확률로 확인할 수 있는 내용입니다. 이동평균선과 강도를 알려주는 보조지표 RSI 그리고 추세를 알려주는 보조지표 MACD를 잘 조합하여 사용한다면 수익을 내는 확률은 자연스럽게 높아지게 될 것입니다.

Q: 그렇다면 ①급상승 중 매수와 ②눌림목에서의 매수는 확률을 높이기 위해서 다른 방법을 써야 하나요? 지금까지의 내용으로는 할 수 없는 건가요?

A: 아니요. 할 수 있습니다. 다만 하나의 요소가 빠져 있습니다. 그것은 바로 속도입니다. 초단타에서 스윙에 걸친 단기 매매는 상승도 하락도 매우 짧은 시간 내에 일어나며, 따라서 매수매도에 대한 판단과 실행을 정말 신속하게 해야 합니다. 따라서 중수 이상은 속도와 관련된 자신의 판단 프레임을 따로 갖고 있습니다. 이는 전업 매매자의 영역이며 이 책으로 공부하는 우리는 뒷부분에서 힌트만을 얻을 수 있게 될 것입니다. 보조지표는 사용하는 사람의 믿음(?)이 없으면 신호가 나와도 그에 맞춰 움직이기 어렵습니다. 일봉을 통한 매매를 하면서 어느 정도 믿음이 생기면 단기 매매에도 적절하게 사용할 수 있게 됩니다.

지금까지의 내용을 간략히 표로 정리하자면 다음과 같습니다.

	일봉 20이평선 기준	RSI	MACD
매수	- 10% 엔벨로프 하단	과매도권(30) 진입 및 탈출시	상승교차시
매도	+ 10% 엔벨로프 상단	과매수권(70) 진입 및 탈출시	하락교차시

다만, 매수와 매도 사인은 동시에 나지 않고 보조지표를 계산하는 수식에 의해 시점의 차이가 나기 때문에 매매자가 적절히 조합하여 판단해야 할 것입니다. 이는 매매를 통해서만 가질 수 있는 감각입니다.

실전 매매에서 위의 세 보조지표를 어떻게 매매에 적용하게 되는지 사례를 통해 공부해보겠습니다.

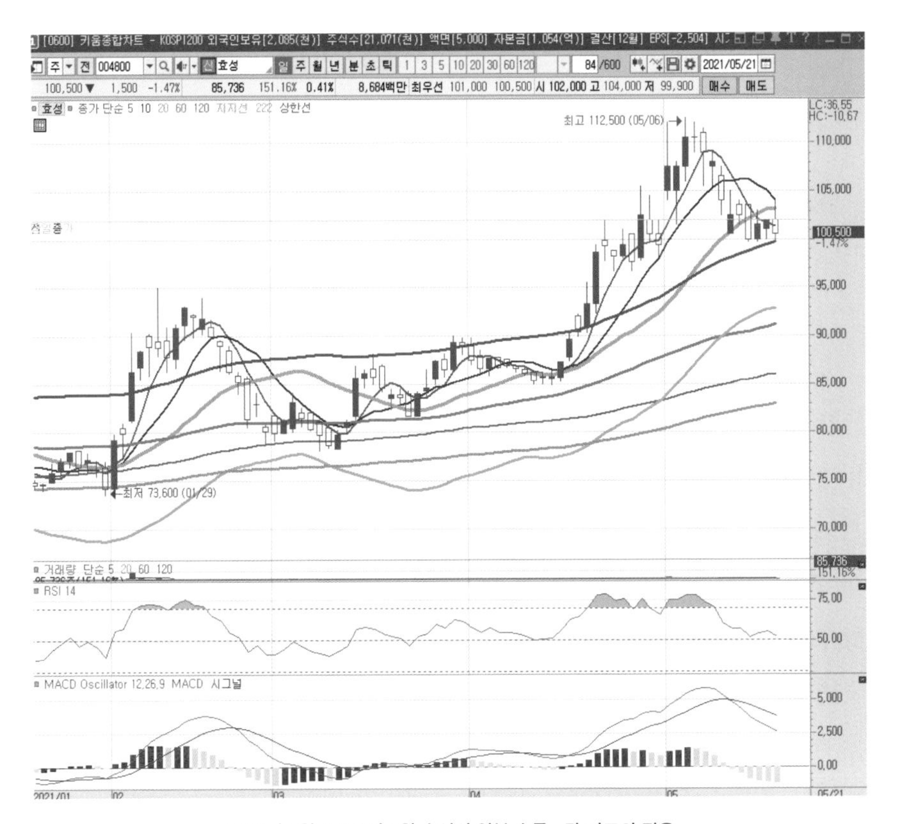

2021년 2월~2021년 5월 효성의 일봉 흐름 - 각 지표의 적용

저가 8만 원 라인에서 고가 11만 원까지 2달 정도의 기간 동안 약 40% 가까이 상승한 흐름이 나온 효성의 일봉 흐름입니다. 여기서 어떻게 매수 자리를 찾을 수 있는지 연습해봅시다. 우선, 일봉상 20이평선 기준으로 −10%까지 간 타이밍이 있나요? 없습니다. 따라서 이 기준만으로 매매하는 사람이라면 이 종목은 매수개입을 할 수 없었습니다. 당연히 수익도 없습니다.

상승/하락 강도를 알 수 있게 해주는 보조지표인 RSI 과매도권으로 들어간 타이밍이 있었나요? 없습니다. 따라서 매수할 수 없습니다. 일봉상 RSI

가 과매도권에 닿는 경우는 1년에 몇 차례 없기에 좀처럼 찾기 힘듭니다. 특히 대형주일수록 더 그렇고요.

추세를 알 수 있게 해주는 보조지표인 MACD를 사용할 경우 상승교차하는 지점이 있나요? 네. 3월에 한 번, 4월에 한 번 나옵니다. 따라서 그때 매수했다면 매매자에 따라 적당히 수익을 실현할 수 있었을 것입니다.

'어느 지표가 상승 확률이 높나요?'라고 물으면 대답하기 어렵습니다. 다만 지표들이 중첩되면 그 이후의 방향성에 대한 신뢰도가 높아진다고 말할 수 있습니다. 예를 들어, 3월 초의 하락이 조금 더 깊었다면 이동평균선상 20이평선의 엔벨로프 하단(-10%) 영역에 닿았을 것이고 그 상태에서 MACD가 상승교차를 했다면 MACD만으로 판단할 때보다 더 큰 신뢰도를 갖는다고 말할 수 있겠습니다.

다만, 경험상 일봉차트에서 RSI의 과매도권 진입·탈출은 좀처럼 나오지 않는 이벤트이기 때문에 RSI와 MACD를 조합해서 분할매수로 매수 타이밍을 잡는 것이 좋습니다. 마지막으로 보조지표가 주는 신호를 믿을지에 대한 이야기를 조금만 더 해보겠습니다.

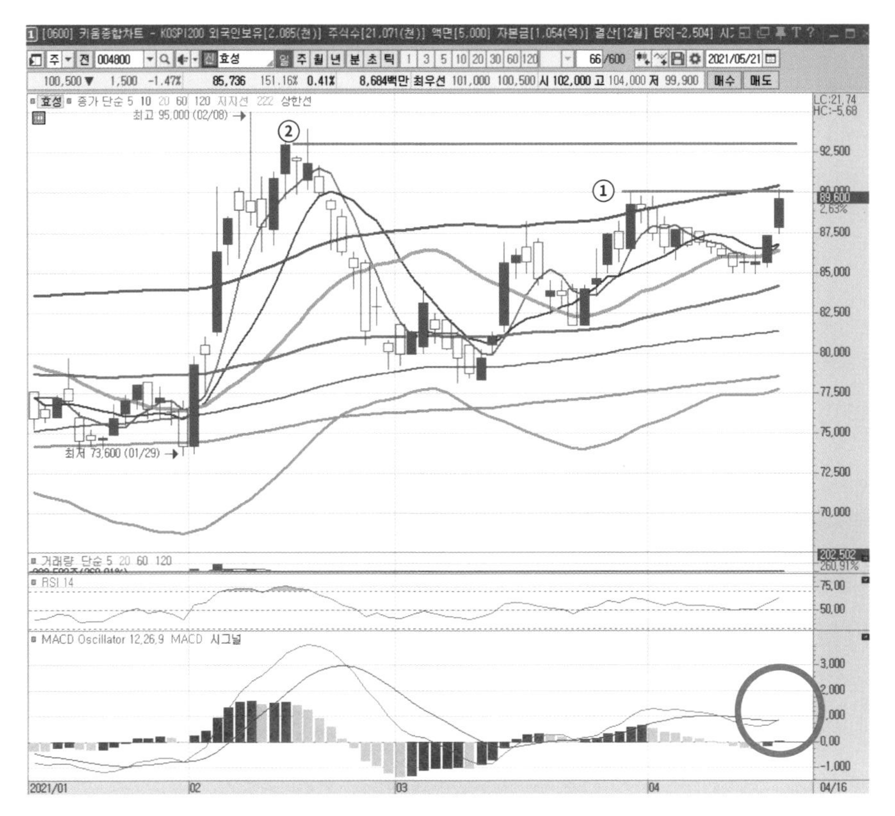

2021년 4월 16일 효성 - MACD 상향교차

2021년 4월 16일, 효성은 MACD상 상승교차를 시작했습니다. 그런데 이런 지점에서 용감하게 지표를 믿고 매수할 수 있을까요? 이미 이틀 동안의 상승이 있었고, ①과 같이 전고점 영역을 과감하게 뚫지는 못하고 위꼬리를 살짝 만들었으며, 조금 위에는 ②의 전고점이 있습니다. 사람의 심리는 부정적으로 작용하기 때문에 상승 후 하락 부분만 눈에 보입니다. 사실, 매수하기 힘든 자리입니다. 오히려 3월 초에 발생한 MACD 교차 지점에서 매수하여 들고 왔더라도 수익실현을 바로 하고 싶어지는 자리라 할 수 있습니다. 따라서 매매자는 보조지표 하나만으로는 신념을 갖고 매수하기 어려운 것입니다. (MACD는 저점을 판단하는 지표가 아니라 움직이는 추세가 진행되는지를 알아보는 지표이니까요.) MACD 교차가 말해주는 이 지점은 오히려 고가 느낌이 뿜뿜 납니다.

이런 자리에서라면 신규 매수자는 작은 비중으로 매수. 기존 보유자라면 보유 주식 중 일부를 매도하여 수익실현하고 나머지는 MACD 추세 진행을 따라가는 판단을 내려야 합니다. 적은 비중으로 매수했을 경우 주가가 하락하더라도 관리할 수 있으며, 상승할 경우 수익을 기대할 수 있기 때문입니다.

MACD 상승교차 후의 효성의 주가 흐름

4월 16일의 MACD 상승교차 후 하락교차하는 시점까지 깜짝 놀랄 상승 추세를 보여주고 있습니다. 보조지표라는 것이 주가가 흘러간 다음에 만들어지기 때문에 후행성이라는 말을 듣고 있습니다만, 적절한 해석을 할 수 있는 시간대를 기준으로 삼는다면 보조지표가 보여주는 상승/하락의 신호는 이미 그런 신호가 나올 수 있도록 누군가가 무언가의 작업을 성공적으로 끝냈음을 증명해주는 것이라고 해석할 수 있습니다. 이후에 설명하겠지만 오히려 ①과 ② 같은 전고점을 돌파하면서 완전히 새로운 상승 흐름을 만들어주었습니다.

RSI 과매수권으로 들어가면서 ⓐ나 ⓑ지점처럼 과매수권에서 이탈하는 봉에서 매도함으로써 MACD 하락교차가 나오기 전에 더욱 높은 가격에서 수익실현할 수도 있습니다.

우리는 MACD만을 보고 이야기를 했지만, 또 다른 프레임을 가진 분들은 'MACD 교차 시기에 나왔던 이동평균선의 정배열이 이미 상승을 담보하고 있었다!'라고 말할 수도 있습니다. (그리고 그 지적은 매우 적절합니다. 이동평균선과 관련된 내용을 공부할 때 자세히 말하겠습니다.)

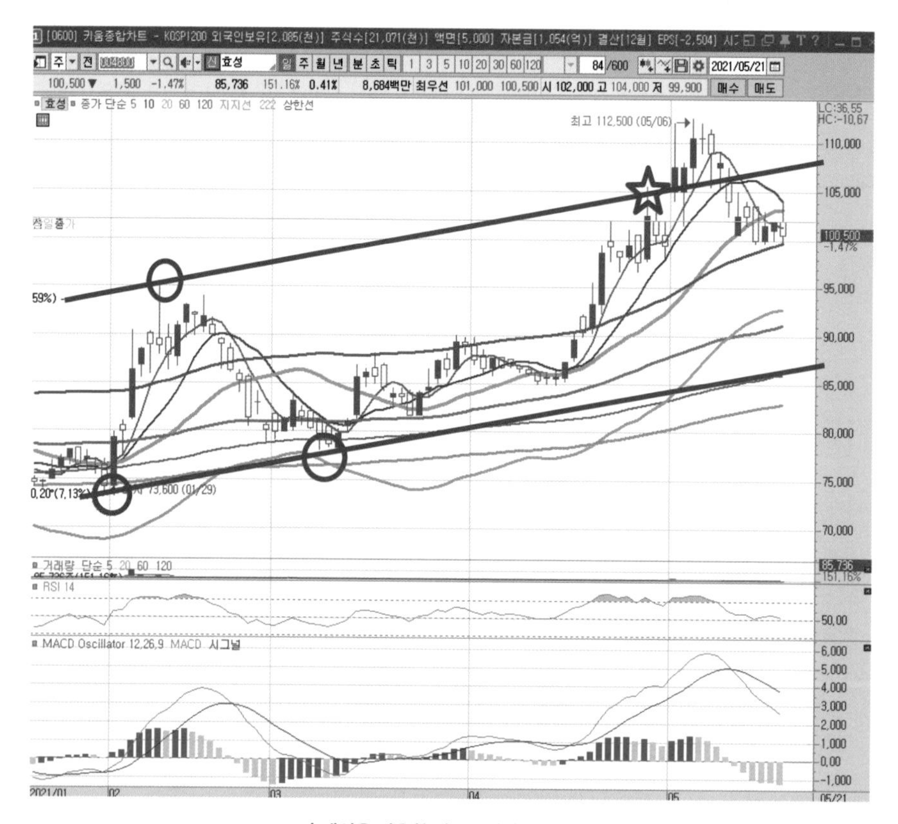

추세선을 이용한 상승폭의 추측 - 효성

심지어 추세선을 해석 프레임으로 삼는 분들은 위의 그림과 같이 ☆부분까지는 간다고 이미 계획된 그림이라고 말할 수도 있습니다.

다 맞는 이야기입니다. 다만 우리는 매일매일 봉 하나씩만을 볼 수 있는 상황이고 그런 제약조건 아래에서 **가장 높은 확률**을 찾아 나가는 것이기 때문에 가능한 한 저점에서 매수할 수 있도록 말씀드리는 것입니다.

공포에 사서
희망에 판다

지금까지의 이야기를 한마디로 정리한 위의 말은 주식에 관심 있는 사람이라면 누구나 한 번쯤은 듣게 되는 말입니다. 그렇지만 이 말이 무슨 뜻인지 진정으로 아는 사람들은 많지 않으며, 그렇게 많지 않은 분들이 바로 진짜 수익을 내고 있는 분들이라 생각합니다.

측정할 수 없는 공포는 두려움을 줍니다. 그 지속 시간도, 그 깊이도 알 수 없다는 사실 자체가 오히려 더 무서운 것일지도 모릅니다. 그렇지만 그 모든 것을 알 수 있다고 하면요? 이 공포의 시간이 얼마나 지속될 것인지를 안다면요? 곧 끝난다는 것을 안다면요?

관리될 수 있는 공포는 더는 공포가 아니게 됩니다.

가장 큰 공포는 RSI로 그 끝남의 여부를 알 수 있고 자잘한 두려움도 일봉상 20이평선 엔벨로프 하단으로 극복할 수 있습니다. 또는 지속적인 하락 추세가 끝나간다는 사실을 MACD의 상승교차로도 알 수 있지요. 공포를 측정할 수 없기 때문에 하락하는 종목이나 장 전체의 하락을 보지 않고 회피하는 게 일반 투자자의 심리입니다. 그렇지만 하락이라고 모든 이가 외칠 때야말로 차트를 눈에 불을 켜고 봐야 하는 시점이라 하겠습니다.

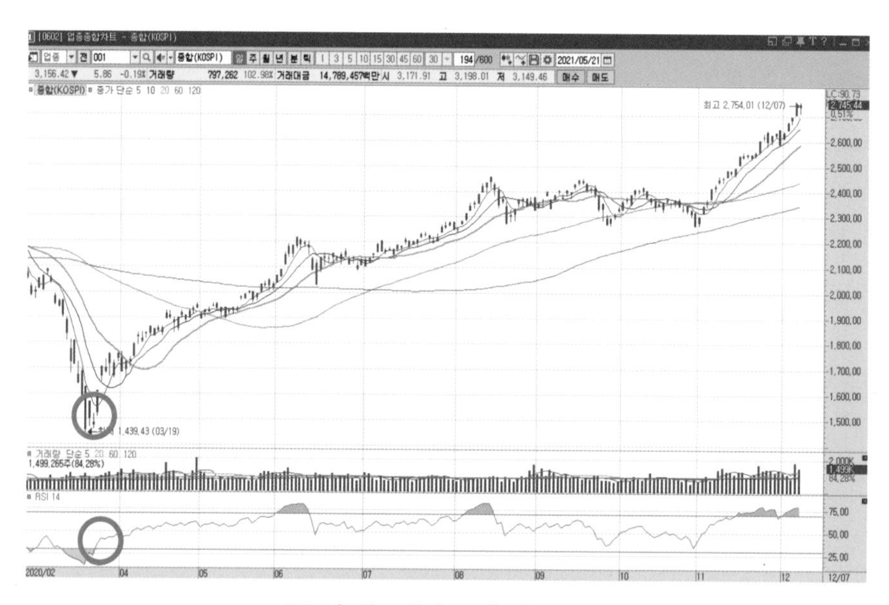

2020년 2월~12월의 코스피 종합주가지수

2020년 2월 말부터 분위기가 이상해지더니 주가가 폭락했습니다. 하지만 앞서 공부했던 기본 전제를 잘 이해하고 있는 사람이라면 여기가 무서워하거나 시장을 떠나야 할 시점이 아니라 본격적으로 개입할 타이밍을 잡는 시점이라는 것을 알았을 것입니다. **종합주가지수가 RSI 과매도권으로 들어오는 것은 몇 년에 한 번 있을까 말까 한 이벤트입니다!**

이때 매수한 모든 포지션을 시장이 희망에 들뜰 때 매도하여 수익을 냅니다. 아이로니컬하게도 수많은 개미가 시장에 다시 기웃거리는 건 종목마다 양봉이 나오면서 위로 올라갈 때입니다. 자신도 뒤처지지 않기 위해 그런 상승에 스스로 포지션을 걸어놓게 됩니다. 이렇게 시장의 유동성이 좋아질 때 싼 가격에 한참 모아놓은 비중들을 가볍게 던져서 수익을 실현하고 다시 시장이 신호를 줄 때까지 단타 매매나 하면서 즐기는 것입니다.

이제 저 유명한 격언이 피부로 이해가 되나요? 이어서 하나만 더 이야기해보도록 하겠습니다.

무릎에 사는 게 아니라 무릎은 만드는 것이다

주식을 하는 사람 중에서 모르는 사람이 없는 격언이 하나 더 있습니다. 바로 '**무릎에 사서 어깨에 팔아라**'입니다. 비슷한 말로는 '몸통만 먹어라'라는 말도 있습니다.

즉 최저가에 사려는 욕심으로 주가가 하락하는 상황에서 매수하는 것이 아니라(추가 하락이 있을 수 있으니까), 최저가 이후 상승이 확인된 시점(무릎)에서 매수하고, 최고점에서 최대 이익을 남기려는 욕심으로 끝까지 들고 있지 말고 상승 후 적절한 지점(어깨)에서 매도하라는 뜻입니다. 그런데 무릎이라는 말은 투자자(혹은 매매자)마다 생각하는 위치가 다양합니다. 상승 반전의 시작 기준을 무엇으로 삼느냐에 따르기 때문입니다. 일반적으로,

- **일봉상 종가가 20일 이동평균선 돌파**
- **일봉상 5-20 이동평균선 골든크로스**
- **일봉상 5-10 이동평균선 골든크로스**
- **일봉상 종가가 5일 이평선(혹은 10일 이동평균선) 돌파**

정도가 일반적인 상승 전환 또는 상승추세 시작이라고 판단하는 지점입니다. 아주 일반적으로는 **주가가 20이평선을 위로 돌파할 때(무릎) 매수하고, 20이평선을 아래로 돌파할 때(어깨) 매도**하라고 합니다.

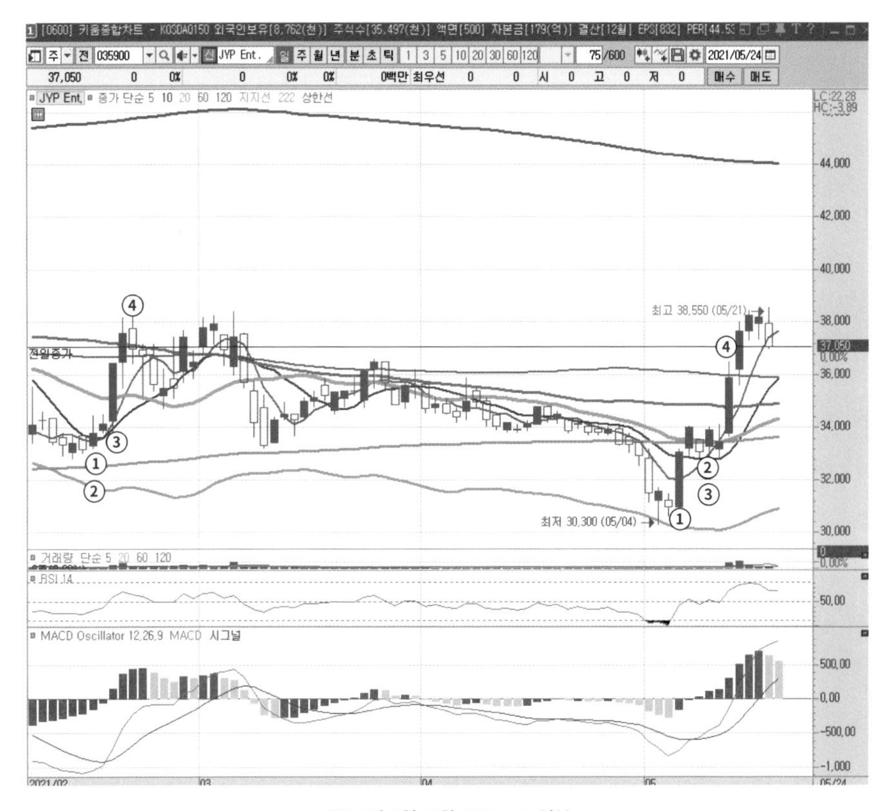

2021년 2월~5월 JYP ent. 일봉

①은 일봉의 종가가 5일 이동평균선을 넘을 때, ②는 일봉상 5-10 이동평균선의 골든크로스, ③은 일봉의 종가가 20일 이동평균선을 넘어설 때, ④는 일봉상 5-20 이동평균선의 골든크로스를 보여줍니다. 우리는 현재 데이트레이딩과 같은 단타 매매가 아닌 중장기 매매자의 매매방법을 기준으로

이야기를 하고 있습니다. 따라서 하루 한 번 관심종목의 차트를 살피고 매매 위치를 판단하는 것이므로 **종가를 기준으로** 말하고 있습니다. 이는 '일봉상 5일 이평선을 돌파하는 날 시가에 매수하면 되지 않습니까?'라든가 '일봉상 5일 이평선(또는 20일 이평선)을 돌파하는 시점에 사면 되지 않습니까?'라는 질문에 대한 답이 될 것입니다. (우리는 종가를 예측할 수 없기 때문에 가능한 한 시가에 매수하는 것을 피하고자 합니다. 일반인은 돌파 시점에서 매수할 때의 주가 흔들림의 속도와 그 압박을 견디기 어렵습니다.)

찬찬히 살피면 느낄 수 있겠지만 **마음속으로 '상승이구나'라는 확신이 점점 크게 들수록 그 지점을 중심으로 매수한 후의 추가 상승은 그다지 만족스럽지 않음**을 알 수 있습니다. 예를 들어, 큰 상승(추세적 상승)이 일어날 경우에는 일봉상 20이평선을 중심으로 오르락내리락하면서 계속 상승하지만 큰 상승이 아닌 경우라면 **오히려 단기 상승의 꼭지가 될 수 있다**는 말입니다. 거꾸로 ①이나 ②지점은 아직 상승에 대한 '확신'이 들기는 어려운 지점이지만(하락이 진행되는 중의 잠깐의 반등일 수 있으므로) 매수를 한 뒤의 상승률은 매수할 때의 불안함을 씻어내기에 충분한 것 같습니다.

즉 말이 쉬워서 무릎에서 사라는 말을 할 수 있는 것이지, 실제 매수 결정을 내릴 때는 사도 후회, 안 사도 후회가 될 경우가 많습니다. 그래서 우리는 무릎에서 '산다'라는 말보다는 **'무릎을 만든다'**라고 생각하고 시장에 접근해야 한다고 저는 생각합니다. 지금까지의 기본 전제들을 공부해오면서, 다른 매매자들의 심리가 공포에 휩싸이면서 과매도가 일어나는 이유와 지점에 대해서 알 수 있었습니다. 무릎을 만들기 위해 이런 내용을 활용하게 됩니다. **무릎을 만드는 요령**은 다음과 같습니다.

- RSI 과매도선 하락돌파시 매수
- RSI 과매도선 상승돌파시 매수
- RSI 과매도선 아래에서 MACD 상승교차시 매수

보통은 이 과정 속에서 일봉이 5일 이동평균선을 돌파하는 정도의 타이밍을 잡게 됩니다. 이렇게 일단 무릎을 만드는 데 성공하면, 적절한 수익률을 거두며 매도하는 포인트를 잡는 것이 숙제가 됩니다. 제 경험상으로는 이런 식으로 저가권에서 몇 번 분할매수를 하게 되면 **무릎이라기보다는 발목** 정도에서 포지션을 잡게 되는 것 같습니다. 어깨에서의 매도는 무릎에서의 매수보다 더 어려운 말입니다. 어깨를 확인하기까지 오랜 시간이 걸리기 때문입니다. 그림을 보면 쉽게 이해할 수 있습니다.

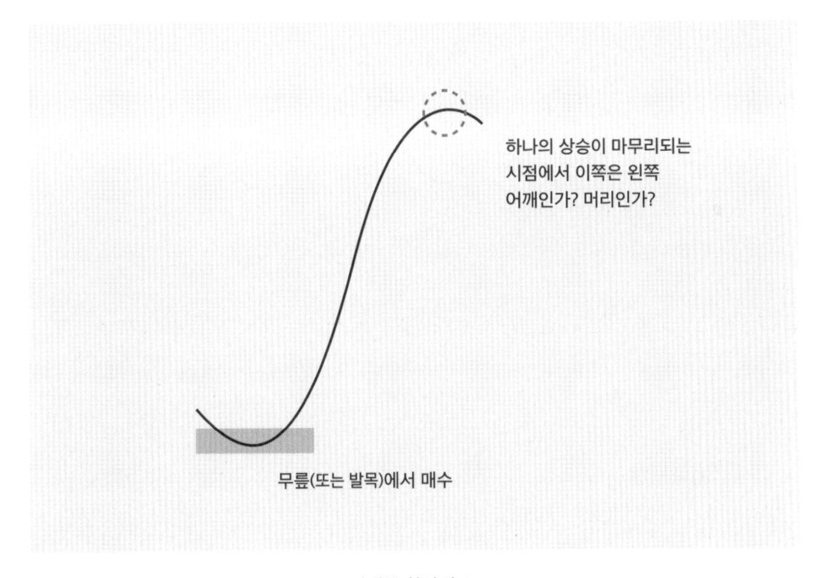
하나의 상승이 마무리되는
시점에서 이쪽은 왼쪽
어깨인가? 머리인가?
무릎(또는 발목)에서 매수

어깨를 찾아서 01

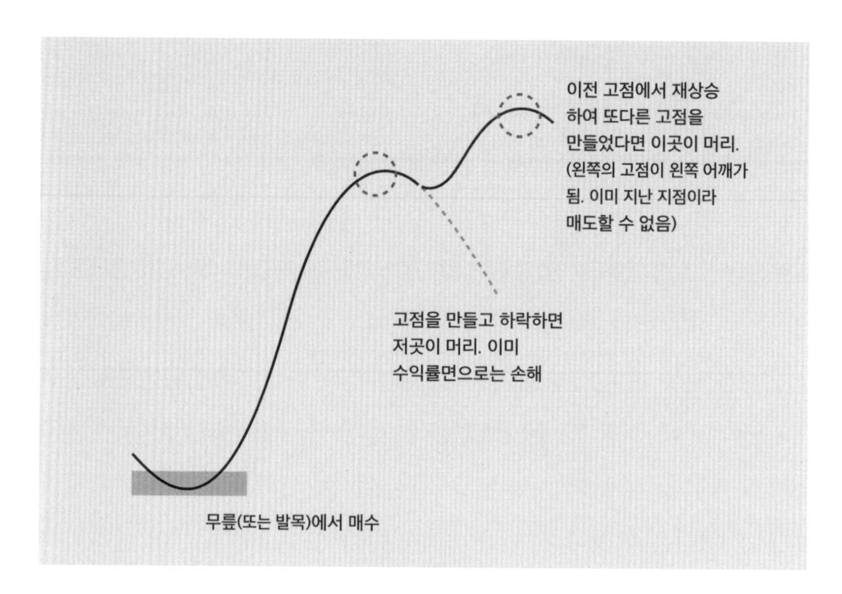
이전 고점에서 재상승
하여 또다른 고점을
만들었다면 이곳이 머리.
(왼쪽의 고점이 왼쪽 어깨가
됨. 이미 지난 지점이라
매도할 수 없음)
고점을 만들고 하락하면
저곳이 머리. 이미
수익률면으로는 손해
무릎(또는 발목)에서 매수

어깨를 찾아서 02

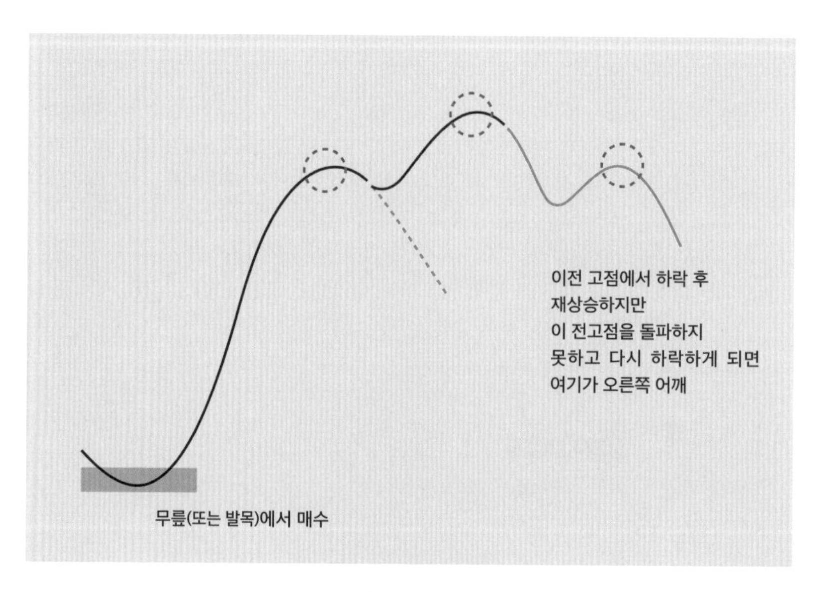
이전 고점에서 하락 후
재상승하지만
이 전고점을 돌파하지
못하고 다시 하락하게 되면
여기가 오른쪽 어깨
무릎(또는 발목)에서 매수

어깨를 찾아서 03

앞의 그림들과 같이 고점을 중심으로 어깨를 찾는다는 것은 시간이 걸리고 참 어려운 일입니다. 그렇기 때문에 20일 이동평균선을 하향돌파하는 것을 어깨로 삼는 것이 좋다는 말이 나온 것 같습니다.

이 부분은 그림으로 보자면 이런 경우가 됩니다.

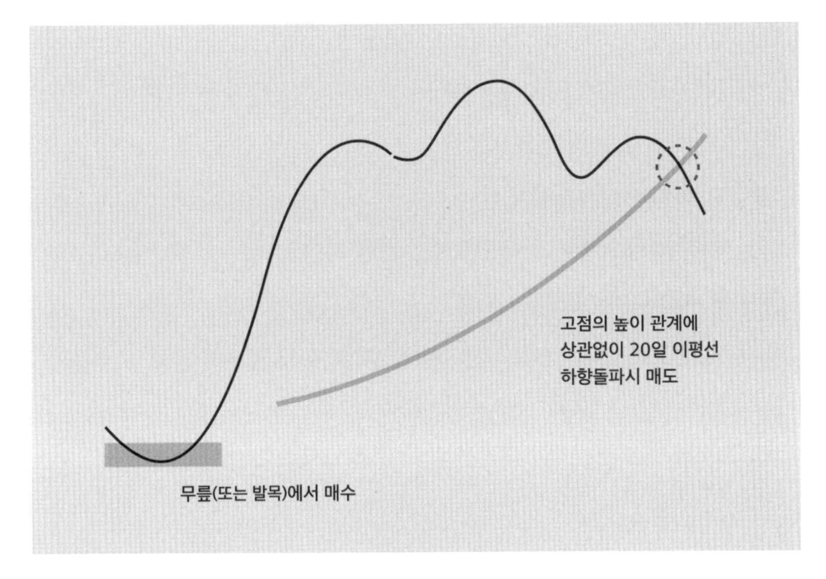
고점의 높이 관계에
상관없이 20일 이평선
하향돌파시 매도
무릎(또는 발목)에서 매수

어깨를 찾아서 04

도식화하다 보니 오른쪽 어깨가 만들어진 다음에 20이평선을 하향돌파하는 것으로 그리게 되었지만, 주가가 20이평선을 하향돌파하는 위치는 왼쪽 어깨가 만들어지는 과정에서도 만들어질 수 있고, 머리가 만들어진 부분에서도 발생할 수 있고, 계속해서 고점을 갱신하면서 한참 뒤에 만들어질 수도 있습니다.

'어깨에 판다'라는 말은 과정을 간과한 결과론적인 말이 될 수 있으므로, 자신이 수익률을 적극적으로 관리할 필요가 있습니다. 현실적으로, 수익이 나기 시작하면 앞으로 더 상승할 수도 있는 종목에서 너무 짧은 수익으로 끊고 나가 후회하는 경우가 종종 발생합니다. 일정 정도의 수익을 항상 담보할 수 있도록 '이 정도면 어깨다'라고 판단할 기준을 스스로 만들어놓는 것이 좋습니다. 저는 이런 경우를 기준으로 삼고 있습니다.

- RSI 과매수권 진입(상향돌파) 시점
- RSI 과매수권 이탈(하향돌파) 시점
- MACD 하향교차 발생 시점
- 일봉상 5-10 이동평균선 데드크로스 발생 시점
- 일봉상 20이평선 하락돌파 시점
- 일봉상 20이평선 위 +10% 채널(엔벨로프 상단)에 닿는 시점

2020년 12월 말~2021년 4월까지의 상승 중 로지시스의 어깨 찾기

위의 사례에서 보듯, 2020년 12월 말에서 2021년 1월에 걸쳐 매수를 통해 무릎(발목)을 만들었다고 했을 때, 눈에 띄는 상승이 시작될 때까지 거의 한 달 정도의 시간이 흘러갑니다. 이런 기간 동안 개미매매자들은 작은 수익에 만족하면서 매도를 하게 됩니다. (20% 정도의 수익도 작은 건 아니지만요!) **매도의 기준을 갖고 있는 것이 아니라 기분에 흔들리는 경우가 많아서**입니다. (또 투자자금 대비 한 종목에 지나치게 큰 비중이 들어가 있으면 이 역시 성급한 매매를 하게 만드는 요인입니다.)

그렇지만 **'무릎에 사서 어깨에 팔아라'**라는 말에 대해서 충분히 납득이 되었다면 세워놓은 기준에 따라 생각했던 것보다 더 큰 수익률을 체험할 수도 있습니다. (처음에는 긴가민가 싶고 그렇게 잘 안 되지만 몇 번 하다 보면 기다리는 게 그렇게 힘들지 않습니다.)

이 사례에서 ①은 RSI가 과매수권으로 들어간 타이밍입니다. 저 당시의 일봉 위치나 거래량 등으로 선수들은 다른 판단을 내릴 수 있습니다만, 일반적인 개미매매자라면 보유 물량 일부를 매도하여 수익을 실현할 수 있습니다. RSI가 과매수권으로 들어가는 시점을 잘 살펴보면 그 앞부분의 14일 동안 주가의 등락이 매우 미미했음을 알 수 있습니다. 실제로 이런 기간을 참고 있다가(매일 장 끝날 때쯤 회사 화장실에 가서 차트를 열어보는데 2주 정도 등락이 애매하다고 생각해보십시오) 주가가 하루에 28% 정도 급상승하면 매도할 수밖에 없는 마음이 됩니다.

②는 RSI 과매수권에서 이탈하는 시점입니다. ①지점 이후에도 주가가 상승을 지속하여 RSI가 과매수권에서 상승 강도를 유지하며 머무르다가 상승의 강도에 힘이 빠졌다는 신호입니다. 여기를 (왼쪽) 어깨로 보고 잔여 물량의 일부를 매도할 수 있습니다. ①지점 이후 40% 정도의 수익을 추가로 거두게 됩니다. (①지점에서 매도한 물량이 아깝다고 생각할 수 있지만, 그다음 날의 주가추세를 알 수 없기 때문에 일정한 신호가 나오면 지켜주는 것이 바람직합니다.)

③은 추세지표인 MACD의 하향교차 지점을 어깨라고 판단했을 경우입니다. RSI를 기준으로 내린 매도 결정보다 더 높은 수익률이 나는 것을 알 수 있습니다. 강세지표인 RSI는 당일을 기준으로 이전 14일 동안이라는 한정적인 시간 범위의 강도로 파악하기 때문에 추세 흐름보다는 신호가 빨리 나오는 경우가 있습니다. 어쨌든 잔여 물량이 있었다면 또 일부 익절할 수

있습니다. (그리고 오해가 있을 수 있어 덧붙여 말하자면, 'RSI보다 MACD를 따라가는 편이 더 높은 수익률을 주는가?'라는 질문에는 '케바케(케이스 바이 케이스, 상황에 따라 다름)'라고 말씀드리고 싶습니다. RSI의 과매도권에서 과매수권으로 올라가는 중에도 MACD의 하향교차가 발생할 수 있습니다. 매매자가 자신에게 맞는 적절한 조합을 통해 매수매도를 진행해야 하는 것이죠.)

④는 일봉상 20이평선을 종가가 하향돌파하는 시점입니다. 이 지점에서는 무조건 모든 잔여 물량을 매도하여 최종 수익실현을 합니다.

③에서 일어난 MACD의 하향교차는, 지금까지 끌어오던 상승의 추세가 끝났다는 뜻이기 때문에 ④까지 기다릴 필요가 없을 수도 있습니다. 정리하자면, MACD를 **통해 상승추세가 계속된다는 것을 알 수 있으며, 그런 시간 속에서도 주가를 위로 더 끌어올리기 위해 급격한 상승이 만들어지는 시간대가 있음을 RSI를 통해 알 수 있는 것이죠.**

매매자가 무릎(발목) 만들기에 성공했다면 너무 빨리 수익을 실현하는 것은 아깝습니다. 자신만의 적당한 어깨 기준선을 만들어서 차근차근 분할매도를 하면서 일부 수익은 현실화하는 한편으로 남은 보유 물량으로 수익률의 극대화를 경험해보는 것도 처음에 작은 투자금액으로 주식습관을 들일 때 꼭 필요한 과정입니다. 참 이상하죠? 1주나 2주 가진 주식은 어떻게 되나 끝까지 보자고 하는 마음이 생겨서 끝까지 들고 갈 수 있는데, 투자자본의 30~50% 정도 비중을 실은 종목은 당장 2~3%만 올라도 팔아버리고 맙니다. 이게 다 퍼센트(수익률)를 매매 기준으로 삼는 것이 아니라, 수익금을 기준으로 매매해서 그렇습니다. 제발! 퍼센트로만 판단하는 습관을 들이세요!!

상승하기 위해 반드시 특정한 지점을 지나가야 한다

전고점 돌파

상승을 지속하려면 가장 최근 주가의 고가(더 엄격하게는 종가상 고가)를 돌파해야 한다는 것이 너무 당연한데도 많은 투자자가 놓치고 있는 핵심입니다. 이는 어제 주가의 고가가 될 수도 있고, 며칠 전의 고가가 될 수도 있고 몇 시간 전의 고가가 될 수도 있습니다. 자신이 기준으로 삼아 매매하는 시간봉의 고가라고 생각하면 적당합니다.

그림을 통해 설명해보겠습니다. 어제 옆 페이지의 그림과 같은 장대 양봉(기준봉)이 만들어졌다고 가정해보겠습니다. 종가를 검정색 선으로 나타내었습니다. 어제에 이어 오늘도 주가가 상승하기 위해서는 양봉이든 음봉이든, 위꼬리가 달리든 아래꼬리가 달리든 간에 그 종가는 검정색 전일 종가 위에 있어야 상승이라고 말할 수 있습니다. 전고점 위에서 종가를 만드는 봉을 우리는 상승봉이라고 부릅니다.

상승의 기세가 강해서 전일 종가 위에서 시가-저가-종가가 모두 형성될 수 있습니다만 시가가 전일 종가보다 낮게 형성되거나, 장중에 전일 종가를 깨고 내려가서 저가가 만들어졌다면, 상승추세를 이어가기 위해서 주가는 반드시 전고점인 전일 종가를 돌파해야만 합니다.

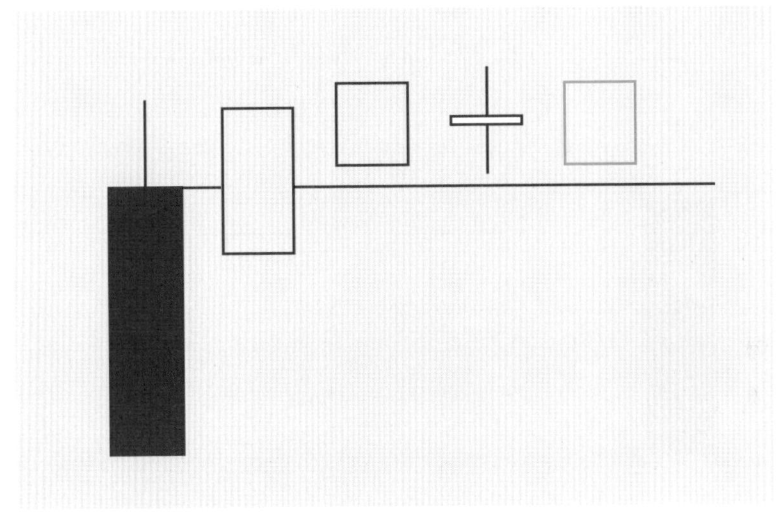

주가 상승의 개념 1 - 종가가 전고점 위에서 형성되어야 한다.

종가를 매매의 기준으로 삼는 중장기 매매자라면, 당일 종가가 전고점 위에 있다면 안심이지만 그렇지 않다면 다양한 경우를 생각해야만 합니다.

따라서 상승의 전제가 되는 전고점을 돌파하는 시점에서 단기 매매자는 거래량이 다른 때와는 달리 많이 붙는 것을 보고 상승 쪽에 무게를 둬서 매수하여 수익을 만들어갈 수 있습니다.

중장기 매매자라면 종가가 전고점을 넘어선 시점의 거래량이 전고점을 만든 날보다 더 많은지의 여부를 보고, 더 많았다면 안심하고 종가에 매수하면 됩니다. 만약 전고점을 돌파하기는 했는데 거래량이 충분하지 않았다면 해당 종목에 투자할 비중의 일부만 매수하면서 이후 진행 상황에 따라 분할 매수를 해나가게 됩니다.

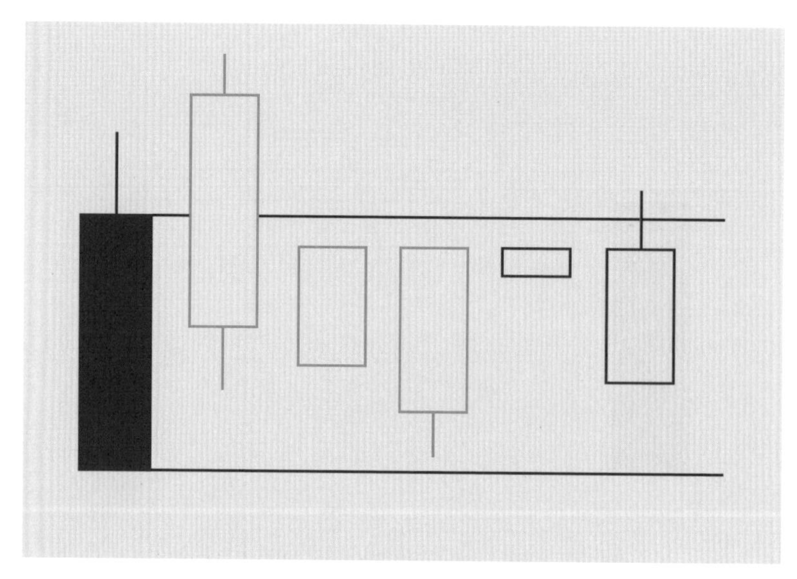

주가 상승의 개념 2 - 종가가 전고점 아래에서 형성되면 조정이다.

전고점 아래에서 종가가 형성되면 위와 같이 그것이 양봉이든 음봉이든, 꼬리가 있든 없든 관계없이 잠시 쉬는 조정이라고 보면 되겠습니다. 조정이 유지되기 위해서는 전고점이 만들어진 봉의 몸통 저점(더 여유를 놓고 보려면 아래꼬리를 포함한 봉의 저점)을 깨서는 안 됩니다. 즉 기준이 되는 양봉의 고점과 저점 사이의 구역에서 주가가 움직여야 합니다. 조정권의 의미는 다음의 셋입니다.

① 주가를 추가로 상승시키기에 적절한 때가 아니다. 전체적인 시장 상황을 보고 결정하겠다.

② 주가를 추가로 상승시키기 전에 수익 극대화를 위해 물량을 더 모으겠다. (개미한테 뺏겠다.)

③ 주가를 올릴 것처럼 생각하게 해서 가진 물량을 넘기겠다.

어떤 성격의 조정인지를 초보자가 판단하기는 쉽지 않습니다. 그렇지만 조정권에서는 기분상 싸졌다는 느낌만으로 매수해서는 안 됩니다. 어느 정도는 주가를 만들어가는 세력이 무슨 생각을 하는지 초보자라도 쉽게 알 방법(이동평균선의 추세를 지켜주는지 아닌지, 하위 시간 봉에서 추세 전환을 만드는지 등)이 있기 때문입니다.

조정 기간이 길어질수록 세력이 전고점을 만들 때 쫓아 들어온 개미투자자들은 참지 못하고 손절매를 하게 됩니다. 따라 들어올 땐 기대와 흥분이 가득하다가, 올라가지 못하고 지지부진하면 부정적인 심리가 지배하게 되거든요. 개인이 손절매하는 주식은 누가 살까요? ①이나 ②의 경우에는 세력이 개인으로부터 빼앗는 것이 되고, ③일 경우라면 다른 개인이 받게 됩니다.

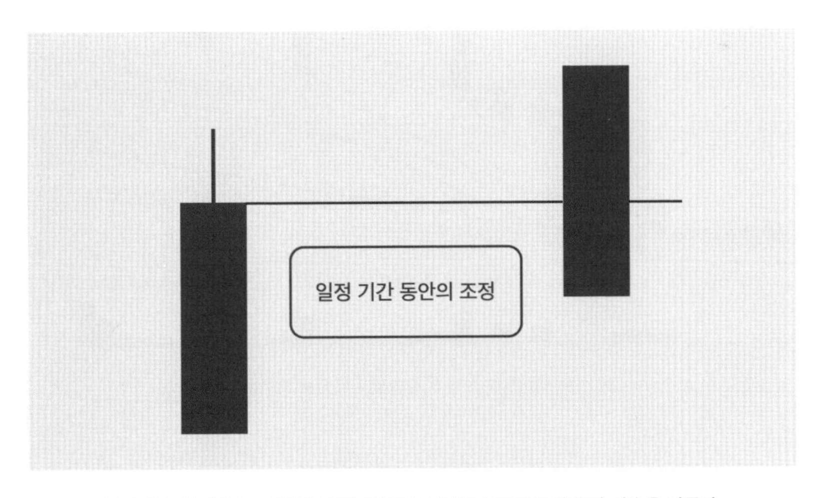

주가 상승의 개념 3 - 조정이 진행되다가 전고점을 돌파하면서 추가 상승을 만든다.

세력이 주가를 전고점을 돌파시키며 상승시키겠다고 계획하고 있다면, 일봉상 조정 기간이지만 분명히 하위 시간 차트에서는 상승추세가 만들어지는 것을 확인할 수 있습니다. 단기 매매자면 전고점을 만든 날을 기준으로 30분봉이나 3분봉에서 하락 후 추세 전환하는 것을 확인하는 타이밍에서 분할매수해서 수익을 도모할 수 있습니다. 중장기 매매자의 경우에는 하위 시간 차트에서 추세가 전환된 날의 종가에 매수하면 됩니다. 이 문단을 배우기 위해 얼마나 많은 돈을 사람들이 지불하는지! 추세가 만들어지지 않고 기준봉의 저점이 깨진다면 우선은 위험관리를 위해 손절매하는 것이 좋습니다.

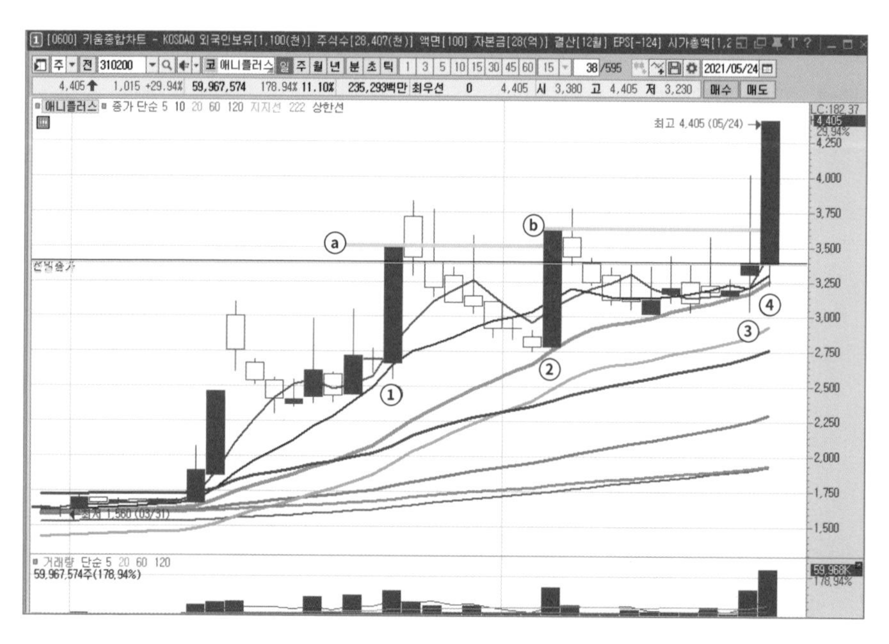

2021년 4월~5월 조정 후 상승을 반복하는 애니플러스

애니플러스라는 종목이 좋은 예를 보여주고 있습니다. ①의 기준봉이 발생

한 다음 저점을 깨지 않고 조정이 지속되다가 ②에서 종가로 전고점 ⓐ를 돌파하는 봉이 거래량과 함께 만들어졌습니다. 그러나 그 이후로 상승이 바로 이어지는 게 아니라 ②의 양봉에서 만들어진 고점 ⓑ 아래에서 조정을 받다가 ③에서 장중에 고점 ⓑ를 돌파하는 흐름이 나왔고, 마침내 ④에서 종가로 ⓑ를 돌파하면서 새로운 상승을 시작함을 보여줍니다. 일반적인 개미매매자가 2주 정도 되는 조정 기간을 버틸 수 있을까요? 빠른 수익을 원하는 분들이 자신의 계좌에 파란 하락률을 보면서 2주를 무작정 기다린다는 것은 정말 어려운 일입니다. 조정 기간은 결국 기준봉의 저가를 깨면서 하락으로 돌아설 것 같다는 심리적인 부담과 끊임없이 싸우는 기간이기 때문입니다.

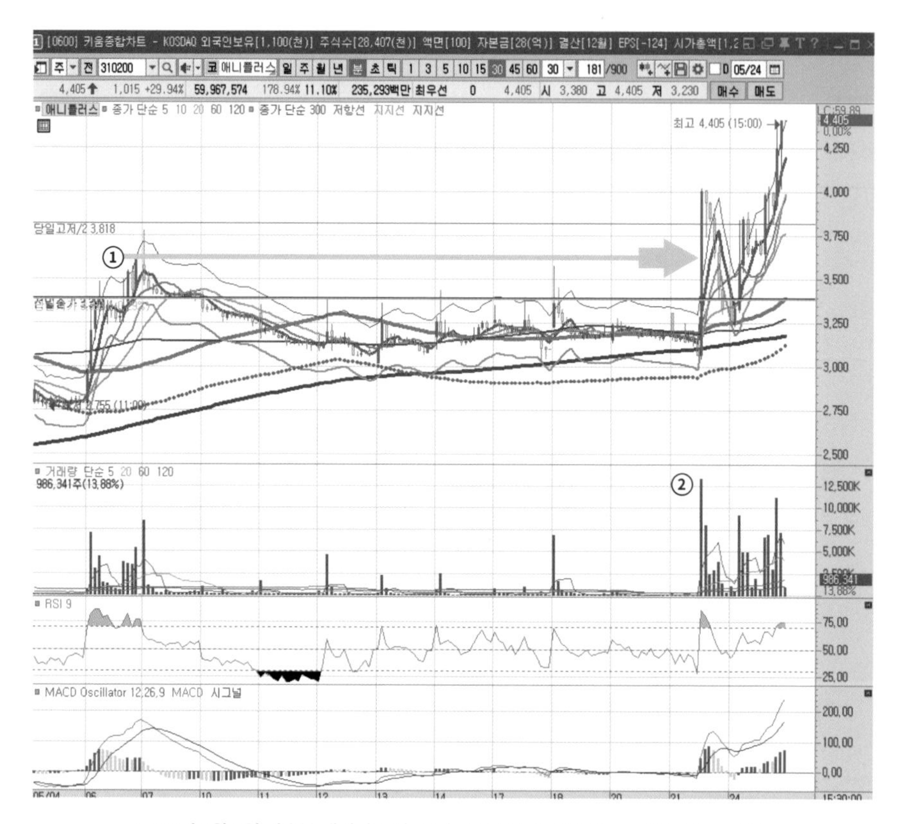

2021년 5월 6일 상승봉 생성 후 5월 24일 다시 상승이 시작됨 - 애니플러스 30분봉

일봉으로 보았던 차트를 하위 시간대인 30분봉으로 더 자세히 보면, 일봉 차트에서의 고점 ⓑ가 30분봉차트에서 ①입니다. 일봉상 ③이 만들어지던 날의 주가 흐름을 보면, 고점 ①을 30분봉이 돌파할 때 그 거래량이 이전 상승시 만들어진 거래량보다 압도적으로 많은 것을 알 수 있습니다. (거래량 ②를 보세요.)

그러고 나서 일봉상 만들어진 위꼬리는 30분봉으로 보았을 때 고점 돌파 후 이어지는 하락으로 인해 만들어진 것입니다. 중요한 점은 거래량이 폭증

하면서 만들어졌던 양봉의 저점은 깨지 않은 채 30분봉상으로도 급하게 조정이 만들어졌다는 사실이고, 다음 날에도 거래량이 붙으며 최종적으로는 추가 상승을 만들었습니다. 차트의 거래량과 돌파 후 흐름을 잘 살펴보시기 바랍니다. 본격적인 상승이 시작될 때엔 일정 기간의 조정이 진행되다가 전고점을 돌파하는 양봉이 나옵니다. 조정이 진행되다가 전고점을 돌파할 때엔 거래량이 충분히 붙어줘야만 가능합니다. 다음과 같은 이유에서입니다.

① 조정 기간 동안 매수했던 개인들의 이익실현 물량을 소화하면서 상승시켜야 한다. (눈 밝은 개미들이 이런 조정 기간에 무릎을 만들면서 수익을 내죠.)

② 전고점 부분에서 매수했던 개인들의 본전 매도물량을 소화하면서 상승시켜야 한다. (보통은 조정 기간 동안에 개인들이 손절매하도록 유도해 세력이 물량을 빼앗지만, 마지막까지 버티는 개인들도 오랜 조정 기간 후 본전이 오면 팔 수밖에 없습니다.)

따라서 상승이 담보된 상태에서 매수개입을 적극적으로 하기 위한 매수 포인트는 다음의 두 가지입니다.

① 거래량이 붙으면서 전고점을 돌파하는 순간에 매수개입

② 주가 상승을 만든 봉의 종가가 확정된 이후, 조정이 일어날 때 매수

①은 전업 매매자 중에서도 선수의 영역입니다. 돌파매매라는 이름으로 알려진 기법입니다. 손이 빠르고 도모하는 수익률이 짧으며 손절도 바로바로 할 수 있는 실력이 있어야 합니다. 돌파가 일어나는 시간은 결국 대단히 짧은 시간이고 그 돌파의 시간부터 상승 여력을 타고 올라가던 주가의 상승이 멈췄다 싶은 순간에 바로 매도하여 수익을 실현합니다.

언제 앞선 매도물량이 쏟아져 내릴지 모르기 때문에 조심하는 것입니다. **상승이 진행 중인 것이지 상승이 확정된 것**이 아니므로, 상황은 언제든지 유동적일 수밖에 없기 때문입니다. 실력 있는 전업 매매자들은 돌파 이후 상승 여력이 떨어지면 매도하고, 조정이 진행되다가 다시 상승할 때 매수하는 등 빠른 매매를 하면서 시장에 대응합니다. **'전고점을 돌파했으니까 오늘은 상승해줄 거야…'라고 손 놓고 있지 않습니다. 많은 개미는 운 좋게 이런 지점에서 따라 들어가면 지속적인 상승이나 강한 상승을 기대하면서 버티는데, 기대는 대응을 더디게 합니다.**

중장기 매매자라면 ②를 반복해야 하죠. 즉 단기 매매자들에게 돌파매매가 있다면 중장기 매매자에게는 **돌파 후** 매매가 있는 것입니다. 조정 후 돌파로 인해 상승이 시작되면, 그다음의 상승을 체크하는 기준봉은 이 돌파봉이 됩니다. 그리고 다시 앞서와 똑같은 방식으로 해석하면서 매수매도의 의사결정을 반복하는 것입니다. 정리하자면, 매수를 생각하게 만들어주는 기준봉이 생성된 후 매매자가 살펴야 하는 것은 다음과 같습니다.

① 기준봉 생성

② 기준봉 생성 → 상승봉 발생하면서 상승을 지속하는가?(지속하면 내것이 아니므로 관심에서 배제)

③ 기준봉 생성 → 조정봉 발생

④ 기준봉 생성 → 조정 기간 지속(하위 시간 봉에서 상승추세로의 전환이 나타나는가?)

⑤ 기준봉 생성 → 조정 기간 지속(하위 시간 봉에서 상승추세로의 전환시 매수개입) → 기준봉 고가 돌파 상승(매수개입 물량에서 수익 발생. 기준봉 돌파로 인해 새 기준봉 생성)

전저점이 깨지면 하락이다

하락은 어디에서 멈출지 아무도 알 수 없습니다. 다만 몇 가지 지표를 통해서 하락이 멈추는 지점을 추측하는 것이지요. 따라서 하락이 시작되면 기분상으로 매수 진입하는 습관은 버려야 합니다. 하락추세에서는 전저점 깨기가 일상적으로 일어나니까요.

상승을 지속해나가기 위해서는 잠시 조정을 받더라도 다시 전고점을 돌파해야 하는 것처럼, 하락이 본격적으로 시작될 때에는 전저점을 계속 깨고 내려가게 됩니다. 따라서 하락추세의 진행 중에 매수했다가 요행히 수익이 나기 시작했다 하더라도 짧게 익절하고 나옴으로써 자신을 리스크에 내모는 것을 피해야 합니다.

장대 양봉으로 기준봉을 만들어낸 상황이라 하더라도, 조정 과정에서 기준봉의 하단을 깨면 일단 상승을 지속하기에는 힘이 빠졌다, 하락일 수 있다고 판단하고 손절매를 하는 습관을 들이는 것이 좋습니다.

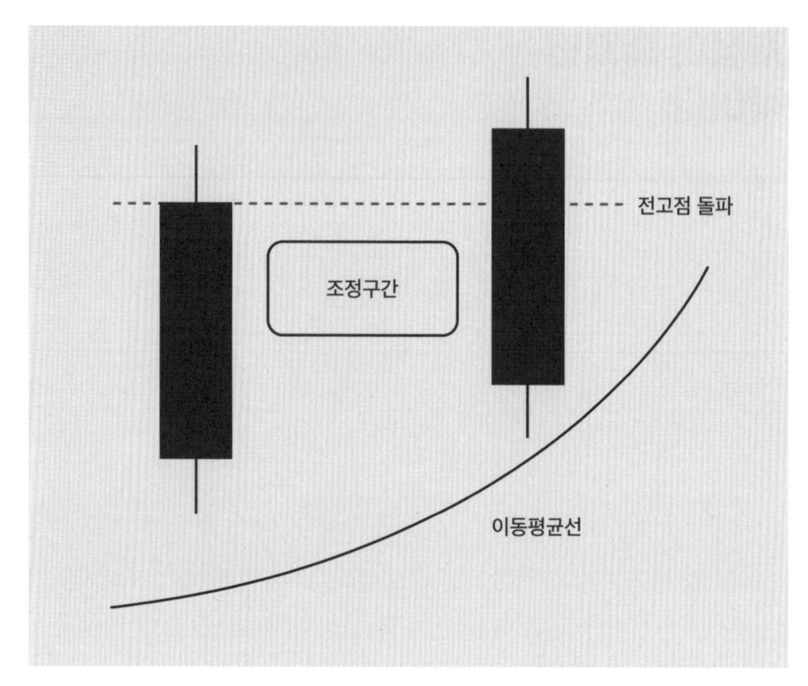

상승의 일반적 패턴: 상승—조정—(전고점 돌파) 상승

주가가 상승하기 위해서는 상승을 일으킨 봉(기준봉)의 전고점을 돌파하는 봉이 만들어져야 한다고 앞서 공부했습니다. 전고점의 기준을 종가로 잡아도 되고, 더 확실하게 하려면 고가로 잡아도 됩니다만, 위꼬리가 달리면 고가를 기준으로 할 경우 지나치게 보수적인 매수가 될 수 있습니다. 이 점은 매매자의 성향에 따른 것이라 할 수 있겠습니다.

이러한 상승이 추세를 만들면서 지속할 때는 이동평균선이 상승 방향을 취하고 있을 때 이동평균선의 위에서 움직이게 됩니다. 즉 위의 그림은 상승이 발생하는 매우 표준적인 그림이며 꼭 외워둬야만 하는 형태라 할 수 있겠습니다. 매수한 사람이 지루해지거나 포기할 수 있는 부분이 바로 조정구간이며, 조정구간을 어떻게 활용하느냐에 따라서 수익률이 달라질 수 있습니다. 이 그림은 장기 매매자들이 일봉차트를 보며 매수할 때나, 단기 매매자들이 분봉차트를 보며 매수할 때나 마찬가지라고 보시면 됩니다.

이와 똑같은 원리로, 하락에 대해서도 정확히 이해할 필요가 있습니다. 가장 일반적으로는 종가를 기준으로 할 때 기준으로 삼는 봉의 낮은 가격보다 오늘의 종가가 낮으면 하락입니다. 기준으로 삼는 봉이 양봉이냐 음봉이냐에 따라 다양한 사례가 있을 수 있습니다.

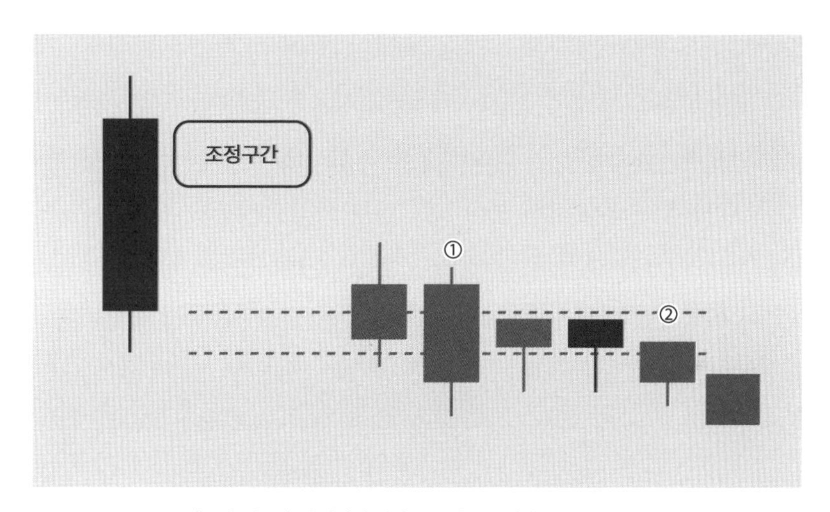

양봉이 기준일 때 하락의 시작을 보여주는 여러 후속봉의 형태

우리가 어떤 양봉을 기준으로 삼아서 매수개입한다는 말은, 그 양봉이 만들어준 가격대를 중심으로 손해보고 싶지 않아 하는 사람들이 있기 때문에 그 사람들이(또는 세력이) 주가를 내리려는 매도세를 방어하면서(즉 매도하는 물량을 사면서) 해당 양봉의 저가를 깨지 않도록 행동할 것이라는 전제가 깔려 있습니다. 그래서 결국 주가를 올리려 할 때 양봉의 고점을 뚫어주면 상

승이 지속된다고 판단하는 것입니다.

하지만 상승을 위한 후속 매수세가 들어오지 않아서 힘이 빠진다거나 기타 여러 이유로 상승하지 못하게 되면 조정구간을 겪게 되는데, 이 조정구간에서 매도되는 물량을 매수하면서 소화해내지 못하고 밀리게 되면 주가가 아래로 향하게 됩니다. 이때 우리가 보고 있는 봉의 종가가 기준봉의 시가나 저가 아래에서 형성되면 높은 확률로 주가의 위치에 따라서 하락이 시작되었다는 신호가 되거나, 반등이 실패하고 하락이 지속된다는 신호가 될 수 있습니다.

이전 페이지의 그림에서 양봉 이후 발생하는 봉이 시가나 저가 위에서 계속 움직이면 이는 조정으로 보고 긴장하지 않아도 됩니다. 하지만 조정구간의 끝 무렵에서 위로 올리지 못하고 그림과 같이 음봉으로 마무리할 때 양봉의 시가나 저가를 깨게 되면 이는 하락입니다(①과 ②). 매도측의 물량을 받으면서 올리기에는 역부족이며 더 이상 상승하기 어렵다는 뜻입니다.

일반적으로 양봉의 시가는 '이 밑으로는 하락을 허락하지 않겠다'라는 뜻이고, 저가는 '이 밑으로는 죽어도 하락을 허락하지 않겠다'라는 뜻이기 때문에 이런 방어선이 깨지는 것은 좋지 않은 징조입니다. **조정구간에서 꾸준히 분할매수를 해서 보유 비중이 점점 커져 있는데 이런 상황이 발생하면 아쉽지만 전량 또는 일부 물량을 손절매하는 것이 리스크 관리 면에서 좋습니다.**

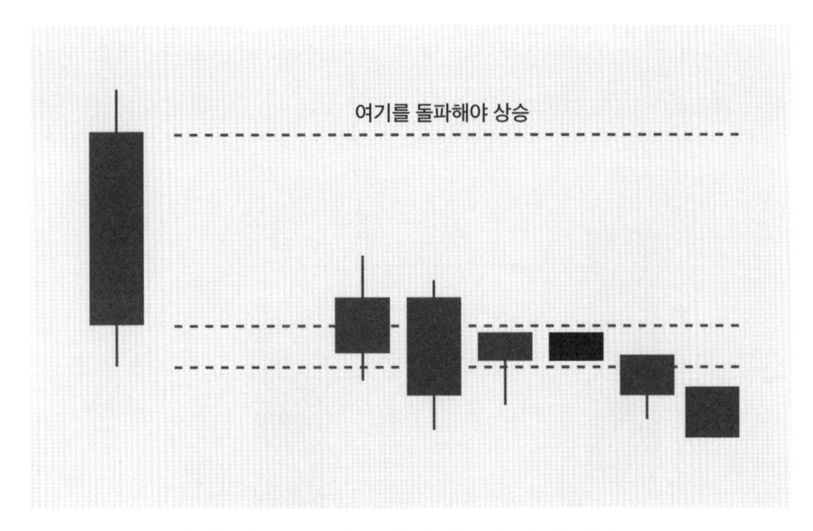

음봉이 기준일 때 추가 하락을 예견하는 여러 후속봉의 형태

큰 음봉이 하나 발생하면 주가가 많이 떨어진 것 같은 기분이 들어서 '저가 매수!'라며 매수하려는 매매자들이 많습니다. 그러나 그 음봉이 잠시 물량이 소화되면서 만들어지는 조정봉인지, 하락의 추세적 시작을 알리는 봉인지 일반 매매자는 알기 어렵습니다. 특히 전업 매매자가 아니라서 하루에 한 번만 매수개입을 하는 중장기 매매자는 더 조심해야 합니다.

일단 음봉이 발생하면 그 음봉으로 만들어지는 방향성이 상승으로 전환되기 전에는 매수하지 않는 것을 위험관리상 추천합니다. 즉 음봉이 만들어진 당일의 종가에서 매수한다거나, 위의 그림처럼 음봉 다음에 만들어지는 봉의 종가가 이전 종가보다 낮게 끝나면 매수하지 마십시오. 물론 주가는 반등을 하게 되니까 아래에서 살수록 수익이 빨리 날 것 같지만, 가능한 한 확실한 상황에서 매수하는 것이 좋습니다. 그래도 꼭 매수개입을 하고 싶다면 판단의 기준으로 삼는 음봉의 종가 아래에서 만들어지는 양봉을 확인하고 매수합니다.

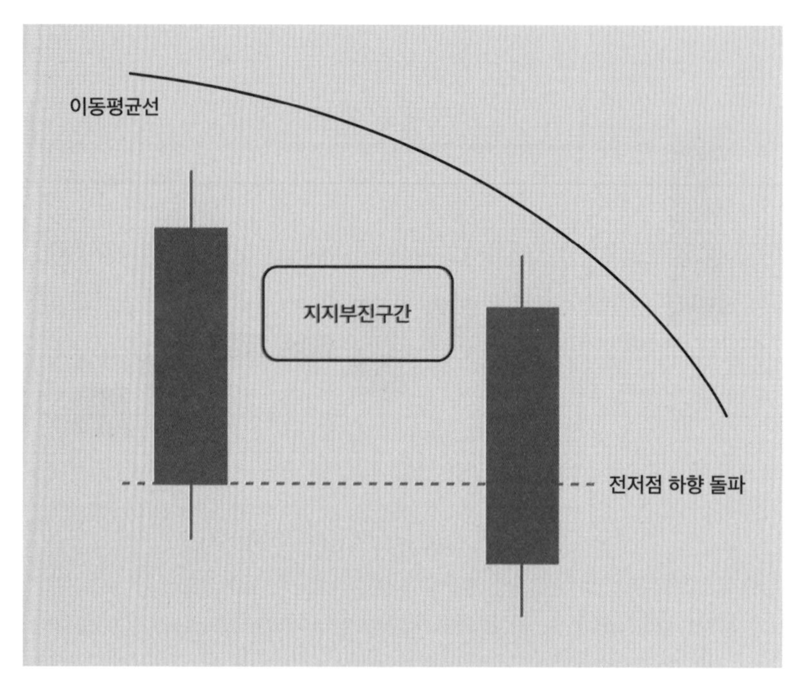

이동평균선 아래에서 음봉이 만들어질 때는 도망이 상책

매수 타이밍을 잡는 데 최악의 방법은 바로 하락추세가 이어지는 상황에서 매수개입하는 것입니다. 특히 주가가 큰 상승을 하다가 하락이 시작되었는데, 지금까지 상승한 상황에 취해서 매수하다가 계속 아래 방향으로 매도 물량을 두들겨 맞으면 아무리 시간이 모든 것을 해결해준다고 해도 회복까지의 시간이 너무 많이 걸릴 수 있습니다. 위의 그림과 같이 하락을 하는데, 그것이 하락추세의 마지막, 즉 RSI 과매도권 진입이라든가 엔벨로프 채널의 하단선이라든가 무언가 하락이 일단락 지어지는 부분이 아니라면 절대 매수개입해서는 안 됩니다. 상승이 진행될 때에는 상승 이후 이익을 실현하는 물량을 일단 받아주면서 세력들이 자기 물량을 다시 확보하는 과정과 기간을 '조정구간'이라고 말한 것처럼, 이렇게 하락이 추세를 갖고 진행될 때 저가 위에서 움직이는 부분을 '지지부진구간'이라고 저는 부르고 있습니다. 상승을 힘있게 하지 못하고 흐물흐물 녹아내리는 구간입니다. 저런 그림이면 쳐다보지 마시고, 앞서 공부한 주식투자의 기본 전제 중 저가 부분임을 알려주는 신호가 나오는지의 여부만 살피도록 하십시오.

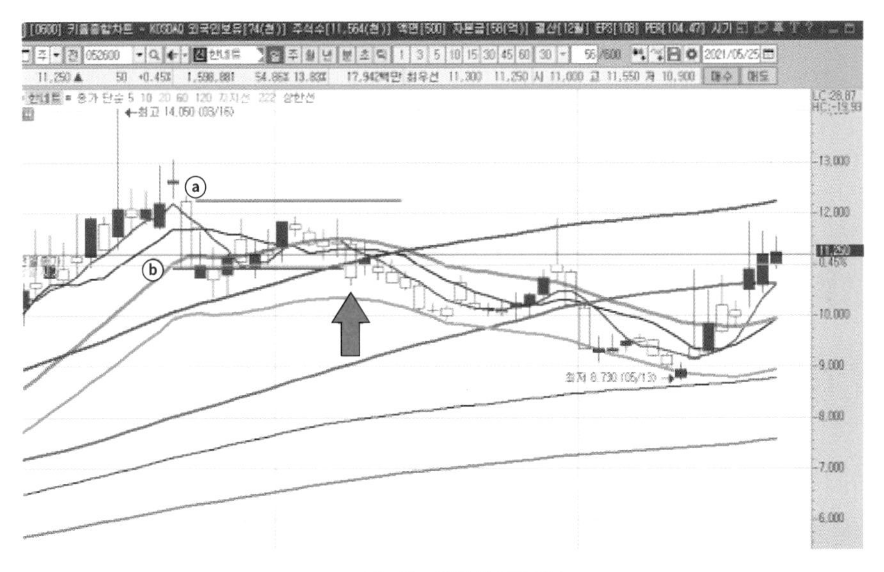

2021년 3월~5월의 한네트 일봉

실제 사례를 살펴보면 더 쉽게 이해할 수 있습니다. ⓐ를 고가로 하는 -13%짜리 제법 큰 음봉이 발생했습니다. 저가는 ⓑ입니다. 전업 트레이더(단기 매매자)들은 짧게 치고 나올 수 있는 여러 테크닉과 타점이 있습니다만 중장기 매매자는 저런 큰 음봉이 나왔을 때는 하락이 다시 되돌려졌다는 확신이 서기까지는 매수개입을 해서는 안 됩니다. ⓑ라인 아래에서 주가가 형성되는 것이 보이고, ⓐ까지 밀어 올리지 못하고 다시 저점인 ⓑ라인을 깨는 음봉이 나옵니다(초록색 화살표). 이건 그저 음봉이 아니라 전저점을 깬 음봉이기 때문에 추가 하락을 예상할 수 있고, 함부로 매수개입을 하기보다는 추가 하락을 끝까지 지켜보면서 하락의 일단락 지점을 찾는 것이 좋습니다.

본 종목에서는 일봉상 20이평선의 엔벨로프 하단 -10% 라인에서 매수했을 때 그나마 반등으로 수익을 낼 수 있었음을 알 수 있습니다.

세력의 편에 서야 이긴다

이 내용을 기본 전제의 맨 마지막에 넣은 이유는, 정확히 이해하지 못하면 매매자를 위험에 빠뜨릴 수 있는 개념이기 때문입니다. 주식투자를 하다 보면 평가손(매수 후 주가가 하락해 손해를 입고 있지만, 아직 매도하지 않아 손실이 확정되지는 않은 상태)은 일상다반사로 겪게 되는데, **손해에는 관리할 수 있는 손해와 관리할 수 없는 손해가 있습니다.** 관리할 수 있는 손해는 현재 주가가 내리는 이유를 알고 있으므로 오히려 분할매수를 통해 비중조절이나 매수단가를 낮춰 수익을 극대화할 수 있는 손해이고, 관리할 수 없는 손해는 정말 그저 손 놓고 있는 손해를 말합니다.

우리는 앞서 종목마다 해당 종목의 주가를 관리하는 '누군가'가 있다는 전제를 공부했습니다. 그 '누군가'는 주가를 떨어뜨리기 위해 주가 관리를 하지는 않겠죠. (공매도라는 제도가 있기 때문에 일부러 떨어뜨릴 수도 있지만, 거기에도 수익이라는 공통된 목적이 있습니다.) 수익을 내기 위해서 주가를 관리하는 것입니다. 따라서 일반적으로는 주가를 올리는 상태에서 뒤따라오는 매매자들에게 자신이 갖고 있는 물량을 떠넘기면서 이익을 실현하게 되는 것입니다. 기왕 이익을 실현하고 싶으면 큰 이익을 보고 싶겠죠? '누군가'는 해당 종목에서 목표하는 수익을 거두기 위해서 최대한 많은 양의 주식을 보유하고 싶을 것입니다.

최대한 주식을 보유하려면 어떻게 해야 할까요? 이미 주식을 보유하고 있는 사람들이 주식을 내놓도록 해야 합니다. 그래서 뺏어야 합니다. 이 과정에서 인간의 심리를 이용한 대단한 상황들이 벌어지고요. (이런 과정을 일일이 다 설명하기는 어렵죠.)

그중 일반 개미들도 알아놓아야 하는 패턴은 다음의 두 가지입니다.

① **대량매집**(하락하는 또는 하락이 지속되어 아무도 관심을 두지 않을 때 계속 일정 분량을 매수하는 방법. 저가권에서 볼 수 있다.)
② **물량 소화**(상승 후 조정 중에 수익실현하는 다른 매매자의 주식을 매수한다. 물량 소화가 잘되면 다시 전고점을 돌파시키는 상승을 한다. 고가권에서 볼 수 있다.)

대량매집과 물량 소화는 전문가마다 정의가 다릅니다만 저는 이렇게 구분하기로 하겠습니다.

저가권에서 대량매집을 하는 종목은 위험하지 않습니다. 하락하더라도 그 폭이 제한적이며 언제든지 되돌릴 수 있는 정도입니다. 무엇보다도 더는 보유 물량을 매도하는 사람이 없다고 생각될 때까지, 즉 주가를 자기 맘대로 움직일 수 있을 때까지 물량을 모으는 것이기 때문에 개미투자자로서는 다만 지루하다는 단점이 있습니다.

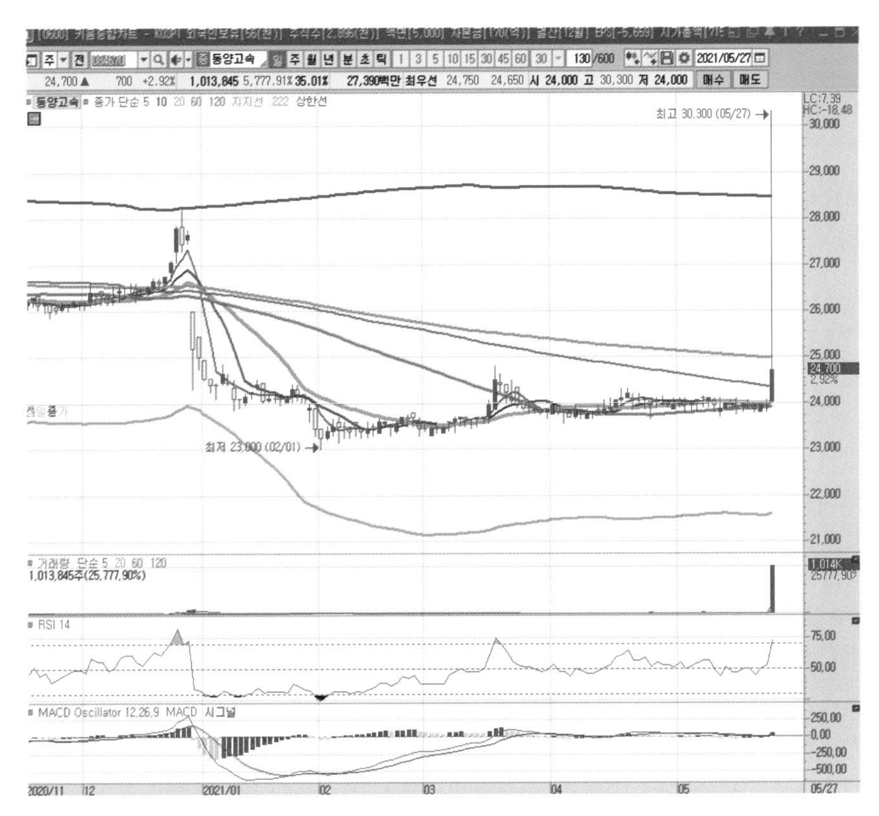

5개월 정도의 매집 과정을 통해 하루 만에 26.25%까지 상승한 동양고속

한 사례입니다. 2021년의 동양고속입니다. 거래량도 거의 없고 주가의 등락도 거의 보이지 않습니다. 이런 종목을 5개월간 아무 목적 없이 매집하지는 않습니다. 개인들이 또는 다른 누군가가 알지 못하는, 자기만 아는 무언가 확실한 재료가 있다면 저 시간은 매집하는 사람들에게는 얼마나 신나는 시간이었을까요. 그들만이 아는 무언가가 있는 것입니다.

우리 같은 일반 개미는 알 수가 없죠. 하지만 앞서의 전제들을 열심히 공부해왔다면 이 종목에 접근할 저가 타이밍이 보이실 거예요. 그러고 나서

2021년 5월 27일 오전에 장대 양봉을 만들면서 밀어붙입니다. 거래량이 전일의 2600% 정도 터지고 있습니다. 부자연스럽다고 생각하지 않습니까? 이날 강남 고속버스터미널 개발 관련 루머(?)가 돌았는데, 거기에 일반 개미들이 따라 들어온 것 같습니다.

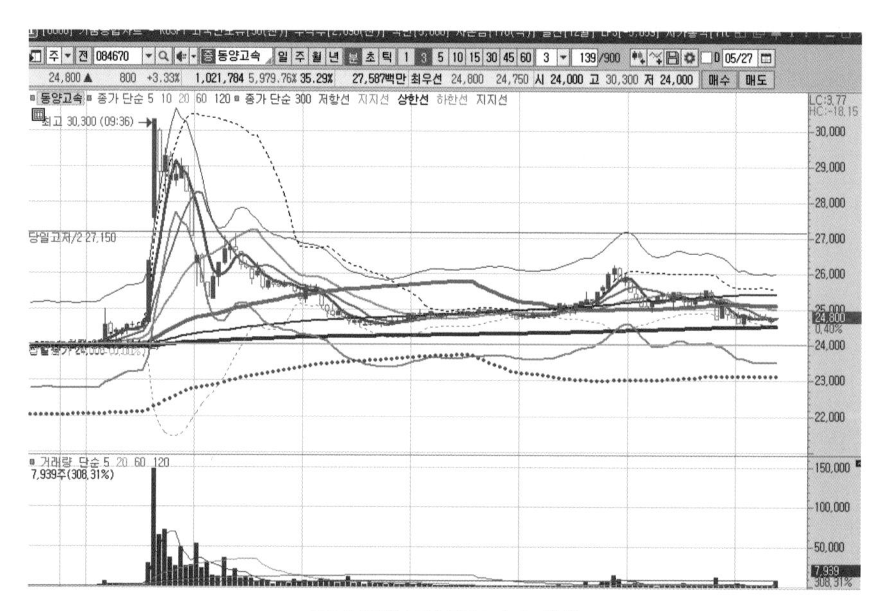

2021년 5월 27일 동양고속의 3분봉

아침 장 시작과 함께 상승을 시작해서 시초가 대비 10%가 오른 첫 번째 VI가 걸리고, 그 VI 시간 동안 추가 매수세가 몰리면서 3분 뒤 갭상승으로 시작해서 주가가 큰 상승을 합니다. 그런데 그 이후로 주가가 빠져서 당일 종가는 전일 대비 3.3% 상승으로 끝났습니다.

여기서 하나 당신에게 물어보겠습니다. 아침에 주가가 막 올라갔잖아요? 주가가 올라간다는 건 결국 저 가격에 사겠다고 모여드는 사람들에게 누군가가 팔기 때문에 매매가 되면서 올라가는 것이죠. 누가 팔았을까요? 저 가격에? 이익을 보면서? 네. 그 누군가가 바로 그 누군가입니다. 그동안 사왔던 것을 소문 듣고 몰려드는 사람들에게 모두 던지고 수익실현을 한 것입니다. 만약 '누군가'가 이 주가가 더 갈 것으로 생각하면 큰 물량을 저런 식으로 수익실현하지는 않습니다. 오히려 붙들고 있어서 한정된 주식의 물량으로 개미들이 몰려들어 더 급하게 오르도록 만들죠. 저렇게 올라갈 때 앞뒤 살피지 않고 매수한 사람들이 바로 물리게 되는 것입니다.

일단, 그동안 보이지 않았던 저런 상승이 나오면 슬쩍 가지고 있는 것은 팔아서 수익을 실현하는 게 깔끔합니다.

이런 이야기를 해주면 듣게 되는 질문이 있습니다.

"많이 내린 주식이 움직임이 없을 때는
사서 묻어놓으면 오른다는 이야기입니까?"

그게 그렇지 않습니다. 대량매집과 관련된 가장 큰 리스크는 그것이 매집인지 아닌지 판단할 수 없는 수준의 매매자가 종목을 마음대로 찾아서 매집 흉내를 내다가 해당 종목이 상장폐지되어 해당 종목에 들어간 모든 돈을 날리게 되는 것입니다. 아무도 관심이 없고 주가의 움직임이 없다는 것은 거꾸로 누구나 아는 악재가 있다고도 해석할 수 있기 때문입니다.

제가 동양고속을 매매한 가장 간단한 이유는 보유하고 있으면 20%에 가까운 배당을 주는 기업이었기 때문입니다. '고속버스 운영'이라는 시대의 유행과는 한참 뒤처진 사업을 해서 많은 사람이 관심을 갖고 있지는 않지만, 사업을 꾸준하게 영위하며 배당을 저렇게나 많이 줄 정도면 쉽게 말해 하루아침에 상장폐지되지는 않겠다는 적당한 믿음이 근거가 되는 것이죠.

그리고 이 사례에서 참 아쉬운 점은, 중장기 매매자인 경우 종가에만 거래한다고 했을 때 종가가 보유 단가에 비해 크게 상승하지 못하고 끝났다는 점입니다. 진짜로 상승할 종목이었다면 상승을 지켜줬을 테고 그렇다면 기분 좋게 수익실현할 수 있었을 텐데, 오히려 3시 15분쯤에 슬쩍 자리에서 나와 화장실에서 종가를 살펴볼 때 아침에 엄청나게 올랐다가 최종적으로는 3% 정도만 올랐다고 하면 기분이 상하고 멘탈이 흔들렸을 것입니다. 하지만 이런 날 저런 날이 쌓여서 자신의 내공이 올라가는 것이니 너무 속상해하지 마세요.

대량매집은 사실 일반 매매자의 영역이 아닙니다. 오~랫동안 매수하면서 수익이 언젠간 나겠지라는 개념으로 편안하게 투자할 만큼 시간과 돈과 개인의 형편이 허락하지 않기 때문이죠. 그리고 결정적으로, 대량매집하는 투자자들은 자신들의 투자자금 대비 원하는 수익률을 확보할 때까지 끝까지 밀어붙일 수 있는데, 일반 투자자들은 그 끝이 어딘지 모르기 때문에(물론 앞서서 쭉 배워온 RSI 과매수권 진입 및 이탈/MACD 하향교차 시작/20일 이동평균선 유지 등을 적용할 수 있습니다만) 기다린 시간이 아까워서 조금 오르면 말도 안 되게 저렴하게 팔아버리게 되기 때문입니다. 나중에 시간이 흘러서 확인해보면 '너무 빨리 팔았어!'라며 땅을 치게 되는 경우가 많습니다.

이 부분만 경계하면 되겠습니다. **매수한 주식이 계속 떨어지는데 '이게 매**

집이야…'라고 자신을 합리화하면서 자꾸 자기 자금을 밀어넣는 행위는 하지 마십시오. 매집은 일단 다른 투자자들이 보고 싶지 않을 정도로 주가가 하락한 시점부터 시작되는 것입니다. 하락하는 과정에서는 아무도 매집을 위해 사주는 사람 없습니다. 더 떨어질까 봐 손절하는 개미와 손절 물량의 매수를 매집이라고 생각하면서 선무당 짓을 하는 개미가 있을 뿐입니다.

빠른 수익을 내고 싶어 마음 급한 개미매매자들은 장대 양봉에 홀리듯 따라 들어갑니다. 그럴 수밖에 없는 것이 체결창에 매매하는 주식 숫자가 빠르게 흘러가는 것을 보면서 거기 끼어들지 않으면 수익을 못 낼 것 같은 기분에 사로잡히기 때문입니다. 중장기 매매라고 생각하면서 매일 한 번이나 두 번만 장에 접근하는 분이라면 이런 문제는 없습니다만, HTS를 켜놓고 시장을 바라보는 시간이 많은 분은 '막 올라가는 종목 한두 개를 매일 잡으면 수익률이 얼마야'라며 계속 쫓아 들어가다 물립니다.

이 단계에서 조금 냉정해질 수 있고, 학습을 통해 발전하게 된 분들이 바로 주가가 일차적인 상승을 마치고 조정하는 과정에서 매수하게 됩니다. 앞선 전제들을 신중하게 공부해오신 분들이라면 바로 이해하실 수 있습니다.

기준봉으로 장대 양봉을 세우면서 일차적으로 상승을 마친 상태에서 지속적인 주가 상승을 하려면 일차 상승의 전고점을 돌파해야 하는데 그사이에 주가 조정의 기간이 있습니다. 이 주가 조정의 기간에, 세력이 전고점을 돌파시킬 때 쏟아져나올 물량이 어느 정도나 있는지를 테스트하기 위해서 주가를 올리는 구간이나 타이밍이 존재합니다. 바로 이 지점이 물량 소화를 하는 과정입니다. 올리려고 하는 가격대에서 최대한 남아 있는 물량을 짜내는 것입니다.

상승을 주도하는 세력이 물량을 짜내는 방법에는 두 가지가 있습니다. 이해가 갈 때까지 읽으셔야 합니다.

---

① 상승 후 조정구간에서 급락시킨 후 공포에 투매하는 것을 받는다.

a. 전고점 근처까지 올린 후 더 올라갈 것이라는 희망을 갖고 들어오는 다른 매수자들에게 세력이 갖고 있는 물량을 던져서 이익을 실현하면서 주가를 급하게 떨어뜨린다.

b. 기존에 끝까지 보유하고 있던 다른 매매자들은 주가가 더 오르지 않을 것이라고 생각하여 익절하게 되고, 그 익절 물량까지 나오면서 세력이 던진 물량을 받은 개미들은 겁나서 손절/투매하게 된다.

c. 이 과정에서 세력은 기존 보유 물량을 호가창 밖에서 매도물량으로 걸어서 심리적 압박을 더한다.

d. 하락의 끝점에서 세력은 매도를 통해 갖고 있는 원금+수익을 활용하여 다시 매수한다. (자전거래)

e. 세력 입장에서는 전고점을 돌파시킬 때 매도세를 받으면서 올리는 것보다 더 싸게 주식을 살 수 있고, 이미 위쪽에서 매도를 대기하던 물량이 없어졌으므로 상승시키는 것이 쉬워진다.

② 상승 후 조정구간에서 주가를 올린 후 후속 매수를 하지 않고 떨어뜨린 다.

f. 전고점 근처까지 매수하면서 주가를 올린다. 그다음 후속 매수를 하지 않는다. 세력은 올리면서 매수한 물량만큼 추가로 보유하게 된다.

g. 세력이 후속 매수를 멈춘 시점부터는 기존 물량 보유자들과 신규 매수 희망자들의 시간이다. 방향성이 정해지지 않은 상태에서 시간이 흘러가면 기존 물량 보유자들은 상승 가능성이 없다고 판단하여 신규 매수 희망자들에게 매도한다. 신규 매수 희망자들 또한 큰 거래량으로 밀어 올리는 흐름에 편승하는 상황이 허락되지 않았기 때문에 위로 매수하려는 동기가 약해진다. 매도하려는 기존 물량 보유자들의 의사가 더 강하게 반영되어 주가는 떨어진다.

h. 세력은 떨어진 주가를 다시 어느 정도 상승시킨다. 기존 물량 보유자들의 매도물량을 받은 신규 매수자들은 상승에 대한 확신이 없는 상태에서 어느 정도 주가가 올라가면 익절하게 된다. 세력은 이렇게 고점 근처에서 매도하려는 사람들의 물량을 서서히 소화시킨다.

i. 이렇게 특정 가격권대의 물량들을 흡수한 세력은 전고점을 돌파시키며 다시금 주가를 상승시킨다.

---

①과 ②, 어느 세력이 더 마음이 좋아 보이세요? 네. ②입니다. 어쨌든 물량을 소화하는 과정에서 매수개입을 해준 사람들한테 어느 정도는 수익을

허락해주기 때문입니다. 그리고 이런 세력은 이것이 물량 소화 과정인지, 아니면 상승이 끝나고 하락시키는 것인지를 알 수 있는 힌트를 줍니다. 그렇기 때문에 **물량 소화의 과정에서 매도하는 사람의 편에 서는 것이 아니라 세력 편에 서면 수익을 낼 수 있는 확률이 그만큼 높아진다**고 할 수 있습니다.

물량 소화의 개념을 잘못 이해하면, 상승을 끝내고 수익을 다 본 세력이 볼 장 다 본 상황, 추가로 주가를 끌어올릴 세력이 없는 상황에서 물리는 위험에 빠질 수 있습니다. 대량매집에서 종목을 잘못 골라 상장폐지를 당하는 리스크가 있듯이, 고점에서 잘못 사게 되어 끝도 없이 기다려야 하는 난처한 상황에 부닥치게 될 수도 있습니다.

더 나아가서, 물량 소화가 아닌 하락의 과정에서 자기 스스로가 물량을 소화하겠다며 비중을 높여 망하는 경우도 생길 수 있습니다.

②의 케이스에서 물량 소화를 하는 과정이라면 세력은 본격적인 하락을 만들고자 하는 것이 아니기 때문에 다음의 특징을 살필 수 있습니다.

- **하락(음봉)에서의 거래량이 크지 않다.**
- **조정 기간 중에 일정 수준에서 저점이 유지된다.**

따라서 상승 상황에서 음봉이 나왔는데 거래량이 상승 때의 거래량과 비슷하거나 많으면 이는 물량 소화 중인 조정 기간이 아니라 하락으로 발걸음을 옮기고 있다고 생각하는 것이 좋습니다. (즉 매수개입하지 말라는 말입니다.) 또 음봉의 저점을 깨는 음봉이 이어지는, 즉 저점이 일정 가격대에서 버티면서 유지되지 않는 경우라면 하락으로 추세가 변할 가능성이 크다고 염두에 두는 것이 위험관리에 도움이 됩니다.

2021년 5월 26일 케이사인 일봉

2021년 5월 24일, 초록색 화살표를 통해 볼 수 있듯이 케이사인은 거래량을 일으키면서 전고점을 돌파했습니다. 즉 새로운 상승의 시작이 내포되어 있는 상태에서 단기 매매자들이 매매 종목으로 삼을 수 있는 종목이 되었습니다. 25일에도 종가가 전고점 돌파봉의 종가보다 높아서 상승이 계속되는 것을 알 수 있었습니다. 그런데 26일, 위꼬리를 달고 시가 대비로는 8% 이상 하락하는 장대 음봉이 나왔습니다. 26일 종가를 확인하는 중장기 매매자는 상승이 끝난 것인지 조정인 건지 마음이 불안해지고, 팔까 말까 생각이 들었을 것이고, 26일 당일에 매수를 통해 해당 종목에 개입한 단기 매매자들은

모두 겁이 날 수밖에 없는 상황입니다. '내릴까? 전고점을 깨고 내려갈까?'

중장기 매매자로서는 종가가 어떻게 형성되어 있는지를 확인해봐야 할 것입니다. 전고점 돌파봉의 고점 이후 종가 기준으로는 하락이 없었습니다. 그리고 중요한 것은 거래량인데, 큰 거래량이 나오지 않았습니다. '본격적인 하락이 시작되었나?'라고 의심할 부분은 그다지 크지 않아 보입니다. 다만 불안하면 보유 물량의 절반 정도는 매도하여 수익을 실현할 수 있을 것입니다. 한편, 단기 매매자라고 할지라도 손절 기준을 정확히 갖고 있다면 단기 상승인 5일 이동평균선 위에 있으니까 하루이틀 정도는 살펴볼 수 있을 것입니다. (아무리 단기 매매자라고 해도 빠른 대응에 자신이 없는 분이라면 이동평균선과의 이격이 너무 떨어질 때 매수개입하는 것은 무모합니다.) 이런 며칠의 움직임을 단기 매매자들이 활용하는 30분봉을 이용해서 살펴보도록 하겠습니다.

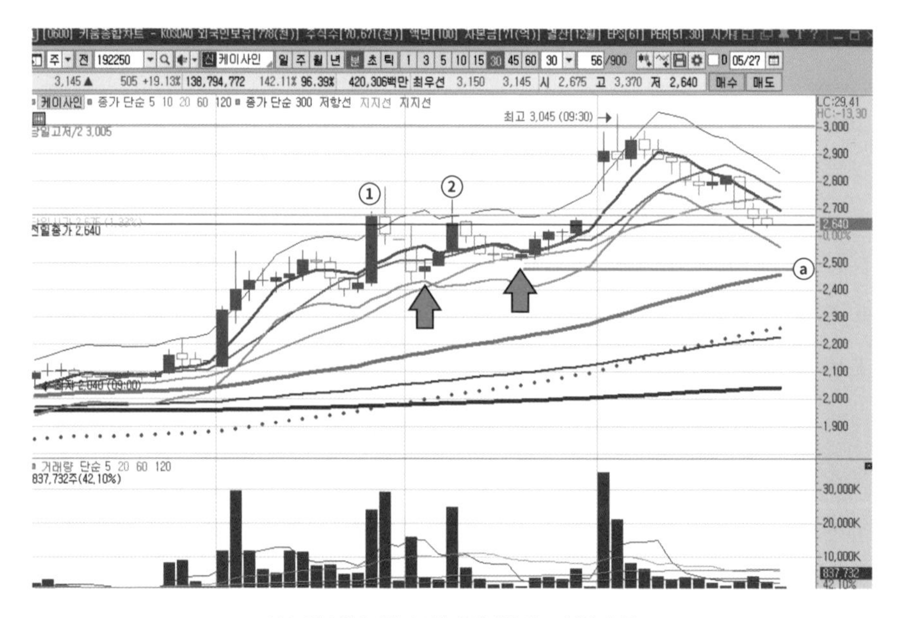

2021년 5월 24일~26일 케이사인의 30분봉 흐름

전고점을 돌파하는 5월 24일의 장 후반 ①의 상승봉 이후로 주가가 내리기 시작해서 25일 9시 반까지 하락이 유지되었습니다. 전고점 돌파 때에는 일반적으로 수익실현 물량이 나오기 때문에 자연스럽다고 할 수 있습니다. 중요한 것은, 전고점을 돌파한 봉 그다음 날에 주가가 거래량을 늘리면서 계속 하락한다면 이 지점에서 세력이 주가를 마지막으로 터는구나라고 생각할 수 있지만, 물량 소화를 하게 되면 일정한 하락폭, 즉 세력이 다시 올릴 수 있고 올리는 데 크게 돈이 들지 않는다고 생각하는 수준에서 하락을 멈추는 지점을 만들게 됩니다. ①이 30분 동안에 10% 정도의 상승을 만들었고 주가가 ①의 상승이 시작한 지점까지 거의 내려왔습니다.

그런데 더 내리지 않고 첫 번째 초록색 화살표가 보여주는 것처럼 양봉이 하나 나왔습니다. 그러고 나서 ②지점까지 다시 10% 정도 상승하는 것을 볼 수 있습니다. ①이 만들어지는 과정에서 매수한 사람들과 ①에서 주가가 쭉 빠지는 과정에서 매수한 사람들은 ②지점까지 주가가 움직이는 동안 무슨 생각을 했을까요?

'본전은 회복할 수 있을까?'

'오! 본전이다. 수익 쪼금 더 나는데 빨리 빠져나가자.'

이렇게 생각하면서 던지는 물량들을 세력은 다 받아먹는 것입니다. 빼앗는 것입니다. 그것이 물량 소화입니다.

②지점에서 추가매수를 밀어넣지 않으니 주가가 흘러내립니다. 흘러내리는 과정에서 거래량이 적은 것을 보십시오. 세력이 아닌 자들이 갖고 있는

주식의 수가 계산되고 있습니다. 그러던 중 다시 양봉이 만들어졌습니다. 그리고 다시 상승합니다. 하락 후 만들어진 양봉들을 비교해볼 때 그 위치가 비슷하거나 뒤에 만들어지는 양봉이 좀 더 상승한 위치라면 물량 소화 과정이라는 해석의 신뢰도가 높아집니다. 즉 ⓐ라고 그은 선이 물량 소화를 진행하는 하단이라는 뜻입니다. 저 선의 부근을 기준으로 새로 매수를 했다는 것이기 때문에 매수단가가 저 가격 밑으로 밀리면 그때까지 세력이 새롭게 사 모으는 물량, 기존 보유자로부터 빼앗는 물량에 대해서는 손해를 본다는 뜻입니다. 따라서 저 가격은 깨지 않을 가능성이 큰 것입니다.

26일 아침, 큰 상승이 일어났습니다. 거래량도 상당히 붙었습니다. 저 거래량이 만들어질 때 매도하는 사람들은 누구일까요? 30분봉상 하락하는 조정구간에서 다른 개미들이 내놓는 물량을 받은 신규 개미들의 수익실현 물량과, 전일 오후 상승 구간에서 멋도 모르고 쫓아 들어온 신규 매수자들의 수익실현 물량입니다. 물량 소화를 진행 중인 세력의 단가는 제법 올라가 있을 겁니다. 24일과 25일의 고점 부분, 즉 매물 소화를 일차적으로 하는 과정에 만들어진 고점보다 약간 높은 정도입니다.

오전 고점 이후 주가가 흘러내립니다. 음봉이 계속해서 나오고 있습니다. 중간에 양봉이 나오는 것을 보고 매수한 사람도 있을 것입니다. 그러나 상승으로 돌리지 못하고 다시 음봉이 나옵니다. 10% 이상 하락하는 과정에서 다시 개미들은 서로 사고팔고 하면서 손절매하는 한편으로 신규 매수하는 사람들이 생깁니다. 아마추어 단기 매매자들은 고달픕니다. 중장기 매매자들은 최소한 이런 중간 흐름에 꾀이지는 않잖아요?

이런 자리에서 신규 매수하는 사람들은 의식 속에 '너무 고가에 산 것이 아닌가?'라는 두려움이 있기 때문에 약간의 상승에도 매도하고 싶어지는 심리적 상태에 빠지게 됩니다. 세력이 물량을 빼앗기에 손쉬운 상태입니다.

좀 긴 설명이긴 했지만, 이 기간 중에 마음씨 좋은 세력은 개인들이 나름 조금씩이라도 수익을 낼 수 있는 기회를 주면서 물량 소화를 했다는 것을 알 수 있습니다. 하락이 진행된다고 해도 ⓐ라인까지는 지켜보다가 다시 양봉이 만들어지면 매수할 수 있다는 의사결정을 내릴 수 있습니다.

왜냐고요? 물량 소화 과정에서 세력의 단가가 올라가 있기 때문에 손해를 보지 않으려면 다시 주가가 상승해야 하기 때문입니다.

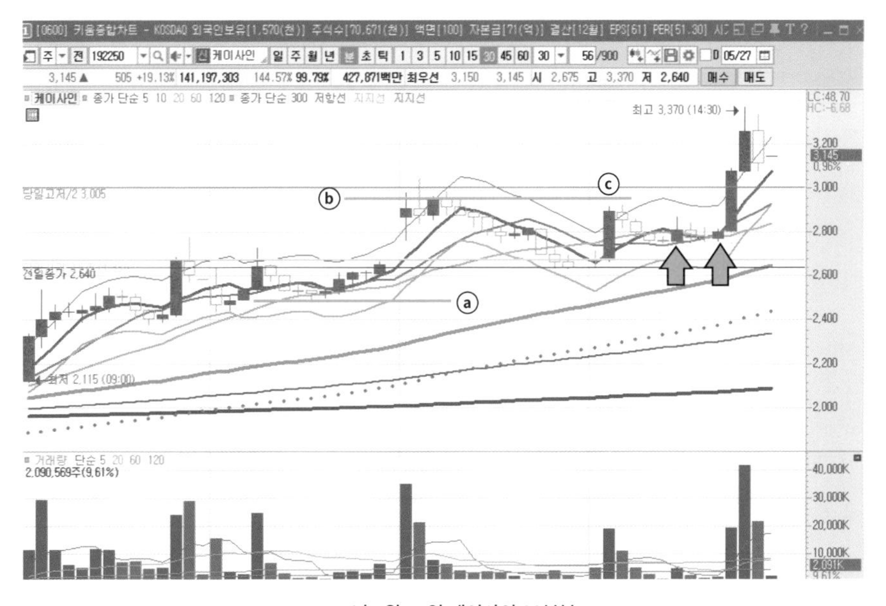

2021년 5월 27일 케이사인 30분봉

5월 26일 종가까지만 해도 겁이 나고 불안한 마음이었지만 27일 장 시작 후 전일 10% 이상 하락했는데 하락의 추세가 이어지지 않고 버티는 것을 보고 마음이 안심될 수 있었을 것입니다. ⓒ까지 주가를 올리는 동안 전일 하락시 신규 매수한 매매자들이 물량을 다 내놓습니다. 세력은 그 물량을 그대로 받으면서 소화합니다. 양봉이 나온 다음에 다시 음봉이 나오지만 크게 겁낼 것 없을 것 같습니다. 이미 물량 소화가 계속해서 진행 중이라는 게 보이기 때문입니다. 초록색 화살표 부분에서 음봉의 흐름이 멈추는 양봉이 나옵니다. 두 양봉이 만드는 가격이 일정한 라인을 깨지 않습니다. 여기서 매수하는 사람이 또 이익을 거둘 수 있는 기회를 얻을 수 있는 겁니다.

좀 긴 이야기였지만 정리해볼까요?

단기적으로 물량을 소화하려는 세력은(악질 세력 말고) 돌파하면서 상승시키기 위한 전고점 근처까지 주가를 올려주면서 다른 보유자들이 매도하는 물량을 받아주는 상황을 반복해서 만들다가 전고점을 돌파시키면서 한 단계 더 큰 상승을 만들어냅니다.

그렇기 때문에 **단기 매매자이거나 단기 매매를 지향하고자 한다면 상승하면서 유동성이 풍부해진, 즉 시장의 관심을 받아서 매수하려는 마음을 가진 사람들이 많이 몰리는 종목에서 하락시 30분봉상 연속된 음봉이 발생하다가 양봉이 만들어지면 의미 있게 바라보고, 세력이 움직이는 방향대로 매매하면 수익률을 높일 수 있을 것입니다.** 세력은 매물을 소화하는 동안에는 매도하지 않지만, 개미들은 매물 소화의 성격상 전고점 부분에서 매도하여 수익을 결정지을 수 있습니다!

물량 소화는 세력이 추가 상승을 염두에 두고 원하는 상승에 방해가 될 물량, 또는 예상치 못한 보유자가 상승 기세에 매도물량을 쏟아내며 찬물을 끼얹는 상황을 방지하기 위해 미리 그 물량을 뺏으며 추가 상승을 준비하는 심리적인 투쟁 과정입니다. 해석의 논리를 정확히 알지 못하면 크게 난처한 상황에 놓일 수 있으니 많은 차트를 보면서 감을 잡으시길 권해드립니다. 또한 이는 단기 매매자의 영역이므로 중장기 매매자는 신경 쓰지 않으시길 바랍니다.

3장

저점 매수를 위한 주식투자의 기술적 분석

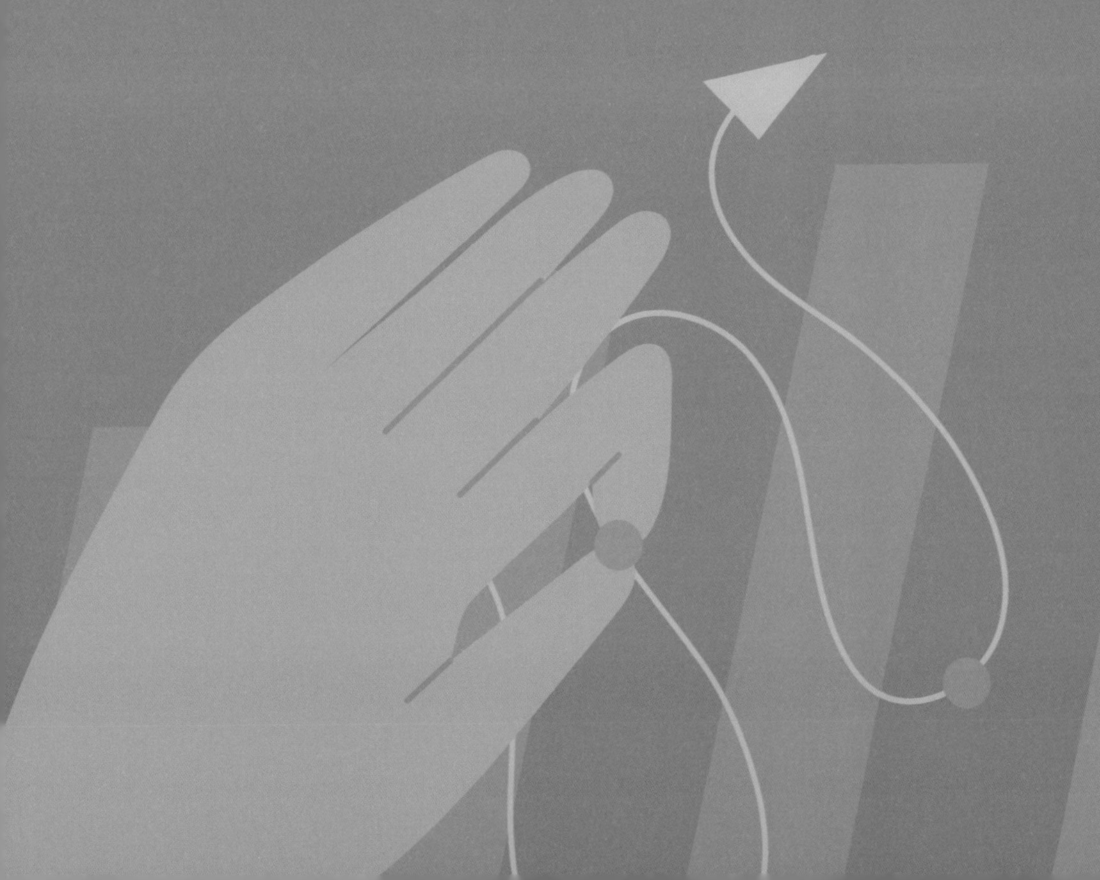

중장기 매매자는 아무 종목이나 따라다니면서 매매하지 않습니다. 일 년 동안 매매할 종목을 정해놓고 수익이 날 확률이 높은 타이밍(저가권)에 매수개입한 다음, 적절하게 수익을 실현하는 게임을 반복해야만 합니다. 따라서 관심종목을 적절하게 선정해놓는 것이 매우 중요하다는 말씀을 남겨놓습니다.

이제부터는 본격적으로 **'어떻게, 언제'** 매매할지에 대해 공부하려고 합니다. 어떤 방법으로 매수 타이밍을 잡는가에 대한 공부입니다. 우리는 중장기 매매자로서 저가권에서 매수한다는 원칙을 고수할 것이며, 관심을 갖는 종목의 주가가 저가권에 들어왔는지의 여부를 알기 위해 4가지의 지표를 활용할 것입니다.

우리는 기업 자체의 가치를 따져서 투자하는 기본적 분석에는 관심을 기울이지 않을 것입니다. 매일매일 만들어지는 주가와 그렇게 만들어진 주가의 연속된 흐름 속에 해당 종목에 대한 시장참여자의 모든 의지와 해석과 행동이 결정되어 반영되었다고 생각하고, 오로지 주가의 위치를 매매의 판단 기준으로 삼는 기술적 분석을 앞으로의 매매수단으로 삼을 것입니다.

주식투자를 하면서 차트를 보고 있다는 말은 자신도 모르는 사이에 이미 기술적 분석을 통한 매매를 하고 있다는 말입니다. 차트를 보는 눈을 날카롭게 만들기 위해 이번 장에서는 본격적인 기술적 지표 공부에 앞서 꼭 필요한 내용을 공부하겠습니다.

캔들의 완성이 뜻하는 것

우리가 그 의미에 대해 깊이 생각하지 않고 보게 되는 차트 위의 캔들(봉)은 누가 그냥 딱 찍어놓는 것이 아닙니다. 수많은 매매자들이 매수와 매도의 공방을 벌인 끝에 만들어지는 것입니다. 즉 과정의 결과로서 만들어지는 것입니다. 일봉차트 위의 캔들은 하위 시간축인 분봉에서 만들어지는 과정을 볼 수 있으며, 주봉차트 위의 캔들은 하위 시간축인 일봉에서 만들어지는 과정을 볼 수 있습니다. 그림으로 살펴봅시다.

오른쪽 페이지의 차트에서 보이듯, 주식차트에는 여러 모양의 캔들이 있습니다. 하루를 기준으로 만들어지는 캔들을 표시한 주식차트를 일봉차트라고 부릅니다. 빨간 것이 양봉캔들이고 속이 뚫린 파란 것이 음봉캔들입니다. (앞으로 양봉캔들은 양봉, 음봉캔들은 음봉이라고 부르겠습니다.) 양봉은 아침에 시작한 가격보다 장이 끝날 때의 종가가 더 높게 끝난 경우에 만들어지며, 음봉은 아침에 시작한 가격보다 종가가 더 낮게 끝날 때 만들어집니다.

간단히 말하자면 양봉은 매수가 매도를 이긴 것이고, 음봉은 매도가 매수보다 더 셌다는 뜻입니다. (각자의 설정에 따라 양봉과 음봉의 색은 다를 수 있습니다. 속이 빈 음봉으로 설정한 이유는, 음봉이 중요한 이동평균선을 깨고 하락했는지를 시각적으로 확인하기 위해서입니다.)

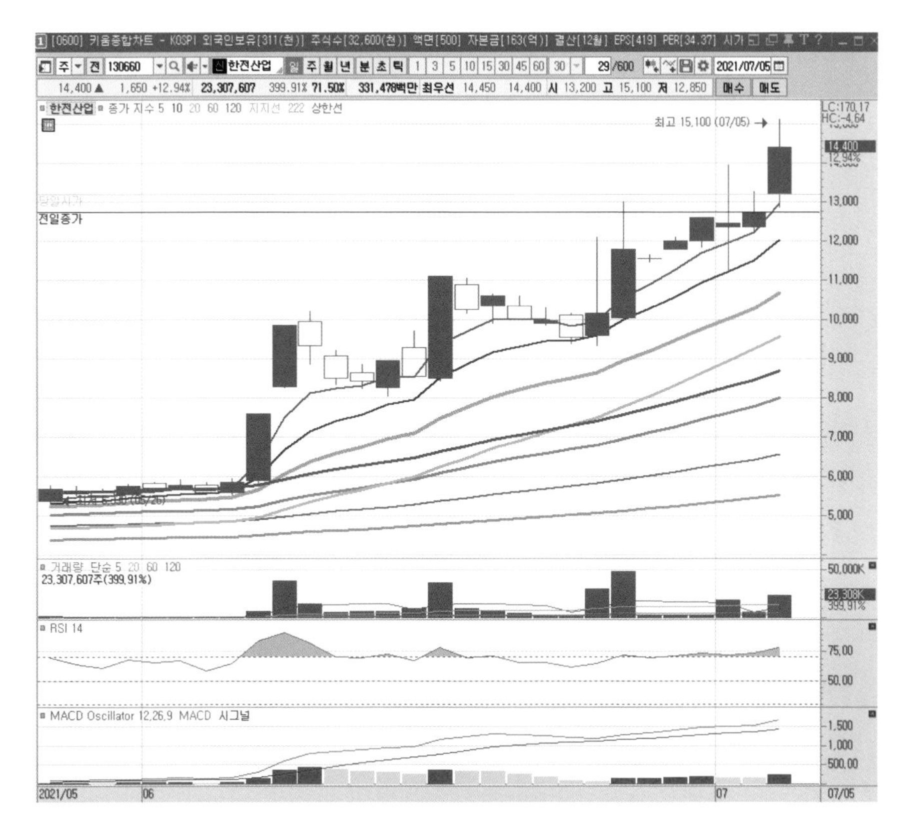

한전산업 2021년 7월 5일 일봉차트

차트의 맨 끝인 7월 5일에 위와 아래에 꼬리가 붙은 12.94%짜리 양봉이 만들어진 것을 볼 수 있습니다. 이 양봉이 완성되기까지 일봉의 하위 시간축인 분봉에서 다음과 같은 과정이 있었습니다. 그림을 보시죠.

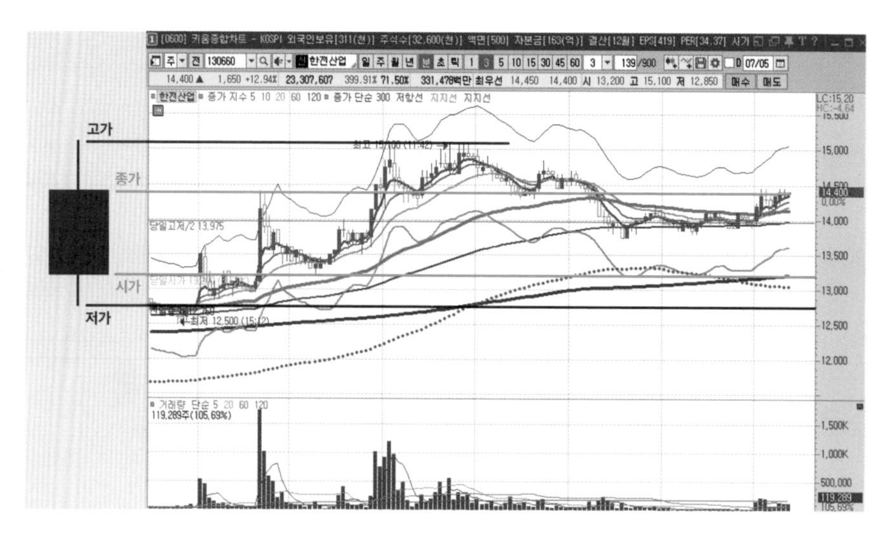

한전산업 210705 일봉과 그 일봉을 만드는 3분봉의 흐름

일봉캔들은 모양이 간단했지만, 그 일봉을 만든 하루 종일의 주가 흐름을 3분봉차트로 보면 주가가 오르락내리락하는 것을 볼 수 있습니다. 이 오르락내리락은 당일 이 종목에 관여한 매매자들이 매수하고 매도하면서 뺏고 뺏기는 싸움이 있었음을 말해줍니다. 누군가는 저가에 매수해서 수익을 실현했고, 그들이 수익을 실현하는 자리에서 더 오를 거라고 기대하며 매수한 사람들이 물려 있는 모습들을 볼 수 있습니다. 시가보다는 종가가 더 높은 가격에서 끝났기 때문에 양봉이 만들어진 것입니다.

중장기 매매자는 분봉에서 벌어지는 이 싸움에 참여하면 안 됩니다. 중장기 매매자가 분봉차트를 열어본다는 사실 자체가 잘못된 것입니다. 중장기 매매자는 종가만 확인하면 됩니다. 3시 30분 종가가 만들어지기까지 3시 20분부터 시작되는 동시호가 10분만 살펴보는 것입니다.

매수단가(평균가)보다 종가가 높을 때

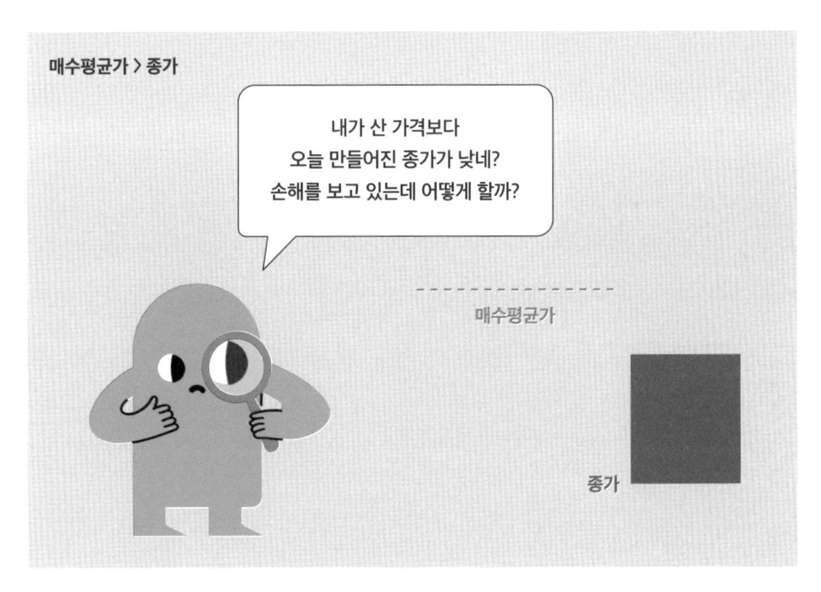

매수단가(평균가)보다 종가가 낮을 때

그래서 자기가 매수개입한 매수단가와 일봉의 종가를 비교해서 종가가 매수단가보다 높다면 수익을 극대화하기 위해 홀딩(보유)을 할 것인지 수익을 실현할 것인지를, 종가가 매수단가보다 낮다면 추가매수를 할 것인지 손절매를 할 것인지를 결정하는 것입니다.

매일 6시간 반 동안의 과정을 통해 만들어지는 종가는 개미매매자가 만드는 것이 아닙니다. 우연히 만들어지는 것도 아닙니다. 주가를 만들어가는 누군가가 의도를 갖고 돈을 써서 물량을 쥐고 풀면서 만드는 것입니다.

그렇다면 어느 시점에서 매수개입을 해야 할까요? 기술적인 관점에서 조금 더 이야기를 진행하겠습니다.

양봉 캔들이 뜻하는 것

양봉은 어디에서 만들어지느냐에 따라 크게 둘로 나누어서 생각할 수 있습니다.

저가권에서 만들어질 때는 '더 이상의 하락은 인정하지 않겠다(나는 손해보지 않겠다)'라는 뜻이며, 상승추세 중에 만들어질 때는 '더 높은 가격에라도 매수해야 할 이유가 있다'라는 뜻이 됩니다. 어느 경우든지 매도하고자 하는 기세보다 매수하겠다는 기세가 더 세다는 뜻이 숨어 있습니다.

이렇게 매수세가 매도세를 눌렀다는 신호가 양봉이며, 이후 주가는 이 양봉을 기준으로 상승이 진행될 가능성이 큽니다. 왜냐하면 양봉 캔들을 만든 누군가(세력?)는 손해를 보고 싶지 않기 때문입니다.

종가는 세력이 의도를 갖고 만드는 것이라 말씀드렸습니다. 시가보다 높은 위치에서 종가가 만들어지는 양봉은 아무 이유 없이 만들어지지 않습니다. 매도되는 물량을 모두 받아낼 뿐 아니라 주가를 위로 올리면서, 즉 더 비싸게 사면서까지 매수해야만 하는, 일반 매매자들이 알기 어려운 이유를 그들은 알고 있는 것입니다. 따라서 우리 개미매매자들은 차트에서 만들어지는 양봉을 보는 것만으로 '무언가가 있구나!'라고 알아차리면 되는 것입니다. 이런 뜻을 갖는 양봉을 만들어낸 누군가는 손해보고 싶지 않을 것입니다. 그런 이유에서 양봉의 저가는 앞으로의 주가의 움직임에서 매우 중요한 의미를 갖게 됩니다. 저가가 깨지면 양봉을 만든 세력은 돈을 잃기 때문이죠.

결론적으로 말해, 양봉이 만들어졌다는 말은 개미매매자가 세력을 따라 매수를 해도 개미매매자를 흩어내리기보다는 밑에서 받쳐주고 주가를 올리는 분위기가 만들어졌다는 뜻입니다. 이런 분위기에서 중장기 매매자는 저가권에서 만들어진 양봉을 기준으로 그 이후 며칠간의 캔들의 종가를 보고 매수하면 됩니다. 한편, 상승추세가 이미 만들어지기 시작했다면 단기 매매자들은 상승추세 속의 양봉을 기준으로 하위 시간축인 분봉을 이용해서 매수 타점을 찾아야 합니다.

저가권 양봉 이후 매수개입 타점

종가를 기준으로 매매하는 중장기 매매자라면 저가권에서 양봉이 만들어질 때 그 양봉의 종가부터 매수를 시작합니다. 비중조절과 분할매수를 적절히 해나가면 무릎(더 나아가서는 발목)을 만드는 매수단가를 갖게 됩니다. 그림을 통해 조금 더 구체적으로 이야기하겠습니다.

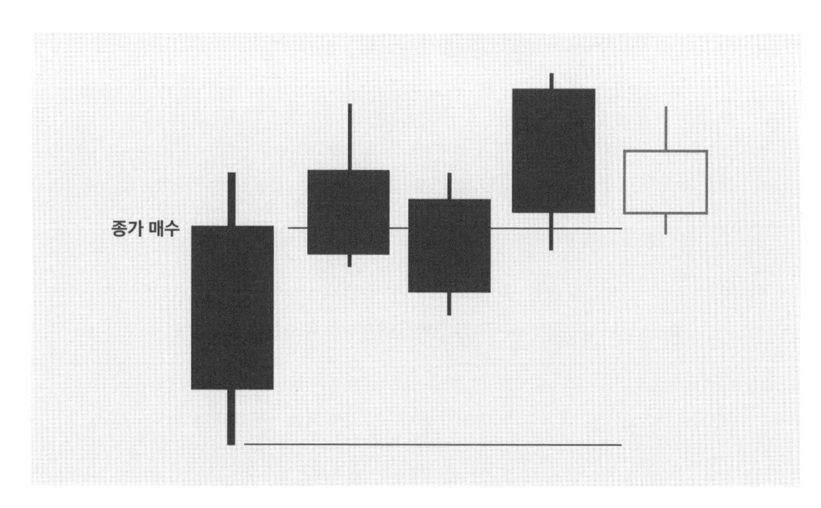

저가권에서 양봉이 만들어진 다음의 매수 타점 - 추가매수 타점 없음

저가권에서 양봉이 만들어지면 우리는 종가에서 첫 매수개입을 하게 됩

니다. 해당 종목에 대해 비중조절을 해서 원금 대비 10%를 매수하기로 결정했다면 다시 분할매수한다는 전략하에 3~5%를 첫 매수 때 사용하게 됩니다. (원금이 100만 원이면 이 종목에는 비중조절하여 최대 10만 원까지 매수할 것이며, 첫 매수 때에 3만 원에서 5만 원 정도를 매수한다는 뜻입니다.)

첫 매수 이후 만들어지는 캔들에서 각 캔들이 양봉이든 음봉이든 첫 매수를 한 종가 위에서 캔들의 종가가 만들어지고 있다면 매매자는 수익을 보고 있는 상태이며, 더 이상의 추가매수를 하지 않고 적절한 선에서 수익실현의 기회를 찾으면 됩니다.

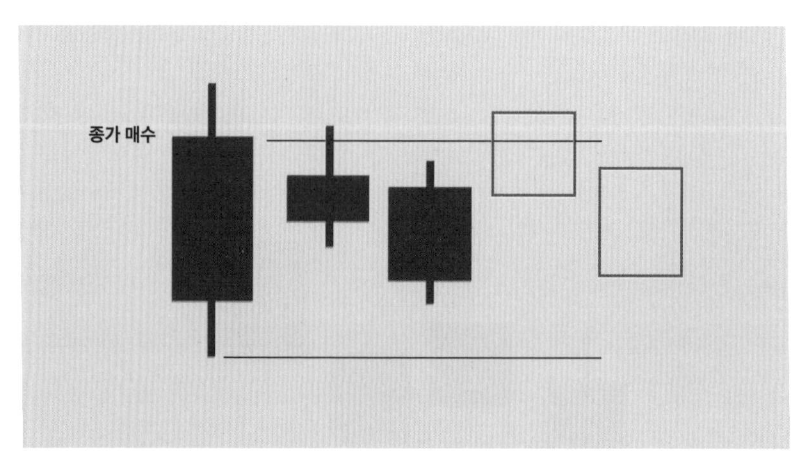

종가 매수 이후 추가매수 조건: 캔들의 종가가 첫 매수한 종가 이하일 때

한편, 양봉이 만들진 시점의 종가에서 첫 매수를 한 이후 만들어지는 캔들이 양봉이든 음봉이든 **각 캔들의 종가가 첫 매수를 한 종가보다 낮게 형성되면 각 캔들의 종가에서 추가매수**를 합니다. 분할매수를 위해 남겨두었던 7~5%를 적절히 나누어서 매수합니다. 3:3:4로 하든지 5:3:2로 하든지 말이지요. (첫 매수를 한 다음 7만 원에서 5만 원 정도가 남았다면 두 번째 매수에서 3만 원어치를 사고 세 번째 매수에서 남은 돈을 모두 쓰는 것입니다.) 두 번째 매수 그리고 세 번째 매수까지 하게 되면 매수단가는 처음 매수한 가격보다 내려가게 될 것입니다.

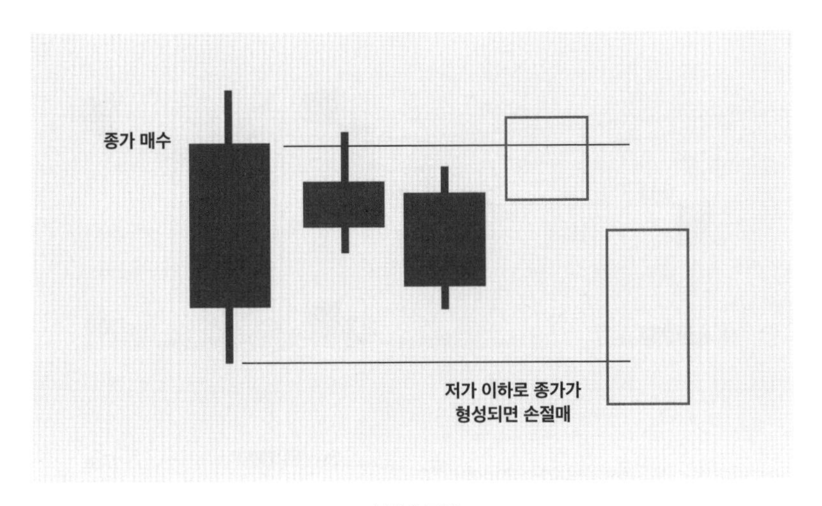

손절매 조건

이렇게 분할매수를 잘했는데 **첫 종가 매수를 했던 양봉의 저가를 캔들의 종가가 깨는 경우가 생기면** 이때에는 종가에 손절매를 해야 합니다. 아쉬울 수 있지만 끊어줄 때는 끊어야만 합니다. 그러나 매매해보시면 느끼시겠지만, 저가권에서 만들어진 양봉은 대단히 단단합니다.

이렇게 손절을 하고 나면 손 털고 그 종목을 더는 안 보는 것이 아니라 다시 저가권이 만들어지고 양봉이 만들어지는지를 확인해야 하겠습니다. 그럼 사례를 좀 살펴볼까요?

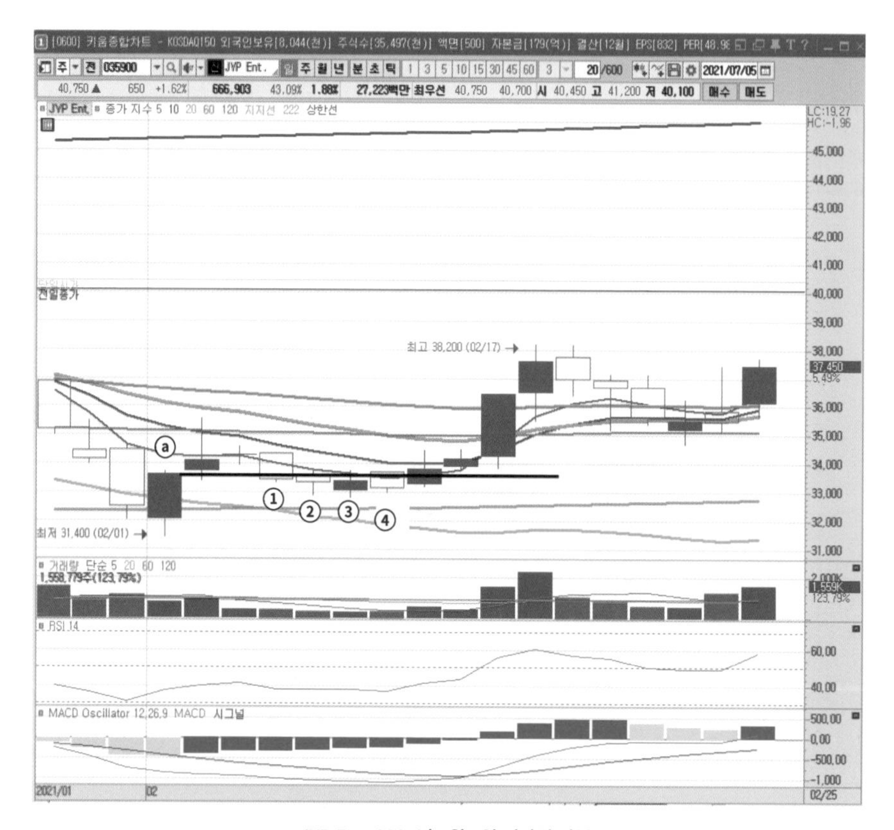

JYP Ent. 2021년 2월 1일 저가권 양봉

2021년 1월 29일 음봉인 주가의 종가는 20이평선 -10% 하단을 돌파하면서 RSI도 과매도권인 30을 찍었습니다. 그리고 2월 1일 ⓐ에서와 같이 양봉이 만들어졌습니다. 저가권에서 양봉이 만들어졌으므로 종가에 1차 매수를 합니다. 매수 이후 이틀 동안은 첫 매수를 한 종가(검정색 수평선) 위에서 각 캔들의 종가가 형성되었습니다. 그리고 나서 ① ② ③ ④에서 볼 수 있듯이 각 캔들의 종가가 ⓐ의 종가 아래에서 만들어지고 있습니다. 이럴 때 저가권 첫 양봉인 2월 1일의 저가 31,400원을 손절매 기준가격선으로 생각하고 계획했던 비중대로 추가매수를 하는 것입니다.

3차례로 나누어 매수하겠다고 생각했다면 첫 매수 이후 두 번을 더 매수할 수 있었을 것입니다. ① ②에서 종가에 매수했다면 ③ ④에서는 매수할 수 없었겠지만, 비중조절을 위해 결정한 만큼만 매수하면 됩니다. 결론적으로 10% 이상의 수익을 거둘 수 있었음을 알 수 있습니다.

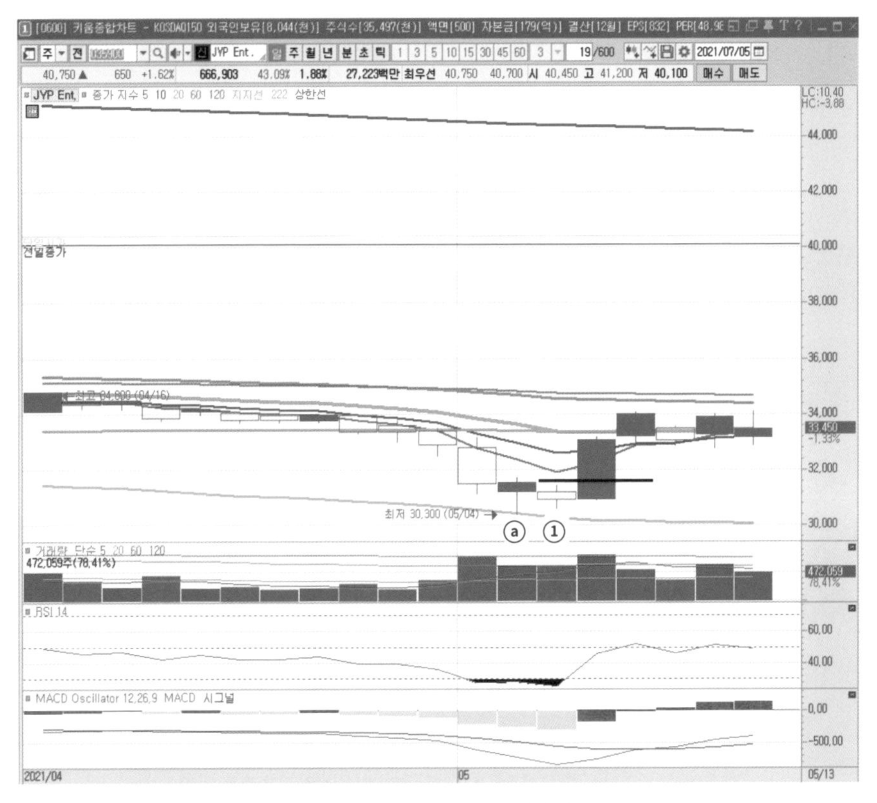

JYP Ent. 2021년 5월 4일 저가권 양봉

2021년 5월 4일, 일봉상 20이평선 -10% 하단선을 터치하면서 RSI 과매도권에 들어간 상태에서의 양봉 ⓐ가 만들어졌습니다. ⓐ의 종가에서 1차 매수를 하고 나서 다음 날 캔들의 종가가 첫 매수를 한 종가보다 낮은 위치에서 만들어졌습니다. 2차 매수를 망설임 없이 하는 것입니다. 2차 매수를 한 ①의 다음 날, 양봉이 만들어지면서 첫 매수를 한 ⓐ의 종가 위에서 종가가 형성되었습니다. 자신의 매수단가보다 높은 가격에서 종가가 만들어지면 그때부터는 다양한 기준으로 매도 조건을 찾아서 수익을 실현하면 됩니다.

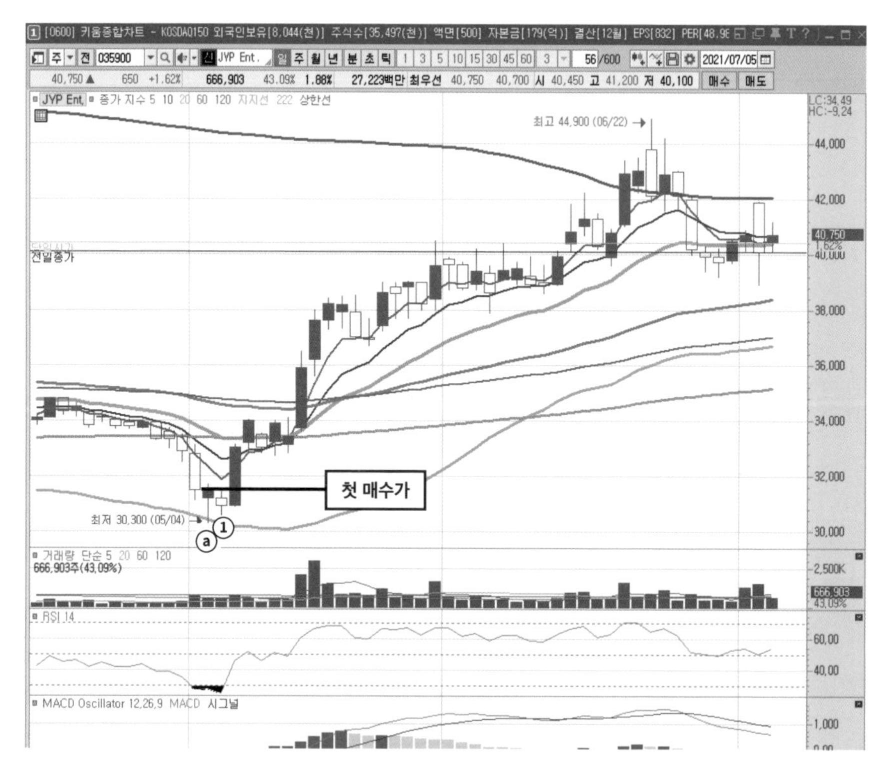

JYP Ent. 2021년 5월 4일 저가권 양봉 매수 후 주가 흐름

계획대로 차근차근 매수를 했다면 좋은 수익을 실현할 수 있습니다. 비중 조절한 상태에서 분할매수를 3번에 나누어서 하기로 했다면 두 번밖에 매수할 수 없었겠지만, 욕심을 내서 나머지 분할 분량을 첫 매수가격보다 높은 가격에서 매수하는 데 쓰지는 않아야 합니다.

내리는 중에 사면 안 된다
다 내렸을 때 사는 것이다

기술적 분석은 결국 매매자가 적절한 매수 지점을 찾기 위한 수단입니다. 기술적 분석은 캔들에서부터 시작되는데, 중장기 매매자는 **'내리는 중에 사면 안 된다'**라는 것을 꼭 기억해야만 합니다.

'내리는 중'이라는 것은 계속해서 음봉이 발생하는 상황을 말합니다. 머리는 매수하면 안 된다는 것을 이해하는데 손가락은 매수 버튼을 클릭하고 있는 것이 신기합니다. 이렇게 매수하는 마음속에는 '어제보다 더 싸게 산다'라는 기분과 함께 '반등할 것 같은데…' 또는 '반등하겠지'라는 대단히 안일한 기대감이 숨어 있습니다. **남보다 빨리 매수해놓으면 더 많은 수익을 거둘 것 같은 생각이 들겠지만, 그 성급한 판단으로 인해 지속적인 하락을 얻어맞는 경우도 참 많습니다.**

훈련되지 않은 매매자는 자신이 매매하려는 주가의 위치가 어디인지 잘 모릅니다. 고가권에서 매매를 하는 것인지 저가권에서 하는 것인지 모릅니다. 시야가 그만큼 좁다는 것이죠. 그래서 필요 없는 위험부담을 스스로 떠안는 경우가 많습니다. 이 책을 통해 제가 여러분에게 계속 강조하는 것은 저가권에서 매수개입하라는 이야기입니다. 2021년 3월 30일 인터파크라는 종목을 살펴보겠습니다.

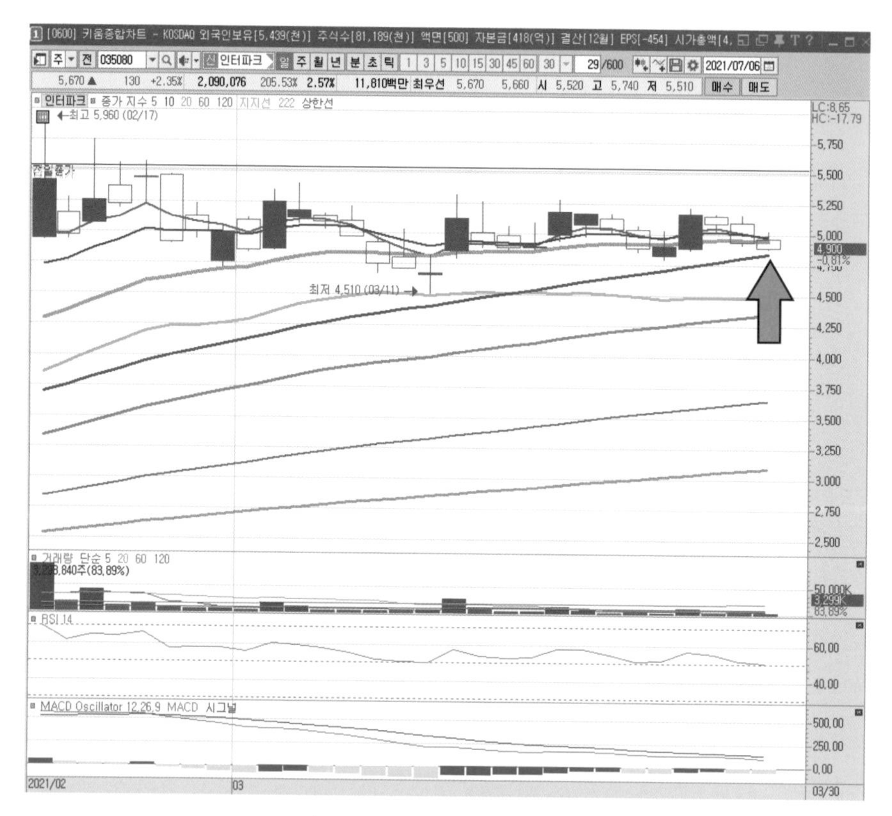

인터파크 2021년 3월 30일 일봉차트

'내리는 중에 사면 안 된다'가 왜 중요한지를 알게 되실 것입니다. 초록색 화살표 부분이 3월 30일에 만들어진 음봉입니다. 중장기 매매자는 종가를 매매의 기준으로 삼기 때문에 여기서 살까 말까 망설일 수 있습니다. 왜냐하면 며칠 전에도 음봉이 두 개 나온 다음에 상승이 있었고, 계속해서 그런 패턴이 반복되는 것 같기 때문에, 이날 음봉 종가에서 미리 매수해놓으면 다음 날 반등이 일어나지 않을까 하는 기대를 하기 때문입니다. 그러나 음봉이 계속되고 있는 이 자리는 내리는 중이지 다 내린 자리가 아닙니다. 여기서 매수했다면 어떻게 되었을까요?

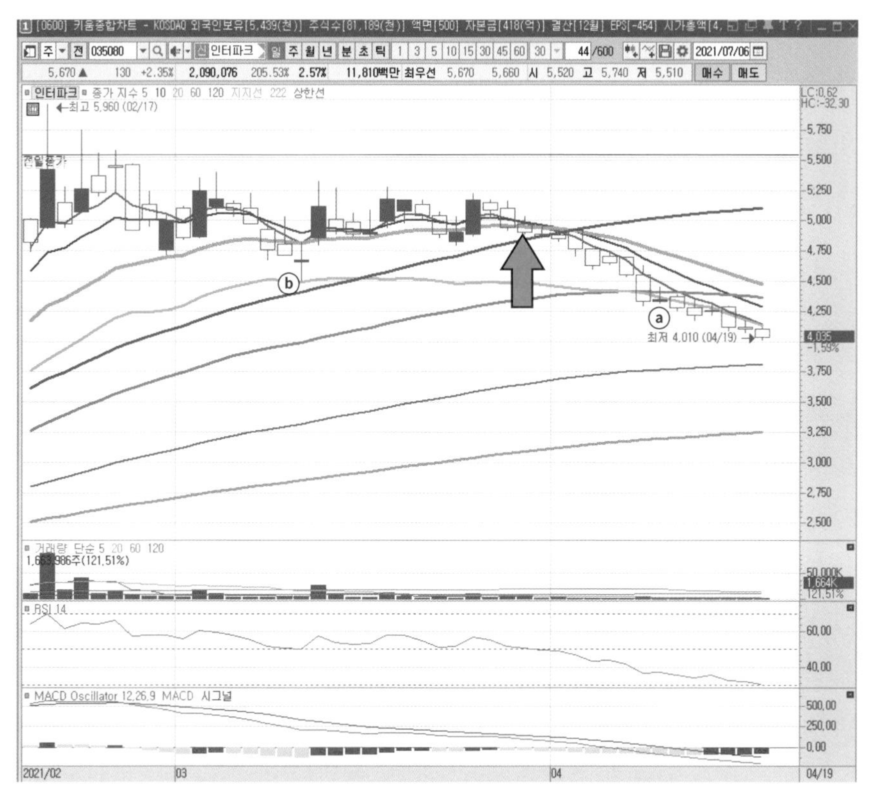

인터파크 2021년 3월 30일 이후 4월 19일까지의 주가 흐름

초록색 화살표로 가리키는 3월 30일 음봉의 종가에 매수했다면 4월 19일까지 줄기차게 하락하는 상황을 맞이하게 됩니다. 내리는 중에 안이한 기대로 매수를 해서는 안 된다는 사실을 알 수 있게 해주는 좋은 사례입니다. 물론 손절매로 탈출했다고 하면 다행입니다만 중장기 매매자는 손절매하지 않고 수익을 만들어가야 합니다. 그렇다면 **내리는 중이 아니라 다 내렸다는 것은 무엇으로 확인할 수 있을까요?** 네. **양봉캔들**입니다. 하락이 계속된다는 말은 매도하려는 매도자의 기세를 받아내는 매수세가 없다는 뜻입니다. 앞서 양봉에 대해서 공부한 바 있지만, **양봉이 만들어지려면 더 이상 밀리지 않는 가격대를 만들어놓고 그 지점부터 집중된 자금력으로 가격을 올려가며 매수해야 합니다. 즉 돈을 써야만 하는 작업입니다. 집중된 자금력은 개인 매매자들은 절대 일으킬 수 없습니다.**

여기서 물어볼게요. 이왕 돈을 써야만 한다면 비싸게 사겠습니까, 아니면 조금이라도 싸게 사겠습니까? 당연히 싸게 사고 싶을 것입니다. 그 '싼 가격'은 내 기분에 싸다고 느껴지는 가격이 아니라, 세력이 작업하기에 적절하다고 계산한 끝에 판단하는 가격입니다. 그 가격을 알려주는 것이 바로 음봉 이후에 나오는 양봉입니다.

ⓐ지점에서 양봉이 나왔습니다. 저 부분에서 하락이 멈췄다는 말입니다. 일시적인 멈춤인지 아니면 추세를 전환시키기 위한 멈춤인지는 저 시점에서는 알기 어렵지만 어쨌든 멈췄습니다. 만들어진 양봉이 위꼬리 아랫꼬리만 있는 것이 아니라 **몸통이 통통하게 있고, 거래량이 붙어준 양봉**이라면 더 좋았겠지만, 이 양봉은 조금이라도 매수하려는 측이 이겼음을 보여줍니다. 매수를 고려한다면 이런 자리에서 종가에 사는 것입니다. 그리고 그 이후에 만들어지는 캔들의 종가가 이런 양봉의 저가보다 낮아지면 손절매를 하는 의사결정을 내리면 되는 것이죠.

20이평선의 -10% 하단 채널에 닿았기 때문에 일단 저가가 형성되었다고 생각할 수도 있습니다. 이미 앞선 ⓑ포인트에서 그다음 날 양봉으로 전환하는 모습을 보여주기도 했고요. 하지만 아쉽게도 종가상 ⓐ의 저가를 깨는 음봉이 나오면서 추가 하락을 4월 19일까지 지속합니다. 손절매가 원칙이긴 하지만 분할매수를 하는 입장이라면 무조건 손절을 하는 것이 아니라 RSI 과매도권 진입을 기다렸다가 추가매수를 하면서 매수단가를 낮추는 전략을 쓸 수도 있겠습니다.

인터파크 2021년 4월 20일 양봉 출현

내리는 중에는 사면 안 됩니다. 살 필요도 없습니다. 내가 세력도 아닌데

매도하는 사람들의 물량을 받아줄 필요 없습니다. 세력이 'OK. 여기까지!' 라고 알려준 다음부터 쫓아가도 늦지 않습니다. 실제로 4월 20일 양봉이 나왔습니다. 중장기 매매자는 장중에 무슨 일이 있었는지 알 수 없었겠지만 장이 끝날 무렵 HTS를 봤을 때 몸통도 있고, 거래량도 평소와는 다른 거래량(전일 대비 865%, 즉 8.6배의 거래량)을 보이며 양봉이 섰기 때문에 우리는 이곳을 다 내린 지점이라고 판단하고 종가에 매수개입을 할 수 있게 되는 것입니다. 의미심장하게 4월 19일 RSI 과매도권을 터치한 것도 이날의 양봉의 의미를 더해줍니다.

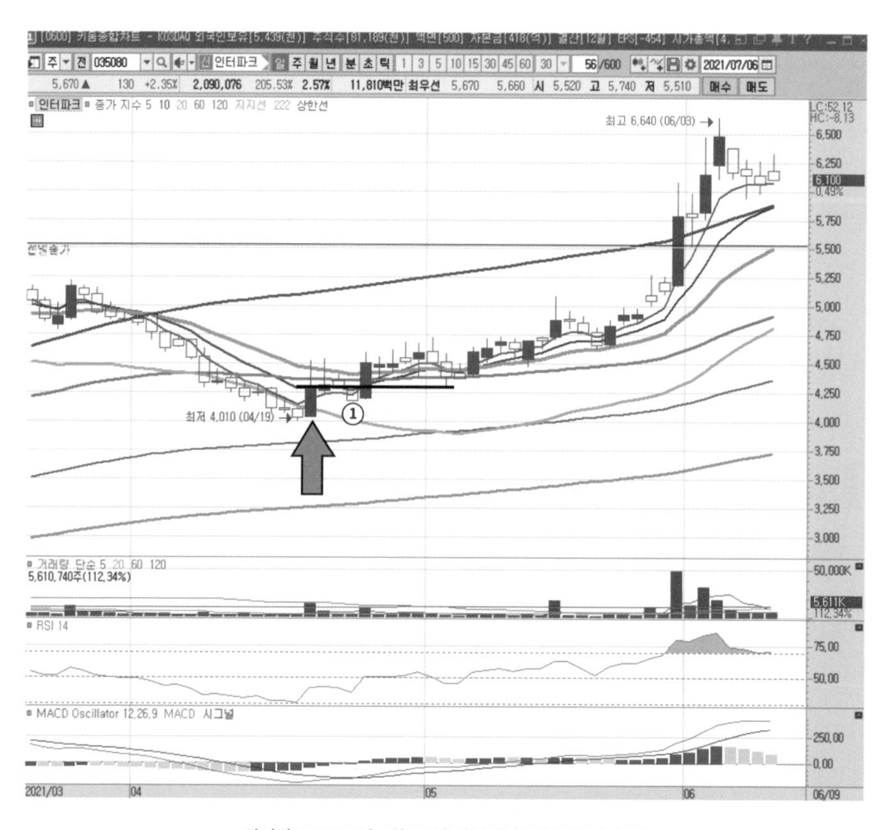

인터파크 2021년 4월 20일 양봉 출현 이후 주가 흐름

'내리는 중'이 아닌, '다 내렸다'고 알 수 있는 양봉을 확인하고 종가부터 매수하기 시작했다면 ①지점에서 추가매수까지 할 수 있었습니다. 그 이후로는 계속해서 주가가 상승합니다. 차트를 보면서 종가들을 확인해보십시오. 최고점까지 50% 정도의 상승이 일어났습니다.

내리는 중에 섣부르게 매수로 종목에 개입하게 되면 매매자는 어정쩡한 위치에 놓이게 됩니다. 적절한 판단을 내리기 매우 어렵게 됩니다. 따라서 **항상 하락이 멈췄음을 알려주는 양봉을 확인하고 그 지점부터 매수를 한다고 생각하십시오.**

기술적 분석은 이와 같이 시각화된 데이터를 통해 매매자가 자신의 '기분'에 흔들리지 않고 객관적으로 판단할 수 있는 기준을 갖고 매매할 수 있도록 큰 도움을 줍니다.

앞에서 초보 매매자는 자신이 어느 위치에서 종목을 사고파는지조차 잘 모른다고 말씀드렸습니다. '야, 이제 내릴 만큼 내렸으니 다시 상승할 거야' 라고 스스로를 달래면서 내리는 중에 산 지점이 다음 페이지 차트의 초록색 화살표입니다. 앞에서 본 차트들을 전체 시간대로 확대한 것인데 이것을 보면 말 그대로 오를 만큼 오른 고점이었음을 알 수 있습니다.

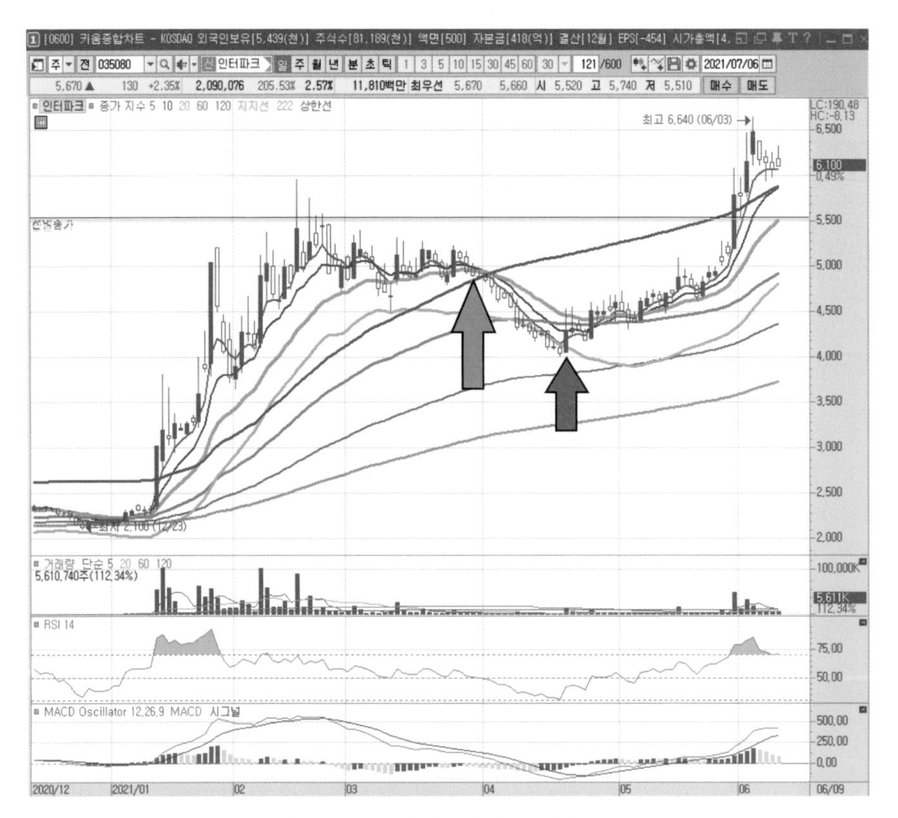

인터파크 2021년 1월~6월까지의 주가 흐름

훈련되지 않은 매매자는 이런 위치에서 겁 없이 들어갑니다. 거꾸로 하락이 끝난 지점을 보여주는 양봉 부분(파란색 화살표)을 실전에서 보게 되면 겁이 나서 매수하지 못합니다. 더 떨어질 것 같거든요. 그러나 기술적 분석에 기반하여 매매하는 사람이라면 차트가 보여주는 상황을 그대로 받아들일 필요가 있습니다. 자기 기분대로 매매하는 것이 아니라, 수많은 사람이 개입하여 만들어낸 결과가 그려진 그림 안에서 매매하는 것입니다.

기술적 분석을 통한 수익실현

매도 포인트

매도도 매수의 경우에서처럼 '오르는 중에 팔면 안 된다. 다 올랐을 때 팔아야 한다'라고 간단히 말할 수 있으면 좋겠습니다만, 그게 참 어려운 일입니다. 길어질 이야기를 줄이자면, 매도는 주가가 오르는 중에 하는 것이라 말할 수 있겠습니다. 내리는 흐름이 멈춘 신호(양봉)를 확인한 다음 매수하게 되면 많은 경우 주가는 다시 상승하게 되는데, 그 상승의 크기를 우리는 예단할 수 없기 때문에 적절한 지점에서 분할매도를 하면서 수익을 실현해간다는 뜻입니다.

가장 손쉬운 매도의 방법은 **매수 이후 일정한 상승률 이상에서 일부를 매도하여 수익을 실현하는 익절**입니다. 중장기 매매자는 종가 무렵에만 시장을 살피게 되는데 자신이 보유한 종목이 종가 기준으로 매수단가보다 5~7% 정도 상승했다면 일부를 매도하는 것입니다. 익절하지 않고 물량을 그대로 홀딩하면 더 오를 경우 수익이 더 커질 수도 있겠지만 항상 반대의 경우도 생각해야 하거든요.

또 다른 방법은 저가권임을 판단하게 만드는 기술적 지표를 기준으로 매도권을 가늠하는 방법입니다. 예를 들면 다음과 같은 것들입니다.

- **20이평선 -10% 하단에 매수했다면** → 20이평선 +10% 상단 진입시 매도
- **RSI 과매도권에서 매수했다면** → RSI 과매수권으로 진입 또는 이탈시 매도
- **MACD 상승교차에서 매수했다면** → MACD 하락교차에서 매도
- **5-10 이동평균선 골든크로스에서 매수했다면** → 5-10 이동평균선 데드크로스에서 매도

다음 페이지의 인터파크 일봉차트를 봐주십시오. RSI 과매도권에서 매수했다면 RSI 과매수권에 진입할 때 매도할 수 있음을 볼 수 있습니다. 'RSI 과매수권으로 안 올라가면 어떻게 해요?'라고 물을 수 있는데, 중장기 매매자는 자신이 저가권에서 매수한 종목에는 시간을 주고 상승을 기다려야 한다고 말씀드리고 싶습니다. 기술적 지표가 저가권을 만들 때까지 하락한 시간만큼은 기다려줄 수 있어야 하는 것이 아닌가 저는 생각합니다. 다만, 그 시간이 너무 지루할 수 있기 때문에 앞서와 같이 가벼운 익절로 수익을 챙기는 것도 매매의 리듬을 지키는 데 도움이 됩니다.

20이평선 -10% 하단선에서 매수했다면 종가가 기준선인 20이평선에 닿거나 20이평선 위에서 형성되면 짧은 매도를 할 수 있으며, 시간을 더 줘서 20이평선 +10% 상단 진입시 매도할 수도 있습니다.

저는 개인적으로 중장기 매매를 할 경우 채널의 상단은 표시하고 있지 않습니다. 수익을 더 얻을 수도 있는데 채널 상단선을 보게 되면 심리적으로 추세를 보기보다 한계를 먼저 생각하게 되기 때문입니다.

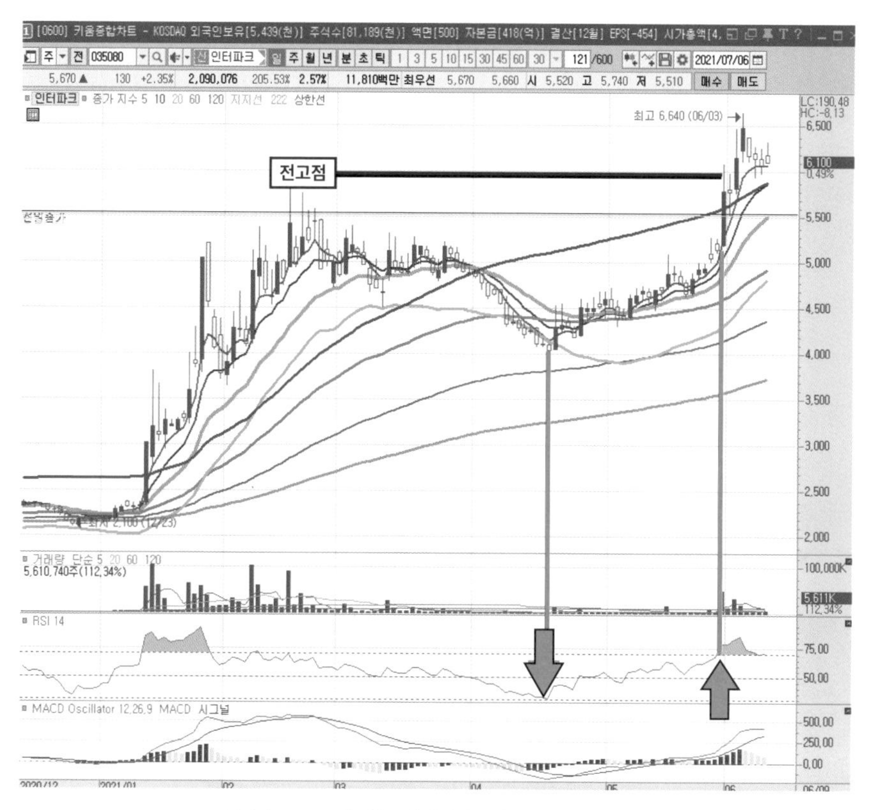

인터파크 2021년 1월~6월까지의 주가 흐름: 매수와 매도

마지막으로 전고점을 매도의 기준으로 삼을 수 있습니다. 하락이 지속되다가 다 내린 지점이 생기는 저가권이 만들어졌다는 말은 어디선가부터 떨어지기 시작했다는 말인데, 이 떨어지기 시작한 지점을 전고점이라고 합니다. 기술적 분석에서 전고점은 매우 중요한 의미를 갖습니다. 전고점 근처에서 주가의 큰 흐름이 결정되기 때문입니다.

전고점을 뚫고 상승하거나,

전고점을 뚫지 못하고 하락하거나.

전고점에서부터 저가권을 형성할 정도로 하락한 다음 다시 전고점 근처로 주가가 상승했다는 말은 주가가 내리는 중에 매수하여 물렸던 매매자들이 본전이라도 찾기 위해 매도하는 물량을 누군가가 받아내면서 올렸다는 뜻입니다. 무척 애쓰며 올라온 것이기 때문에 전고점 근처에서 힘이 빠지는 경우를 흔히 볼 수 있습니다. 여기에 더해서 주가가 다시 상승하는 과정에서 우연히 올라타게 된 계획 없는 매매자들은 수익을 계속해서 실현하고 싶어 하니 그 수익실현을 위한 매도 물량마저 받아내면서 더 위로 주가를 올리는 것은 부담스러울 수밖에 없습니다. 설상가상으로 앞선 전고점의 꼭대기에서 물렸던 사람들이 '아, 이제 본전이다'라며 매도하는 물량이 더해지면 어떨까요. 이해하기 쉽게 차트 위에서 이야기를 해보겠습니다.

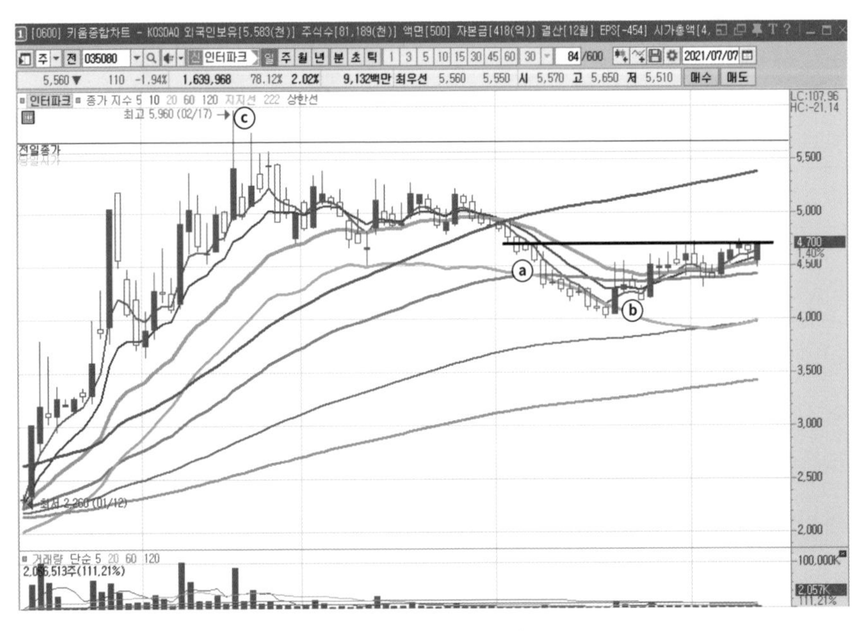

인터파크 2021년 5월 13일 상승 중

2021년 5월 13일, 인터파크의 주가는 하락을 멈춘 양봉이 나온 지점인 ⓑ부터 상승을 계속하고 있는 상태입니다. ⓐ에서 ⓑ가 되기 전까지 내리는 중에 매수한 사람들은 다음과 같은 입장에 있을 것입니다.

- **ⓐ 근처에서 매수한 사람**
  "와! 드디어 본전이다. 언제 떨어질지 모르니 일단 본전이라도 챙기자."
- **ⓐ보다 아래에서 매수한 사람**
  "약간이라도 수익이 났네. 빨리 수익실현하고 다른 종목을 찾아보자."

즉 5월 13일에 양봉이 나왔다는 말은 이 입장에 놓인 사람들이 매도하는 물량을 다 받으면서 누군가가 위로 올렸다는 뜻입니다. 그런데 이것만 있었을까요? ⓐ보다 위에서 산 사람들은 아직도 손해를 보고 있는 상태입니다. 주가가 더 올라와 주기를 기다리며 매도를 대기하고 있을 것입니다. 전고점인 ⓒ에 매수했다가 물린 사람들은 어떤 마음인지 짐작이 가시지요?

한편 ⓑ에서 매수한 사람들은 이미 수익을 거두고 있으니 수익을 실현하고 싶어 할 것입니다. 잠재적인 매도 물량입니다. 이렇게 전고점을 앞에 두고 있는 경우에는 다양한 입장의 매도물량을 받아내야 한다는 뜻입니다.

이런 이유로 많은 경우 전고점을 뚫어내는 추가 상승을 만들지 못하고 다시 하락하게 되는 '쌍봉'이라는 그림이 차트에 그려지게 됩니다. 그리고 이 쌍봉이 만들어진다는 말은, 전고점을 만들 정도로 주가를 상승시킨 세력이 주가 하락 후 다시 전고점 근처까지 주가를 올리면서 그동안 매수했던 모든 물량을 정리했다는 뜻입니다.

따라서 중장기 매매자이자 개미매매자는 세력이 전고점을 돌파하고 주가를 추가로 상승시킬지, 아니면 전고점 부분에서 잘 모르는 개미들에게 기대감만 주고 물량을 떠넘기면서(매도하면서) 정리할지 알 수 없기 때문에 일단 전고점 근처에서는 보유 물량의 상당 비율을 매도함으로써 수익을 실현하는 것이 좋습니다.

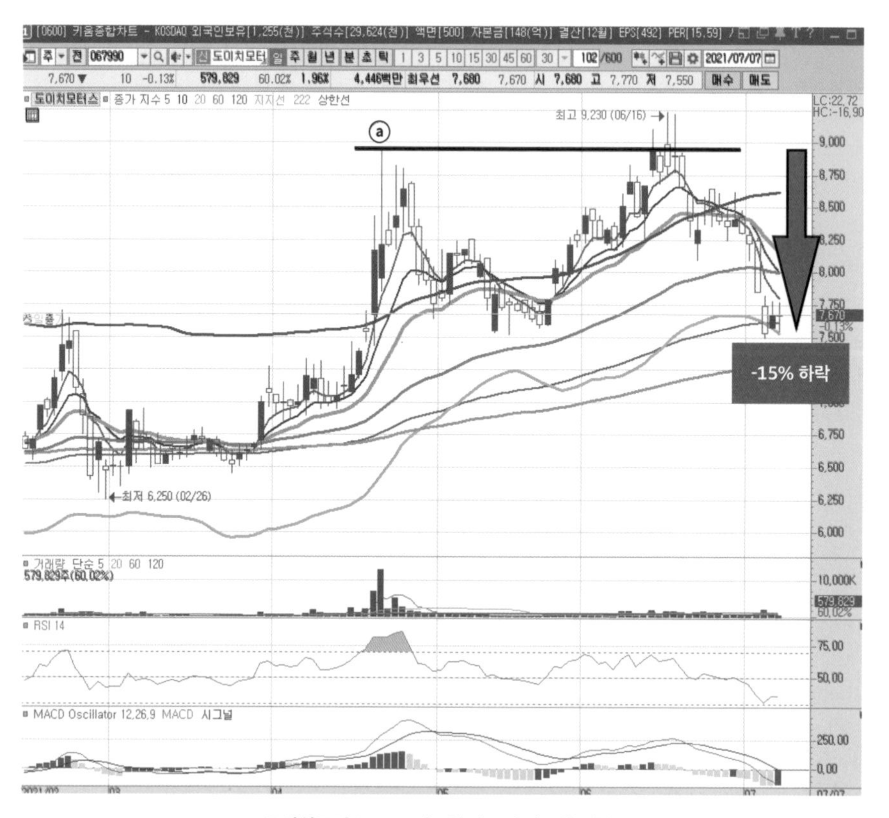

도이치모터스 2021년 4월 전고점 및 6월 쌍봉

쌍봉의 사례입니다. 도이치모터스는 2021년 4월 고점 ⓐ를 형성하고 하락 후 재상승하여 그 지점까지 도달합니다. 그러나 추가 상승을 만들지 못하고 하락하는 것을 볼 수 있습니다. 일반적인 매매자라면 전고점 부분에서 매도하여 수익을 실현하는 것이 편안함을 알 수 있습니다. 전고점 부분까지 재상승했다가 하락하면 일반적인 매매자는 다시 오를 것이라는 환상에 빠집니다. 그래서 쉽게 매도하지 못하게 됩니다.

전고점과 관련한 여기까지의 설명이 잘 이해되시나요? 일반적인 개미매매자라면 여기까지만 이해하시면 됩니다. 저가권에서 무릎(또는 발목)을 만들어낼 수 있었다면 전고점까지의 수익만 해도 충분하기 때문입니다. 그렇지만 이 기술적 분석을 통한 매매 공부가 더 깊어진 상태에서 책을 반복해서 읽을 때 '아! 이거구나' 하실 수 있도록 하나를 더 말씀드리겠습니다.

주가가 전고점을 뚫고 추가로 상승할 것인지를 알고 싶으면 어떻게 해야 하나? 바로 거래량을 살펴야 합니다. 전고점을 만들 때까지 주가를 올리면서 만들어진 거래량이 있을 것입니다. 전고점 부분에서 그런 거래량을 제압할 정도로 강력한 거래량이 만들어지면 '지금까지는 됐고, 다시 올릴 거야'라는 뜻입니다. 앞선 도이치모터스의 차트를 살펴보십시오. 전고점 부분까지 재상승했을 때의 거래량을 살펴보십시오. 차트를 통해 실제 사례를 보겠습니다.

인터파크 2021년 5월 28일 일봉

전고점인 ⓐ까지 가는 도중에 고점이 반복해서 있는 ⓑ라인이 있습니다. 5월 28일의 주가는 ⓑ 근처까지 왔습니다. 공부를 열심히 해오신 분이라면 아래의 RSI를 보고 '오, 드디어 과매수권으로 진입하는가?'라고 기대를 할 것입니다. 하지만 보조지표는 후행성 지표니까 섣부르게 판단하기는 이르죠. 하지만 앞서 전고점으로 오르는 과정에서 여러 입장을 가진 매도 주체들을 공부했기 때문에 그에 맞춰 해석을 조금 더 할 수 있습니다.

간단히 말하자면 ⓑ라인 밑으로 만들어진 본전 확보를 원하는 많은 사람들의 물량을 다 받아내고 5월 28일까지 올라온 것입니다. 점점 전고점인 ⓐ까지의 위치를 줄여가고 있습니다.

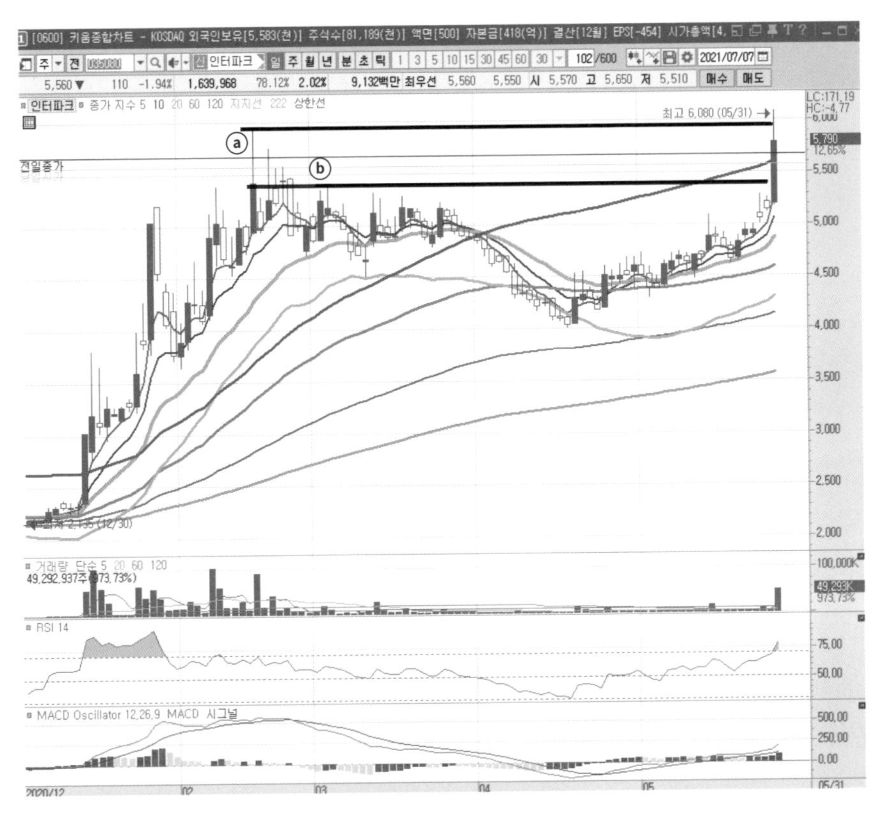

인터파크 2021년 5월 31일 일봉

종가를 보면서 매매 결정을 하는 중장기 매매자라면 5월 31일 깜짝 놀랐을 겁니다. 평소보다 월등히 긴 장대 양봉이 만들어졌기 때문입니다. 그러나 더 중요한 건, 이 장대 양봉이 만들어진 위치입니다. ⓑ라인을 가볍게 뚫었고 심지어 전고점인 ⓐ까지도 한 번 뚫어주었습니다. 종가는 전고점보다는 낮게 자리 잡았습니다. 초보 중장기 매매자라면 'OK! 여기까지' 하고 기분 좋게 최종수익을 실현하면 됩니다. 하지만 이 전고점을 뚫는 단계에서 거래량이 전고점을 만들 때의 거래량과 비슷하게 큰 거래량이 나왔기 때문에 기다려볼 수 있습니다.

위꼬리라는 것은 매도하는 물량을 받으면서 주가가 떨어지는 것인데, 당일 상승시킨 몸통을 크게 지키면서 마무리되었기 때문에 ⓐ에서 퍼붓는 물량이 저 지점에서 다 소화되었다고 보는 것입니다.

단기 매매자를 위한 메모를 잠시 남겨놓자면, 이와 같은 슈팅이 일어날 때에는 ⓑ라인에 주가가 접근했을 때 일부 매도하고 거래량을 확인한 후 나머지 물량을 ⓐ라인에서 모두 털어버리는 게 정석입니다. 중장기 매매자는 저가에서부터 끌고 올라온 가격이라 수익이 커서 이후를 살펴볼 만한 여유가 있지만, 단기 매매자라면 고가 리스크를 끌어안아서는 안 됩니다.

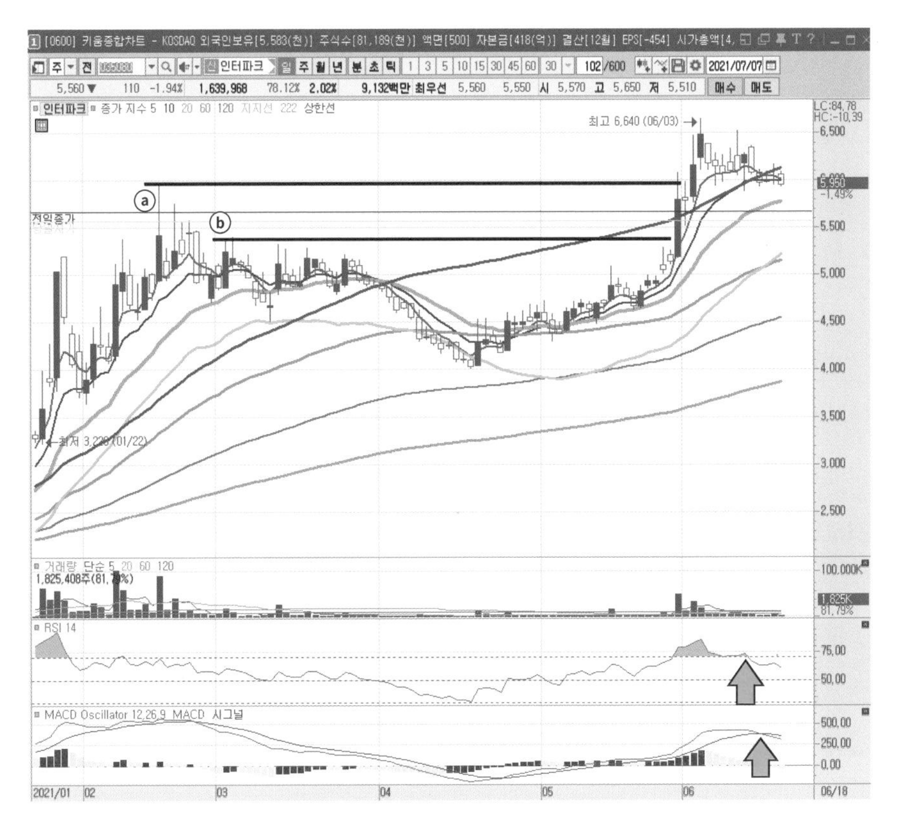

인터파크 2021년 5월 31일 이후 주가의 흐름

종가만을 확인하며 매매하는 중장기 매매자라면 5월 31일 다음 날인 6월 1일 음봉에서도 종가가 5월 31일 양봉과 차이가 없음을 보고 매도하거나 홀딩하거나 할 수 있었을 것입니다. 그렇지만 5월 31일 RSI 과매수권 돌입 때 매도하지 않았다면 RSI 과매수가 유지되는 상황이었기 때문에 매도보다는 홀딩을 선택해야 합니다. 그리고 이후에 이틀 정도 주가는 추가로 상승합니다. 20%에 가까운 상승폭을 보여줍니다. 추후 RSI 과매수권 이탈 및 MACD 하향교차 등으로 강도나 추세가 모두 사그라지는 신호들이 나오므로 이때 매도를 완료하면 되겠습니다.

추가 상승의 끝자락이 있을 수 있으므로 성급하게 판단하지 말고 5월 31일 전고점 돌파 시도 이후로는 매도 의사결정에 이동평균선의 흐름을 이용할 수도 있습니다. 이동평균선에 대해서는 다음 장에서 구체적으로 다룹니다. 공부하신 다음 다시 이곳으로 돌아오셔서 이 부분을 다시 읽어보시면 느낌이 또 다를 것이라고 생각합니다.

특히 전고점 매매는 단기 매매자들에게 대단히 유용한 매매 테크닉을 갈고닦는 데 도움이 됩니다. 우리 책의 설명 범위를 넘어섭니다만, 기술적 분석에서 전고점의 의미를 어떻게 해석하는가는 매우 중요하다는 말씀을 남겨놓습니다.

많은 개미매매자들은 남들이 다 매도하는 이런 전고점 부분에서 매수해서 정말 오랜 기간 고생합니다. 누가 봐도 오른 지점은 기술적 분석에서는 절대 매수해서는 안 되는 지점으로 봅니다.

양봉을 이해해야 변곡점이 보인다

주식 매매에서 기술적 분석을 수단으로 활용한다면 양봉의 의미를 정확히 아는 것이 매우 중요합니다. 그 이해를 바탕으로 매수 타이밍을 잡아가는 것입니다. 저가권에서의 양봉의 의미, 상승 중의 양봉의 의미, 고점에서의 양봉의 의미는 다 다릅니다.

중장기 매매자는 저가권에서의 양봉을 이용하여 관심종목의 매수 타이밍을 잡습니다. 상승 중의 양봉은 단기 매매자를 위한 매수 타이밍을 살필 수 있도록 도와줍니다. 고가권의 양봉은 매도해야만 하는 지점입니다.

진도를 더 나가기 전에 이 장을 반복해서 읽으십시오. 기술적 분석의 기초인 양봉의 의미를 잘 이해할 수 있게 되면 보조지표와 연결해서 대단히 안정적인 매매를 할 수 있게 됩니다.

4장

이동평균선이 진짜로 의미하는 것들

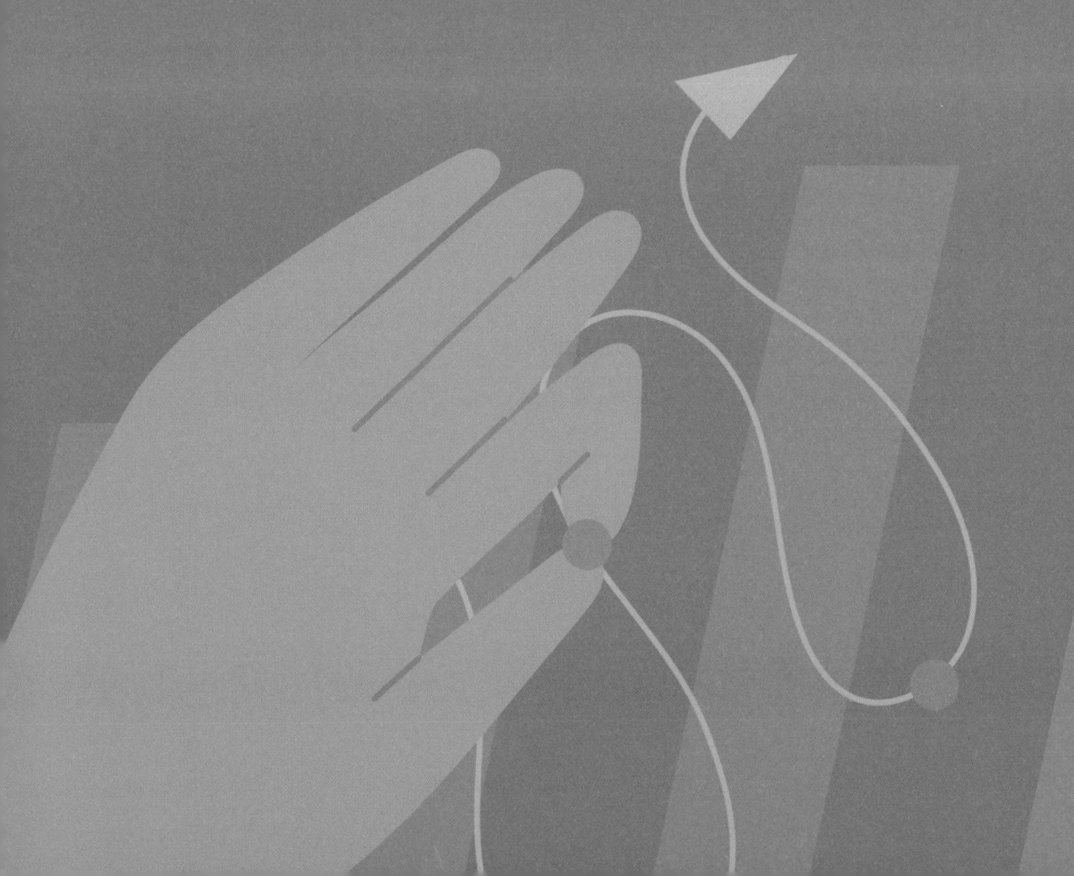

지난 장에서 우리는 양봉의 의미에 대해서 배웠습니다. 매수할 타이밍을 찾을 땐 될 수 있는 대로 양봉이 왼쪽에 있는 곳, 즉 양봉 다음 날 매수하는 것이 안정적임을 알 수 있었습니다. 이런 내용을 기억하고 있어야 합니다. 실전에서 흥분하지 않기 위해서는 자신을 붙들어줄 규칙이 있어야만 합니다.

저가권에서 양봉이 만들어지면 그 양봉의 종가에서부터 분할매수를 시작한다. 양봉이 만들어진 다음 날부터 진행되는 캔들의 종가가 분할매수를 시작한 양봉의 종가보다 낮으면 분할매수 규칙에 따라 추가매수하고, 높으면 수익률에 따라 익절하거나 홀딩한다. 분할매수를 시작한 양봉의 저가는 양봉을 만든 세력이 손해를 보지 않기 위해 반드시 지켜야 하는 가격이며, 이어지는 캔들의 종가가 이 양봉의 저가 아래에서 끝나면 손절한다. 단, 매매자는 해당 종목에 들어간 비중과 자신의 의지에 따라 손절매하지 않을 수도 있다.

글을 읽기만 해도 머릿속에 어느 정도 그림이 그려져야 충분히 이해했다고 할 수 있겠습니다. 확인해보기 위해 자기 손으로 위에서 설명한 상황을 그려보는 것도 좋겠죠? 이해했다면 그릴 수 있고, 그릴 수 있으면 실전 차트에서도 적용할 수 있습니다.

양봉을 기준으로 하는 매매는 절대 기준에 의한 매매

왼쪽에 양봉을 끼고 하는 매매(즉 양봉이 발생한 이후의 매매)는 그 양봉만을 기준으로 하는 매매입니다. 양봉의 저가는 손절매해야 하는 가격이고, 양봉의 종가보다 높으면 종가에 1차 매수한 분량만큼은 수익이 난 상태로 인식하는 것입니다. 그 양봉 하나에 그 양봉을 만들기 위해 거래한 매매자들의, 그리고 종가를 양봉으로 마무리시켜준 세력의 모든 의지가 담겨 있다고 생각하고 매매하는 것입니다. 이 양봉의 저가와 종가는 변하지 않는 가격이며, 따라서 매매를 할 때 절대적인 기준이 됩니다.

그런데 현실은 그 양봉을 기준으로 왼쪽에는 이미 더 많은 매매자가 개입해온 거래의 흔적이 여러 모양의 캔들로 그려져 있으며, 오른쪽으로는 앞으로 또 수많은 매매자가 매매하면서 캔들을 만들어갈 것입니다. 즉 우리가 매매의 기준으로 삼았던 양봉은 사실 수많은 캔들의 흐름 중 만들어진 하나에 지나지 않으며, 따라서 매매자는 그 양봉이 다른 매매자들이 만든 캔들과 비교할 때 어떤 상대적 위치에 있는지를 잘 파악해야만 합니다. 그래야 더 정교한 매수개입의 판단을 할 수 있을 것이며, 수익실현도 합리적으로 할 수 있을 것입니다. 그림으로 설명해보겠습니다.

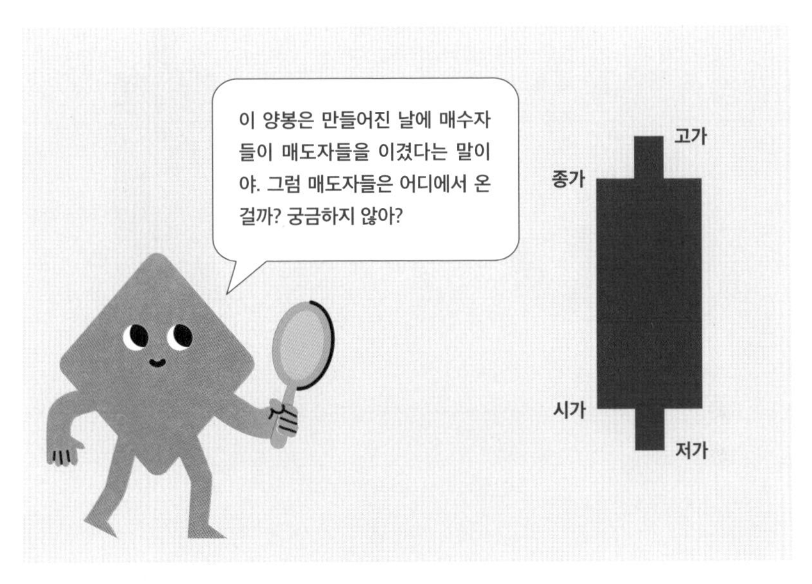

양봉이 만들어진 날

하락이 이어지면서 만들어진 저가권에서 생성된 첫 번째 양봉은 지금까지 주가 하락을 만들어온 매도세보다 양봉을 만든 그날의 매수세가 더 강했다는 뜻입니다. 매수세가 강했다는 뜻은 특정 가격대에서 매도하는 것을 받기만 하면서 특정 가격대에 멈춰 있는 것이 아니라 계속해서 더 높은 가격으로 사 올렸다는 말입니다. 돈을 썼다는 말입니다. 사는 사람이 있다는 것은 반대쪽에 파는 사람이 있다는 말인데, 그 사람들은 과연 어디서 온 사람들일까요? 이야기를 조금 더 전개해보겠습니다.

양봉의 다음 날부터의 매매

우리는 저가권에서 첫 번째 양봉이 나오면 그 양봉의 종가부터 분할매수를 한다고 배웠습니다. 양봉이 만들어진 날 1차 매수를 하고 나면 그다음부터는 시간의 흐름에 따라 이 양봉을 왼쪽에 끼고 오른쪽으로 움직이면서 만들어지는 가격을 보고 매수할 것인지 매도할 것인지를 결정하게 됩니다. 이 첫 번째 양봉의 다음 날과 그리고 그 이후에 만들어지는 캔들의 모양은 저 첫 번째 양봉을 만들면서 매수한 사람들이 어떻게 움직이느냐에 따라 영향을 받게 됩니다.

첫 번째 양봉 다음 날 상승하는 경우

첫 번째 양봉 다음 날 하락하는 경우

저가권에서 첫 번째 양봉을 만들기 위해 주식을 열심히 매수해서 사 모은 사람들이 보유한 주식을 팔아버리려고 마음먹었을 때 다음 날 매수세가 매도세보다 약하다면 주가는 하락할 것입니다. (수익 난 것도 없는데 다음 날 바로 파는 이유는 뭘까요?) 반대로 매수세가 강하다면 첫 번째 양봉을 만들면서 주식을 사 모은 사람들이 파는 물량을 모두 받아내면서 주가를 올리게 될 것입니다. 자기가 매수한 이유에 대해 확신이 없는 사람은 불안하니 조금이라도 수익이 나면 팔고 싶겠지만, 이 종목이 앞으로 상승할 것이라는 이유를 알고 있는 사람은 조금이라도 많은 물량을 확보하기 위해 돈을 쓸 거예요. 즉 오늘의 거래는 어제의 매수자가 가지고 있는 물량에 영향을 받는 것입니다. 그렇다면 다시 한 번 앞서 한 큰 질문을 떠올려봅시다. '첫 번째 양봉이 만들어질 때 매수하려는 사람들에게 주식을 팔아버린 매도세는 어디에서 온 것일까?' 네. 첫 번째 양봉의 전날 주식을 가지고 있던 사람들이라고 말할 수 있겠습니다.

그래, 저가권에서의 첫 번째 양봉은 그 앞에서 주식을 갖고 있던 많은 사람들이 파는 힘보다 누군가가 더 센 힘으로 샀다는 뜻이야.

첫 번째 양봉은 그 전날 매수해서 보유하고 있던 사람들이 매도하려고 하는 매도세보다 더 큰 매수세가 개입되었다는 말

그렇다면 저가권에서 첫 번째 양봉이 만들어질 때 그 양봉의 상대적인 위치를 전날의 캔들과 비교해볼 수 있을 것입니다. 위에서 간단한 예를 들어보았습니다. 물론 전날 만들어진 캔들의 모양은 다양하겠지만 크게 ①에서와 같이 첫 번째 양봉의 종가가 전날 캔들의 고점보다 낮은 위치에 있을 경우와 ②처럼 첫 번째 양봉의 종가가 전날 캔들의 고점보다 높은 위치에 있을 경우로 나뉠 수 있습니다. 저가권에서 발생한 첫 번째 양봉은 모든 경우에 의미가 있지만, 특히 ②와 같이 음봉(즉 매도세가 강해서 힘이 약한 매수세가 물량을 받으면서 아래로 밀린 모습) 안에서 모두 손해를 보고 있는 매수자(보유자)들이 다음 날 주가가 자기가 산 가격으로 다시 올라올 때 본전이라도 거두려고, 손해를 회복하려고 매도하는 물량을 모두 매수해 받아내면서 마침내 전날의 고가 위로 쳐올리는 양봉이 더 힘이 있고 앞으로의 상승 가능성이 높다고 신뢰할 수 있겠습니다. 그런데 과연 오늘 만들어지는 캔들은 어제의 캔들을 만든 매매자들만 신경 쓰면 될까요?

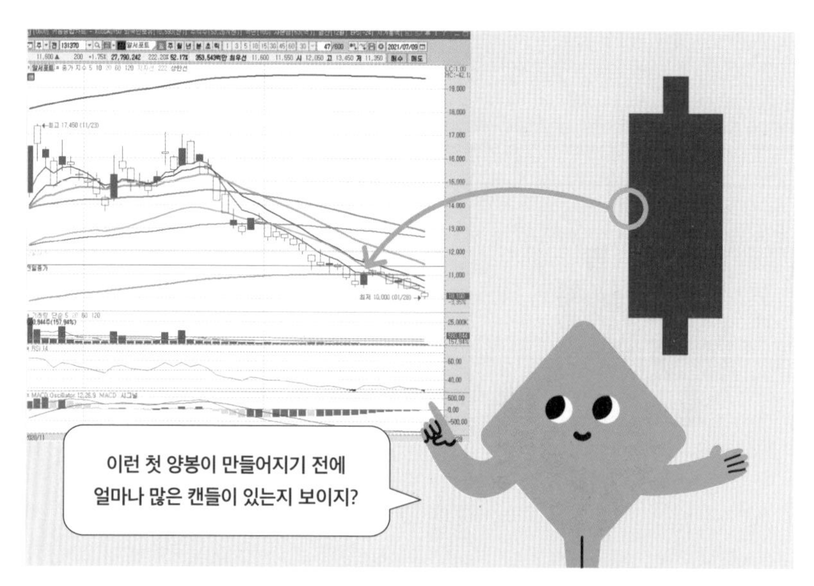

이런 첫 양봉이 만들어지기 전에
얼마나 많은 캔들이 있는지 보이지?

첫 번째 양봉이 만들어지기 전에 얼마나 많은 매매자가 이 종목과 연결되어 있을까?

위의 차트를 통해 볼 수 있는 것처럼, 저가권에서 양봉 하나가 만들어졌을 때 그에 앞서 많은 캔들이 있음을 확인할 수 있습니다. 이 모든 캔들은 매수와 매도 공방을 벌인 매매자들의 흔적입니다. 그리고 그 봉마다 매매자 각각의 마음이 숨어 있습니다. 시간의 흐름 속에서 해당 종목에 참여하고 있는 매매자들의 심리를 양봉 하나만을 기준으로 삼고 파악하기에는 어려움이 있습니다.

따라서 주식 매매자는 흘러온 시간과 다가올 시간 안에서 많은 매매자가 보여주게 되는 심리의 흐름을 연속적으로 파악하기 위해 이동평균선이라는 개념을 반드시 알아야 합니다.

이동평균선이란 무엇인가?

이동평균선은 특정 기간의 종가의 평균값을 이은 선을 뜻합니다. 예를 들어 오늘의 5일 평균값이라고 하면 오늘을 포함하여 5일 전까지의 매일의 종가의 합을 5로 나눈 값입니다. 금요일의 5일 평균값은 이미 결정되어 있는 월, 화, 수, 목의 종가와 금요일 장중 종가의 합을 5로 나눈 값이 될 것입니다. 장이 끝나기 전까지는 계속 숫자가 변하겠죠? 그러다 금요일 장이 끝나서 종가가 확정되면 금요일의 5일 평균값이 확정되는 것입니다.

이렇게 만들어진 평균값이 매일매일 시간이 흐르면서 새로 만들어지기 때문에 '이동'이라는 말을 앞에 붙이게 되었고, 이렇게 만들어진 매일매일의 이동평균값을 선으로 이은 것이 이동평균선입니다. 이동평균값은 줄여서 '이평값'으로, 이동평균선은 '이평선'으로 부르기도 합니다.

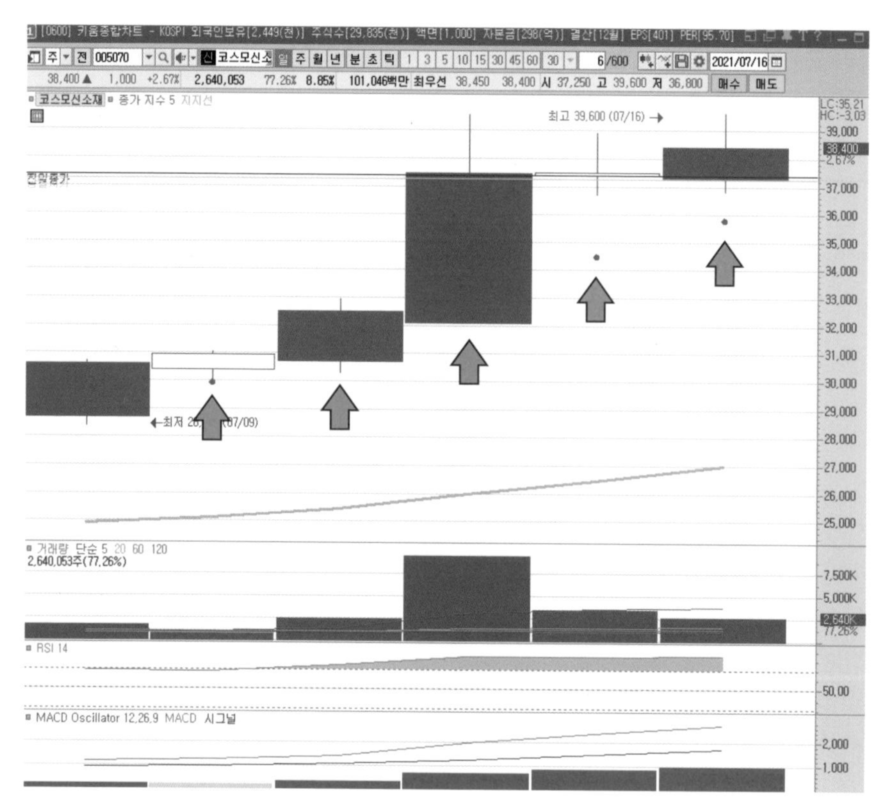

5일 이평값의 사례

그림에서 보이는 것처럼 이평값은 그 가격으로 표시됩니다. 핑크색 점으로 표시된 부분이 바로 그날을 포함한 5일간의 주가의 종가의 평균값이 되겠습니다. (빨간 양봉 안에 있는 이평값은 색상 때문에 보이지 않네요.) 이 각각의 이평값을 이은 선이 이평선입니다.

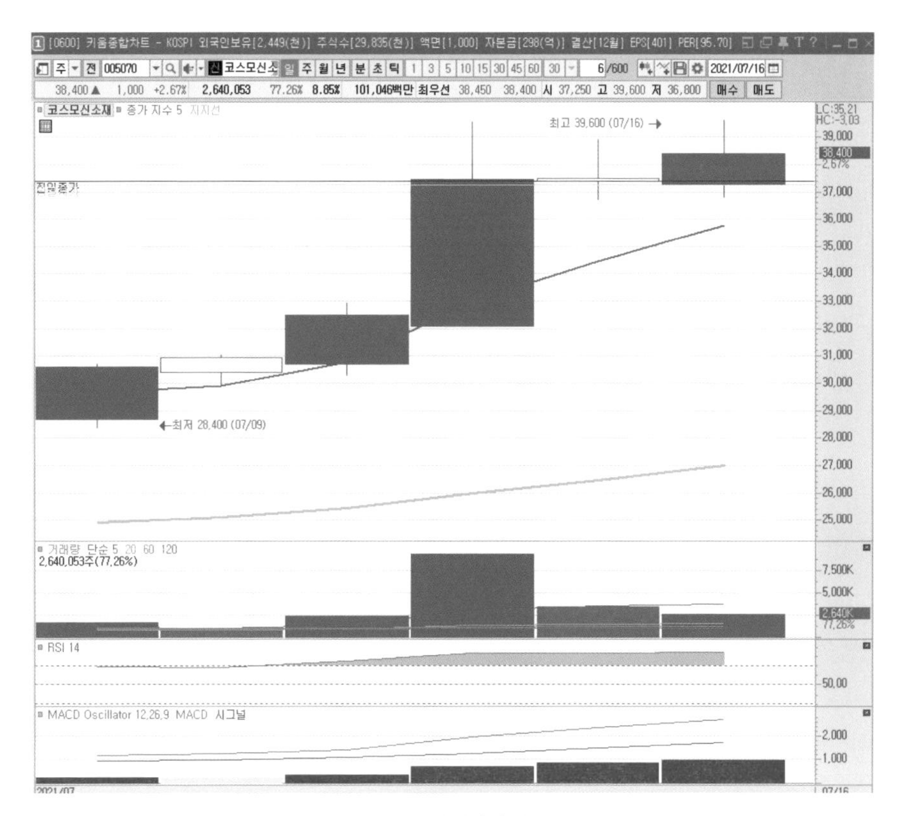

5일 이평선의 사례

앞의 이평값을 선으로 이으니 매끄러운 선이 만들어졌습니다. 이런 식으로 5이평선, 10이평선, 20이평선 등등 자신에게 도움이 될 것 같은 이평선을 차트에 표시해놓으면 됩니다. 설정에 대해서는 뒤에서 다루도록 하겠습니다.

이 책에서는 '일봉상 5이평선(값)'과 같은 식으로 기본 시간축을 말한 다음, '평균을 구하는 기간(n)+이동평균선(값)'을 줄여서 'n이평선(값)'이라고 표기하고 있으며, 대부분의 경우 일봉의 종가를 기준으로 매매하는 중장기 매매자를 위한 설명을 하고 있으므로 '5이평선'과 같이 시간축을 나타내는 말이 없으면 '일봉상'이라고 이해해주시면 될 것 같습니다.

캔들의 특정 가격(예를 들면 종가)과 이동평균값을 비교할 때엔 뜻을 명확히 하기 위해 '이동평균값 또는 이평값'이라고 말할 것이며, 캔들의 특정 가격이 주가의 흐름 속에 어떤 위치에 있는지 말할 때엔 '이동평균선 또는 이평선'이라고 말할 것입니다. (다만 대부분의 책에서는 크게 구별하지 않고 이동평균선으로 쓰고 있으니 이 점 참고하십시오.)

캔들과 이동평균선의 심리학

이동평균선의 의미 1

이동평균선은 특정 기간 동안의 이동평균값을 연결한 선이라고 했습니다. 일봉상 5이평선이라고 하면 5일 동안 만들어진 매일의 종가의 평균값을 이은 것이므로, 매매자가 매수개입을 하려고 생각하는 날을 기준으로 자신보다 먼저 매매한 다른 매매자의 5일 동안의 심리를 추론할 수 있는 귀한 재료입니다.

각 종목의 종가는 일반적인 다수의 개인 매매자들이 만드는 것이 아니라 그 종목을 관리하는 자(즉 세력)가 만드는 것이라고 생각한다면, 결국 n이평선은 n일 간의 세력의 심리라고 생각할 수 있을 것입니다. 그리고 세력이 매일 종가를 만드는 동안 더불어 참여한 일반 매매자들이 매일 만들어진 캔들에 붙어 있는 것이고요.

n이평선과 주가의 위치로 주식보유자의 마음을 살펴봅시다. 이해하기 쉽게 5이평선으로 예를 들겠습니다.

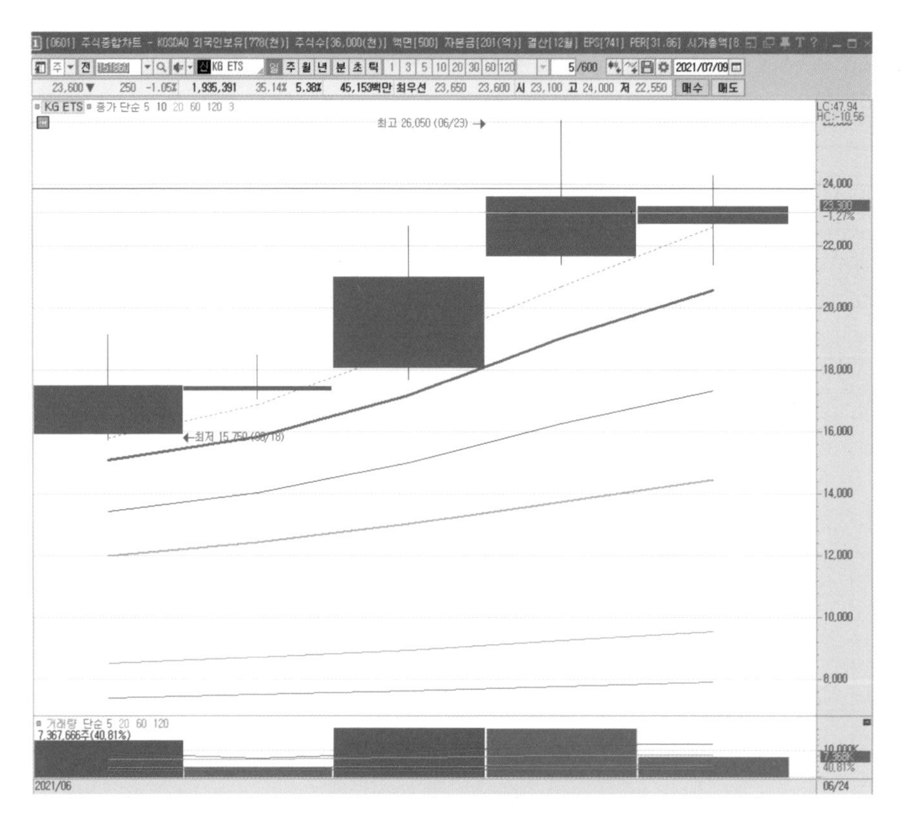

주가 상승 중의 5이평선

차트에서 5이평선은 분홍색으로 표시되어 있습니다. 5이평선이 계속해서 상승하고 있습니다. 매일매일의 종가는 5이평선보다 위에 형성되어 있습니다. 이것을 보고 보통은 '5일 동안 매수에 참여한 사람들은 평균적으로 수익을 보고 있다'라고 해석을 합니다만 '평균적'이라는 말에는 손해를 보고 있는 사람이 있다는 내용도 포함되어 있습니다. 예를 들어, 오른쪽 맨 끝의 양봉 종가에 매수한 사람은 손해인지 이익인지 알 수 없는 상황이며 하루 전의 종가에 매수한 사람은 오히려 약간 손해를 본 상태입니다. 따라서 이런 애매한 해석보다는 **'종가는 세력이 만드는 것'**이라는 개념에 비추어 5이평값과 그것을 이은 5이평선은 5일 동안 세력이 만든 가격을 시각화한 것이라고 저는 생각하고 있습니다.

이 해석에 기반하면 사례의 차트를 볼 때, 주가가 5이평선이 보이는 가격을 아래로 깰 경우 5일 동안 이 종목에 개입하고 있는 세력은 손해를 보게 되는 상황에 놓인다고 이해할 수 있습니다. 세력이 스스로 적절한 수익을 거두었다고 생각했다면 매도하면서 5이평선을 깰 수도 있겠지만, 그런 의도가 아니라면 세력은 자신이 매입한 평균가격 밑에서 주가가 형성되는 것(즉 손해보는 것)을 원하지 않기 때문에 이평선 근처로 주가가 하락하면 매도되는 물량을 받으면서 이동평균선을 지지하는 경향을 보이게 됩니다.

따라서 단기 매매자들은 주가가 빠르게 상승하는 과정에서 5이평선을 기준으로 주가가 5이평선 근처로 내려올 때 매수하여 주가를 관리하고 있는 세력이 자신의 매수평균가격인 5이평선을 지키러 들어와서 다시 상승시킬 때 수익을 내며 짧게 빠져나가는 매매를 하게 됩니다. (이번 장의 맨 뒤에서 설명하는 '하위 시간축에서의 매매 타이밍'을 참고하십시오.) 물론 중장기 매매자는 이런 매매를 흉내 내서는 안 되겠지요?

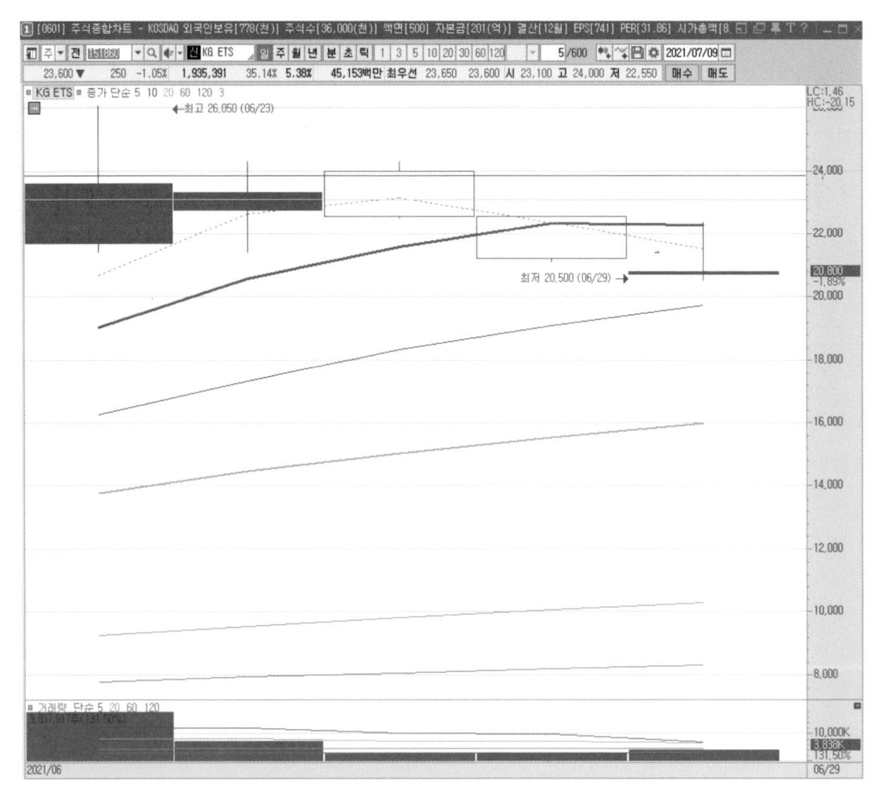

종가가 5이평선 위에서 5이평선 아래로 떨어짐

상승하던 5이평선을 캔들의 종가가 깨는 날이 나왔고, 차트의 맨 오른쪽에서는 주가가 완전히 5이평선 아래에 있는 것을 볼 수 있습니다. 이 뜻은 5일 동안 개입하고 있는 세력이 더 이상 매수를 통해 주가 상승, 즉 종가를 위로 올리지 않게 되었다는 뜻입니다. 세력이 갖고 있는 물량을 모두 매도함으로써 수익을 실현한 상황일 수도 있고, 잠시 매수를 멈춘 상황일 수도 있습니다. 추가로 올리기 위해 필요한 돈을 구하기 위해 노력하고 있는 중일 수도 있죠. 세력이 매수하지 않기만 해도 주가는 하락합니다. 주가가 상승하기 위해서는 한 방향으로 집중된 매수세가 필요한데 이는 개인들이 만들 수 있는 것이 아닙니다. 개인들은 주가 상승의 목푯값이 없고, 목푯값까지 올릴 수 있는 자금도 없기 때문에 조금만 수익이 나도 바로 매도를 하는 경향을 보이고, 그런 매도를 받아주는 매수세(즉 세력의 매수세)가 없으면 개인들의 매도가 또다른 매도를 불러일으켜 하락하게 되는 것입니다.

주가를 상승시키면서 5이평선을 만들어가던 세력이 5이평선을 깨는 음봉을 허락했다는 뜻은

① 5이평선을 상승시키면서 매수했던 물량을 수익실현했다.

② 상승에 쫓아 들어온 개미투자자들의 보유 물량을 빼앗기 위해 잠시 주가 상승을 일으키는 힘을 끊었다.

둘 중 하나입니다. ②와 같이 매수를 잠시 멈춰주기만 해도 주가는 하락하고 어차피 세력이 사서 올리는 주가라면 싼값에 추가물량을 살 수 있기 때문에 종종 이런 상황을 만들기도 합니다.

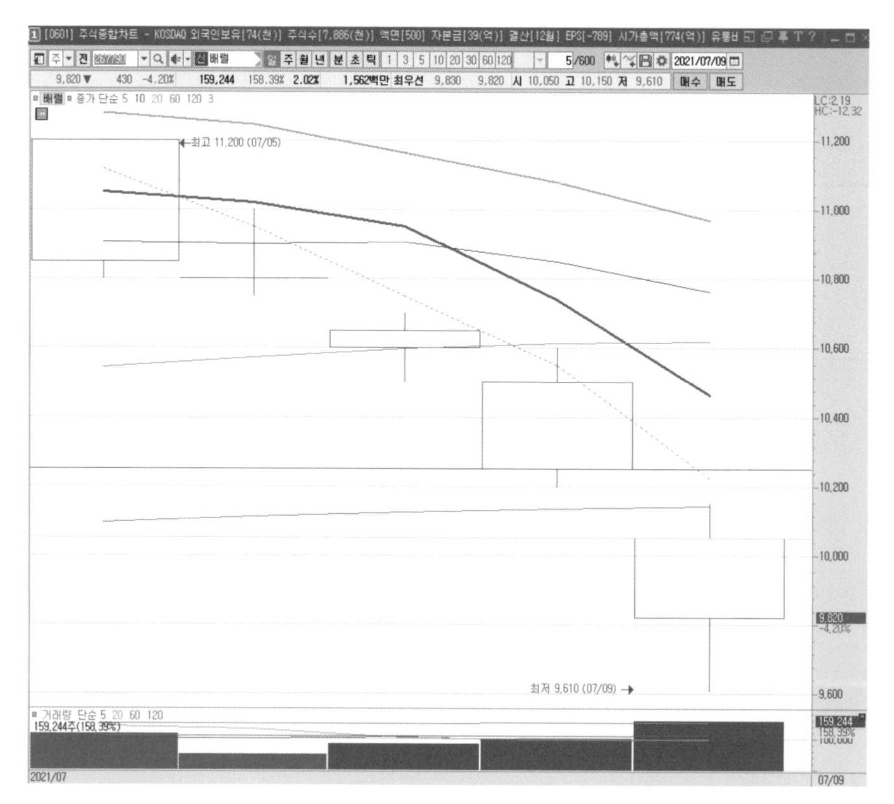

주가 하락 중의 5이평선

5이평선이 하락하고 있으며 5일간의 주가의 종가가 계속 하락하고 있습니다. 세력이 공매도를 통한 수익을 목적으로 집중적인 매도를 하지 않는 이상, 주가의 하락은 세력이 손을 떼고 있는 상황이라고 해석하면 됩니다. 세력이 아예 없을 수도 있습니다. 상승하는 5이평선은 세력이 종가를 상승시키면서 만드는 것이라면, 하락하는 5이평선은 세력이 개입하지 않은 채 개인들끼리 서로 매도하면서 만들어진 종가의 평균입니다. 세력의 무위(행하지 않음)도 행위가 되는 오묘한 상황인 거죠.

다시 말하자면, 하락하는 5이평선은 5일 동안 손해를 본 채 매도하지 못하고 있는 개인들의 평균가격인 것입니다. 따라서 세력이 본격적으로 주가를 상승시키기 위해 매수개입을 하는 것이 아니라 기술적 반등을 노린 개인들이 저가 매수를 통해 만들어내는 상승이라면 하락하는 5이평선 근처에 도달하자마자 그동안 손해를 보고 있던 다른 개인들의 매도를 받을 수밖에 없습니다. 개인들끼리 치고받는 상황이고, 이런 상황에서는 수익을 보기 어렵습니다.

따라서 하락하는 5이평선 아래에서 매수개입하는 것은 자신이 세력이 아닌 이상 순전히 운에 맡기는 일이라 할 수 있습니다. 심지어 세력들은 공매도를 통해서 주가를 하락시키면서 수익을 만들기도 하기 때문에, 하락이 멈췄다는 확신이 들기 전까지는 싸다는 느낌으로 매수해서는 안 됩니다. 5이평선을 종가상 위로 돌파하는 양봉이 나올 때까지는 기다리는 것이 안전합니다. 왜냐하면 하락하는 5이평선은 손해를 보고 있는 사람이 그나마 본전을 거둘 수 있는 가격이고 가장 강한 매도가 나올 수 있는 지점인데 그 물량을 받아내고 상승시키는 것은 세력이 아니면 불가능하기 때문입니다.

일반적으로 RSI의 과매도권 진입이라고 하는 상황은 매도하는 개인들끼리 14일 동안 서로가 서로에게 팔아가면서 더 이상 매도할 사람이 없는 상황이 되는 경우가 많습니다.

지금까지의 내용이 이해하기 어려울 수 있습니다. 하지만 이것만 기억해주세요. '**상승하는 n이평선은 n일 동안 세력이 매수한 평균가격이다. 하락하는 n이평선은 n일 동안 개미들이 매도하지 못해 손해보고 있는 평균가격이**

다.' 특정 기간 동안의 세력과 개인의 심리를 알 수 있는 시각적 도구가 바로 이평선입니다.

이제부터 본론입니다. 이동평균선에는 5이평선만 있는 게 아니잖아요? 10이평선도 있고 20이평선도 있습니다. 상승하는 10이평선은 10일 동안 세력이 개입한 평균가격을 보여주는 선입니다.

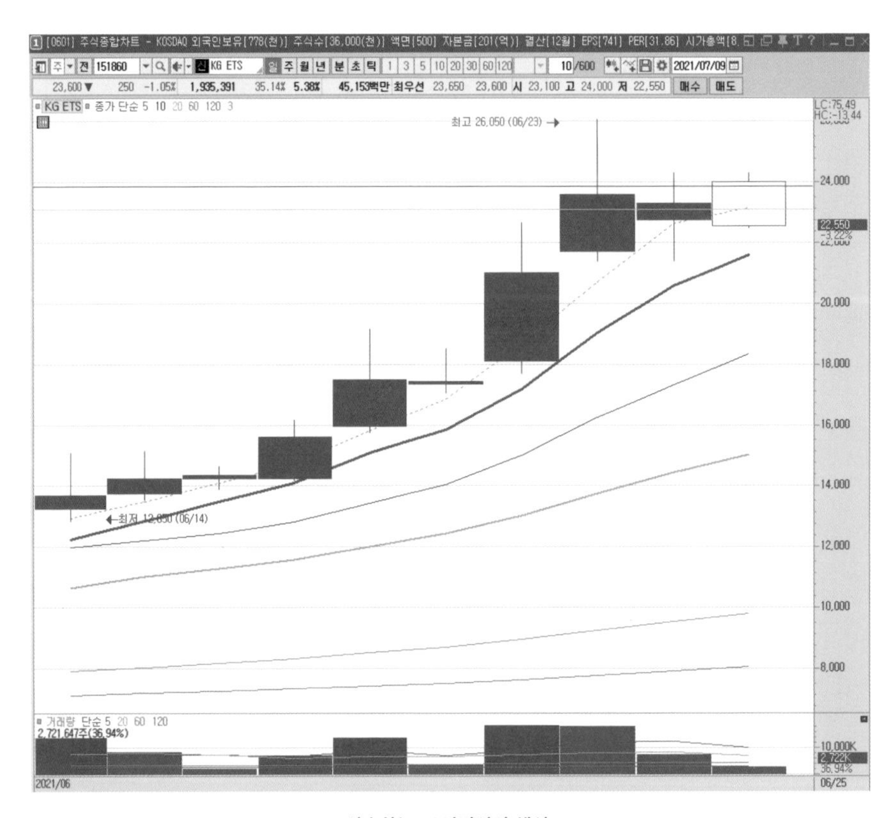

상승하는 10이평선의 해석

이동평균선의 의미를 설명하면서 예로 들고 있는 KG ETS의 상승하는

5이평선의 차트의 기간을 10일로 넓혀서 10이평선이 보이게 만들었습니다. 사례의 차트에서 10이평선은 파란색 실선으로 설정되어 있습니다. 가장 오른쪽에 있는 음봉을 기준으로 했을 때 종가는 5이평선과는 큰 차이가 없어 보입니다. 즉 이날의 종가로 판단할 때엔 5일 동안 매수한 세력은 작은 수익을 내고 있는 상황이라 말할 수 있습니다.

음봉을 기준으로 5일 동안 세력이 만든 매수가의 평균값은 상당히 높게 형성되어 있지만, 10일 동안 세력이 만든 매수가의 평균값인 파란색 선은 5이평선보다는 상당히 아래에 형성되어 있음을 볼 수 있습니다. 10이평값과 음봉의 종가와의 거리를 살펴보십시오. 10일 동안 꾸준히 개입해온 세력이라면 수익률이 제법 나오는 상황입니다. 그렇다면 20이평선은요? 20일간 세력이 개입해왔다면 더 큰 수익을 보고 있을 것입니다(노란색 선). 언제 매도해도 이상하지 않은 것이죠!

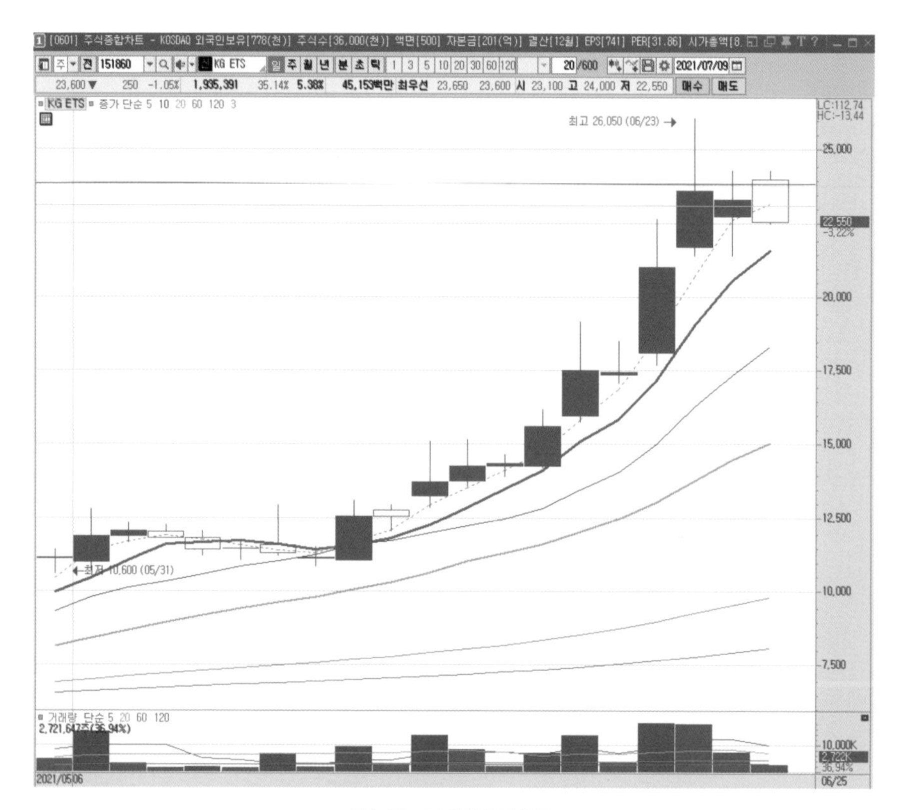

상승하는 20이평선의 해석

20일 전부터 세력이 개입하고 있었다면 20이평선이 안 깨지는 채로 주가는 상승하게 되는 것이죠. 즉 중장기 매매자가 성공적인 매매를 하려면 세력이 개입하기 시작하는 시점에서 그들과 함께 들어가야만 합니다. 세력이 매수를 시작한 가격 근처에서 우리도 막 섞여 들어가는 것이죠.

심지어 이 책을 통해서 저는 여러분이 중장기 매매자로서 아예 저가권에서부터 무릎(발목)을 만들면서 하는 매매를 하도록 말씀드리고 있기 때문에 우리는 세력이 개입하기 전부터 매수를 준비하고 있는 것이라 말씀드릴 수 있겠습니다.

마지막으로 하나만 더 말씀드리겠습니다. 주가 상승의 주체인 세력이 개입하는 기간이 길수록 그들은 저가권에서 상승 초입(주가의 5이평선 돌파에서 5이평선과 10이평선의 골든크로스가 만들어지는 정도)까지의 시간 동안 싼값에 많은 물량을 확보해놓고, 상승 초입에서 본격적인 상승을 하는 기간 동안은 남은 돈으로 주가를 효율적으로 올리면서 개인들의 이목을 끌어 상승기류를 만들다가, 수익실현을 할 시점이 되면 호재성 뉴스 등을 터뜨림으로써 마지막까지 살까 말까 간을 보던 개인들마저 몰려들게 만들어서 그들에게 앞서 보유해온 물량을 모두 팔아버리고 수익을 실현합니다. 그래서 '소문에 사서 뉴스에 팔라'라는 말이 있는 것입니다. 상승의 중간중간에 나오는 상한가가 바로 시장(개인 매매자)의 관심을 끌기 위한 것이며, 주가가 올라갈수록 세력이 주가를 올리기 위해서는 돈을 많이 쓸 수밖에 없기 때문에 주가를 올리기 위한 지렛대로서 뉴스를 활용하는 것입니다.

이평선과 이평선의 심리학

이동평균선의 의미 II

지금까지는 캔들과 이평선의 관계에 관해서 이야기를 했습니다. 정리하자면, 캔들은 매매자가 매수 진입하는 날의 주가를 종가로 대변해주며 매수 진입 가격의 위치를 기존 매수자들의 보유 가격과 비교할 수 있게 해줍니다. 우리가 어떤 종목을 그날의 이동평균값보다 높은 가격에 매수한다는 말은 이동평균값을 계산하는 기간 동안 그 주식을 매수하여 보유한 사람들보다 더 높은 가격에 샀다는 말입니다. 종가를 기준으로 하는 이동평균값은 매일 매일 종가로 매매자들이 합의한 가격을 다시 평균한 가격이며, 보유자들이 일정 기간 동안 해당 주식의 가치라고 암묵적으로 합의한 상태의 가격이라고 생각하면 됩니다. 우리가 많은 매매자에 의해 합의된 가격보다 높은 가격에 매수한다면, 나름의 이유가 있어야만 할 것입니다.

현재의 주가가 합의된 가격보다 높은 가격에 형성되어 있다는 말은 주식 보유자의 매수단가가 평균가 근처일 경우 수익이 나 있는 상태라는 뜻이며, 이는 보유자들이 이익실현에 나서면서 매도세로 작용할 수 있음을 의미합니다. 따라서 이평값 위에서 주가가 형성될 때보다는 오히려 이동평균값 근처에서 주가가 형성될 때가 그 기간 동안 합의된 가격을 만든 사람들과 함께 갈 수 있는 기회라고 생각하면 됩니다.

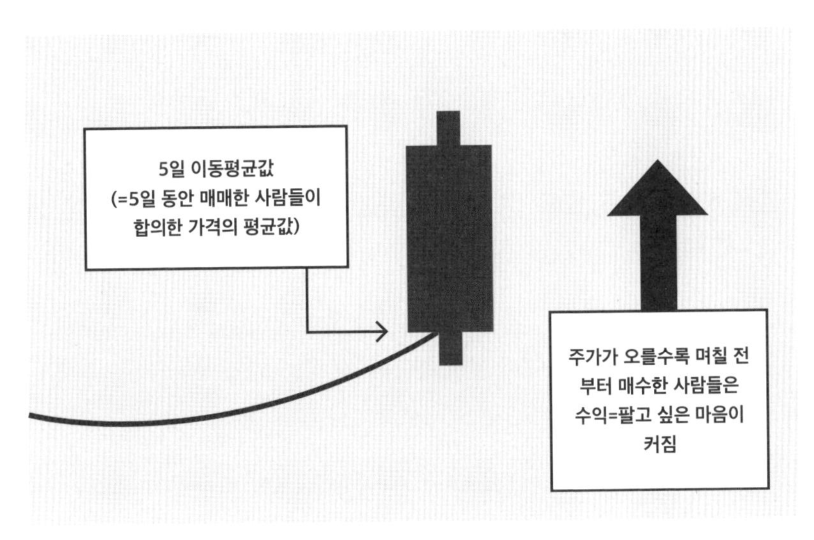

이평선과 캔들 가격이 만들어내는 심리

예를 들어, 오늘 상승 중인 5이평선 근처로 주가가 내려와 준다면 그 가격은 5일 동안 관여한 사람들이 합의한 평균가이므로 우리는 5일이라는 시간을 쓰지 않고 평균값에 주식을 매수할 수 있는 기회를 얻은 것입니다. 5일 동안 매매해온 매매자(라고는 해도 더 정확히 말하자면 주가의 방향을 틀어줄 세력을 뜻하죠)들과 함께 미래를 꿈꿀 수 있는(?) 순간이 온 것으로 생각하면 됩니다.

물론 오늘 이 종목에 관여하게 되는 매수자와 오늘을 포함하여 5일 동안 매수해온 사람(또는 세력)은 다음 날의 입장이 다소 다를 수 있지만 그래도 오늘 5일 평균값 근처에서 매수했다면 세력의 5일간의 매입가와 같은 위치에서 세력이 앞으로 주가를 만들어가는 과정을 즐길 수 있는 입장이 됩니다. 현재의 주가가 이동평균값에 가깝다는 말은 5일 동안 매수해서 그 주식을 갖고 있는 사람들이 현재 본전이라는 말입니다. 본전만 보고 빠져나올 세력은 없으니까 무언가 재주를 부리게 될 것입니다. 그것을 기다리는 것이죠. 단기간에 주가를 끌어올릴 수 있는 건 세력밖에는 없으니까요.

캔들이 이동평균선 위에, 더 정확히 말하자면 오늘 만들어지고 있는 중인 그리고 장이 끝나서 완성된 캔들의 종가가 오늘의 이동평균값 위에 있다는 말은, 이평값이 만들어지는 기간 동안 매수보유자들의 매수 평균값보다 주가가 오른 상태라는 뜻이므로 보유자들의 심리는 다소 여유로울 것입니다. 추가 상승을 기대하면서 말이지요. 5이평값보다 현재 주가가 높으면 5일 동안 이 주식을 각 캔들의 종가 아래의 가격에서 매수해서 보유 중인 사람들은 모두 수익이라는 뜻이고, 5이평값과 현재 주가의 차이(곧 수익률)가 만족스러울 정도로 크지 않으면 아마도 이후의 추가 상승을 기대하면서 계속 보유하려 하는 마음이 클 것입니다.

그런데 말입니다, 더 오랜 기간 그 주식을 보유하고 있는 사람들의 입장은 어떨까요? 5이평값보다 더 이전부터 매수해온 10이평값을 만들어온 사람들의 입장에서는 이미 충분한 수익이라고 판단하고 매도하고 싶은 마음이 더 강할 수도 있습니다. 20이평값을 만들어온 사람들은 더더욱 수익실현을 하고 싶겠죠. 그래서 우리는 매수한 '나'(캔들)와 그 캔들을 포함한 일정 기간 동안의 매매자(또는 세력)와의 관계만 생각해서는 안 되고, 주가를 만들어가는 다른 매수 주체와 매수 주체들의 관계를 생각할 수 있어야 합니다. 달리 말하면, 그 종목을 관리하는 매수 주체들이 기간별로 어떤 입장을 갖고 그 종목에 관여하고 있는지를 알 수 있어야 합니다.

이동평균선은 특정 기간 동안 세력이 개입(상승 중)하거나 불개입(하락 중)하면서 만들어지는 연속된 평균값을 선으로 이은 것이라고 했습니다. **우리는 우리 이외의 매매자들의 움직임을 이동평균선끼리의 관계로 파악할 수 있습니다. 이것이 이동평균선을 공부하는 가장 큰 이유입니다.**

이동평균선 골든크로스의 진짜 의미

이동평균선 아래에 있던 주가가 종가를 기준으로 이동평균값을 깨고 올라서는 양봉을 만든다는 것이 얼마나 힘든 일인지를 지금까지 쭉 설명해왔습니다. 혼자(하루의 주가)가 아무리 힘을 쓴다고 해도 여럿(이동평균값)이 만들어온 값을 아래에서부터 뚫고 올라가기 위해서는 그 가격에 걸쳐 있는 특정 기간 동안의 보유자들이 손해를 회복하기 위해 매도하는 물량을 다 받아내고 나서도 더 위로 올릴 만큼 돈을 써야만 하는 것입니다.

이 개념이 더 확장된 것이 바로 '이동평균선끼리의 교차'입니다. 짧은 기간 동안의 평균값이 그보다 더 긴 기간 동안의 평균값을 뚫어낼 수 있느냐. 짧은 기간 동안의 매수 세력이 그보다 긴 시간 동안 손해를 보고 있던 사람들의 매도 물량을 헤쳐낼 수 있느냐. 힘과 힘이 부딪치는 상황이며 그 결과로 만들어지는 흐름은 주가의 방향성을 예측할 수 있게 만들어줍니다.

그래서 캔들 하나가 단기 이평값인 5이평값 위로 올라가는 것보다, 5이평값이 10이평값이나 20이평값 위로 올라가는 것이 더 힘들고 그렇기 때문에 기술적 분석에서 더 큰 의미를 갖는 것입니다. 그리고 이 이평값들을 이은 선으로 이평선을 표현할 경우 이평선과 이평선의 교차가 더 극적인 모습으로 느껴지게 되는 것입니다.

이렇게 짧은 기간의 이평값이 그보다 긴 기간의 이평값 위로 올라오는 것을 '골든크로스'라고 합니다. 예를 들어 5이평값이 10이평값보다 아래에 있다가 위로 올라오면 골든크로스입니다. 5이평값이 20이평값을 넘어서도, 10이평값이 20이평값을 넘어서도 골든크로스입니다.

일단 골든크로스가 발생하면, 자신의 매수단가와 수익률보다 세력이 지금 만들어가고 있는 주가를 앞으로 어느 정도의 수익이 될 때까지 끌고 갈 것인가를 가늠하고 쫓아가는 것이 더 중요한 일이 됩니다. 그것을 알려주는 것이 이평선과 이평선의 관계입니다.

즉 저가권에서 처음 나타나는 양봉을 기준으로 삼아서 그 양봉의 저가를 깨지 않는 범위에서 매수했다면, 분할매수를 해가는 와중에 만들어지는 이동평균선의 움직임을 잘 살펴야 한다는 뜻입니다.

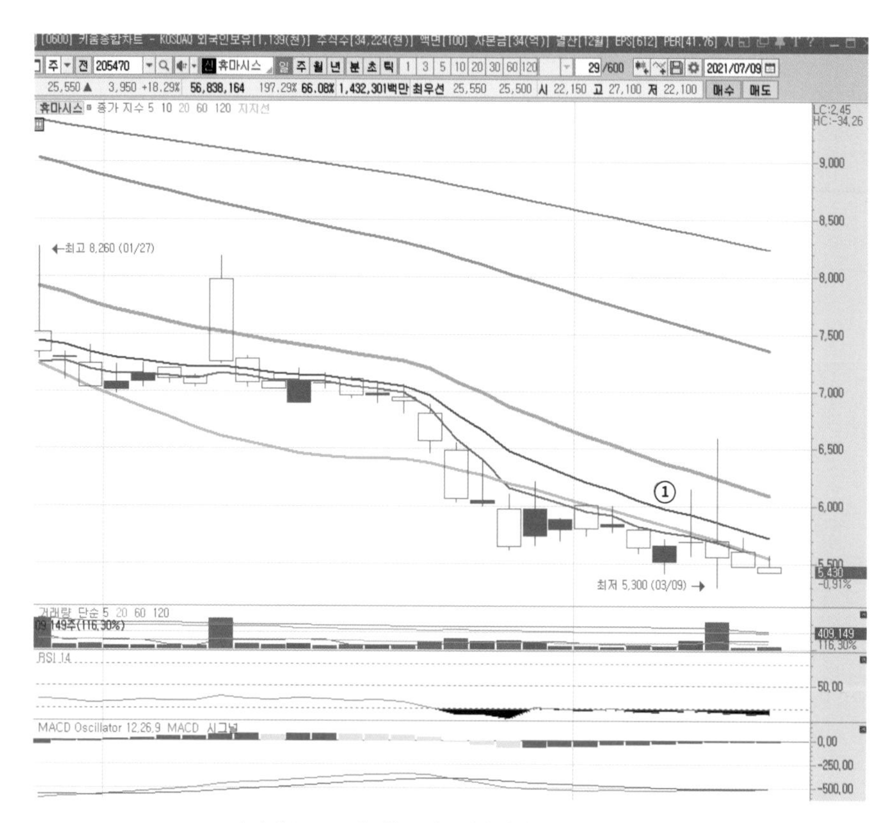

휴마시스 2021년 3월 11일 - 저가권 양봉 후 이평선 흐름

2021년 3월 5일 ①의 위치에서 양봉이 나왔습니다. RSI를 볼 때 과매도 영역에 있는 상황이 유지되고 있고 20이평선 -10% 하단선 밖에 주가가 위치하고 있습니다. ①의 양봉은 아직 5이평선(분홍색 선) 아래에 있습니다. 간단히 말해 ①을 포함하여 5일 전까지의 매수보유자들은 현재 손해를 보고 있는 중입니다. ①에서 매수개입을 한다는 것은 '저가권이기 때문에 매수' 한 것이며, 더 내려갈 수도 있는 위험부담을 갖고 매수하는 것입니다. 물론 분할매수를 통해 위험부담을 최대한 줄이려는 노력을 하지만 말입니다. ① 이후 만들어지는 캔들은 각 캔들의 종가를 기준으로 ①의 저가를 훼손하지 않고 있습니다. 한편으로는 5이평선 위로 올라가려고 해도 장중에는 성공하는 것처럼 보여도 번번이 종가로는 돌파하지는 못하는 상황이 이어지고 있습니다.

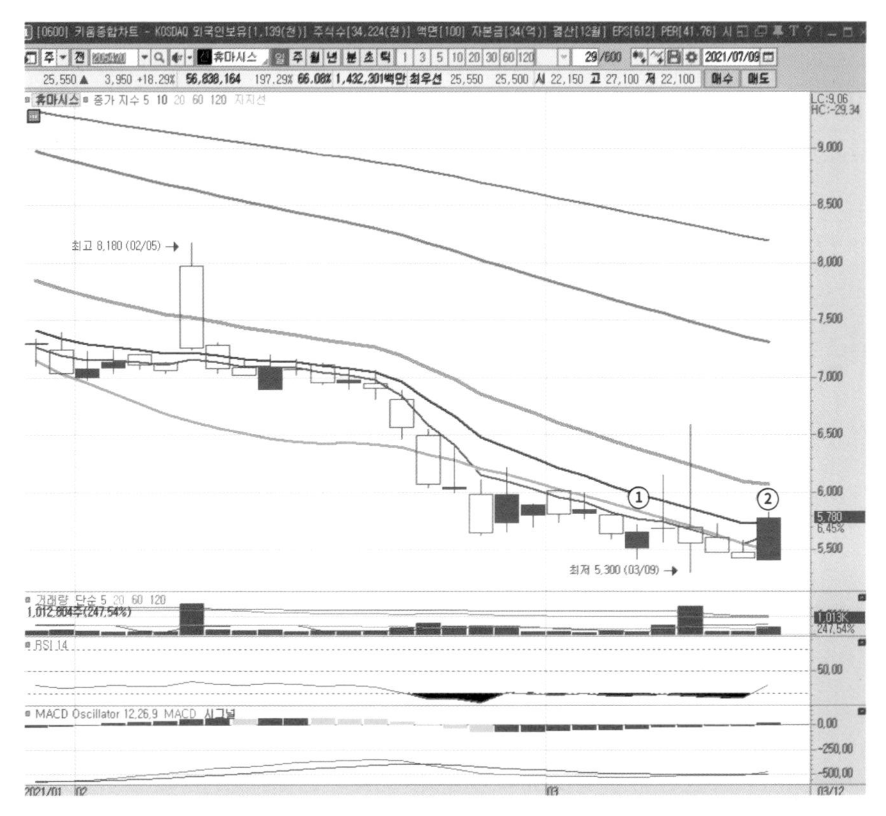

휴마시스 2021년 3월 12일 - 저가권 양봉 후 종가로 5이평선 돌파

그런데 3월 12일 종가가 5이평선 위에 놓이는 양봉이 만들어집니다. 차트를 주의 깊게 읽지 않으면 모르겠지만 이 이야기는 최소한 5일 동안 매수한 사람들이 본전이라도 찾으려고 매도하려고 하는 물량을 이겨냈다는 뜻입니다. 안 팔고 계속 보유하는 사람들은 약간의 수익이 난 상태입니다. (주가가

올라가는 데 안 파는 사람은 누구겠습니까? 앞으로 오를 것을 아는 사람들 또는 앞으로 오르게 만들 사람들이지요.) 심지어 자세히 살펴보면 종가가 10이평선(파란색 선)마저 돌파했음을 볼 수 있습니다.

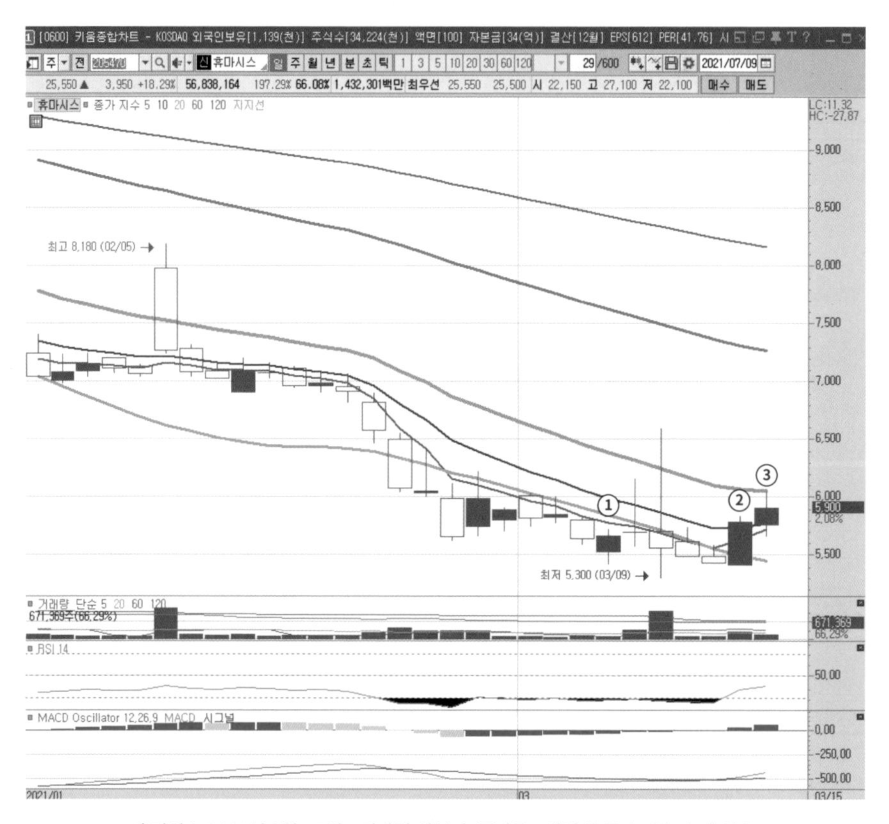

휴마시스 2021년 3월 15일 - 저가권 양봉 후 종가로 5이평선 돌파 이후 추가 상승

전날 ②의 양봉에 이어 ③의 양봉이 나타났습니다. 이평선을 잘 보세요. 자신이 매수한 다음부터는 더 많은 돈으로 이 종목을 움직이는 사람들이 가격을 어떻게 끌고 나가는지를 잘 살펴야만 합니다. ③은 10이평선마저 어렵지 않게 뚫었습니다. 이것으로 지난 5일 동안의 매수보유자들은 현시점에서 모두 수익(3.06%)을 보고 있으며, 10일 동안의 매수보유자들조차 약간이지만 수익(2.28%)을 보고 있는 상태가 되었습니다.

당신이 ①에서 1차 매수를 하고 그 이후의 매수 가능 가격에서 추가매수를 했다면 현재 약 6% 정도의 수익을 거두고 있을 것입니다. 여기서 매도해야 할까요? 일부 익절은 가능하겠지만 모두 매도할 이유는 없습니다. 평균값이 올라가고 있습니다. **아니, 세력이 평균값을 올리기 시작했습니다.**

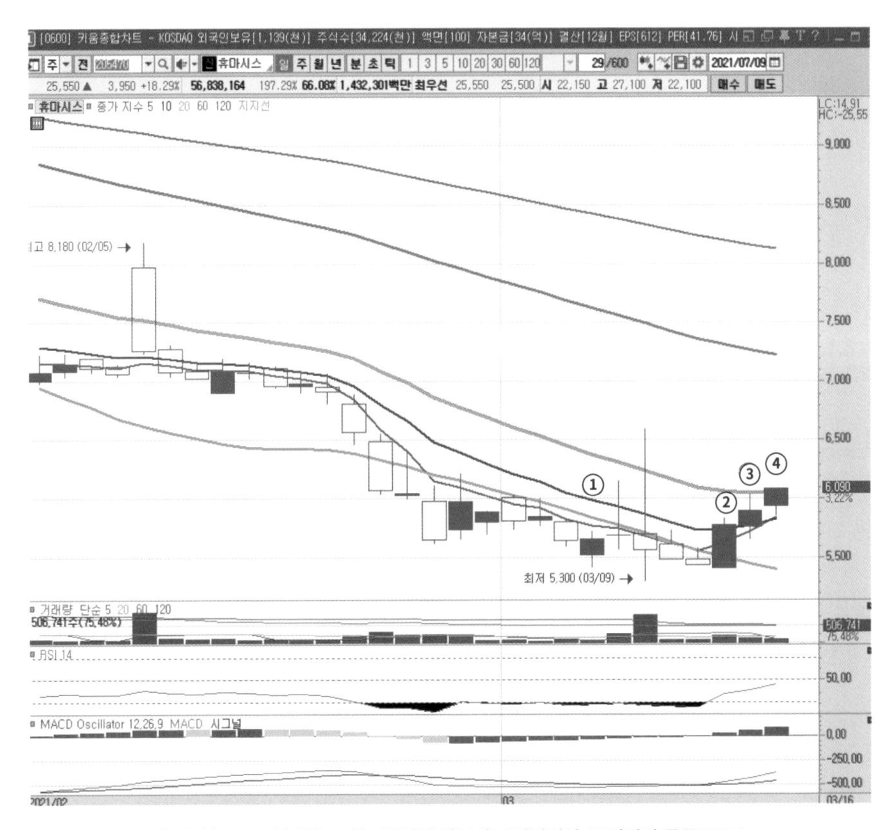

휴마시스 2021년 3월 16일 - 저가권 양봉 후 5이평선과 10이평선 골든크로스

④에서 만들어진 양봉으로 5이평선과 10이평선 사이에 골든크로스가 발생했습니다. 5일간 매수자들의 평균값이 10일간 매수자들의 평균값을 이겼습니다. 이 시점부터는 봉과 이평선의 관계를 보지 않고 이평선과 이평선의 관계를 관찰해야 합니다.

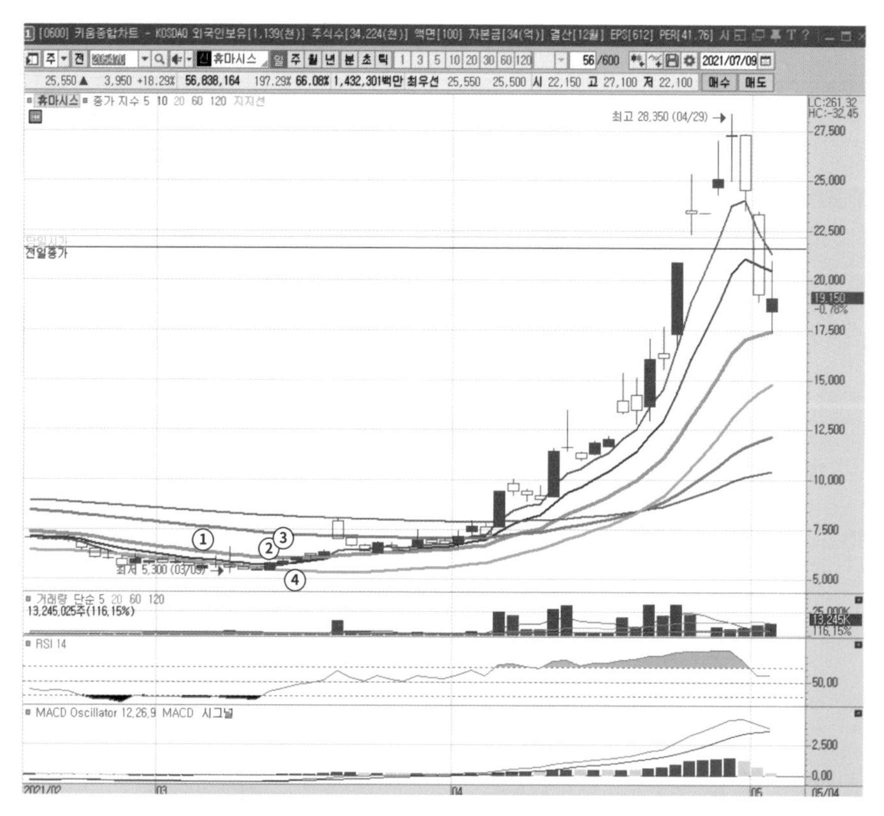

휴마시스 2021년 3월 16일 5이평선-10이평선 골든크로스 이후 주가 흐름

①의 양봉을 기준으로 양봉의 종가 이하~저가 사이라는 절대적인 기준을 갖고 매수를 시작한 매매자는 ②에서 캔들이 5이평선을 돌파하는 것을 보면서 주가와 이평선 사이의 관계를 알게 되고, ④에서 5이평선과 10이평선

의 골든크로스를 확인하면서 이제부터는 이평선과 이평선의 관계로 이 종목에 개입한 세력이 어디까지 주가를 상승시킬지 가늠하며 보유합니다.

잡기 어려운 저가에 종목을 매수했다면 일부 물량은 적절한 수준에서 익절을 하지만 나머지 물량은 상승이 유지되는 동안 매도하지 않고 보유하는 것이 수익을 극대화할 수 있는 방법입니다. 이런 시간을 즐기기 위해 아무 종목이나 마음 내키는 대로 매수하지 않고 시간을 두고 기다린 것 아니겠습니까.

매매자마다 이평선과 이평선의 관계에서 매도 타이밍을 잡는 기준이 다릅니다. 저는 5이평선과 10이평선을 기준으로 하지만 호흡이 긴 분들은 10이평선과 20이평선 또는 60이평선으로 보시는 분들도 있습니다. 저는 한 종목을 너무 오래 보유하는 것이 한편으로는 좀 지루한 느낌이 있어 세력이 속도감 있게 올리는 과정만 즐기고 빠져나오는 방식을 취하고 있습니다. 그렇지만 이 방법은 세력이 그리고 있는 큰 그림의 일부만 먹고 나오는 것일 수 있습니다.

사례의 차트를 보면 한동안은 5이평선과 10이평선이 거의 붙어서 움직이는 지루한 시간이 있음을 알 수 있습니다. 이럴 때 보유자들의 마음속에는 '에이 시시하네. 에이 안 올라가네'라면서 매도해버리고 싶은 유혹이 뭉게뭉게 피어오릅니다. 골든크로스 상황에서 캔들과 이평선의 관계로만 상황을 판단하게 되면 이렇게 이평선이 밀집한 구간에서 캔들의 종가가 이평선을 깨고 내려가는 경우가 종종 생겨서 매도할 수밖에 없는 상황도 나타납니다. 그러나 **이평선과 이평선의 관계로 계속 골든크로스가 난 채로 움직이고**

있다는 사실은 세력이 평균가를 잘 '관리'하고 있다는 말입니다. 세력이 손을 떼면 언제든지 하락하는 것이 주가입니다. 평균가격을 계속해서 만들어 가고 있는 것입니다.

왜 이런 과정이 있어야만 할까요? 지루하게 진행되는 과정. 세력은 여기서 물량을 최대한 모으는 것입니다. 싼 가격에 물량을 많이 확보해놔야 이후 급하게 주가를 끌어올리면서 그제야 따라 매수해오는 개미매매자들에게 매도함으로써 이익을 크게 낼 수 있거든요.

4월부터 주가가 탄력을 받으면서 위로 상승하기 시작합니다. 우리가 무릎(발목)을 만든 가격은 5,300원대였습니다. 세력이 주가의 멱살을 잡고 끌고 올라갈 때 우리는 기다리기만 하면 됩니다. 최고가 기준 28,350원까지 올라갔으니 매수가 대비 5배 상승이 두 달도 안 되는 동안에 일어났습니다. 최고가까지 수익을 지켜가는 것은 어렵겠지만 상승의 경사가 급해지면 매도는 다시 이평선과 캔들의 관계로 판단해도 좋습니다. 상승이 급한 5이평선을 주가가 음봉으로 깨면 매도. 이런 식으로 판단하는 것이죠.

만약 RSI 과매수권 진입을 수익실현의 사인으로 삼았다면 이렇게 수익을 끌고 가기는 어려웠을 것입니다. 뒤에서 RSI에 대해 다시금 자세히 공부하겠지만, RSI는 최근 14개의 봉으로 만들어진 상승과 하락의 강도를 나타내는 것이며, 따라서 계산하는 14일째 되는 날보다 그다음 날 주가가 상승하게 되면 RSI는 계속해서 과매수권에서 상승하게 됩니다. 14일이라는 기간은 일봉상으로는 3주 정도의 매매 기간으로 짧지 않은 시간이기 때문에 일반적으로는 과매수권으로 진입한 후 숨 고르기를 하는 과정이 생기면서 하락하는 경우가 발생합니다. 그래서 RSI 과매수권 진입 때 매도를 한 번 하는 것입니다.

하지만 이처럼 세력이 이평선의 골든크로스 상태를 계속 지키면서 주가를 올릴 수도 있기 때문에 수익의 극대화를 위해서는 'RSI 과매수권 진입시 무조건 매도!'라고 하는 것이 아니라 주변 상황을 다시 한 번 살펴보는 것이 좋습니다. RSI 과매수권에 진입했는데 이때 5이평선과 10이평선의 간격이 지금까지와 달리 더 벌어지기 시작했다? 이러면 세력은 다른 뜻을 품고 있는 것이라고 볼 수 있습니다.

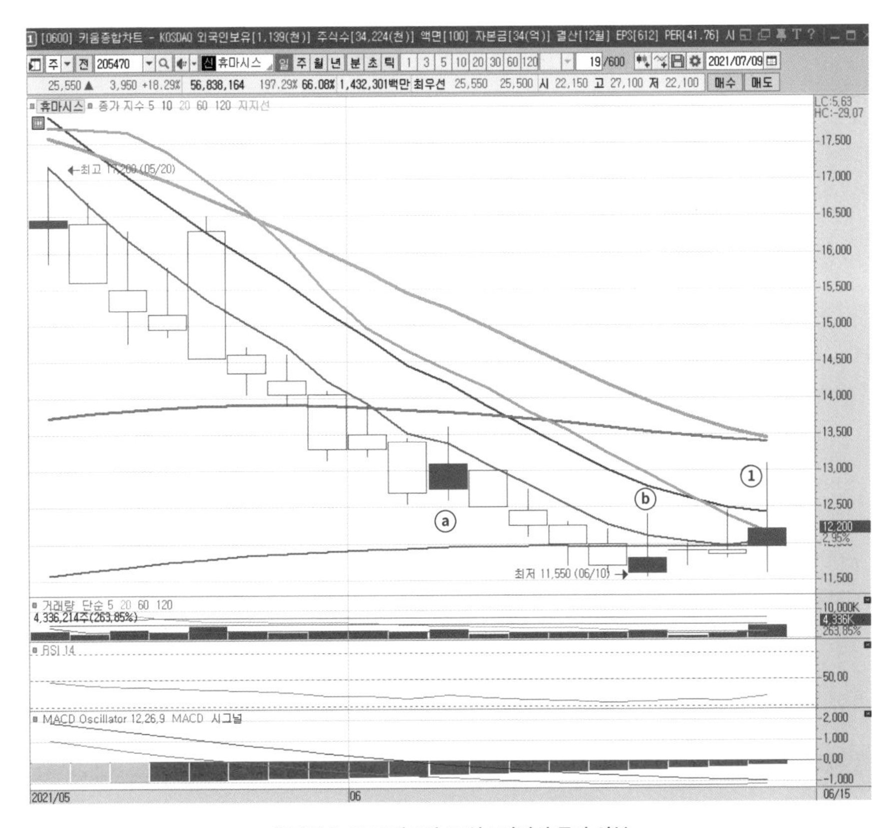

휴마시스 2021년 6월 15일 5이평선 돌파 양봉

이런 일이 한 번만 벌어지는 것일까요? 또 다른 사례를 살펴보겠습니다. 앞의 차트에서 20이평선 -10% 하단을 벗어난 지점의 양봉인 ⓐ의 종가에서 매수했다면 다음 날 음봉의 종가가 양봉 저가를 이탈했기 때문에 손절매를 할 수도 있고, 매수한 비중과 매매자의 의향에 따라서는 추가매수를 고려하며 버틸 수도 있었을 것입니다. ⓑ에서도 양봉이 하나 나옵니다. 종가에 1차 매수할 수 있었겠죠? 그런데 여기서부터는 주가가 더 밀리지 않더니 ①이 나옵니다. 5이평선을 돌파하는 양봉입니다. 수익인 상태의 사람들이 늘어나기 시작했다는 말입니다.

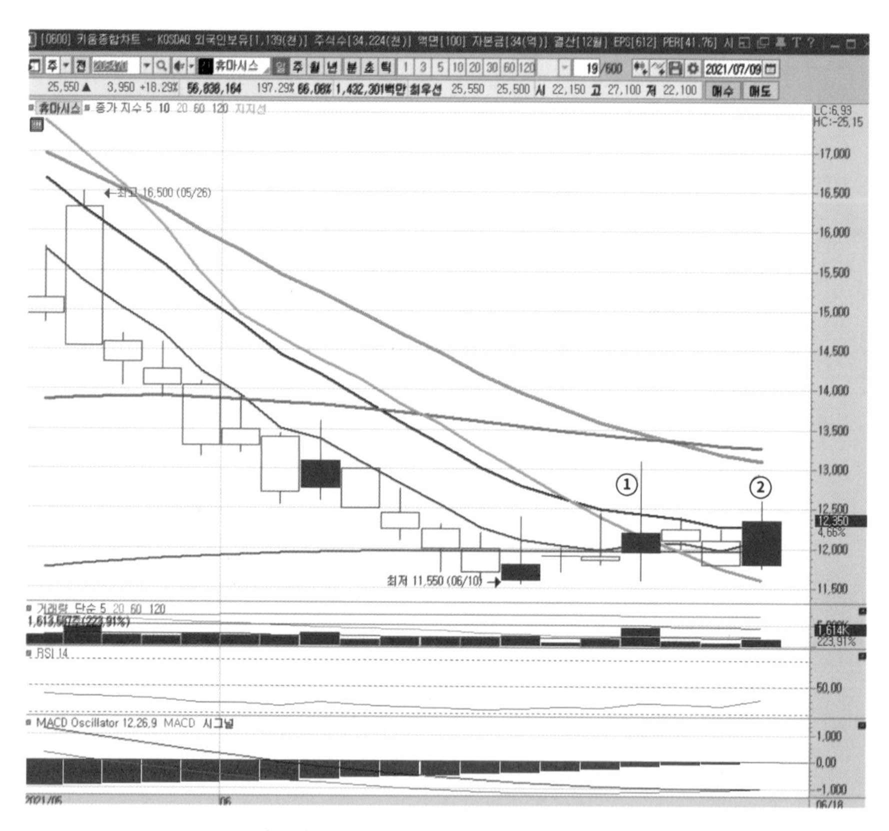

휴마시스 2021년 6월 18일 10이평선 돌파 양봉

①에서부터 수익을 보고 있는 사람들이 생겼는데, ②에서 10이평선을 종가로 돌파하면서 수익을 보고 있는 사람들이 더 많이 생겼습니다. 이제 매매자는 이동평균선들의 관계가 어떻게 만들어지는지만 따라가면 됩니다.

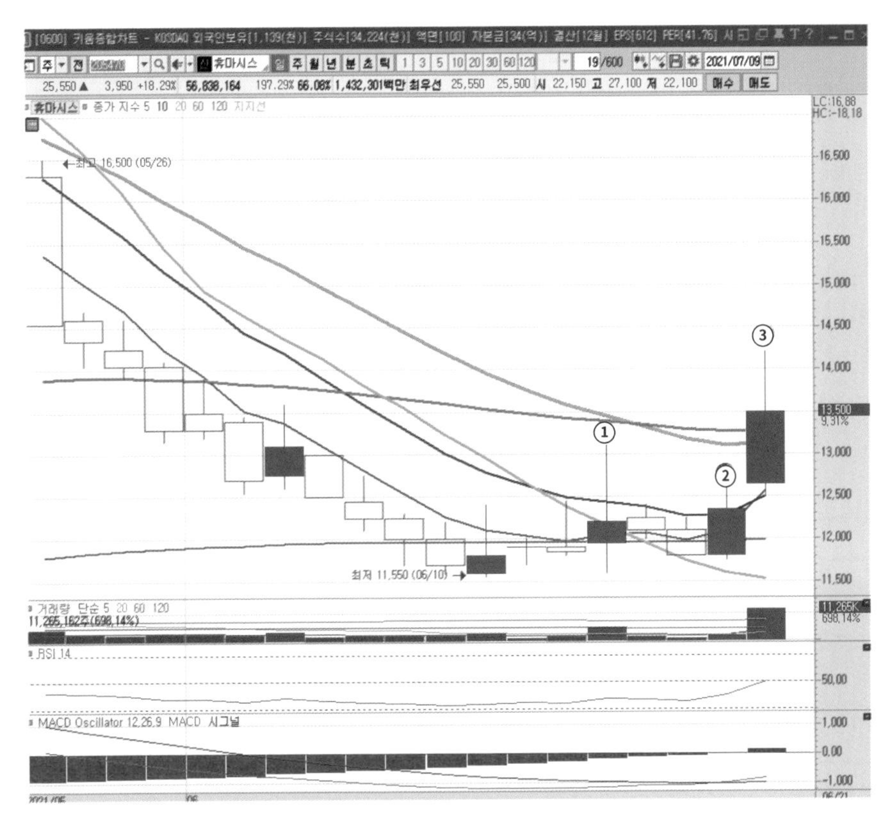

휴마시스 2021년 6월 21일 5이평선과 10이평선 골든크로스

2021년 6월 21일, ③과 같은 양봉이 만들어졌습니다. 중장기 매매자는 종가 무렵에만 차트를 열어보아야 할 테니 그동안 '무언가 오를까? 내릴까?' 조마조마한 마음이었을 텐데 이날 깨끗하게 시원해지는 느낌이었을 것입니다. 다른 무엇보다도 5이평선과 10이평선의 골든크로스가 만들어졌습니다.

세력이 만들어가는 평균가격들이 올라가고 있습니다. 거꾸로 생각해보죠. 개인이 이런 흐름을 만들 수 있겠습니까? 며칠 동안 물려 있는 사람들의 물량을 차근차근 받아서 올릴 수 있겠습니까?

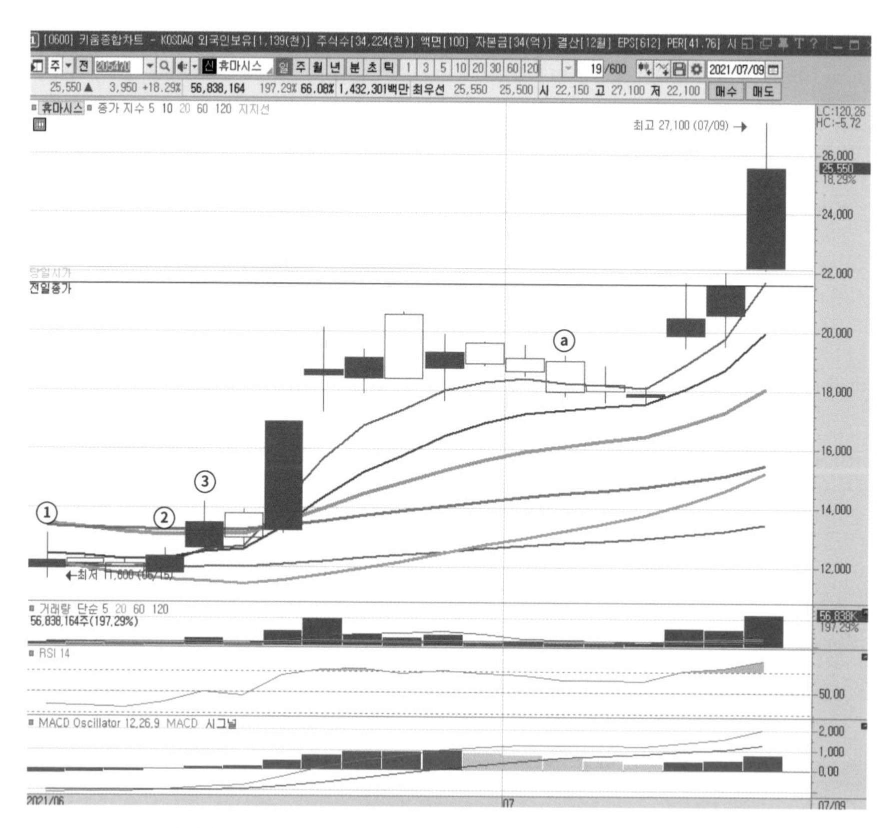

휴마시스 2021년 7월 9일 5이평선과 10이평선 골든크로스 계속 진행 중

하락세가 멈추고 평균가가 올라가고 있다는 상황은 세력이 개입하고 있음을 알려준다고 해석해도 크게 틀리지 않습니다. 더욱이 그 평균가가 장기간에 걸쳐 만들어진 것이라면 평균가 상승이 보이는 시점 이전에 이미 개입을 시작했다는 말입니다. 따라서 세력이 '이제 그만~' 하며 이탈하기 전까지는 개미매매자가 일찍 매도를 판단할 필요가 없습니다. 주가는 내가 만드는 것이 아니라 세력이 만들어가는 것이니까요.

실제로 ③의 다음 날 음봉이 나왔을 때 그래도 ①을 기준으로 매수했던 보유자는 정말 매도하고 싶었을 겁니다. '또 하락하면 그나마 거두었던 수익을 잃어버리는 거 아니야?'라는 마음 때문에요. 하지만 주가가 만들어진 시간을 생각해보세요. 내린 건 하루지만 지금 만들어지고 있는 평균값들은 10일 이상 전부터 만들어져서 올라온 가격입니다. 더 멋진 건 음봉이 나온 날조차 세력들은 모두 수익 상태라는 객관적인 사실이죠. (더욱이 음봉이 나온 날의 거래량을 보세요!)

세력이 만드는 이동평균선의 방향과 이평선끼리의 관계를 끝까지 지켜본 사람이라면 음봉이 나온 시점에서도 세력은 주가를 만들어가고 있다는 것을 알 수 있을 것입니다. 한편, ⓐ와 같은 위치에서는 우리가 앞서 매수한 가격보다는 상당히 올라온 가격이고 RSI의 과매수권에서 빠져나온 상태이므로 일부 익절을 할 수 있을 것입니다. (하지만 5이평선을 깨는 음봉의 순간에도 거래량까지 살펴보면서 전략을 조정할 수는 있습니다. 양봉을 만들 때보다 음봉 때 만들어진 거래량이 적다는 것은 매수하면서 가격을 상승시켜온 사람들이 아직은 수익실현을 하고 있지 않다는 말로 해석할 수 있거든요. 거래량의 해석은 대단히 어렵습니다만 이 정도의 기본 지식은 갖고 있으면 좋습니다.)

지금까지의 사례 연구를 통해 우리는 상승에 특정한 패턴이 있다는 점을 어렴풋이 짐작할 수 있습니다.

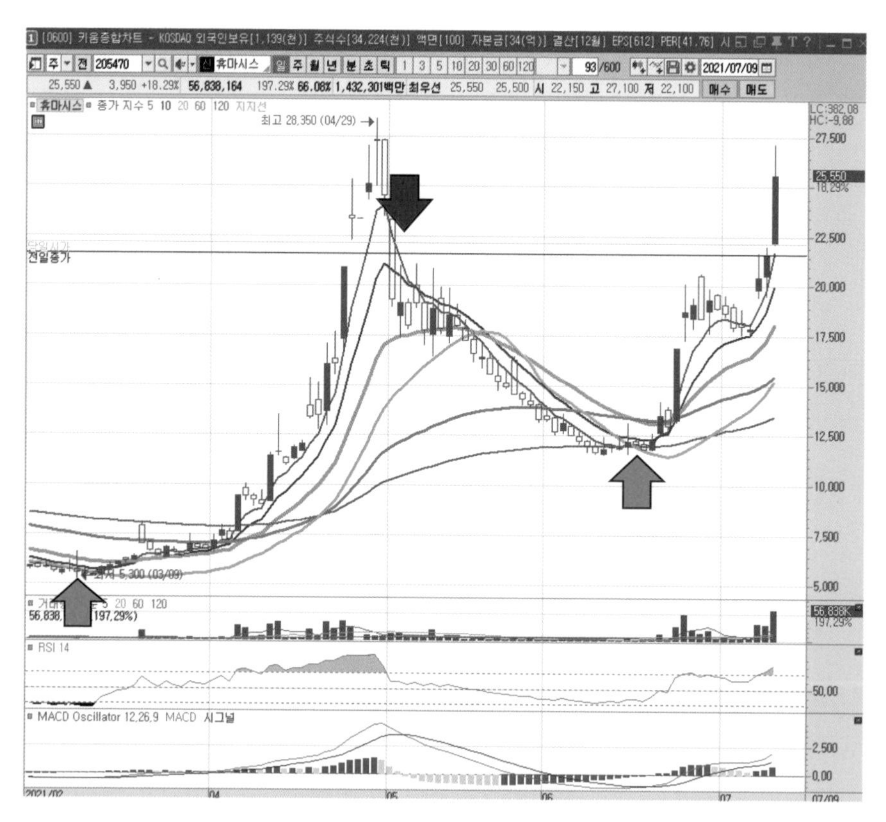

휴마시스 2021년 3월~7월의 전체 그림

6개월도 안 되는 시간에 첫 매수(첫 번째 초록색 화살표) 이후 5배의 수익을 거두게 되고, 원금과 수익금을 갖고 있다가 두 번째 매수(두번째 초록색 화살표)를 했다면 현재 2배 정도의 수익이 발생한 것이니 전체적으로는 원금의 10배 수익을 보게 됩니다. 꼭 '10배의 수익이 나니까 이런 식으로 매매하세요!'라는 뜻이 아닙니다. 이렇게 큰 수익을 주는 종목만 있는 것도 아닙니다. 그렇지만 종목을 잘 선정한 다음 자기 감정이 아니라 원칙을 세운 매매를 하게 되면, 손실은 제한된 폭 안에서 관리할 수 있게 되고 수익은 세력이 원하는 만큼 그들과 함께 실현할 수 있는 기회를 만날 수 있다는 '사실'을 말씀드리고 싶어서입니다.

데드크로스:
절대 매수해서는 안 되는 기간

이동평균선의 의미 Ⅲ

앞에서 우리는 이동평균선과 이동평균선의 관계가 보여주는 의미를 배웠고 매수 후 수익 극대화를 세력과 함께 하는 방법에 대해 공부했습니다. 이러한 시각으로 많은 차트를 살펴보면 자기 기분으로 매매하는 것이 얼마나 실망스러운 결과를 남기게 되는지 새삼 느낄 수 있을 것입니다.

이동평균선과 이동평균선의 관계는 수익이 매일 늘어나는 과정에서만 중요한 것이 아닙니다. 오히려 이평선과 이평선의 관계는 '절대로 매수에 개입해서는 안 되는 시기'를 알려준다는 면에서 더 중요하다고 말할 수 있습니다. 이 점을 잘 모르기 때문에 엉뚱한 자리—즉 세력이 수익을 실현하고 아무도 받쳐주지 않는 고점—에서 매수하여 오랜 시간 고생하는 경우를 겪는 것입니다. 간단히 말해 '물리게' 되는 것이죠.

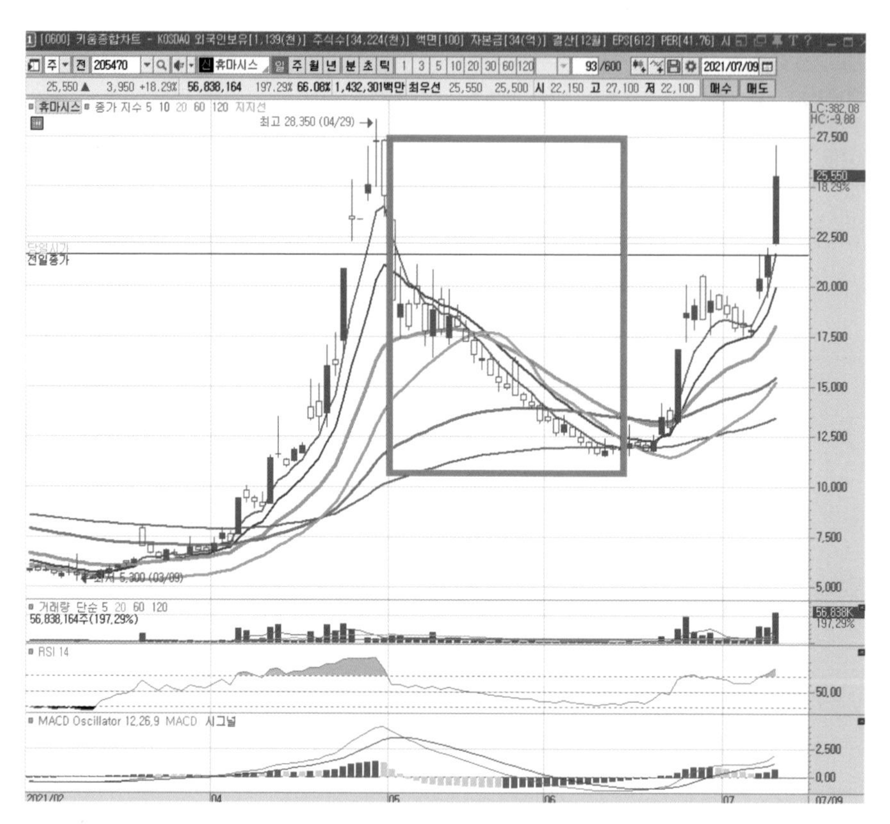

휴마시스 2021년 5월~6월 중순까지의 대하락

앞서 우리는 휴마시스로 사례 연구를 하면서 두 차례의 엄청난 상승을 두 개의 이평선, 즉 5이평선과 10이평선의 골든크로스 이후 유지 기간 동안 보유(홀딩)함으로써 경험할 수 있다는 사실을 확인할 수 있었습니다. 그렇지만 두 상승 가운데에는 대하락이 있었습니다. 상승을 한창 공부할 때에도 이 하락의 부분이 거슬렸던 분이라면 차트를 통한 기술적 분석에 한 걸음 더 가까워진 분이라 말할 수 있겠습니다.

이평선과 이평선의 관계의 의미를 모른 채 저 대하락의 시작 지점에 매수했다면('어! 고가보다 많이 싸졌어!'라는 느낌으로) 50% 가까운 손해를 온몸으로 받아내야만 했을 것입니다. 그러면 어떻게 해야 저런 지점에서는 그냥 현금을 보유한 채 기다릴 수 있을까요?

① 5이평선과 10이평선이 데드크로스가 나면 매수하지 않는다. 절대!

'데드크로스'란 골든크로스의 반대되는 개념으로, 단기 이평선이 장기 이평선을 아래 방향으로 교차하는 상황을 나타냅니다. 잠시 양봉이 나올 수 있습니다. 심지어 이평선을 돌파하는 양봉이 나올 수도 있습니다. 그러나 이는 일시적인 현상일 뿐 평균가가 하락하기 시작한 것은 이미 5일 전, 10일 전부터 꾸준히 일어난 상황입니다.

② 캔들의 종가가 5이평선 아래에서 끝나면, 즉 음봉으로 5이평선을 깨면 10이평선 위에서 다시 양봉이 나오기까지는 매수하지 않는다.

5이평선을 고가에서 깼다는 사실 자체가 이미 하락을 내포하고 있기 때문에 이 단계부터 매수는 포기해도 괜찮습니다. 오늘 음봉으로 평균값을 깼다는 말은, 앞서 며칠 전부터 누군가는 계속 팔면서 평균값의 상승세를 깎아내고 있다는 뜻이거든요. 이 단계에서 매수하는 것은 단기 매매자의 영역입니다.

③ RSI 과매도권 진입이나 MACD 오실레이터의 반등 또는 MACD의 상승교차가 일어나는 지점에서 매수 관심을 갖기 시작한다.

SK하이닉스의 5-10 이평선 데드크로스 이후 주가의 흐름

위의 SK하이닉스 사례를 보면, ①의 종가에서 5이평선과 10이평선의 데드크로스가 형성되었습니다. 그 이후로 여러 차례 양봉은 나오지만 개미 중장기 매매자들은 그런 양봉을 보고 혹해서 매수해서는 안 됩니다. 하락추세 속에서도 정교하게 매수 타점을 잡을 수 있는 단기 매매자들은 1~3% 정도의 수익을 내면서 시장을 빠져나올 수 있지만, 개미 중장기 매매자들은 그런 테크닉이 없습니다. 그냥 매수하지 않는 게 위험관리입니다. 이동평균선이 데드크로스를 만들면 특별한 계기가 없는 이상 쉽게 주가의 추세가 반전되지는 않습니다. 대형주일수록 더 그렇고요. 하지만 ②와 같은 지점에서

는 RSI 과매도권 진입과 20이평선 -10% 하단 부근에서 양봉이 생겼으므로 '하락추세가 멈췄다'라고 해석할 수 있는 기초가 마련됩니다. 중장기 매매자는 ②에서 매수를 시작해도 아무런 이상이 없습니다.

하락이 어디까지 이어질지 개미매매자들은 알기 어렵습니다. 특히 SK하이닉스와 같이 외국인 및 기관이 공매도를 할 수 있는 종목은 5이평선과 10이평선의 골든크로스를 만들면서 주가를 끌어올리는 것처럼 5이평선과 10이평선의 데드크로스를 만들고 그 추세를 유지시키면서 이익을 극대화할 수 있기 때문에 세력이 사서 올리는 쪽으로 방향을 전환하기까지 하락추세 안에서 함부로 매수해서는 안 됩니다.

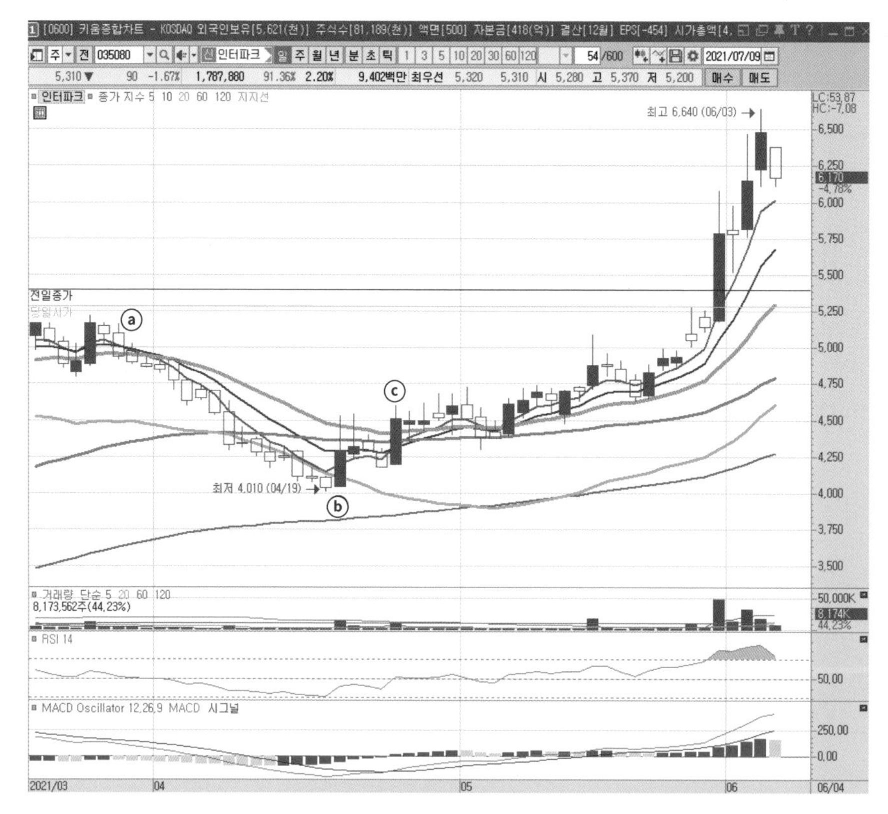

인터파크의 주가 흐름

ⓐ에서 인터파크는 5이평선과 10이평선의 데드크로스가 발생했습니다. 이 책을 읽으시는 분이라면 데드크로스가 발생한 경우 충분히 하락하여 저가권이 만들어졌다는 신호가 나오기 전까지는 매수하지 마세요. 돈 들고 있는 거죠. 왜요? 더 싸게 사려고요. ⓑ에서 RSI 과매도권에 들어갔고 심지어 5이평선을 종가로 깨는 양봉이 나옵니다. 비로소 하락의 한 매듭이 끝났다고 판단하고 매수할 수 있는 시점이 온 것입니다. ⓒ에서는 5이평선과 10이평선의 골든크로스가 났습니다. 그 이후로 계속 골든크로스 상태가 유지되고 있음을 볼 수 있습니다. 일단 골든크로스가 발생했다면 주가가 바로 상승

하지 않더라도 조급해하지 마시고 포지션을 유지하세요. 갑자기 큰 음봉이 만들어져서 종가로 골든크로스 상태인 5이평선과 10이평선을 깬다면 뭔가 문제가 발생한 것으로 받아들이고 비중을 조정할 수는 있겠지만 그 외의 상황이라면 지금 주가를 만들어가고 있는 세력을 의지하는 겁니다. 기다리다 보면 골든크로스가 난 상태에서 단기 이평선과 장기 이평선이 좁은 폭을 갖고 움직이다가 주가의 슈팅이 나오면서 단기 이평선이 갑자기 위로 꺾이는 날이 생기고 본격적으로 추세가 움직이게 됩니다.

TIP BOX

이동평균선의 설정

이동평균선을 설정해봅시다. 일반적인 HTS의 차트에는 이동평균선이 기본적으로 설정되어 있으므로 그리 어렵지 않습니다. 키움닷컴의 영웅문에서 키움종합차트(0600)를 사용해서 제가 쓰는 이평선 설정을 하겠습니다.

그림4-1 일봉차트의 왼쪽 상단을 보면 이미 설정되어 있는 이동평균선 관련 내용이 있습니다. 이를 더블클릭하면 매매자의 취향

그림4-1 일봉차트에서 이평선 설정 부분을 더블클릭

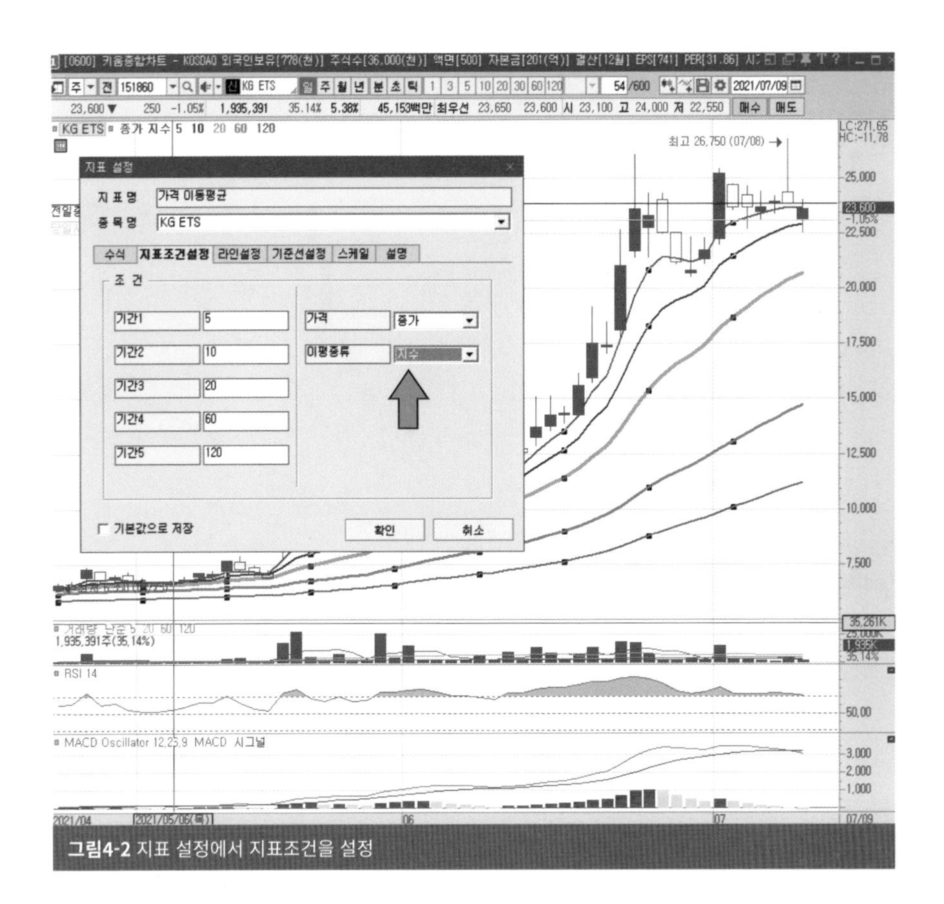

그림4-2 지표 설정에서 지표조건을 설정

대로 이평선의 색이나 선의 굵기를 설정할 수 있습니다. 더블클릭해보겠습니다.

그림4-2 지표 설정을 할 수 있는 창이 뜹니다. 지표조건설정 탭을 클릭해서 이평선의 기간을 설정할 수 있으며, 이평선의 종류와 평균을 내는 가격의 종류를 설정합니다. 기간은 그림에서와 같이 간단히 5, 10, 20, 60, 120으로 설정값 그대로 하고, 가격조건도 종가로 합니다. 중요한 부분은 이동평균 종류의 설정입니다. 아마 처음 해보시는 분들은 여기가 '단순'으로 설정되어 있을 것입니다. 이 부분을 '지수'로 바꿉니다. 이유에 대해서는 조금 후에 말씀드리겠습니다.

그림4-3 각 이동평균선의 스타일은 라인설정에서 자신에게 맞게 정하면 됩니다. 예를 들어 5이평선의 색과 굵기 그리고 스타

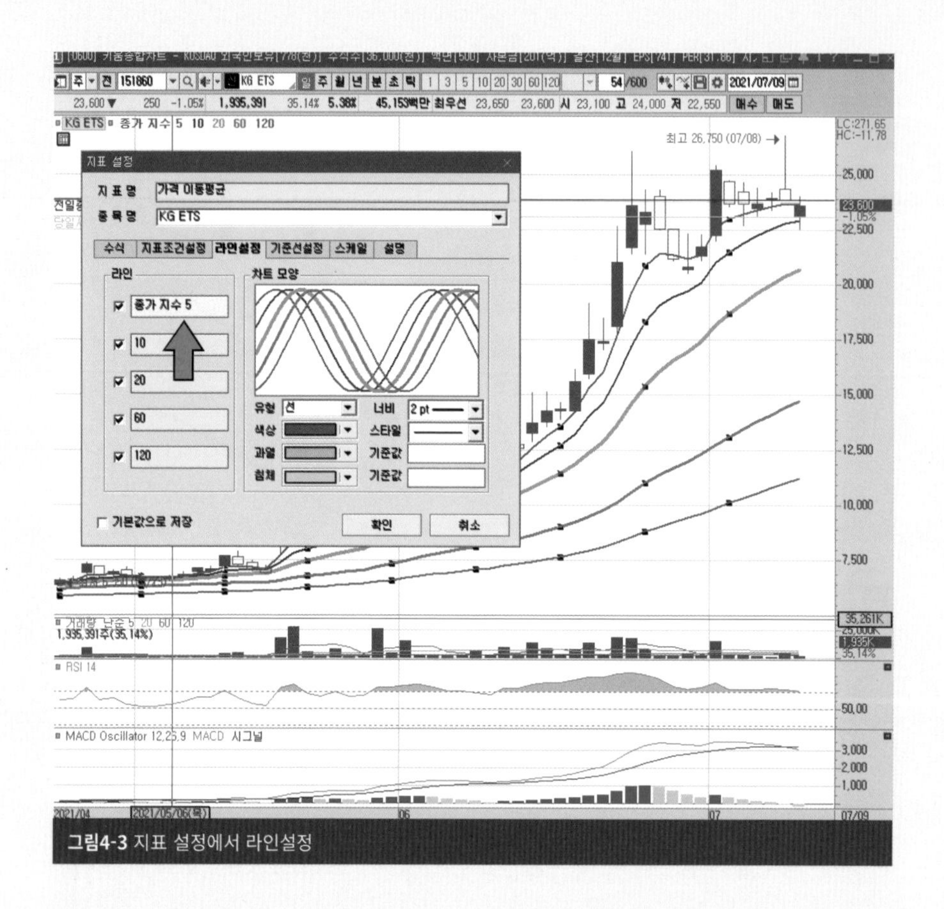

그림4-3 지표 설정에서 라인설정

일을 설정하고 싶으면 5이평선을 나타내는 칸(초록색 화살표)을 클릭하여 선택한 후, 유형과 색상, 너비와 스타일을 정하면 됩니다. 저는 5이평선의 경우 핑크색으로 정하고 두께는 2pt로 했습니다. 중요하게 생각하는 이평선을 더 굵게 잘 보이게 하면 좋겠죠?

매매의 의사결정을 내리는 데 필요한 이동평균선만 체크하면 그 이평선만 쓸 수 있습니다. 예를 들어 5, 10, 20이평만 사용하겠다고 하면 60과 120이평 부분에 체크되어 있는 것을 해제하면 됩니다.

이로써 이동평균선의 설정은 끝납니다. 일봉에서뿐만 아니라 일봉의 상위 시간축인 주봉이나 월봉에서도, 하위 시간축인 30분봉이나 3분봉에서도 원하는 대로 이평선을 추가할 수도 있고 설정할 수도 있습니다.

단순 이동평균선과 지수 이동평균선

단순 이동평균선과 지수 이동평균선에는 무슨 차이가 있는 걸까요? 단순 이동평균선은 계산하는 당일의 종가를 포함하여 평균값을 구하기 원하는 기간 동안(예: 5일)의 종가들을 더하여 기간의 수로 나눈 값을 이은 선입니다. 단순 5이동평균선을 예로 들자면 5일 전에 만들어진 종가와 오늘 만들어진 종가를 같은 비중으로 계산한 것입니다. 그런데 5일 전의 종가와 오늘 만들어진 종가가 갖는 의미가 같을까요?

지수 이동평균선이라는 것은 이동평균값을 구할 때 당일의 이동평균값을 계산하는 마지막 가격인 당일의 종가에 더 큰 비중을 줘서 구한 평균값을 이은 선을 뜻합니다. 더 정확히 말하자면 평균값을 구하는 당일에 가까운 종가일수록 더 높은 비중을 줘서 계산한 것입니다. 따라서 지수 이동평균값

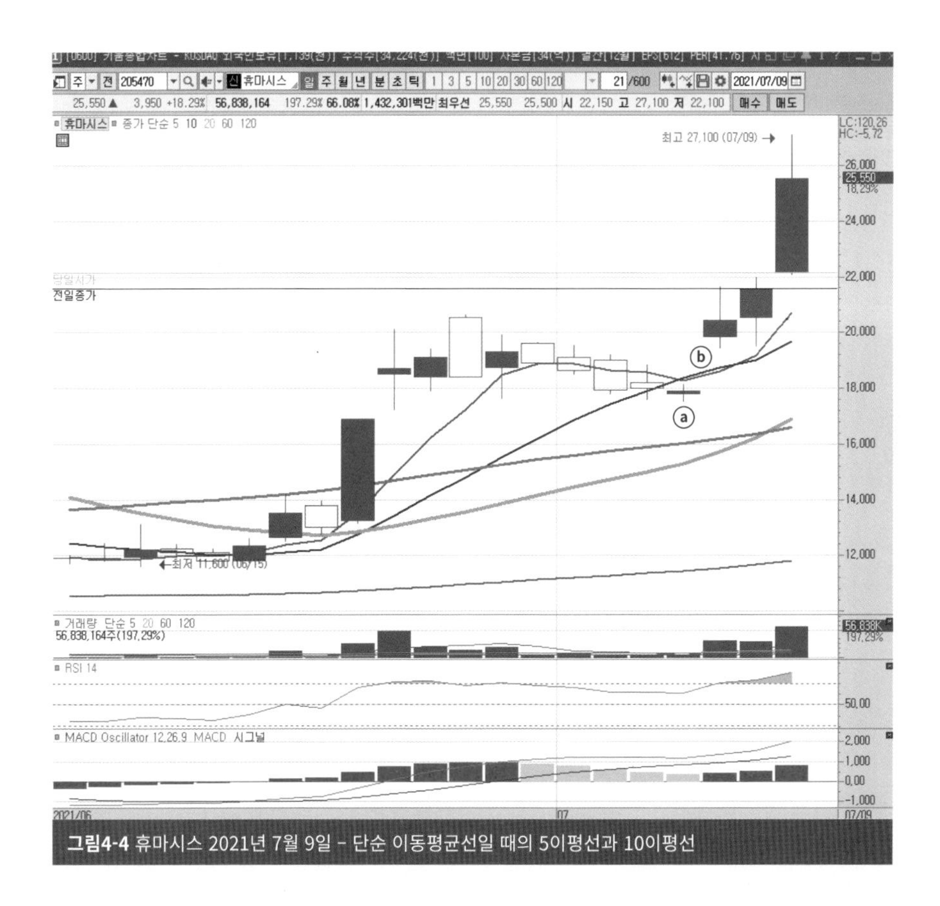

그림4-4 휴마시스 2021년 7월 9일 - 단순 이동평균선일 때의 5이평선과 10이평선

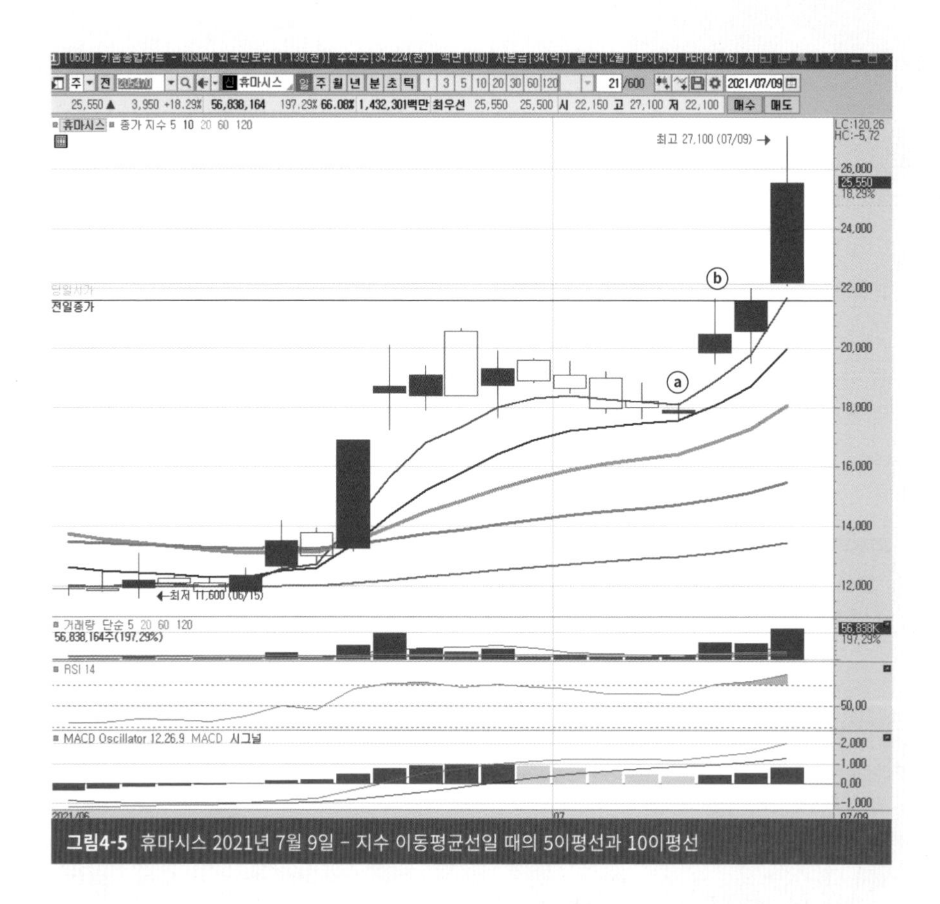

그림4-5 휴마시스 2021년 7월 9일 – 지수 이동평균선일 때의 5이평선과 10이평선

은 최근의 주가를 더 잘 반영합니다.

5이평선과 10이평선의 골든크로스 유지와 관련해서, 세력이 이평선의 흐름을 유지하기 위해서는 당일의 종가를 관리해야만 합니다. 그러한 세력의 노력이 반영된 결과를 이동평균선에서 가장 잘 반영하기 위해서 지수 이동평균선을 사용한다고 이해해주시면 되겠습니다.

단순 이동평균선과 지수 이동평균선이 어떤 차이를 보이는지 차트를 통해 살펴보지요.

그림4-4 단순 이동평균선을 사용할 경우, ⓐ 시점에서 5이평선과 10이평선의 데드크로스가 만들어집니다. 원칙대로라면 매도해야만 하는 시점입니다. 그렇지만 그다음 날인 ⓑ에서는 다시 상승이 일어났음에도 아직 이평선은 데드크로스 상태입니다. 해석이

애매해집니다. 그런데 지수 이동평균선으로 보면 명확하게 해석할 수 있게 됩니다.

그림4-5 지수 이동평균값을 사용할 경우, 당일의 종가에 계산비중이 실리기 때문에 세력이 당일의 종가를 만든 의도를 조금 더 정교하게 확인할 수 있습니다. ⓐ의 경우 단순 이동평균선을 이용했을 경우에는 데드크로스를 만드는 값이었지만, 지수 이동평균값을 사용할 경우에는 데드크로스를 만들 수도 있는 주가의 하락을 세력이 '막아낸' 값이라는 의미로 해석할 수 있습니다. 이런 해석을 바탕으로 보유자가 매도하지 않고 홀딩했다면 다음 날부터의 상승을 즐길 수 있었을 것입니다.

지수 이동평균값을 사용하는 이동평균선과 이동평균선의 관계에서는 단순 이동평균값을 썼을 때엔 데드크로스가 나올 수 있는 경우에도 아주 아슬아슬하게 골든크로스를 유지하는 경우를 많이 볼 수 있습니다. 이럴수록 의미 있는 가격을 지켜내고 있는 세력의 힘을 더 신뢰할 수 있는 것입니다!

실전 이동평균선 매수 타이밍

골든크로스를 암시하는 패턴

차트에 그어져 있는 이동평균선의 의미를 충분히 이해하실 수 있었다면, 이제부터는 실전 매매에서 이동평균선을 이용한 매수 타이밍을 찾는 방법을 공부해보겠습니다. 주가는 상승하기 위해서 저점에서 출발해야만 하고, 이동평균선의 골든크로스가 일어날 수밖에 없습니다. 저점을 찾는 방법에 대해서는 기준 이동평균선의 하단에서 주가가 형성될 때나, RSI 과매도권으로 진입/탈출할 때, MACD 상승교차가 만들어질 때라고 앞에서 간략히 이야기를 한 바 있습니다.

다만, 이 보조지표가 보여주는 신호는 저가권에서 바로 반등을 한다는 '약속'의 신호는 아닙니다. 보조지표상 신호가 나온 시점 이후에도 추가로 더 하락할 수 있으며, 다만 그 리스크를 관리할 수 있는 사람이라면 분할매수하면서 대응해나갈 수 있다는 뜻입니다.

그러나 어떤 지점이 '진짜 저점이었구나'라고 알 수 있게 되는 순간이 있습니다. 그것은 바로 이평선과 이평선이 골든크로스를 만들기 시작했을 때입니다. 그 순간부터는 이미 세력이 개입해서 주가를 위쪽으로 움직이기로 결심한 것이며, 골든크로스에 가장 가까운 저점이 '진짜 저점'인 것이지요.

따라서 위험부담을 최대한 줄이고 싶다면 이 골든크로스부터 매수를 시작하면 됩니다. 골든크로스의 발생을 암시하는 패턴이 있으며, 그 패턴을 조건검색을 통해서 찾아낼 수 있다면 더 효율적으로 관심종목 속에서 매수 시점이 다가오는 종목을 발견할 수 있을 것입니다.

가장 중요한 패턴은 다음과 같습니다.

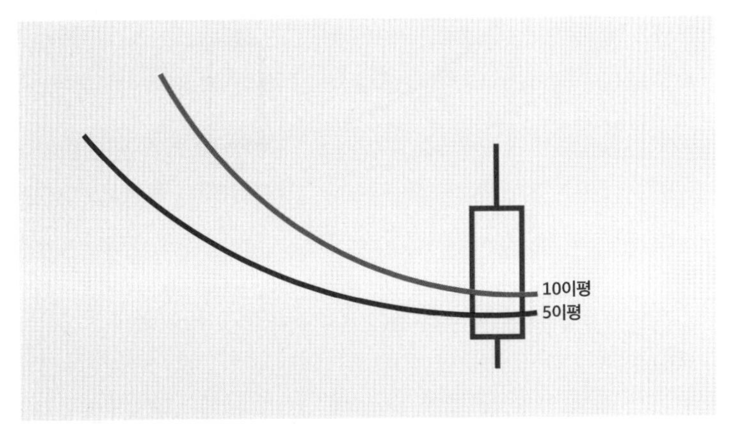

패턴1-타입1 5이평선과 10이평선이 간격을 줄이는 가운데
두 이평선을 돌파하는 양봉 발생 (종가>10이평값>5이평값>시가)

5이평선과 10이평선이 하락하면서 두 이평선 사이의 거리가 점점 좁아지는 가운데 **어느 날 두 이평선 모두를 종가로 뚫어버리는 양봉이 발생하는 날은 매수를 생각하기 시작해야 할 매우 중요한 날**입니다. 이날을 기준으로 이날 이전에 나흘 동안 매수한 사람들과 9일 동안 매수한 사람들은 모두 수익이 난 상태가 되었기 때문입니다.

시가에 따라 이 패턴의 타입이 분류됩니다. 첫 번째 타입은 시가가 5이평값보다도 낮게 시작해서 장이 끝날 무렵에 종가가 10이평값 위에서 끝나는 타입입니다(종가>10이평값>5이평값>시가). 이 상황은 거의 마지막으로 바닥에 깔린 것을, 그리고 이 며칠 사이에 매수했다가 손해날까 봐 전전긍긍하는 개미들의 물량을 바닥부터 쭉 훑어서 매집했다는 것을 의미합니다.

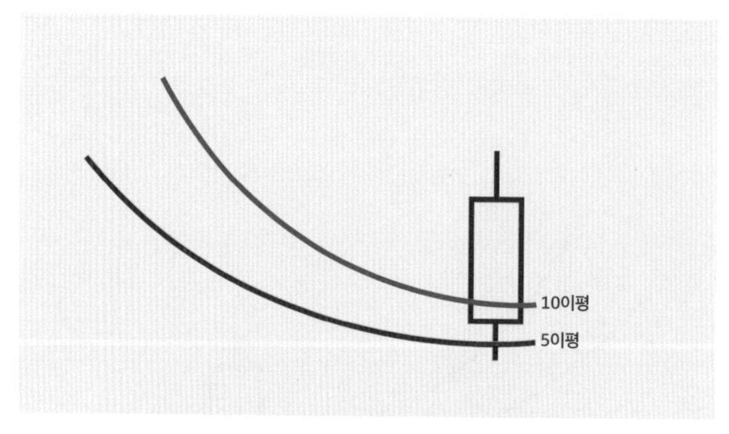

패턴1-타입2 5이평선과 10이평선이 간격을 줄이는 가운데
두 이평선을 돌파하는 양봉 발생 (종가>10이평값>시가>5이평값)

두 번째 타입은 시가가 5이평값 위에서 시작해서 10이평값 위에서 종가가 만들어지는 경우입니다. 5이평값 위에서 시가가 시작하는 캔들은 세력이 이미 봉이 만들어지기 전 4일간 충분히 매수해서 더 이상 매도될 물량이 없음을 확인했을 경우 만드는 것입니다. 5이평값 위에서 시가를 만들어서 앞서 며칠 동안 매수한 사람들이 매도하면서 도망갈 수 있는 기회를 한 번 주고 그 물량까지 받아서 확보한 다음 주가를 올리는 것입니다.

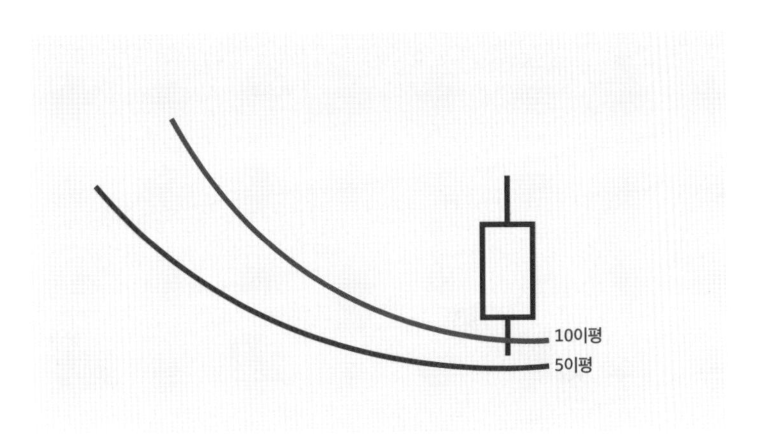

패턴1-타입3 5이평선과 10이평선이 간격을 줄이는 가운데
두 이평선을 돌파하는 양봉 발생 (종가>시가>10이평값>5이평값)

마지막 타입은 시가가 5이평값과 10이평값 위에서 시작하여 종가가 시가보다 위에서 끝나면서 양봉을 만드는 타입입니다. 저가권에서 물량을 모으고 있는 세력이 9일 전까지의 매매자가 매도할 수 있는 물량은 이미 다 매집했다는 자신감으로 시가를 만드는 상황입니다.

실제 차트의 예를 살펴보겠습니다.

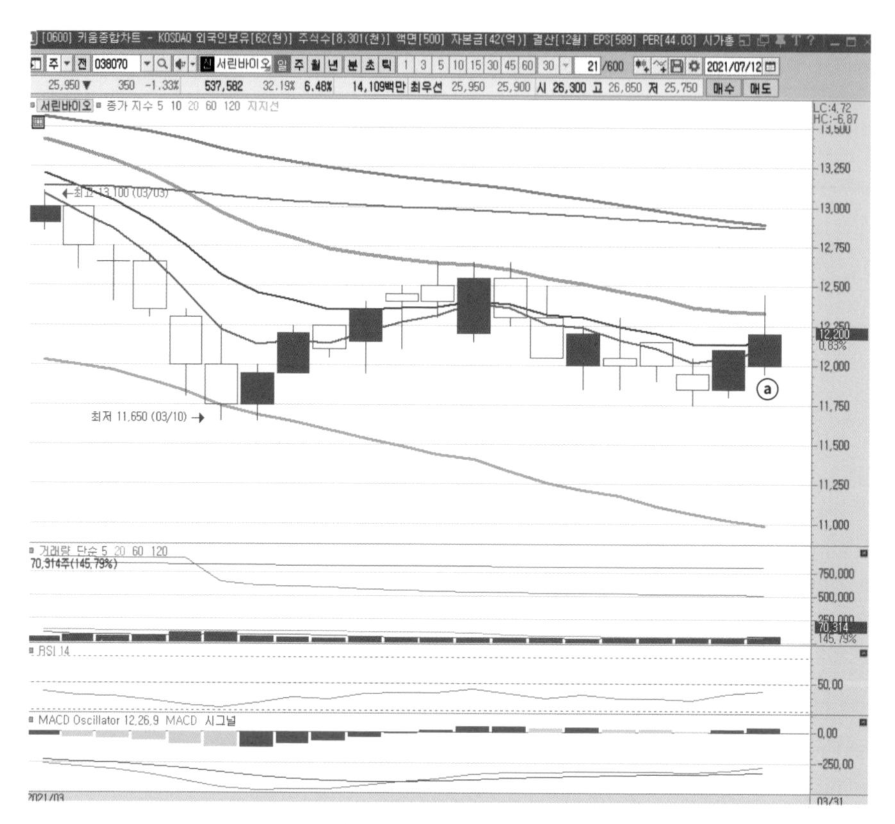

서린바이오 2021년 3월 31일

ⓐ캔들을 살 살펴보시면 '종가>10이평값>5이평값>시가'인 패턴1-타입1의 경우임을 알 수 있습니다. 이 순간, 이전 4일간 그리고 9일간 매수한 사람들은 평균적으로 수익이 나고 있는 상태이며, 이평선과 이평선의 골든크로스를 기대하며 종가부터 분할매수를 시작할 수 있습니다.

서린바이오 2021년 3월 31일 - 매수 후 어디까지 분할매수에 가담할 수 있을까?

저가권에 닿았음을 알 수 있게 해주는 ②에서 매수한다는 말은 더 하락할 수 있음을 감수하면서 한 박자 빠르게 매수한다는 뜻입니다. 이평선의 골든크로스를 기다려서 매수한다는 말은 '진짜 저점'을 확인한 다음 위험부담을 최소화할 수 있는 단계에서 매수개입한다는 뜻입니다. 이럴 때 ⓐ의 종가에서 1차 매수를 했다면 그 종가에서 직전의 저가(검정색 실선)까지가 분할매수로 개입할 수 있는 영역입니다.

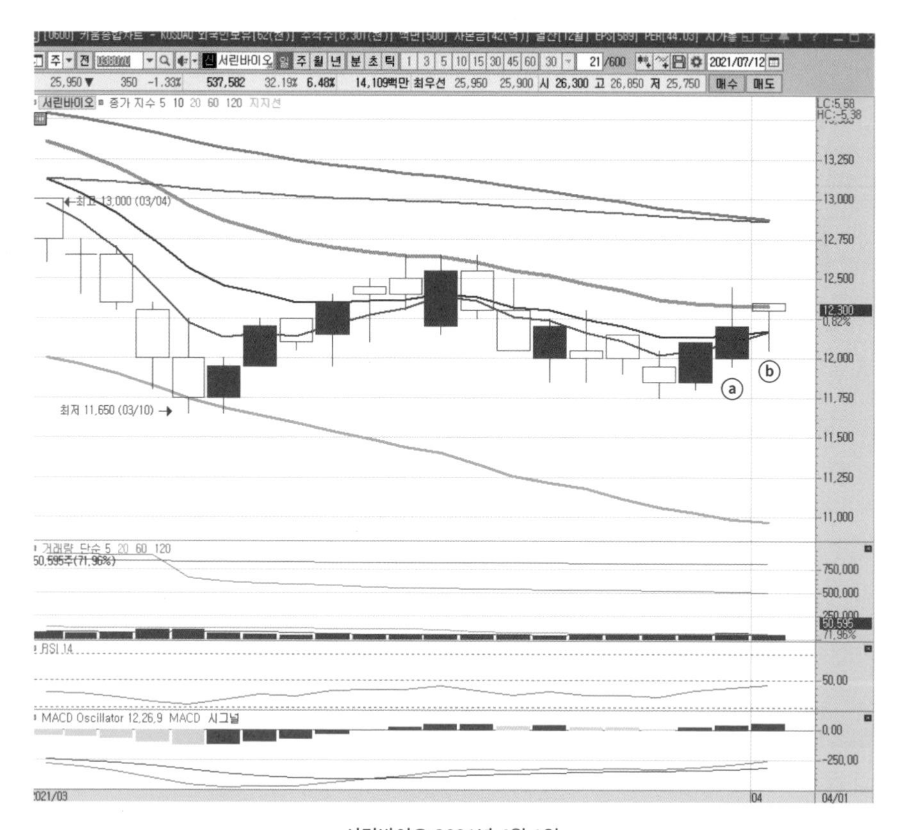

서린바이오 2021년 4월 1일

전일 종가에서 매수한 중장기 매매자는 ⓑ캔들을 종가 무렵에 봤다면 매수를 안 하는 것이 원칙이고(양봉을 기준으로 매수하는 방법에 대해서는 이전에 공부한 바 있습니다), 단기 매매자라면 ⓑ캔들이 전일 종가 밑으로 내려갔을 때 추가매수를 할 수 있습니다. 이평선을 살펴보니 두 이평선이 붙었습니다.

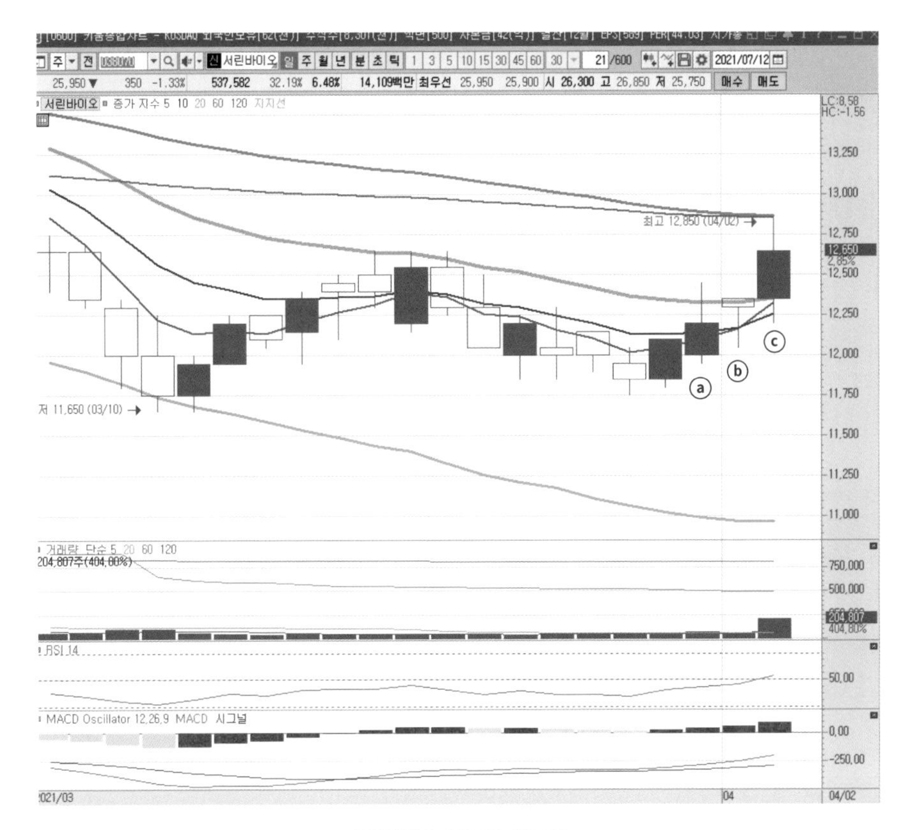

서린바이오 2021년 4월 2일

4월 2일 ⓒ캔들에서 드디어 5이평선과 10이평선의 골든크로스가 발생했습니다. 이제부터는 보유자의 매수단가에서 일정 수준 이상 수익이 나면 일부 익절을 하고, 매수단가까지 내려오면 본절(본전으로 매도하는 것)을 하며, 이동평균선의 골든크로스가 유지되는 이상은 나머지 물량을 홀딩한 채로 시간을 투자해주면 됩니다.

서린바이오 2021년 5월 20일

이평선의 골든크로스를 만든다는 것은 최소한 세력이 5일과 10일간 작업을 해야 한다는 뜻이며, 골든크로스 상태가 지속된다는 것은 작업하는 기간이 점점 길어진다는 뜻입니다. 즉 골든크로스가 만들어진 다음 10일이 지나는 동안 계속 골든크로스 상태가 이어진다면 결과적으로는 20이평값까지도 조정하는 상태가 됩니다. '세력은 그 기간 동안 매집한 매집단가에서 어느 정도의 수익을 거두고 싶어할까?' 이것이 가장 중요한 포인트입니다.

한편, 주가가 급상승하면서 단기 이평값인 5이평값을 빠르게 상승시켜서 양봉이 만들어지는 당일에 5이평값이 10이평값 위에 형성되는 골든크로스가 만들어지는 경우가 있습니다. 이를 패턴2라고 하겠습니다. '종가>5이평값>10이평값>시가'의 케이스입니다. 그림으로 살펴보겠습니다.

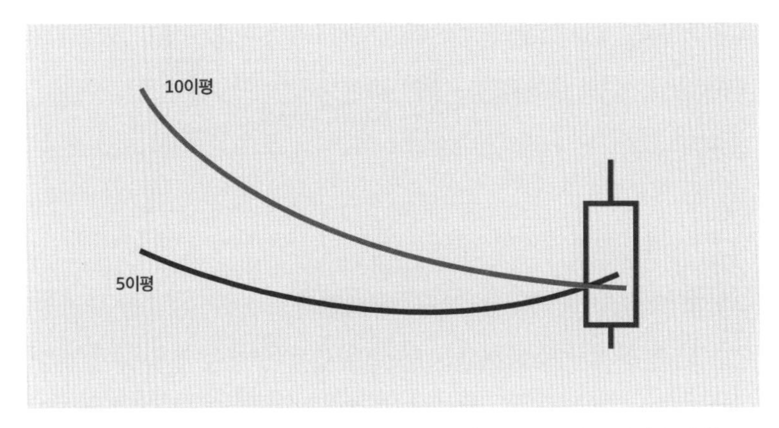

패턴2-타입1 양봉이 만들어지는 날 골든크로스 발생(종가>5이평값>10이평값>시가)

패턴1의 다른 타입들처럼 이평선과 시가의 관계에 따라 다음과 같이 타입 2, 3이 만들어집니다.

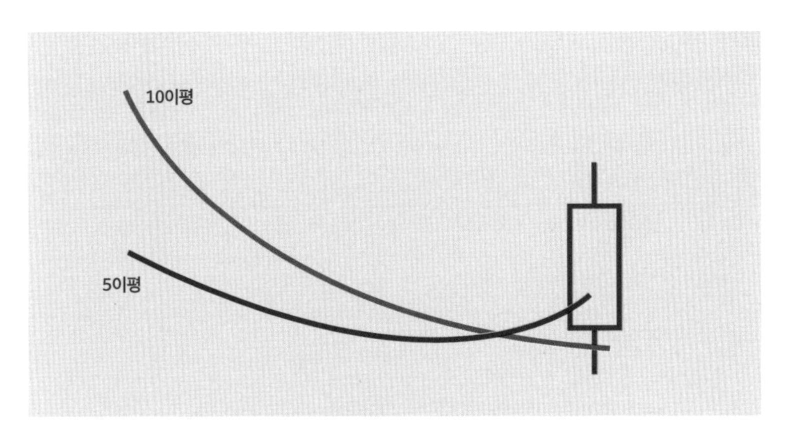

패턴2-타입2 양봉이 만들어지는 날 골든크로스 발생
(종가>5이평값>시가>10이평값)

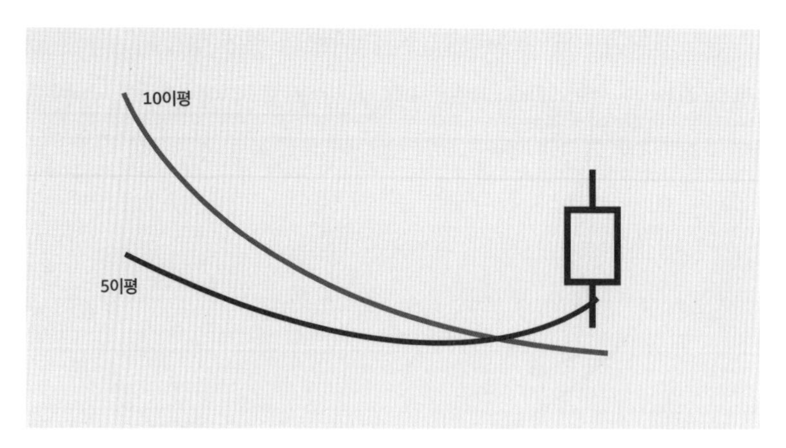

패턴2-타입3 양봉이 만들어지는 날 골든크로스 발생(종가>시가>5이평값>10이평값)

양봉과 함께 동시에 골든크로스가 발생한다는 말은 장기와 단기 이평선이 잘 조정되어 간격이 좁혀졌다는 말이며, 그렇기 때문에 종가에 가장 민감하게 반응하는 5이평값이 10이평값보다 더 많은 영향을 받아 당일 골든크로스가 나오는 것입니다. 세력이 주가 관리를 깔끔하게 해놓은 상태라는 뜻입니다. 사례를 보지요.

코스모신소재 2021년 4월 1일

20이평선 -10% 하단에 닿으면서 저가권이 형성된 다음 5이평선과 10이평선의 간격이 좁아진 채로 유지되다가 ①과 같은 양봉이 거래량과 함께 갑자기 나타났습니다. 이날의 5이평가는 19,823원, 10이평가는 18,868원으로 5이평값>10이평값인 골든크로스가 만들어졌습니다!

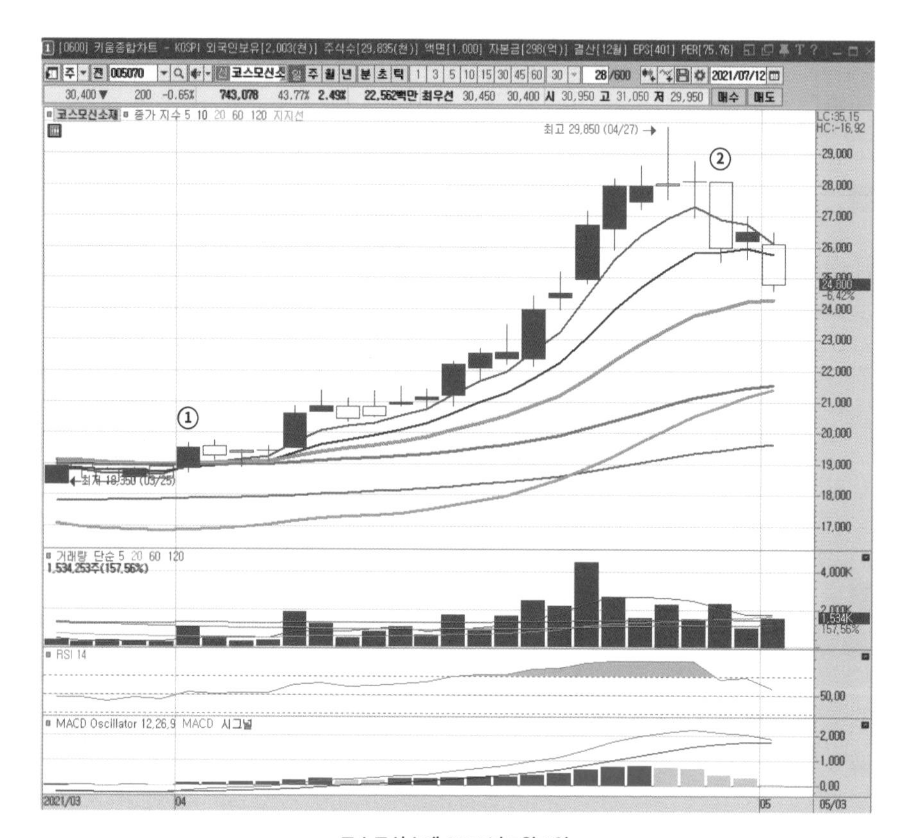

코스모신소재 2021년 5월 3일

4월 1일 ①의 양봉을 만들면서 골든크로스가 이뤄지자 거침없이 한 달 동안 골든크로스 상태를 유지하며 주가가 상승하는 것을 볼 수 있습니다. 5이평선을 강하게 깨는 ②와 같은 음봉에서 매도하면 수익도 충분했을 것입니다.

이동이평선과 이동이평선의 관계는 우리 일반 매매자들이 생각하는 것보다 훨씬 강력합니다.

TIP BOX

조건검색식 만들기

장 마감 즈음 첫 매수를 할 만한 적절한 종목을 찾기 위해 관심종목 모두의 차트를 하나씩 살펴보는 것은 생각만큼 쉽지는 않습니다. 특히 차트 해석에 익숙하지 않으면 바로바로 판단하기 어렵기 때문에 많은 시간이 필요합니다.

따라서 종가에 매수개입을 할 수 있도록 관심종목 가운데에서 이동평균선의 골든크로스를 예비하고 있는 종목을 빨리 찾아낼 수 있는 방법을 소개하고자 합니다.

HTS가 제공하는 조건검색 프로그램을 이용해서 조건에 해당하는 종목만 빠르게 살펴보는 것입니다. 물론 장이 끝난 후에는 시간을 들여 관심종목에 있는 종목들의 차트를 하나씩 열어보며 공부해야만 할 것입니다. 차트 속의 다양한 순간들을 보면서 주가의 흐름에 눈이 익숙해져야 합니다.

앞서 공부한 패턴1과 패턴2에 해당하는 종목을 검색해내기 위한 조건검색식을 만들어보겠습니다.

패턴1 조건검색식 만들기

패턴1은 세 타입으로 구성되어 있습니다. 캔들과 이평값의 관계로 정리해보면 다음과 같은 조건을 갖고 있습니다.

- 타입1: 종가>10이평값>5이평값>시가
- 타입2: 종가>10이평값>시가>5이평값
- 타입3: 종가>시가>10이평값>5이평값

조건검색식을 만드는 과정을 자세히 기록하겠습니다. 조건검색 창을 띄웁니다.

키움 HTS 최상단에 있는 검색창에 '조건검색'이라고 입력하거나 번호 0150을 입력하면 다음 페이지의 그림4-6과 같은 조건검색 창이 뜨게 됩니다.

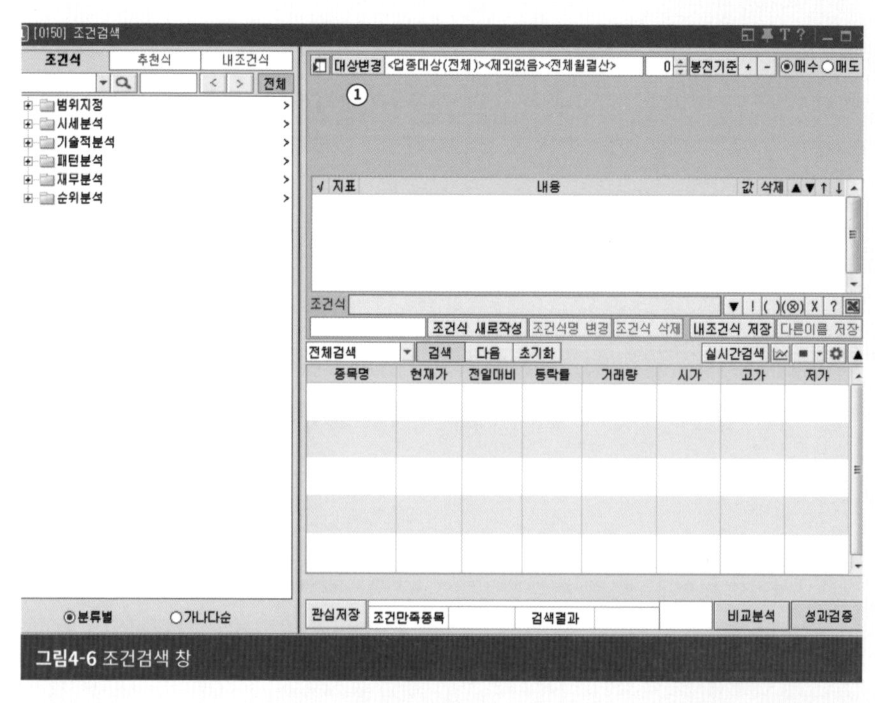

그림4-6 조건검색 창

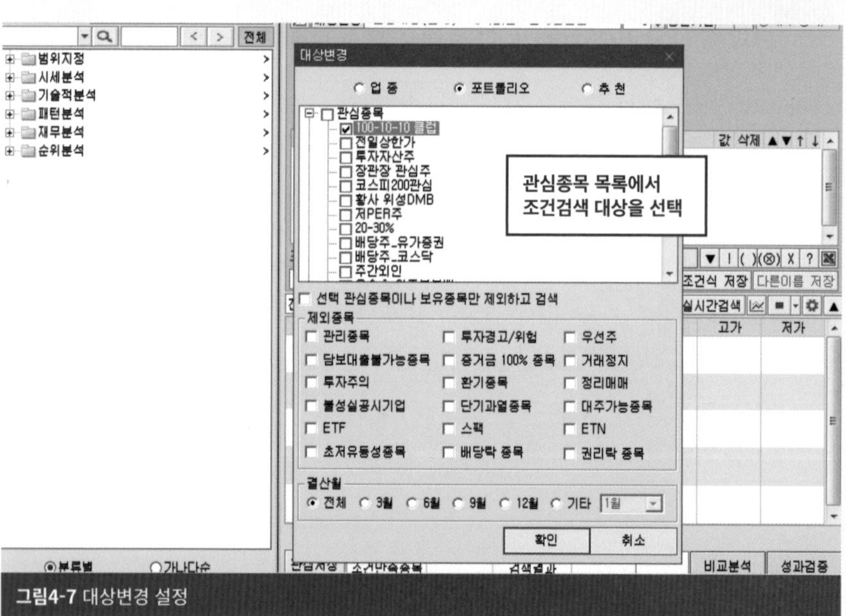

그림4-7 대상변경 설정

그림4-6 조건검색 창이 뜨면 먼저 검색의 대상을 설정해야 합니다. ①의 대상변경을 클릭합니다.

그림4-7 대상변경을 위한 설정창이 뜹니다. '업종' 부분이 선택된 상태로 뜰 것인데, 자신의 관심종목을 검색대상으로 삼기 위해 '포트폴리오'를 선택한 다음 원하는 관심종목 목록을 선택하고 아래의 '확인' 버튼을 클릭합니다. 조건검색을 위한 대상종목 설정을 마쳤습니다.

우선, 양봉이어야 하기 때문에 당일의 종가가 시가보다 커야 합니다. 따라서 조건식을 만드는 데 있어 '시세분석〉가격조건〉주가비교'를 선택합니다.

그림4-8 조건검색 창의 왼쪽에 있는 다양한 조건을 원하는 대로 조정할 수 있습니다. 양봉은 당일의 시가보다 종가가 높은 것이므로, 주가비교를 선택한 후 오른쪽에 있는 ①과 ②를 '0봉 전'으로 만든 다음 '금일시가'와 '금일종가'로 선택합니다. 그리고 '추가' 버튼을 클릭하면 그림 4-9와 같은 화면이 뜹니다.

그림4-9 A항목으로 양봉을 검색하기 위한 주가비교 내용이 설정되었습니다. 제대

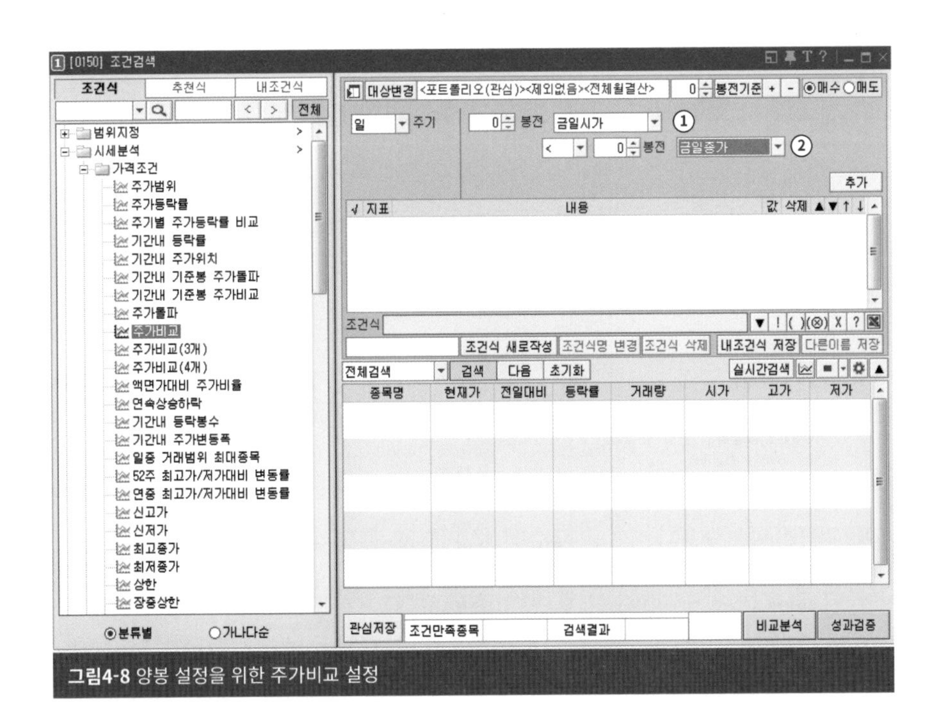

그림4-8 양봉 설정을 위한 주가비교 설정

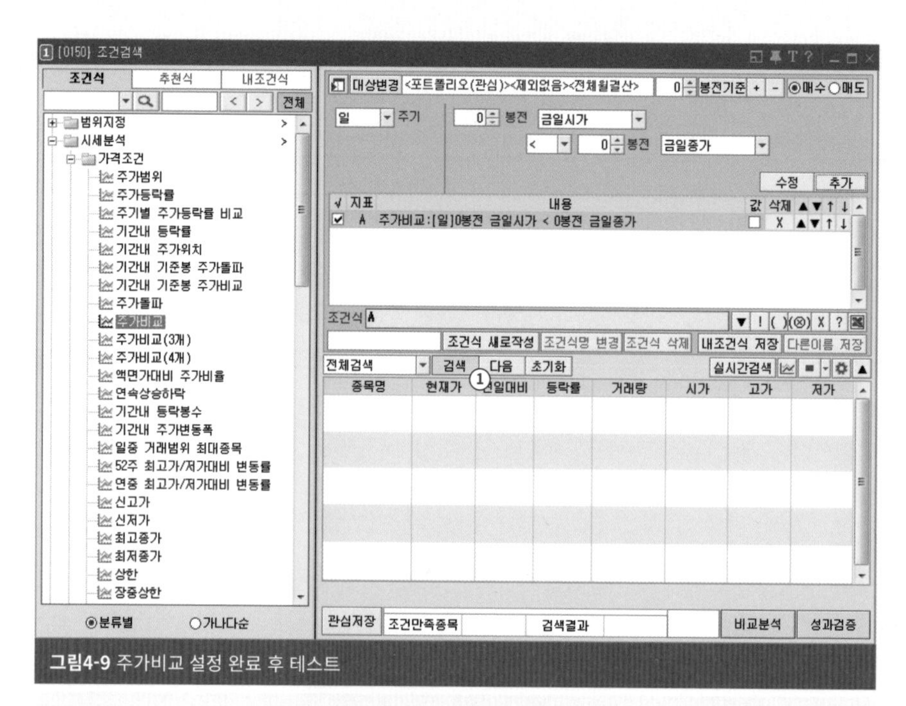

그림4-9 주가비교 설정 완료 후 테스트

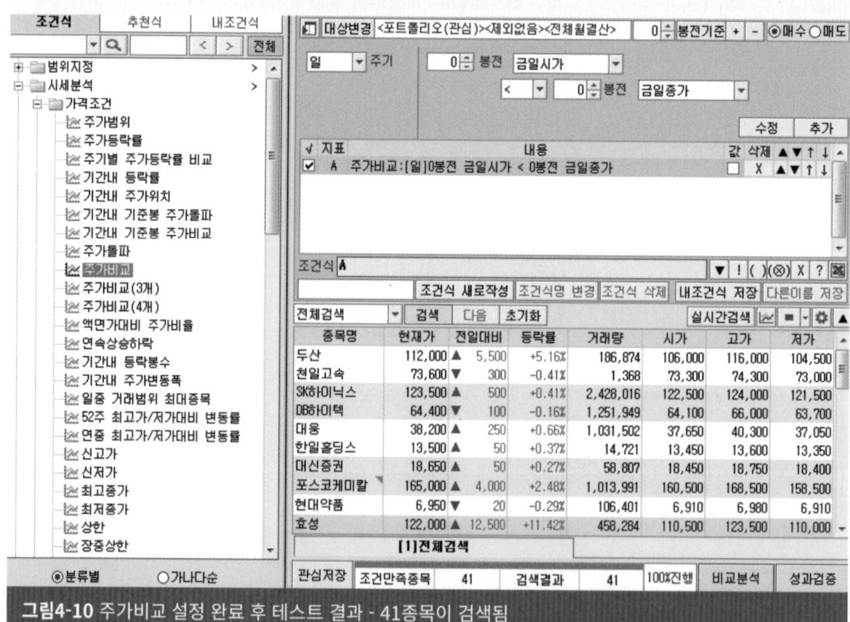

종목명	현재가	전일대비	등락률	거래량	시가	고가	저가
두산	112,000	▲ 5,500	+5.16%	186,874	106,000	116,000	104,500
천일고속	73,600	▼ 300	-0.41%	1,368	73,300	74,300	73,000
SK하이닉스	123,500	▲ 500	+0.41%	2,428,016	122,500	124,000	121,500
DB하이텍	64,400	▼ 100	-0.16%	1,251,949	64,100	66,000	63,700
대웅	38,200	▲ 250	+0.66%	1,031,502	37,650	40,300	37,050
한일홀딩스	13,500	▲ 50	+0.37%	14,721	13,450	13,600	13,350
대신증권	18,650	▲ 50	+0.27%	58,807	18,450	18,750	18,400
포스코케미칼	165,000	▲ 4,000	+2.48%	1,013,991	160,500	168,500	158,500
현대약품	6,950	▼ 20	-0.29%	106,401	6,910	6,980	6,910
효성	122,000	▲ 12,500	+11.42%	458,284	110,500	123,500	110,000

그림4-10 주가비교 설정 완료 후 테스트 결과 - 41종목이 검색됨

로 결과를 내놓는지 확인해보기 위해 ①의 '검색' 버튼을 클릭하면 그림4-10과 같이 결과가 나옵니다.

그림4-10 제 포트폴리오에서 당일 양봉 조건으로는 41종목이 검색되어 나오는 것을 확인할 수 있습니다.

이제 주가와 이동평균선의 관계를 추가로 설정해보기로 하겠습니다. 제일 먼저 설정해야 하는 조건은 종가가 10이평값 위에 있어야 한다는 조건입니다. 조건검색 창의 왼쪽 '조건식' 부분에서 '기술적분석〉주가이동평균〉가격-이동평균비교'를 선택해주십시오.

그림4-11 종가가 10이평값 위에 있는 조건을 설정해야 합니다. 우리는 지수 이동평균을 사용하므로 ①에서 '지수'를 선택하고, ②에서 종가의 이평값을 구하는 것이므로 '종가' '10이평'으로 설정하고, ③에서 오늘의 '종가'를 선택합니다. 그리고 '추가'를 클릭하면 그림4-12와 같은 화면이 나옵니다.

그림4-12 양봉을 찾는 조건 A에 더해서, 그 양봉의 종가가 10이평값 위에 있다는 조건 B가 추가되었습니다. 두 조건을 이용해서 검색을 해보니 조건을 만족시키는 종목의 개수가 A조건일 때의 41종목에서 26종목으로 줄어들었습니다.

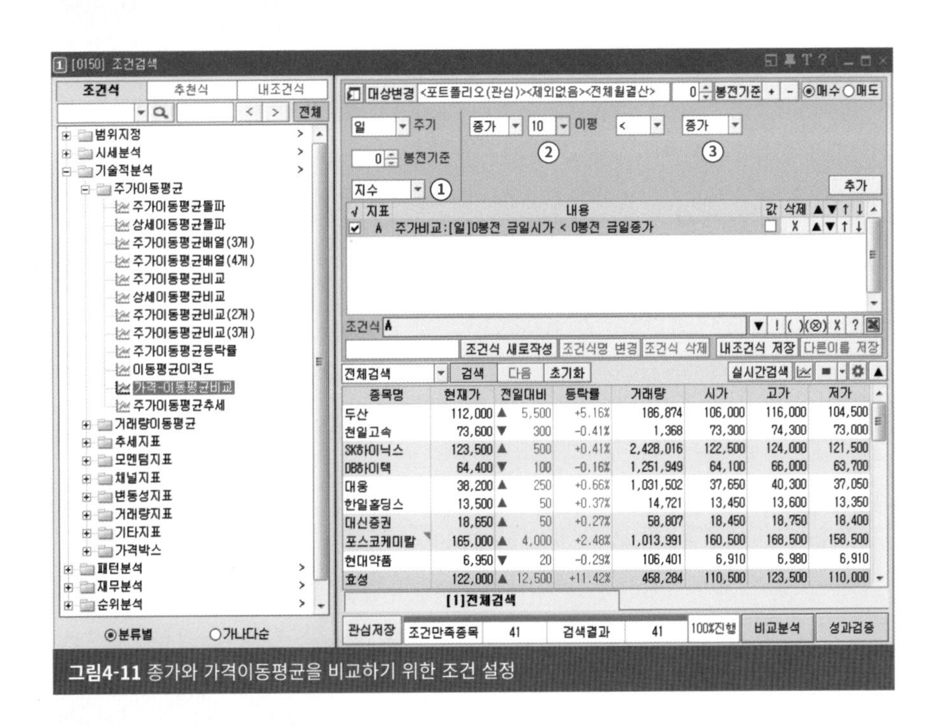

그림4-11 종가와 가격이동평균을 비교하기 위한 조건 설정

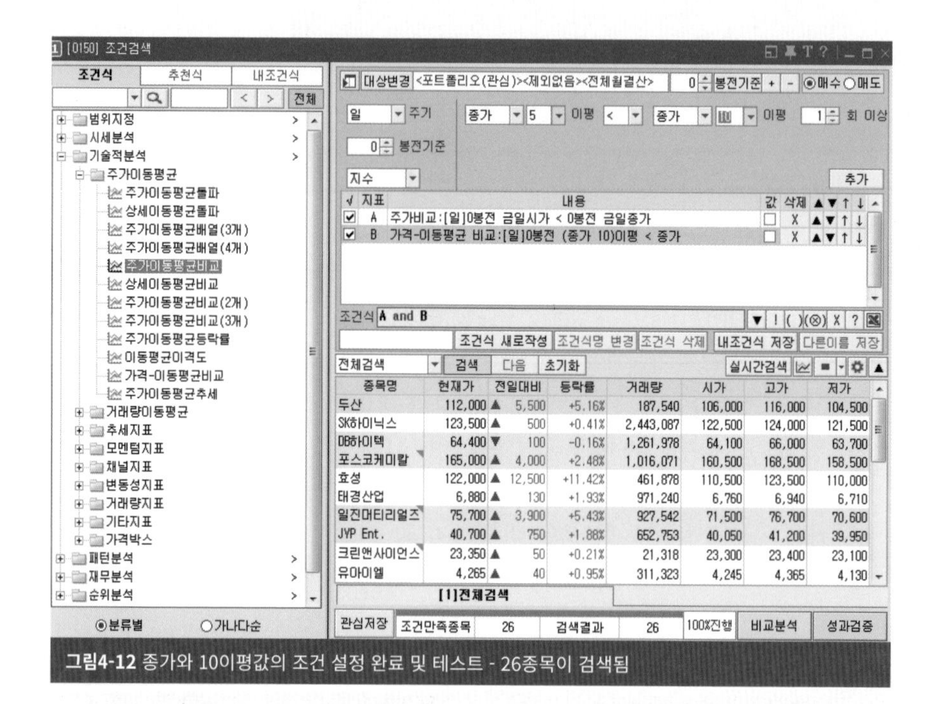

그림4-12 종가와 10이평값의 조건 설정 완료 및 테스트 - 26종목이 검색됨

이제 5이평값과 10이평값의 비교를 위한 조건설정을 하겠습니다. 아직 골든크로스가 발생하기 전인 상태이므로, 10이평값이 5이평값보다 커야 합니다. '기술적분석>주가이동평균>주가이동평균비교' 항목을 클릭하여 조건을 설정하기 위한 준비를 합니다.

그림4-13 지수 이동평균값을 사용하므로 ①에서 '지수'를 선택하고, 10이평값이 5이평값보다 높아야 하므로 ②와 ③을 그에 맞게 이평값의 기간을 설정합니다. '추가'를 클릭하면 그림4-14와 같은 화면이 나옵니다.

그림4-14 양봉 조건인 A와 종가와 10이평값과의 비교조건인 B에 이어, 5이평값과 10이평값의 위치를 비교하는 C조건이 설정되었습니다. 그리고 이 조건에 맞춰 검색해보니 4종목이 추출되었습니다. A 조건일 때엔 41종목, A and B 조건일 때엔 26종목, 그리고 A and B and C일 때엔 4종목으로 최종 추출되었습니다.

장이 끝날 무렵에 조건검색을 통해 여러 관심종목 중에서 4종목으로 압축해 빠르게 찾아볼 수 있다면 매매와 관련된 의사결정을 내릴 때 크게 부담스럽지는 않겠지요? 검색

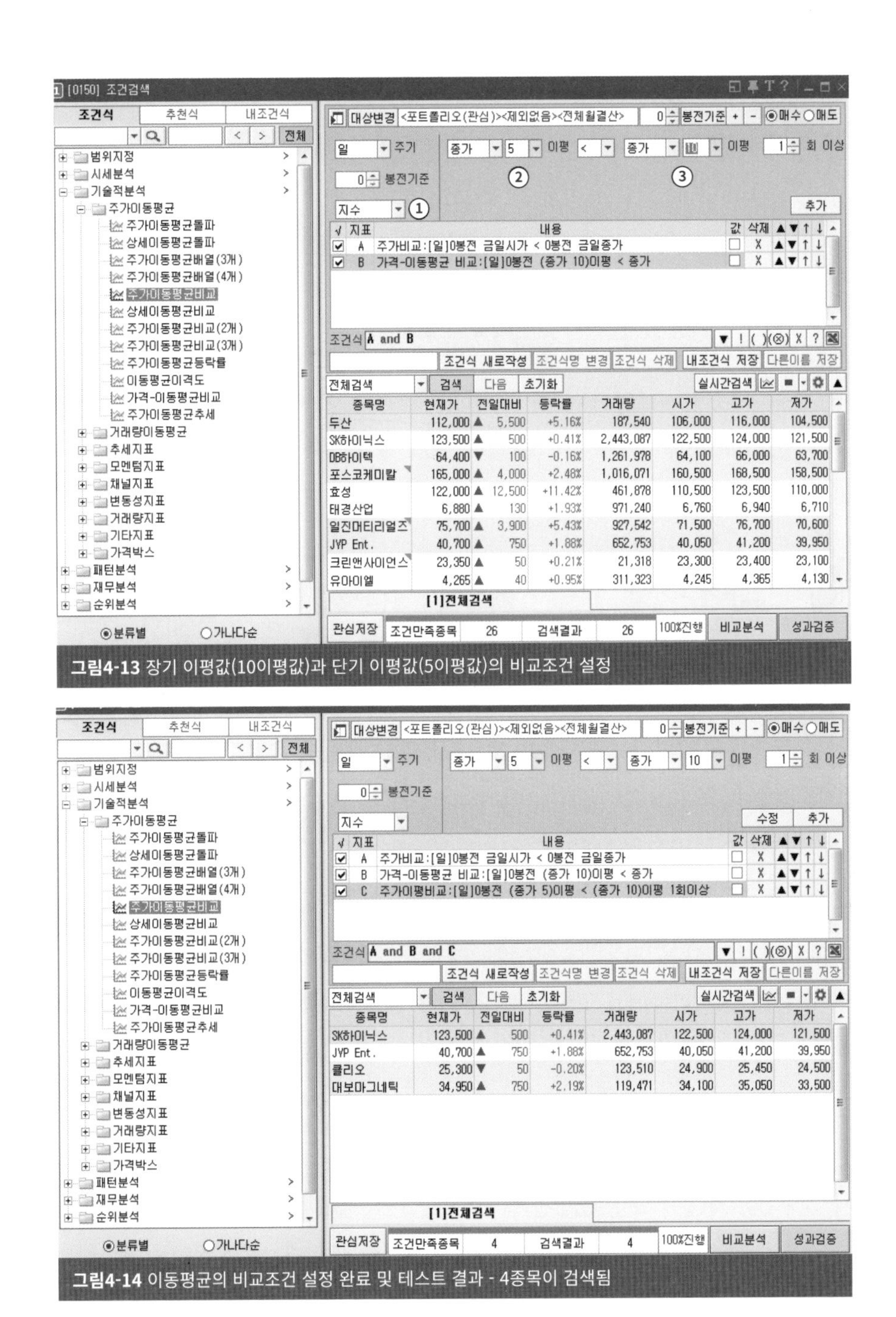

그림4-13 장기 이평값(10이평값)과 단기 이평값(5이평값)의 비교조건 설정

그림4-14 이동평균의 비교조건 설정 완료 및 테스트 결과 - 4종목이 검색됨

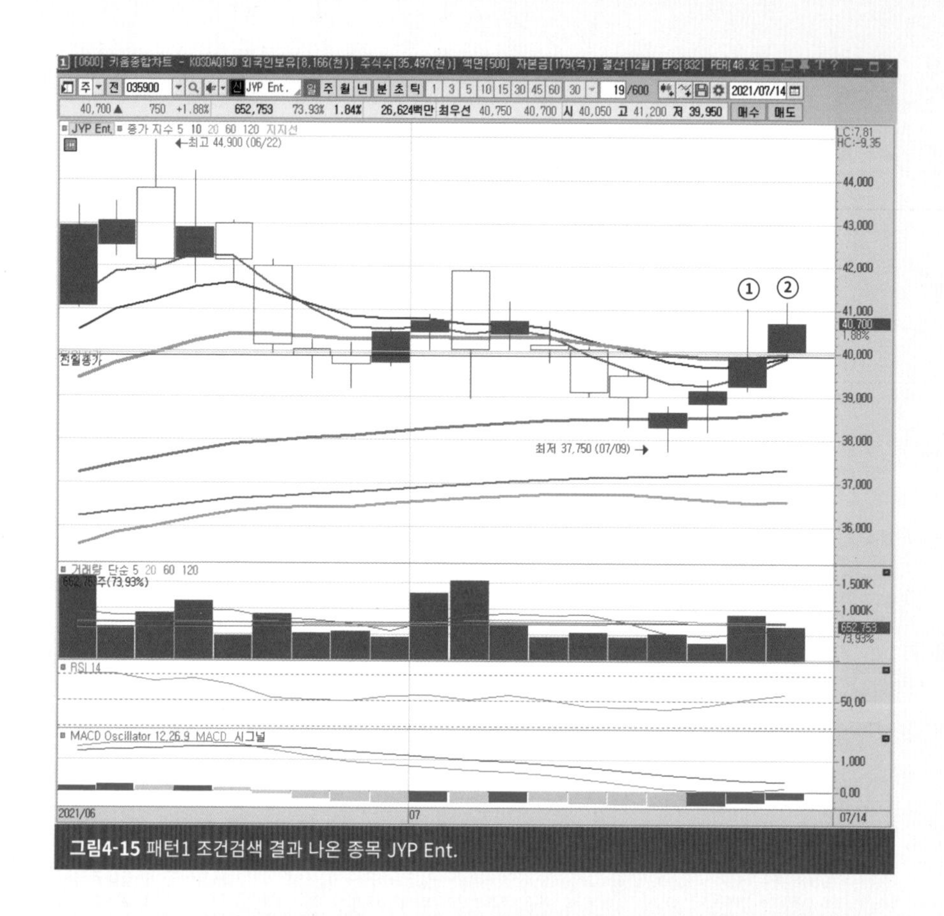
그림4-15 패턴1 조건검색 결과 나온 종목 JYP Ent.

된 종목 중 JYP Ent.를 살펴보겠습니다.

그림4-15 조건검색의 결과로 나온 4종목 중 하나인 JYP Ent.의 차트를 열어보니, ②캔들을 기준으로 검색이 되었습니다. 다만 어제의 캔들인 ①도 양봉이며, 종가가 10이평값보다 위에 있고, 10이평값이 5이평값보다 위에 있는 패턴1의 양봉이었음을 알 수 있습니다. 어제 종가에 매수개입을 시작했다면 오늘은 수익권에서 장을 마쳤을 것이고, 이 검색결과를 본 장 마감 시점에서 매매자는 '곧 골든크로스가 나겠구나…'라고 짐작할 수 있을 것입니다.

조건검색식이 잘 만들어진 것 같습니다. 저장해서 다음에도 쓸 수 있도록 합시다.

그림4-16 ①의 '내 조건식 저장'을 클릭하면

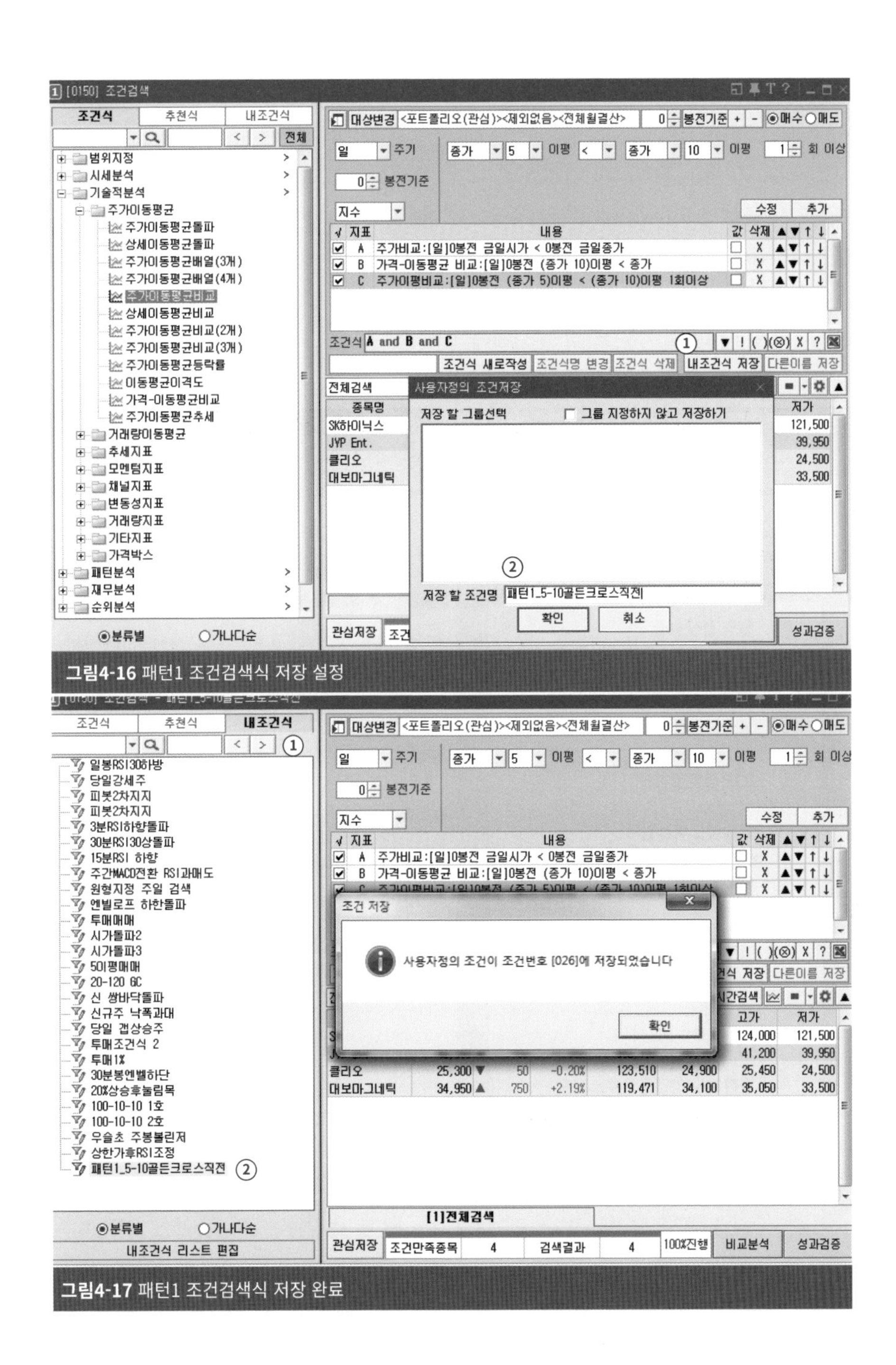

그림4-16 패턴1 조건검색식 저장 설정

그림4-17 패턴1 조건검색식 저장 완료

'사용자정의 조건저장' 창이 열립니다. 여기에 ②와 같이 자신이 저장하고 싶은 조건명을 쓰고 '확인'을 클릭하면 앞으로도 계속해서 쓸 수 있는 나만의 조건검색식이 만들어집니다.

그림4-17 화면과 같이 자신만의 조건식이 저장되었습니다. ①의 '내 조건식' 폴더에서 ②와 같이 방금 설정한 조건식이 저장되었음을 볼 수 있습니다. 이제 매일 장 마감 시간쯤 해서 HTS를 열어서 이 검색식으로 검색을 하면 패턴1에 속하는 종목을 빠르게 찾아볼 수 있습니다!

그림4-18 하단의 '영웅검색' 메뉴를 클릭 → 팝업창에서 조건식 선택

그림4-19 조건검색 결과 종목 보기 → 보기 원하는 종목 선택

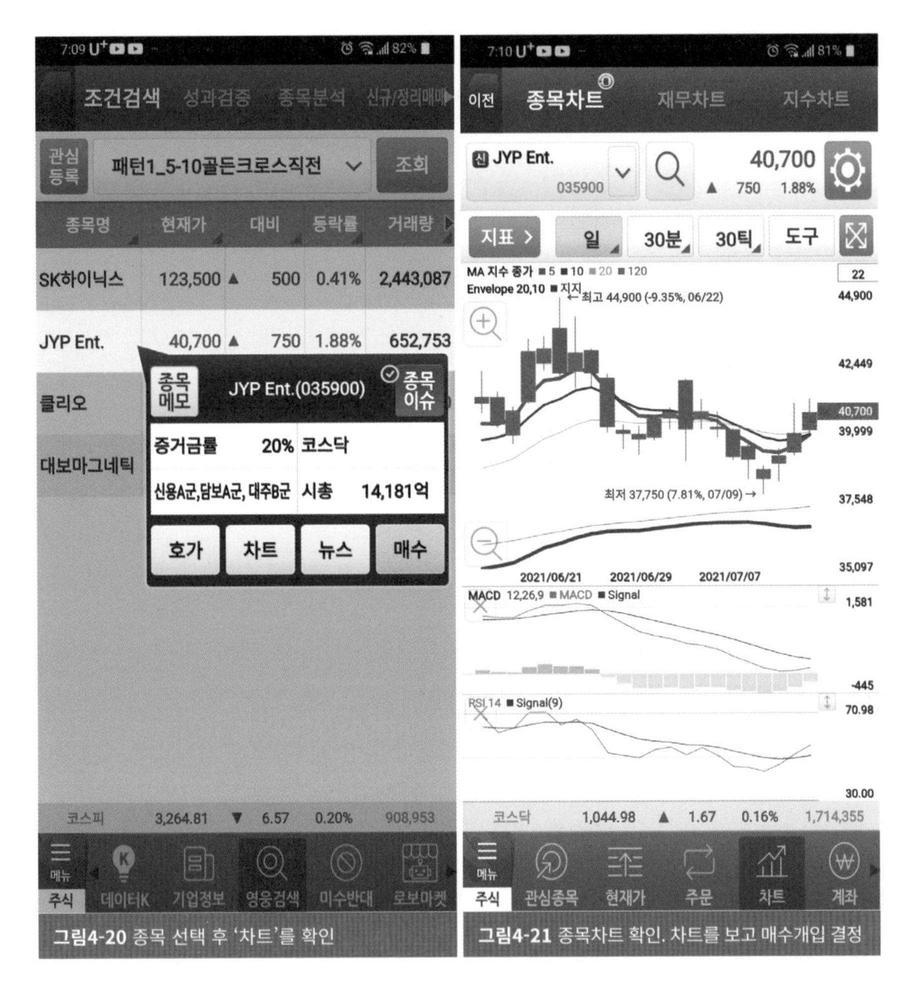

그림4-20 종목 선택 후 '차트'를 확인

그림4-21 종목차트 확인. 차트를 보고 매수개입 결정

그림4-18,19,20,21 스마트폰으로 주식 매매를 한다면 장 마감 시간 근처에 조건검색을 통해 이런 화면들을보게 될 것입니다.

패턴2 조건검색식 만들기

패턴2는 세 타입으로 구성되어 있습니다.

캔들과 이평값의 관계로 정리해보면 다음과 같은 조건을 갖고 있습니다.

타입1: 종가>5이평값>10이평값>시가

타입2: 종가>5이평값>시가>10이평값

타입3: 종가>시가>5이평값>10이평값

그림4-22 패턴2 조건설정을 위해 주가이동평균배열을 설정

그림4-23 패턴2 조건 설정 완료 및 검색 결과

패턴1 때와 같은 방식으로 조건검색식을 설정할 수 있습니다. 약간의 조건만 조정하면 되겠습니다.

주가비교: 금일종가>금일시가

가격-이동평균비교: 종가>5이평값

주가이동평균 비교: 20이평값>5이평값>10이평값

패턴1 때와는 주가이동평균 비교의 조건이 바뀌었습니다. '5이평값>10이평값'인 조건에서는 이미 골든크로스가 만들어져서 계속 진행 중인 종목도 검색되기 때문에, 저가권에서 상승한다는 전제하에 20이평값 밑에서 세력이 주가를 만들어간다고 보고 '20이평값' 조건을 추가하게 되었습니다.

그림4-22 조건검색식을 구성하기 위해서는 '기술적분석>주가이동평균>주가이동평균배열(3개)'을 선택한 다음, 화면 오른쪽에서 조건을 설정합니다. 이평값은 ①에서 '지수' 이평값으로 설정하고, ②와 같이 이평값을 설정합니다. 5이평값이 10이평값을 골든크로스했으나 이 모든 것이 20이평값 아래에서 진행되는 상황이라는 조건입니다. 설정 후 '추가'를 클릭하면 그림4-23과 같은 화면이 됩니다.

그림4-23 패턴2 검색을 위한 조건설정을 완

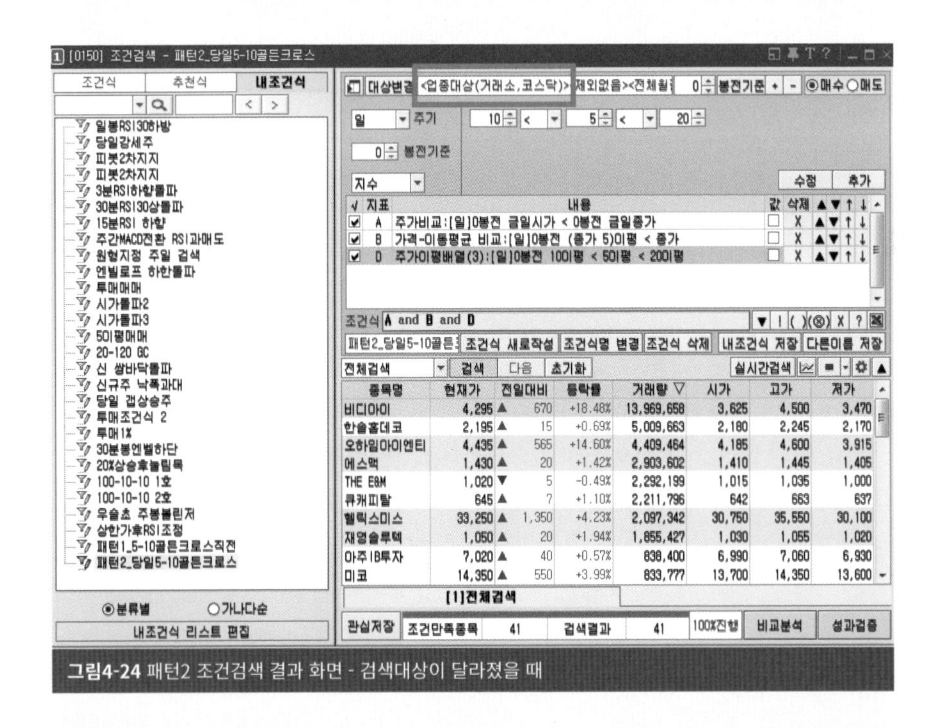

그림4-24 패턴2 조건검색 결과 화면 - 검색대상이 달라졌을 때

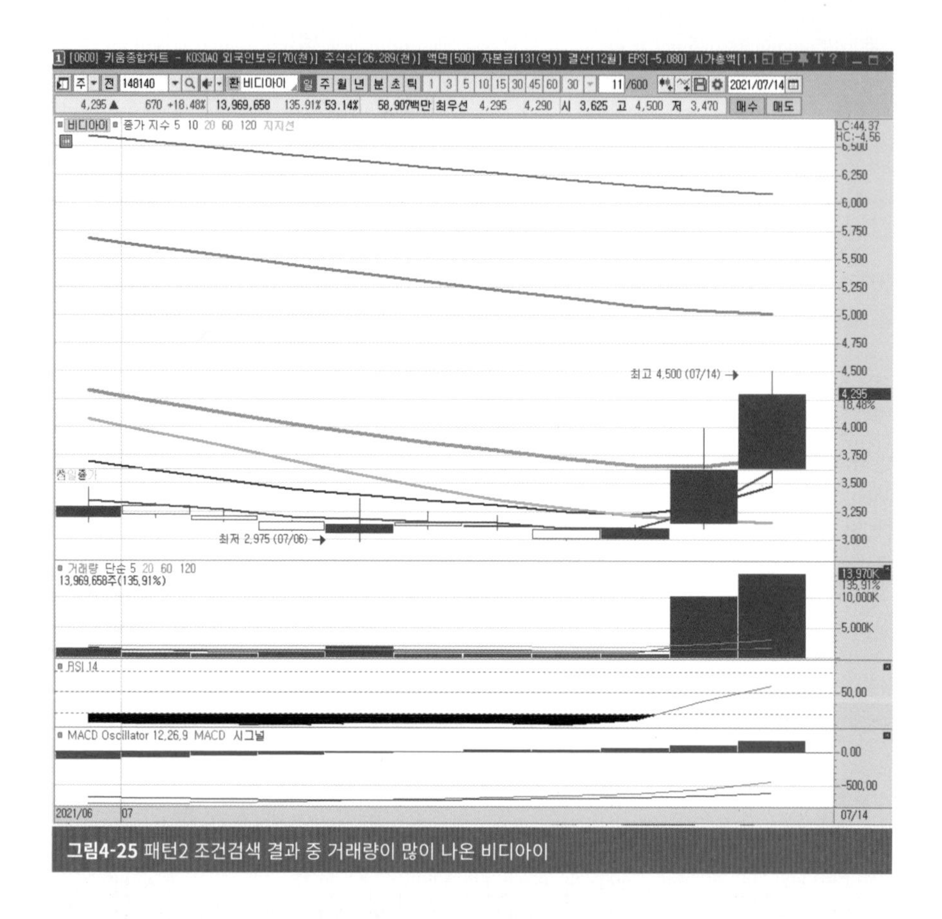

그림4-25 패턴2 조건검색 결과 중 거래량이 많이 나온 비디아이

료하고 검색해보니, 검색의 대상인 제 관심 종목에는 여기에 해당하는 종목이 없었습니다. 그만큼 패턴2는 흔하게 나오는 상황이 아닙니다. 검색의 대상을 제 관심종목이 아니라 거래소와 코스닥 전체로 변경해서 검색해보면 그림4-24와 같은 결과가 나옵니다.

그림4-24 코스피와 코스닥 총 2,173종목 속에서도 41개의 종목만이 검출됩니다. 그중에서도 거래량이 가장 많이 나온 비디아이라는 종목의 차트를 살펴보겠습니다.

그림4-25 검색결과 당일의 차트를 확대해서 보면 5이평값과 10이평값은 골든크로스를 만들었지만 두 값 모두 20이평값 아래에 있습니다. 이 상태에서 양봉이 나왔습니다. 지금 이 주가의 위치가 어떤 상태인지 차트

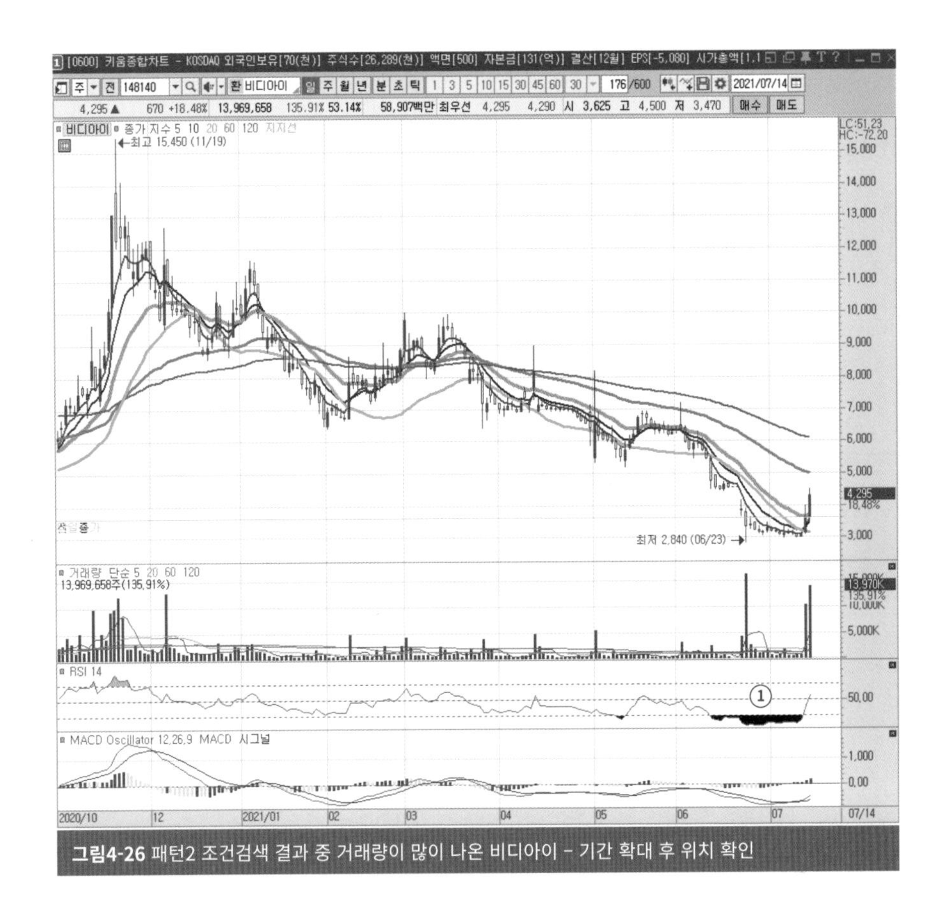

그림4-26 패턴2 조건검색 결과 중 거래량이 많이 나온 비디아이 - 기간 확대 후 위치 확인

의 시간대를 확대해보지요.

그림4-26 앞선 짧은 기간의 차트가 아니라 1년 정도로 차트의 시간폭을 넓혀보니 검색결과로 나온 날의 위치가 어떤 위치인지 더 명확히 알 수 있습니다. ①에서와 같이 RSI 과매도권을 오랜 기간 거친 후 거래량을 폭발적으로 만들어내며 골든크로스가 만들어졌습니다. 조금 더 차트의 기간을 넓혀보겠습니다.

그림4-27 2020년 2월부터 시작되는 차트로 시간폭을 확대해보니 RSI 과매도권으로 들어갔다가 반등을 시작할 때 이 종목이 어떤 움직임을 갖는지 좀 더 구체적인 방향성을 확인할 수 있습니다. ⓐ의 과매도권 진입 후 탈출한 다음 주가는 크게 상승했으며, ⓑ의 경우에도 짧은 RSI 과매도권 진입

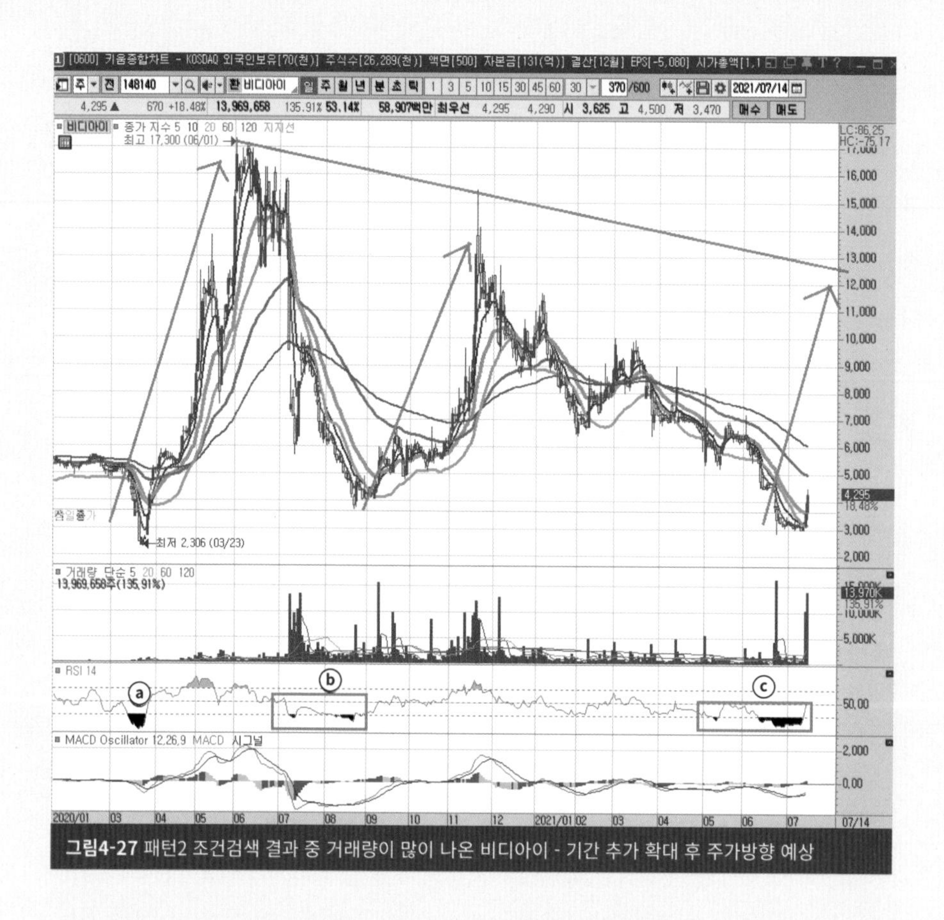

그림4-27 패턴2 조건검색 결과 중 거래량이 많이 나온 비디아이 - 기간 추가 확대 후 주가방향 예상

시 빠른 반등 후 재하락 그리고 그다음 큰 폭의 상승이 있었음을 살필 수 있었습니다. ⓒ의 RSI 패턴이 ⓑ와 좀 닮았습니다. 그렇다면 '추가로 상승이 벌어지지 않을까?' 하는 계획을 세울 수 있을 것입니다. 이전의 최고 상승가였던 전고점 둘을 이은 주황색 선이 추세라면 '시간이 흐름에 따라 추세폭까지는 또 오를 수 있겠구나…'라고 홀딩 전략을 나름대로 세워볼 수 있는 것이죠.

그렇다면 이 종목은 '앗싸! 때가 왔다! 올인이다!'라고 할 만한 종목일까요? 차트 종목 이름 옆에 '환'이라고 되어 있는 노란색 아이콘을 볼 수 있습니다. '투자주의 환기종목' 이라는 뜻인데요, 간단히 말해 상장사가 공시 위반이나 자본잠식 등의 이유로 '상장폐지 가능성이 있으니 매매에 조심해라…'라는 뜻입니다. 매매하다가 갑자기 상장폐지가 될 수도 있다는 것이고 그렇게 되면 투자금액을 모두 날릴 수도 있다는 뜻입니다. (주식으로 성장하려면 상폐도 좀 맞아봐야 한다고 하지만….) 매매에 대한 모든 책임은 매매자 자신이 져야 하는 것이니 '상폐 맞아도 좋다. 가는지 안 가는지 해보고 싶다' 싶으시면 아~~주 적은 비중으로 시험삼아 해보실 수는 있을 것입니다.

여기서 잠깐. 저는 여기까지의 이야기를 '자신의 관심종목 안에서 패턴2가 검색되지 않으면 대상변경을 통해 매매할 종목을 찾아라'라고 말하는 것이 아닙니다. 절대로! 아닙니다! 초보 중장기 투자자는 우리가 공부해온 대로 관심종목을 정해놓고 때를 기다리면 되는 것입니다. 기다리지 않고 종목을 쫓아다니면 힘들어지는 것은 매매자 자신입니다. 실력이 붙게 되어 종목의 성향과 관계없이 매매할 수 있는 수준이 될 때까지는 조건검색식을 만들어서 억지로 매매하려 하는 생각을 버리시기 바랍니다.

더 긴 시간축에서 신뢰도는 더 높아진다

지금까지 공부한 이동평균값 및 이동평균선에 대한 내용은 일봉을 중심으로 한 것이었습니다. 일봉은 많은 경우 매매에 활용하는 기본 시간축으로 사용할 수 있습니다. 그렇지만 이동평균값/이동평균선은 일봉 시간축보다 상위 시간축인 주나 월을 기준으로 하는 시간축에서도 사용할 수 있고, 하위 시간축인 30분봉이나 3분봉과 같이 분을 기준으로 하는 시간축에서도 사용할 수 있습니다.

'이동평균값=사용하는 시간축에서 특정 기간 동안의 종가의 평균값'이라고 공부했습니다. 예를 들어, 일봉상 5이평값이라고 하면 5일 동안의 각 캔들 종가의 평균값이 됩니다. 이를 주봉에 적용하면 이런 의미가 됩니다.

- 주봉상 5이평값=이번 주를 포함한 5주간의 주봉 종가의 평균값
- 주봉상 10이평값=이번 주를 포함한 10주간의 주봉 종가의 평균값
- 주봉상 20이평값=이번 주를 포함한 20주간의 주봉 종가의 평균값

5주면 약 1달, 10주면 약 2달 반, 20주면 5달의 기간을 커버한다는 뜻입니다. 달리 말하자면 주봉상 5이평값은 25일의 주가의 흐름을 반영하고 있으며, 10이평값은 50일, 20이평값은 100일의 주가의 흐름을 반영하고 있다는 말이 됩니다.

월봉을 기준으로 한다면 더 긴 기간을 커버하게 되겠습니다.

주봉과 일봉의 관계

일봉보다 상위 시간축의 캔들은 일봉을 기준으로 매매할 때보다 더 높은 신뢰도를 갖고 의사결정을 할 수 있도록 도와줍니다. 매수 타점을 고민할 때 일봉상의 양봉 하나를 보고 매수를 한다고 하면 그다음 날이나 다음다음 날에 주가가 떨어지면 어떡하지 하는 걱정을 하게 되지만, 주봉상의 양봉을 보고 매수를 하게 된다면 이미 5일 동안 매매한 사람들이 양봉을 만든 셈이기 때문에 이후의 상승에 대해 더 신뢰할 수 있게 되는 것입니다. 그리고 눈치가 빠른 분은 느끼셨겠지만 5일이라는 기간 때문에 일봉상 5이평값과 연결해서 생각할 수 있습니다. 그림을 보시지요.

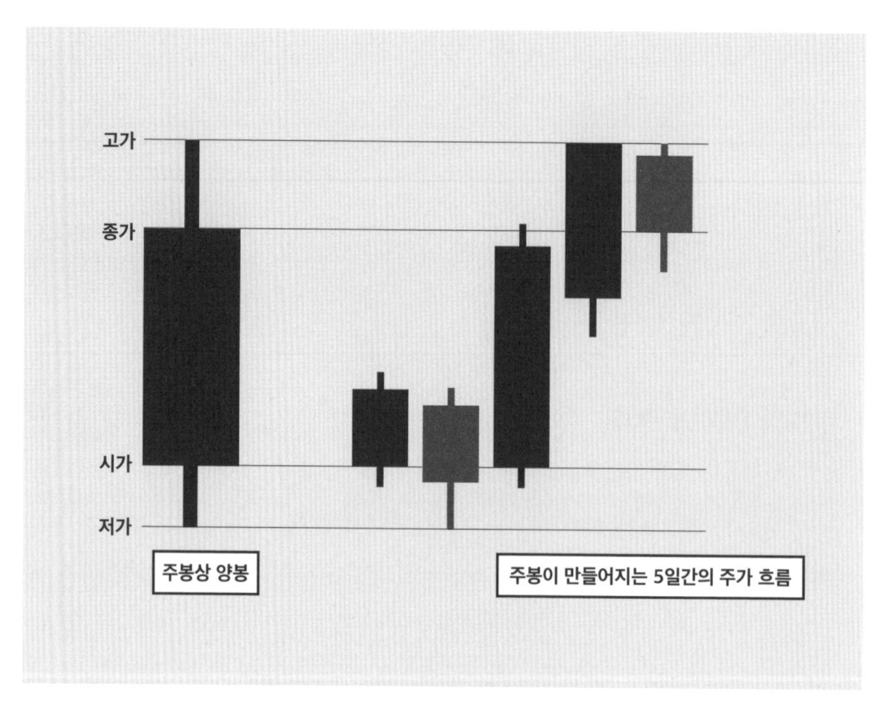

주봉과 일봉의 관계

위의 그림은 주봉이 양봉일 때 주봉이 만들어지는 기간 동안 일봉들이 어떻게 움직이는지를 간략하게 예로 들어본 것입니다. 주봉 하나가 만들어지는 데 필요한 5일 동안 일봉은 어떤 식으로든 움직일 수 있지만, 핵심은 주봉으로 볼 때 시가보다 종가가 높은 상태를 유지하고 있다는 말입니다. 즉 '한 주일 동안은 상승의 기조가 있었다'라는 뜻입니다. 따라서 주봉차트에서 발생한 양봉은 큰 의미가 있다고 말할 수 있습니다. 최소한 5일 동안의 매매 결과가 상승이었기 때문에 일봉상 5이평값이 상승하는 상황이 될 가능성이 큽니다. 한 걸음 더 나아가, 주봉이 양봉인데 그 종가가 주봉상 5이평값을 넘어섰다면 이는 5주간(즉 25일간) 종가 기준 매매자들이 모두 수익을 보게 되는 중요한 타이밍이라는 점을 알 수 있습니다.

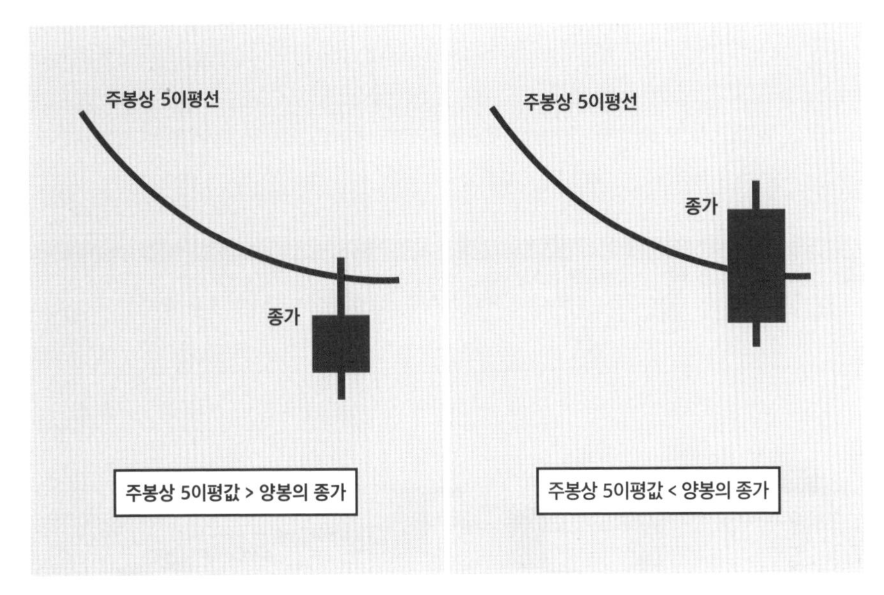

주봉과 주봉상 이평선의 관계

주봉상 양봉이 발생했지만, 그 종가가 주봉상 5이평선보다 아래에 있으면 본격적인 상승으로의 추세 전환을 위해서는 시간이 필요하다는 뜻이 됩니다. 한편 양봉의 종가가 5이평선을 넘어섰다면 방향 전환이 시작되었다는 뜻으로 받아들일 수 있습니다.

더 나아가서 주봉상 단기 이평선이 주봉상 장기 이평선을 골든크로스했다면 매매자는 일봉의 골든크로스보다 앞으로의 방향성에 대해 더 신뢰할 수 있을 것입니다.

같은 식으로, 주봉상 음봉일 때에는 일봉상 양봉이 발생했다고 하더라도 일시적일 수 있기 때문에 위험관리를 위해 매수를 서두르기보다는 주가 진행을 조심스럽게 살펴야 할 것입니다.

주봉을 통한 매수 타이밍 찾기

실제 사례를 보고 공부해봅시다.

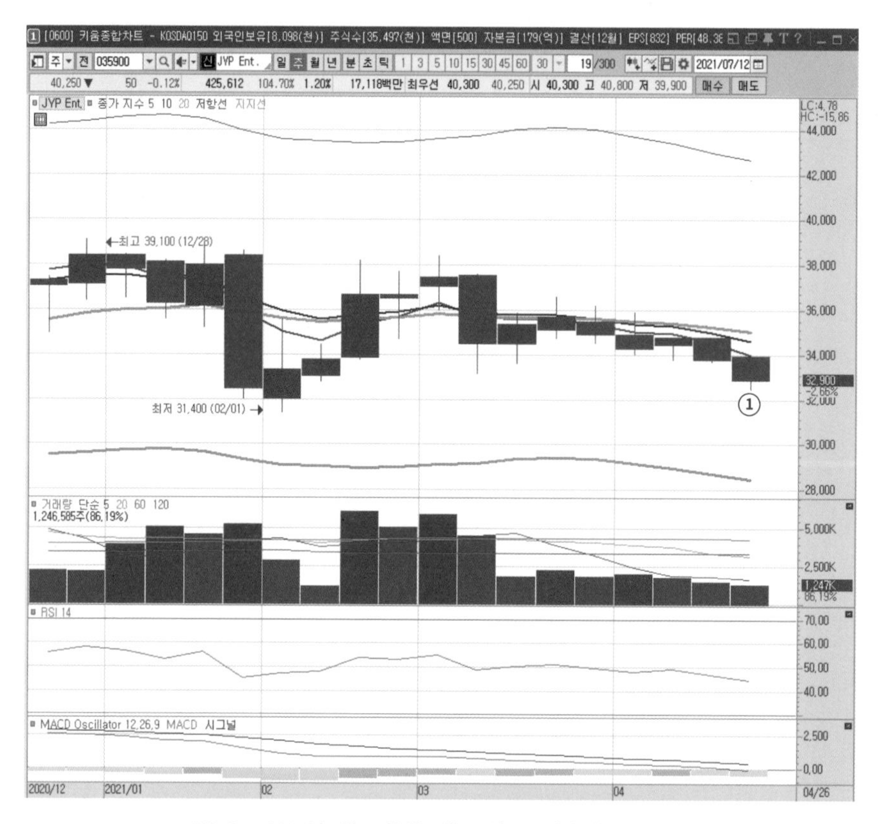

JYP Ent. 2021년 4월 26일 월요일~30일 금요일에 만들어진 주봉

주봉의 시가는 월요일의 시가이고 종가는 금요일의 종가입니다. 따라서 매주 토요일에 관심종목의 주봉을 돌려보는 것은 의미 있는 공부가 될 것입니다. ①은 음봉입니다. 즉 한 주 동안 어떤 식으로 일봉이 움직였는지는 자세히 몰라도 전체적으로는 하락하는 추세가 이어지고 있음을 알 수 있습니

다. 그러면 이 음봉을 보고 매수를 전제로 다음 주 계획을 세운다면, 하락이 이어진다는 전제에서 일봉상 저가권 진입을 하면 매수하고 그렇지 않으면 특별한 매수 시점을 찾을 수 없을 것입니다.

JYP Ent. 2021년 5월 3일 월요일~7일 금요일에 만들어진 주봉

①은 음봉이었는데 ②에서 양봉이 나왔습니다! 간단히 말해 양봉의 몸통 크기가 어떻게 되었든 이 주에 주가를 더 이상 하락시키지는 않겠다는 의사가 표현된 것입니다. 하지만 아직 양봉의 종가는 주봉상 5이평선 아래에 있습니다. 아직까지는 약 1달(5주) 동안 매수한 사람들이 손해를 보고 있는 상

황이라는 말입니다. 그러나 이 주봉상의 양봉을 보고 매수를 하겠다고 결심한다면 다음 주의 매수 영역은 다음과 같을 것입니다.

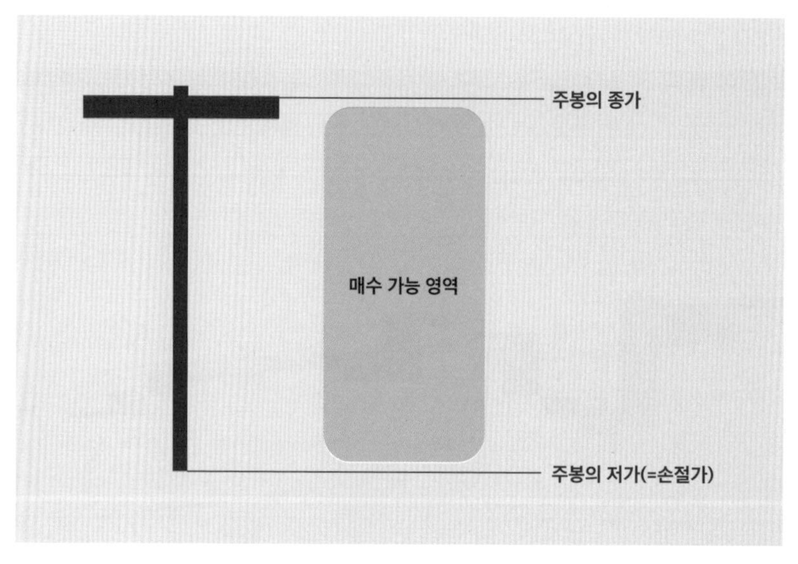

주봉상 양봉이 나왔을 때 다음 주 매수 가능 영역

주봉상 양봉을 확인하고 그다음 주에 매수를 해야겠다고 마음먹는다면 주봉의 종가 아래에서 매수한다고 생각하고, 손절가는 주봉의 저가로 삼으면 됩니다. 가능하면 싸게 사는 게 좋으니까 다음 주에 일봉상 음봉의 종가가 매수 가능 영역에 생성되면 매수하는 것입니다. 또 더 중요한 것은 한 주만에 바로 상승이나 하락이 결정되는 것은 아니므로, 매수 가능 영역에서는 주봉상 종가가 손절가 아래로 내려가지 않는 한 분할매수를 통해 계속 물량을 모아가는 점입니다.

이 내용을 실제 일봉차트에서 살펴보도록 하겠습니다.

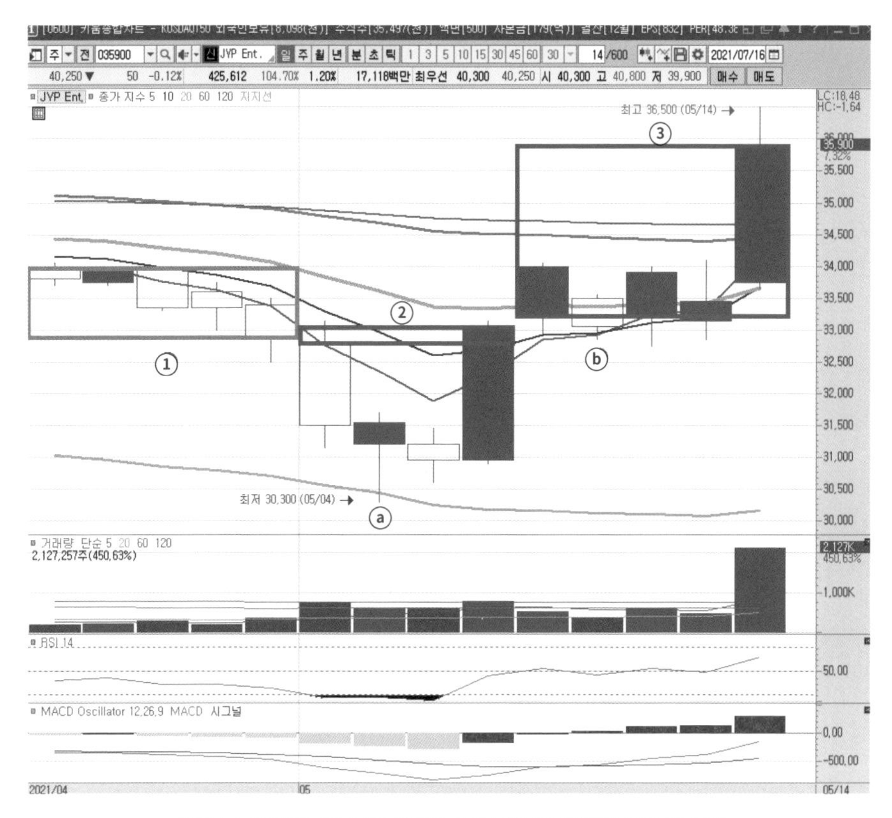

JYP Ent. 2021년 4월 26일 월요일~5월 14일 금요일까지 3주간의 일봉

앞서 주봉상 음봉이었던 ①에서 그다음 주에 매수를 고려할 수 있는 경우에 대해 언급한 바 있습니다. 실제 주봉상 ①음봉 다음 주에 일봉의 흐름에서 20이평선 -10% 하단부를 터치하는 일봉 ⓐ가 나왔습니다. 종가 매수를 하는 중장기 매매자라면 20이평선 -10% 하단부에 더 가까워지는 종가가 나올 때까지 기다릴 수도 있겠습니다만 여기서는 개인의 판단이라 말할 수밖에 없겠습니다. RSI가 과매도권으로 들어간 것을 보십시오. 단기 매매자라면 차트를 보고 있다가 분명히 매수할 수 있는 시점이기도 하고요.

이런 하락을 예상하면서 기다릴 수 있는 것은 주봉상 음봉이 ①에 앞서 하나 더 있었기 때문입니다. RSI는 14일 동안의 주가 흐름의 강도를 알려주는 보조지표입니다. 주봉상 이어지는 음봉 2개면 벌써 10일간 하락추세가 이어지고 있다는 내용이 되기 때문에, 이후 5일 동안 하락이 더 이어질 수도 있다고 보는 것이지요.

어린이날 휴일이 끼어 있어 거래일은 4일밖에 없었지만, 주봉상 ②양봉이 만들어졌습니다. 일봉차트상에서 주봉 ②양봉의 몸통을 빨간색 박스로 표시하였습니다.

양봉이 만들어졌기 때문에, ②양봉의 다음 주에 매수개입하기로 마음을 먹었다면 앞서 공부한 매수 가능 영역에 들어올 때 매수 기회를 찾아야 할 것입니다. 아쉽게도 주봉상 양봉의 아래꼬리~종가 부분으로 주가가 내려오지 않았습니다만, ⓑ의 종가가 양봉 ②의 종가에 닿았기 때문에 종가를 중심으로 매수하는 중장기 매매자라도 물량을 확보할 수 있는 기회가 있었습니다.

그런데 이 과정에서 일봉차트를 자세히 보면서 느껴지는 것 없으세요? 주봉상 ②양봉을 만드는 금요일의 양봉이 일봉상 5이평값과 10이평값을 모두 돌파하면서 최근 매매자들이 평균적으로는 모두 수익이 나는 상황으로 만들었다는 것을요. 주봉상 양봉은 일봉으로 쪼개어 볼 때 이렇게 의미 있는 지점을 품고 있습니다.

이후의 주봉의 움직임을 살펴보겠습니다.

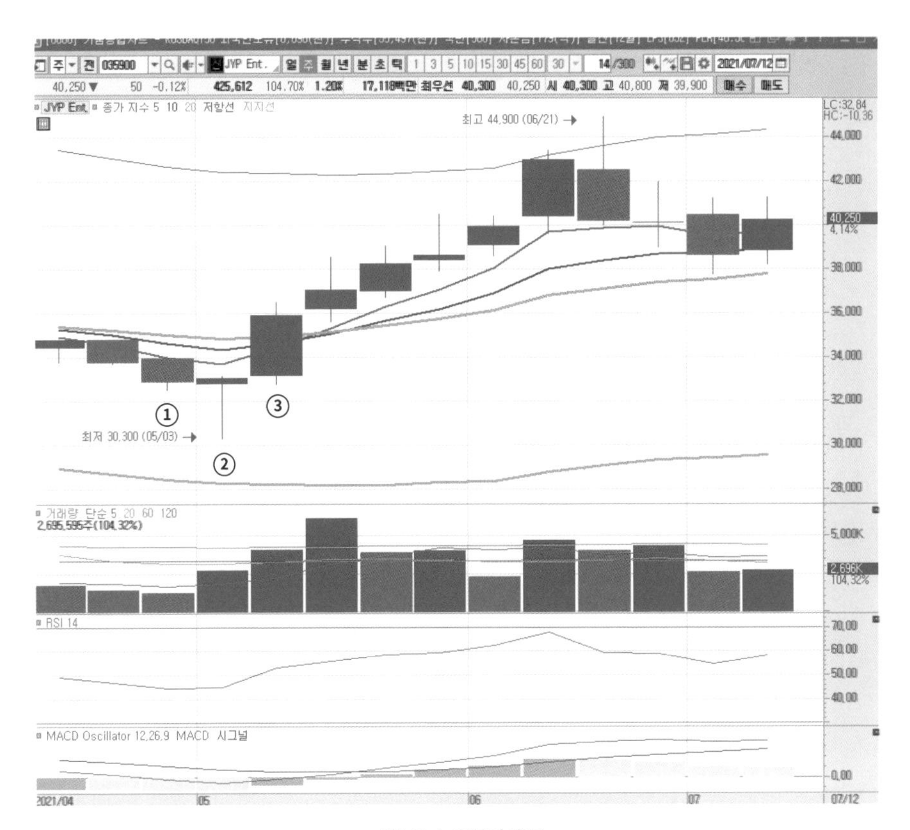

JYP Ent. 주봉의 흐름

③의 주봉상 양봉에서 매수할 수 있었다면(중장기 매매자의 종가 매매 원칙에 따랐다면 딱 1번 매수 기회가 있었으므로 비중조절을 한 후 분할매수를 했을 때 투자 원금 대비 큰 물량을 매수할 수는 없었겠지만), ③양봉이 만들어지는 금요일 장 종가에서 매매자는 큰 희망을 가질 수 있었을 것입니다. 왜까요? 양봉이 주봉상 5이평과 10이평, 심지어 20이평까지 뚫고 종가를 형성했기 때문입니다. 20주 동안 JYP Ent.를 갖고 있는 모두가 평균적으로는 모두 이익을 본 상황이 되었다는 뜻입니다!! 100일 동안 매수개입한 모두가 말입니다!!!

그리고 하나 더 언급하자면, 100일 동안 매수개입했다가 손해를 보고 있던 보유자들이 손절매나 본절 또는 약한 수익을 실현하면서 매도하는 모든 매물을 다 받아내고도 양봉을 만들어냈다는 사실은 의미가 큽니다.

이평선의 골든크로스가 일어나면 이제부터는 일희일비하지 않아도 됩니다. 이평선을 만든 세력이 어떻게 끌고 나가는가만 가만히 지켜보면 됩니다. 실제로 본 사례에서도 주봉상 이동평균선의 골든크로스가 만들어진 다음, 오랫동안 상승을 유지하고 있다는 것을 확인할 수 있습니다.

어디서 매도해야 수익을 극대화할 수 있을까

어디서 매도하면 수익을 극대화할 수 있을까요? 이후 배우게 될 채널매매에 따르면 채널의 상단선에 닿을 때 매도하면 됩니다. 이동평균선을 이용한다면 주봉상 5-10 이평선의 데드크로스가 나올 때까지 버티면 됩니다. 조금 더 약게 매도 포인트를 찾고 싶다면 하위 시간축인 일봉에서 5-10 이평선이 데드크로스가 날 때 매도하면 됩니다.

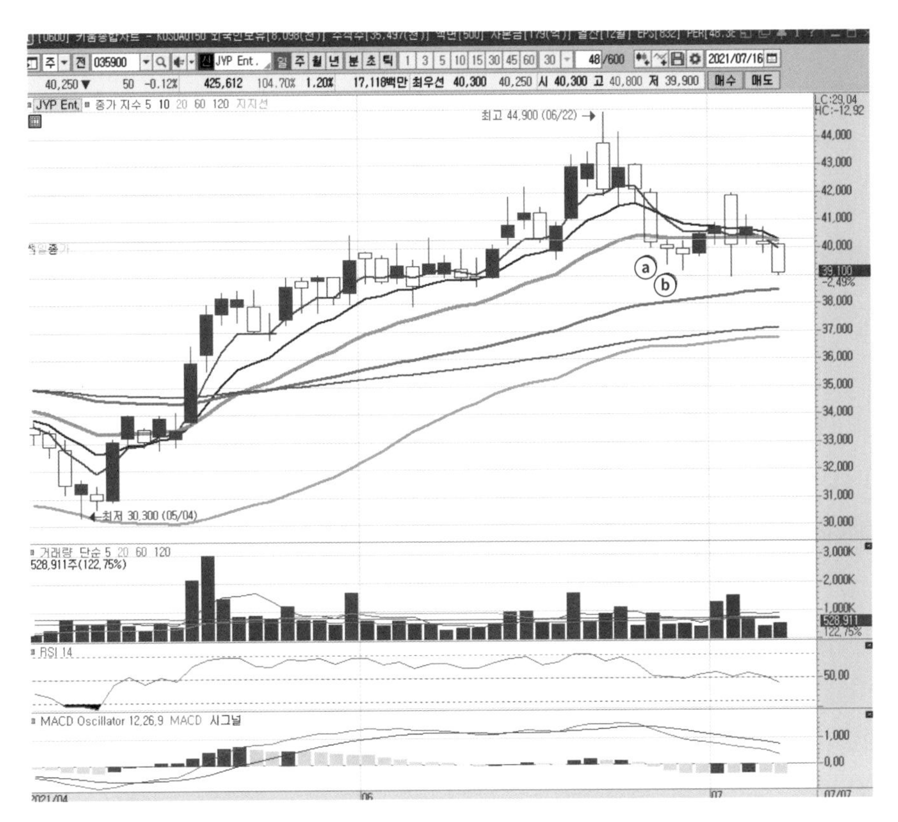

JYP Ent. 2021년 4월 26일~7월 7일까지 일봉의 흐름

일봉상의 이동평균선이 5이평선과 10이평선 골든크로스를 유지하는 가운데 ⓐ시점에서는 음봉이 5이평선과 10이평선을 한꺼번에 깨는 움직임이 나왔고, ⓑ에서는 종가를 기준으로 5이평선과 10이평선이 데드크로스를 만들었습니다. ⓐ와 ⓑ에서 매도할 경우, 가격대는 40,000원입니다. 이 라인을 주봉상에서 확인해볼까요? 다음 페이지의 차트를 봐주세요.

주봉으로 매수할까 말까를 정한 다음, 하위 시간축인 일봉에서 매수한 것처럼 매도할 때에도 하위 시간축인 일봉에서 매도 타이밍을 찾을 수 있습니다. 앞서 일봉차트에서 확인한 일봉상 5-10 이평선의 데드크로스가 발생하는 날의 종가로 매도했을 때, 주봉상 위치를 확인해보면 최고점은 아니지만 적절한 수준에서 매도할 수 있었음을 알 수 있습니다. (아, 매도는 역시 예술의 영역입니다.)

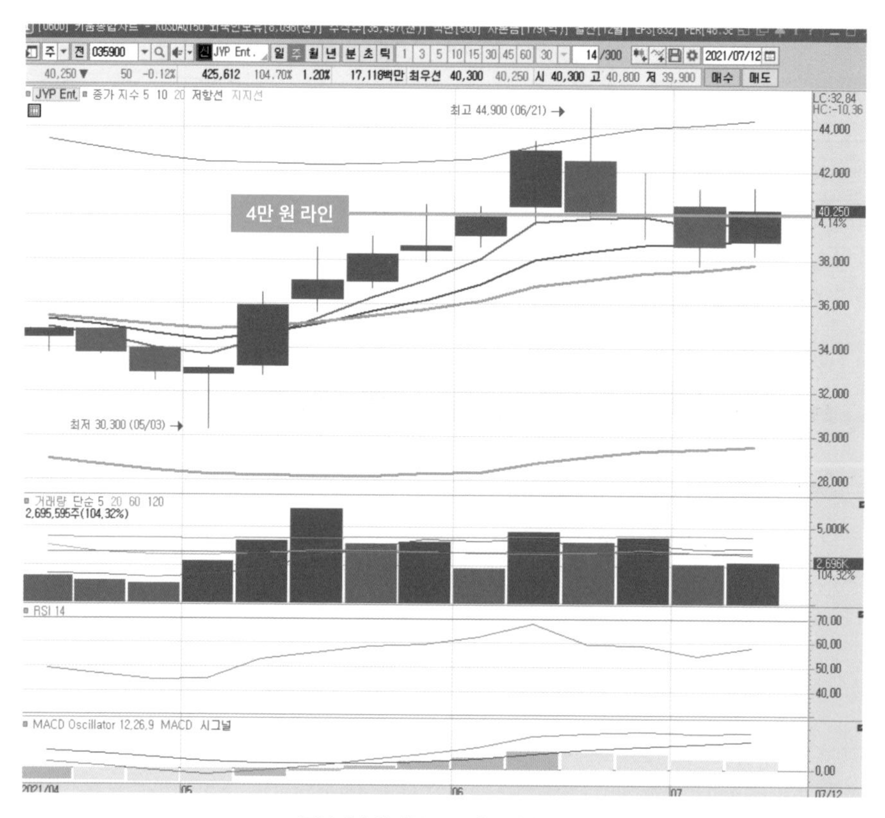

주봉에서 살펴본 JYP 매도 타점 위치

하지만 주봉상으로는 아직 5-10 이평선의 데드크로스가 발생하지는 않았습니다. '주봉상 데드크로스가 날 때까지 기다리다가 오래 기다린 수익을 모두 날려버리는 건 아닌가?' 하는 생각이 들기 때문에 적절한 기준하에 일부 수익을 실현하는 것은 현명한 일입니다.

HMM의 5이평선과 10이평선의 골든크로스 유지 상황

수익이 난 상태에서 얼마간의 하락이 이어지면 잊으려고 해도 내리기 전 고가에서의 수익률이 자꾸 생각나 냉정해지기가 어렵습니다. 따라서 매도 시점에 대해서는 나름의 원칙을 분명히 세우는 것이 좋습니다. 다만, 저도 활용하고 있는 방법이지만 보유하고 있는 모든 물량을 끝까지 들고 가기란 참 어렵기 때문에 '일부 수익실현(익절)을 중간중간 하면서 최종 물량은 주봉상 5-10 이평선 데드크로스로 하겠다' 정도로 보유 원칙을 세우면 적절한 게 아닌가 생각합니다. (그리고 어느 정도 수익은 다시 시장에 줘야죠….)

단기 매매자들을 위한 하위 시간축에서의 매매 타이밍

단기 매매자들은 일봉을 기준으로 하위 시간축인 30분봉이나 3분봉 등으로 매매 타이밍을 잡을 수 있겠지만, 하위 시간축이 만드는 지표의 신뢰성은 상위 시간축보다는 떨어지기 마련입니다. 따라서 냉정하게 매매하는 훈련이 되어 있어야만 합니다. 손절해야 하는 경우를 자주 만날 수밖에 없으니까요. 예를 들어, 30분봉에서의 이동평균선을 살펴봅시다.

- 30분봉상 5이평값 = 이번 30분간을 포함한 150분간의 30분봉 종가의 평균값
- 30분봉상 10이평값 = 이번 30분간을 포함한 300분간의 30분봉 종가의 평균값
- 30분봉상 20이평값 = 이번 30분간을 포함한 600분간의 30분봉 종가의 평균값

하루에 시장이 열리는 시간은 오전 9시부터 오후 3시 30분까지 6시간 반입니다. 30분봉의 개수로 헤아려보면 13개의 봉이 만들어집니다. 30분봉의 5이평값이라는 것은 2시간 반의 주가의 흐름을, 10이평값은 5시간의 주가의 흐름을, 20이평값은 10시간의 주가의 흐름을 보여줍니다. 즉 일봉에서의 20이평선은 한 달이라는 시간을 뜻하기 때문에 상당히 묵직한 느낌을 주는

데, 하위 시간축인 30분봉상의 20이평선은 하루 반 정도의 주가 흐름 정도밖에 되지 않으므로 그 흐름에 대해 눈을 떼고 있기에는 부담스럽습니다. 하위 시간축의 이평선을 이용한 매매는 단기 매매자를 위한 영역으로 남겨놓는 것이 좋겠습니다.

한편, 일봉상의 이평값과 분봉상의 이평값의 관계를 구하는 방법에 대해서 부록처럼 남겨놓도록 하겠습니다. 중장기 매매자에서 단기 매매자로 올라설 때 '아!' 할 수 있는 내용입니다.

일봉상 5이평값은 5일 동안의 종가의 평균값이므로 5일 동안 30분봉이 몇 개 만들어지는지를 살펴보면 됩니다. 하루의 개장시간은 6시간 30분으로 30분봉으로 계산하면 13개가 만들어지므로 5일 치는 65개입니다. 따라서 하위 시간축인 30분봉상에서의 주가가 일봉상 5이평선과 어떤 관계에 있는지 살펴보려면 30분봉의 65이평선을 그려놓으면 됩니다. 일반적인 이동평균선 설정은 5, 10, 20, 60과 같은 식으로 하기 때문에 60이평선을 봐도 되겠고, 더 정교하게 살피고 싶다면 30분봉상 60이평선을 65이평선으로 조정하면 됩니다. 그렇다고 일봉상 5이평값과 30분봉상 65이평값이 100% 일치하지는 않지만 가장 비슷한 값이 나온다고 이해하시면 되겠습니다.

같은 이치로 일봉상 10이평값과 30분봉상 130이평값은 흐름이 거의 같습니다.

- **일봉상 5이평값 =30분봉상 65이평값**
- **일봉상 10이평값 =30분봉상 130이평값**

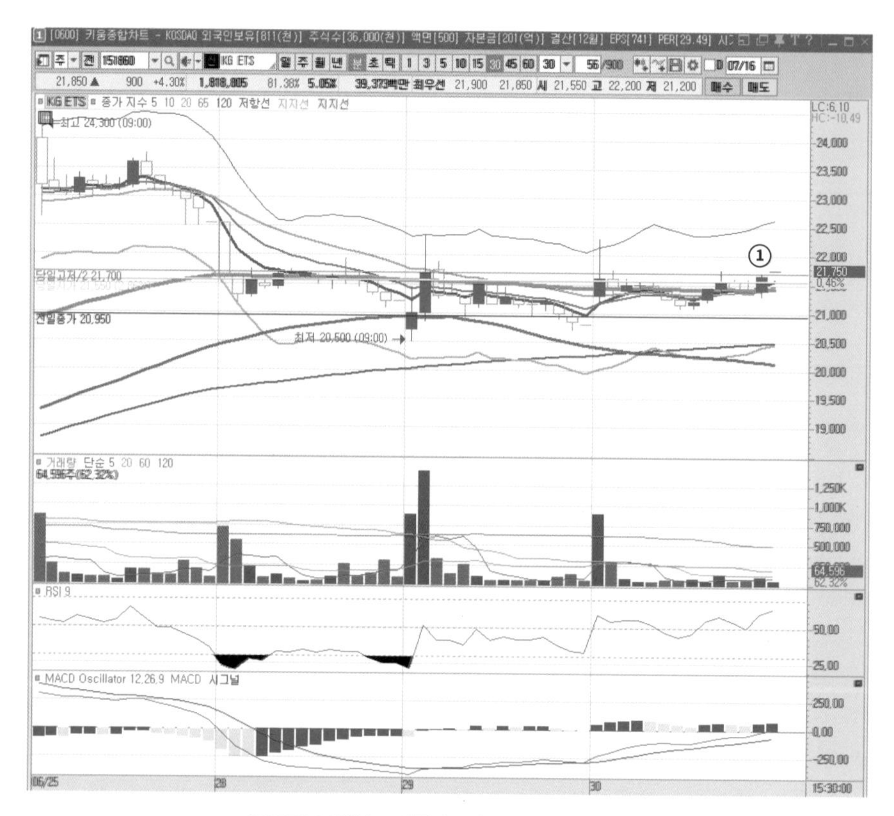

KG ETS 30분봉 65이동평균선 _ 2021년 6월 30일

30분봉상 65이평선이 일봉상 5이평선과 관계를 갖는다고 말씀드렸습니다. 사례 연구를 해보죠. KG ETS의 30분봉상 65이평값을 6월 30일 돌파했습니다. 이날의 일봉을 보죠.

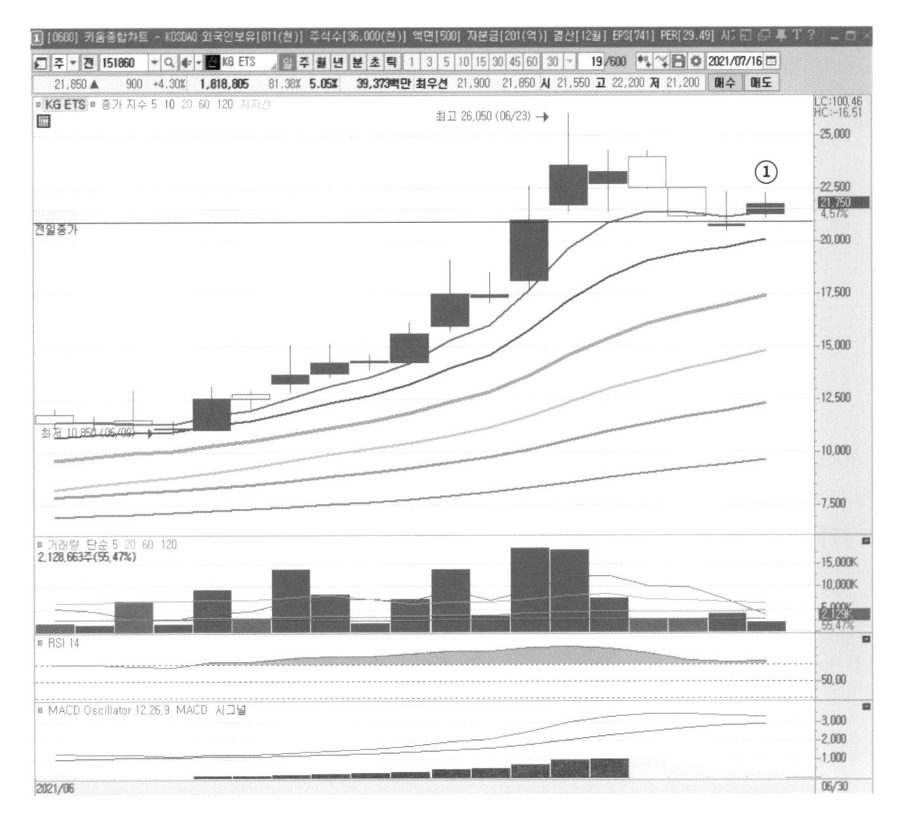

KG ETS 일봉 5이평선 _ 2021년 6월 30일

일봉차트로 봤을 때 ①에서 5이평선을 종가로 돌파한 양봉을 볼 수 있습니다. 일봉상 5이평선 돌파 양봉을 중요한 매수 신호로 보는 단기 매매자라면 이 설정은 매수개입의 타이밍을 잡을 수 있는 좋은 가이드가 될 것입니다. 이후 차트의 진행을 보겠습니다.

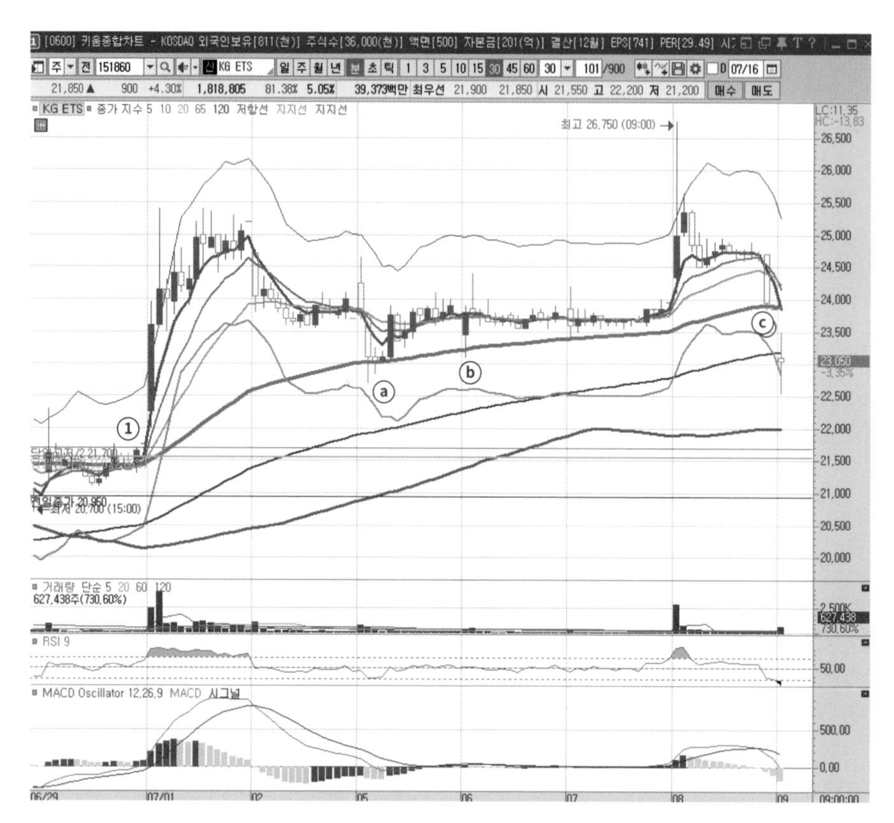

KG ETS 30분봉 6월 30일~7월 9일 9시 30분의 주가 흐름

일봉상 5이평선을 종가로 깨면 매도한다는 원칙을 갖고 있는 단기 매매자라면 30분봉상 65이평선과 주가의 관계를 자세히 살펴보면 됩니다. 지난 6월 30일 ①은 일봉상으로 5이평선을 돌파한 시점입니다. 이 지점부터 매수 개입을 한 단기 매매자라면 단기 수익을 거둘 수 있었을 것입니다. 일봉상 5이평선과의 관계를 중심으로 매매를 한다면 ⓐ나 ⓑ지점에서 65이평선에 가까워졌을 때 긴장했겠지만 이평선을 깨지 않고 계속 유지되는 것을 볼 수 있습니다. 그리고 ⓒ지점에서는 65이평선과 딱 붙어서 끝났지만 7월 8일의 주가 흐름을 볼 때 고점을 찍고 하락이 지속되었으므로 종가에 매도 결정을

내릴 수 있었을 것입니다. (사실 단기 매매자는 ⓒ까지 들고 있지 않고 아침 상승 때 매도를 해서 수익실현을 하지요.)

이 6월 30일부터 7월 9일까지의 일봉상 주가 흐름을 보겠습니다.

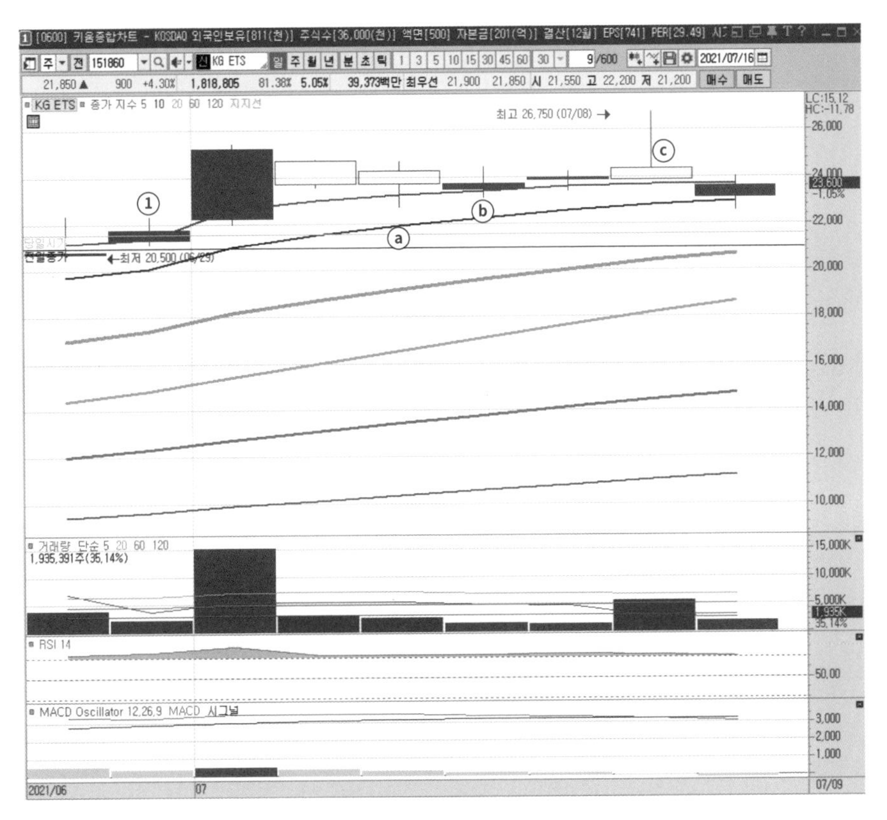

KG ETS 일봉 6월 30일~7월 9일 9시 30분의 주가 흐름

일봉의 5이평선을 깨지 않고 계속 흐름이 이어지는 것을 볼 수 있습니다. 여러 종목의 차트를 펼쳐놓고 이런 관계를 꼼꼼히 살펴보시면 나중에 단기 매매를 하려고 할 때도 좋은 공부가 될 것입니다.

5장

10%의 수익을 잡는다: 엔벨로프

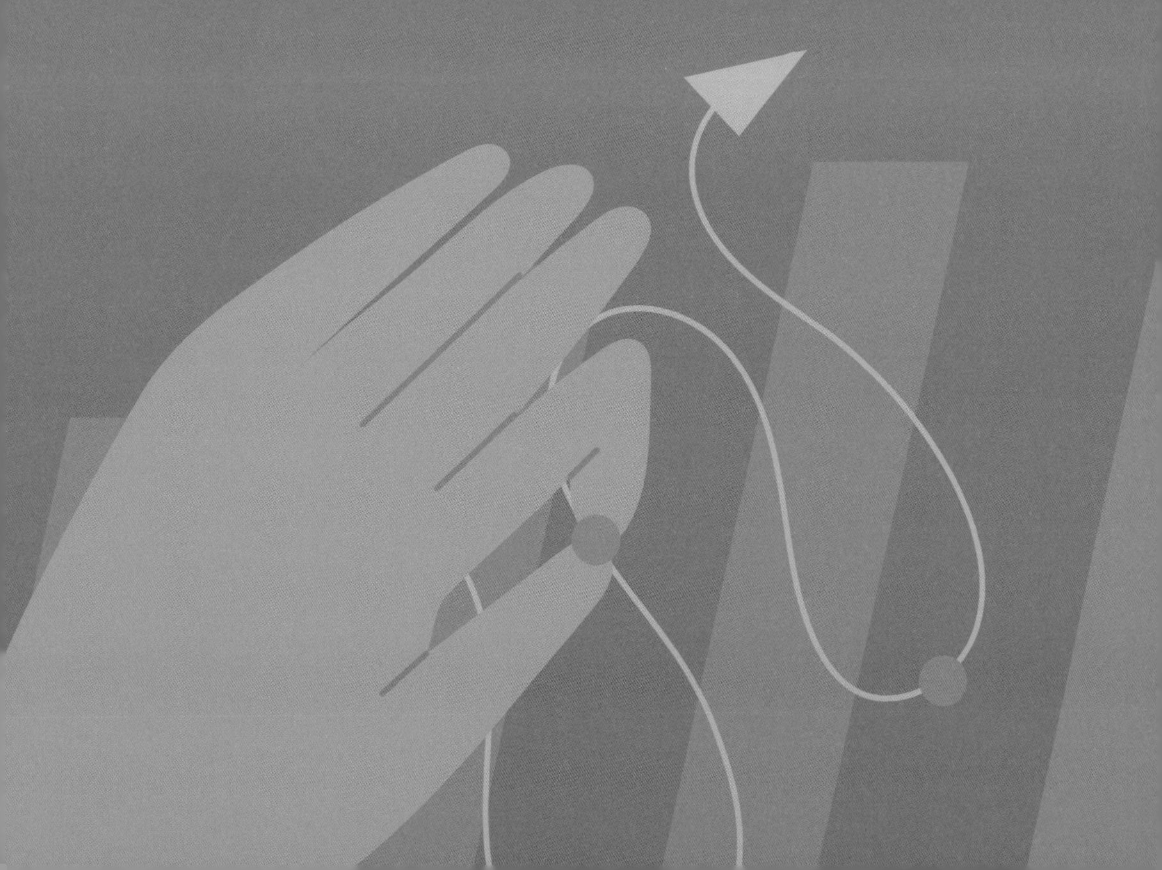

앞서 주식투자의 기본 전제에 관한 장에서 우리는 주가가 기준선을 중심으로 오르고 내린다는 사실을 배웠습니다. 우리는 또한 앞 장에서 이동평균선에 대해서 집중적으로 공부를 했기 때문에 그 이치를 더욱 쉽게 이해할 수 있게 되었습니다. 이동평균선은 매수보유자들이 일정 기간 동안 매수한 평균값의 연속이라고 설명할 수 있습니다. 캔들의 종가가 매수보유자의 매수값을 대변해준다고 간주하는 것이죠. 따라서 주가가 평균가격보다 높게 올라가면 보유자들은 매도해서 수익을 실현하고 싶어 하는 매도세로 변할 수 있으며, 매도에 의해 주가는 하락할 수 있습니다. 반면에 평균가격보다 낮게 떨어지면 보유자들은 손해를 본 상태지만 최근의 가격보다 싸졌다고 생각해서 물타기를 하려는 매수세로 변할 수 있습니다. 이에 더해 그 종목에 관심을 갖고 지켜보던 대기 매수세가 매수에 참여할 수도 있습니다. 그 결과 주가는 상승할 수 있습니다.

이런 배경으로 주가는 상승했다가 하락하고, 하락했다가 상승하는 움직임을 보입니다. 이런 진동이 나타날 때, 특정 기준선을 중심으로 상승점끼리 그리고 하락점끼리 연결하면 기준선을 중심으로 한 일정한 폭의 상단선과 하단선이 그려지며, 우리는 이를 '채널'이라고 부릅니다. 이 채널의 특성을 이용해서 채널의 하단에서 매수하고 상단에서 매도하는 매우 간단한, 그러나 매우 강력한 전략을 수립할 수 있습니다.

차트에서 일정 폭의 채널을 보여주는 보조지표에는 크게 두 가지가 있습니다. 엔벨로프와 볼린저밴드. 우리는 초보 매매자들이 직관적으로 사용하기 쉬우면서도 중장기 매매에서 효과가 좋은 엔벨로프 지표를 사용할 것입니다.

이동평균선과 엔벨로프 지표

엔벨로프(envelope)는 '봉투'라는 뜻인데요, 주가가 엔벨로프 지표의 상단선과 하단선 범위 밖으로 벗어나지 못하는 모습이 마치 봉투에 갇힌 것처럼 보여 그런 이름이 붙었다는 말이 있습니다. 그렇지만 제가 느끼기엔 봉투라기보다는 튜브(tube)인 것 같습니다.

종목마다 기준선을 중심으로 오르고 내리는 진폭은 모두 다릅니다. 따라서 우리가 단 한 종목만 매매한다면 그 종목의 주가 흐름이 보여주는 고가와 저가를 모두 포함하도록 엔벨로프의 상하단 폭을 맞춰서 설정해야 할 것입니다. 또한 매매자가 어떤 기준선을 활용하느냐에 따라 매매 타이밍이 달라지기도 합니다. 그러나 실전에서는 여러 종목을 매매하는 만큼 우리는 일정한 기준을 정해놓고 그 기준에 도달했을 때 각 종목의 상황을 살펴서 매매하게 될 것입니다.

엔벨로프 지표의 기준선은 이동평균선입니다. 특정 이동평균선을 기준으로 위아래 몇 %의 폭으로 주가가 진동하면서 움직이는지를 알 수 있다면 아무런 기준을 갖고 있지 않은 매매자들보다는 현재 주가의 위치를 더 눈 밝게 파악할 수 있을 것입니다.

이동평균선은 방향성을 갖고 움직이기 때문에 이동평균선이 상승하는 상황이라면 엔벨로프의 상단선과 하단선도 위로 움직이게 되며, 하락하는 상황이면 엔벨로프의 상단선과 하단선 역시 아래쪽으로 움직이게 됩니다. 그런 이유로, 엔벨로프의 하단선에 닿은 주가가 아래쪽으로 더 미끄러지는 경우도 흔히 경험하게 될 것입니다. 이런 경우에 대응하기 위해 분할매수를 하는 것입니다.

일봉을 중심으로 매매하는 중장기 매매자의 경우, 엔벨로프 지표의 기준선은 일반적으로 20일 이동평균선을 사용합니다. 20일 이평선은 매수 후 보유자들의 4주 동안의 종가 기준 평균값입니다. 이 평균값에서 주가가 많이 오르면 이익을 실현하고 싶은 사람들이 있을 것이고, 주가가 많이 떨어지면 이때를 저가 매수의 기회로 삼는 사람들이 있을 것입니다. 이러한 심리를 이용하여 우리는 매매 타이밍을 잡아가는 것입니다.

저는 일봉상에서 엔벨로프의 상하단 폭을 각 10%로 잡고 있습니다. 즉 20일 이평값의 +10% 값이 엔벨로프 상단의 값이고, -10% 값이 엔벨로프 하단의 값입니다. 엔벨로프를 활용한 매매를 하는 분에 따라 상하단 폭을 설정하는 %는 다릅니다. 일봉에서 폭을 20%로 설정하는 분들도 흔히 만나볼 수 있습니다.

엔벨로프를 이용한 매매에선 주가가 상단선을 맞고 하락을 시작할 경우

20일 이평선을 깨고 하단선까지 하락할 가능성이 있음을 염두에 두고 매매를 하며, 마찬가지로 하단선을 찍고 상승을 시작할 경우에는 상단선까지는 갈 수 있다고 생각해서 너무 빠른 매도를 참을 수 있습니다.

이 상승과 하락의 움직임이 하나의 추세로 일어나지 않을 수 있습니다. 즉 상단선에서 하락을 시작했을 때 한 흐름으로 하단선까지 내리꽂는 경우도 있겠지만, 하락했다가 반등했다가 하락했다가 하면서 시간을 갖고 하단선까지 가기도 합니다. 마찬가지로, 우리가 매수를 도모하게 되는 20이평선 -10% 하단선에서 반등을 하는 종목이 한 번에 상단선까지 상승해주면 멋지겠지만 그렇지 않고 상승과 하락을 반복하면서 +10% 상단선까지 갈 수도 있습니다. 그런 이유에서 일반적으로 기준선인 20이평선 근처에서는 보유물량의 일부를 익절함으로써 수익을 안정되게 확보하는 방법을 취합니다. 또한 하단선에서 상승을 시작할 때 앞서 배웠던 5이평선과 10이평선의 관계를 상승 기조의 판단 기준으로 삼고 살펴보는 것도 수익률을 높이는 데 도움이 될 것입니다.

TIP BOX

엔벨로프 지표 설정

일봉상 기준

일봉상 엔벨로프 지표를 설정해보겠습니다. 키움닷컴의 HTS인 영웅문 기준으로 설명합니다. 대부분의 HTS에서 비슷한 방법으로 설정할 수 있습니다. 우선 차트창을 엽니다.

그림5-1 예로 든 차트는 코스모신소재라는 종목의 차트입니다. 앞서 이동평균선 관련 공부를 했기 때문에 이평선 차트와 캔들만 보고도 '어느 지점에서 들어갔으면 좋았겠구나' 하는 부분이 보일 것입니다. 채널 지

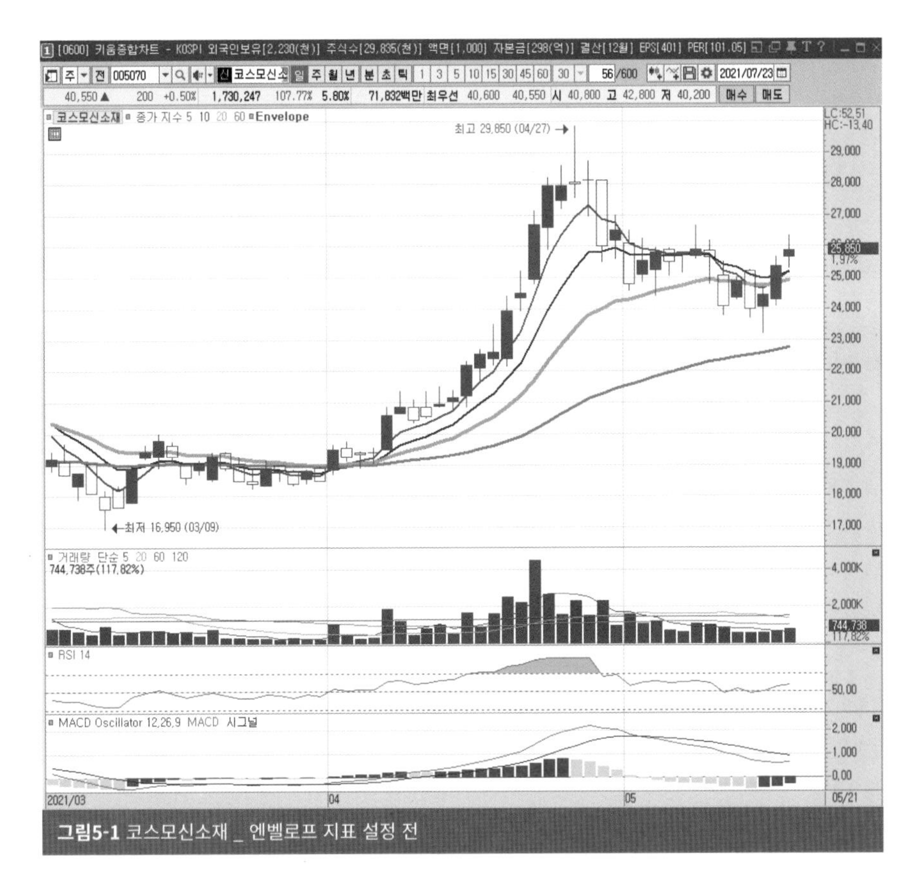

그림5-1 코스모신소재 _ 엔벨로프 지표 설정 전

그림5-2 코스모신소재 _ 엔벨로프 지표 설정을 위해 빈 공간에서 오른쪽 클릭

표인 엔벨로프는 기준선인 20이평선을 중심으로 주가가 위아래로 어느 정도의 폭을 만들면서 움직이는지를 보여줍니다. 차트 위의 빈 공간에 커서를 대고 마우스 오른쪽 클릭을 합니다.

그림5-2 다양한 설정을 할 수 있는 팝업이 뜹니다. 여기서 '지표추가(A)'를 선택합니다.

그림5-3 그러면 '지표추가/전환-기술적 지표'라는 창이 뜹니다. 엔벨로프를 설정하기 위해서 '찾기' 부분에 en을 입력해봅니다. 바로 Envelope 항목에 파란색 바탕이 뜹니다. '적용' 버튼을 클릭합니다.

그림5-4 그러면 일봉차트 위에 이평선 이외에 기본 설정되어 있는 엔벨로프의 3선이 나타날 것입니다. (엔벨로프 선의 색깔은 책과

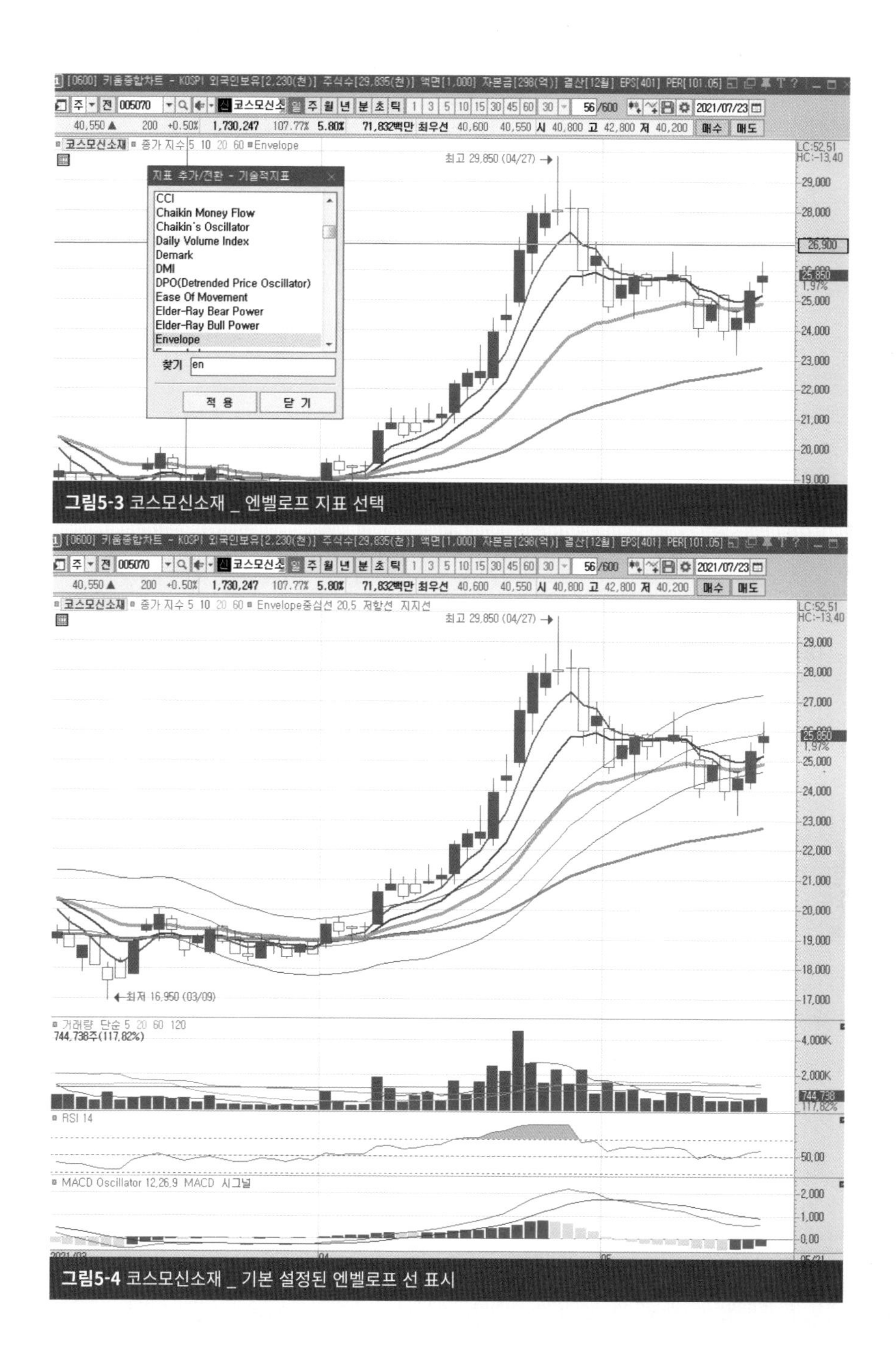

그림5-3 코스모신소재 _ 엔벨로프 지표 선택

그림5-4 코스모신소재 _ 기본 설정된 엔벨로프 선 표시

다를 수 있습니다.) 우리는 이 3선을 우리의 목적에 맞춰 설정하려고 합니다.
차트 맨 위에 있는 'Envelope 중심선 20,5 저항선 지지선' 부분을 더블클릭해주세요. 설정창이 뜹니다.

그림5-5 지표설정 창이 뜹니다. 지표조건설정 탭에 Period와 Percent 항목이 있습니다. Period는 어떤 이평선을 기준으로 할 것인지를 묻는 것이며, Percent는 기준선을 중심으로 몇 % 위아래 폭을 원하는지를 설정하는 것입니다. 우리는 20이평선 위아래로 10% 채널을 만들고자 합니다. Percent 부분을 5에서 10으로 바꿔줍니다. 그다음 라인설정 탭을 클릭하세요.

그림5-6 엔벨로프를 구성하는 선들을 자신의 취향에 맞게 설정할 수 있는 내용이 나옵니다. 저항선은 기준선의 위쪽에 그려지는 선으로 책에서는 +10% 상단선이라고 부르

그림5-5 코스모신소재 _ 기본 설정된 엔벨로프 지표의 커스터마이징

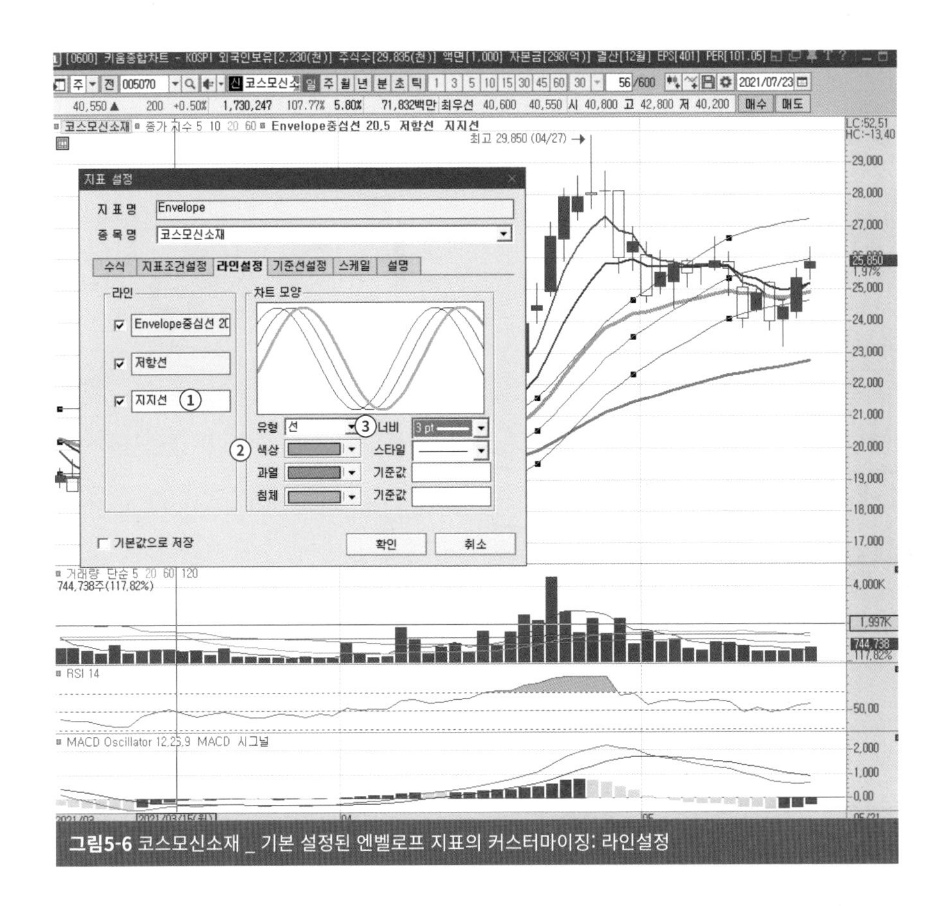

그림5-6 코스모신소재 _ 기본 설정된 엔벨로프 지표의 커스터마이징: 라인설정

고, 지지선은 기준선 아래쪽에 그려지는 선으로 책에서는 –10% 하단선이라고 부릅니다. 앞서 지표조건설정에 따라 20이평선 위아래 10%를 나타내는 선이 될 것입니다. 지지선 부분을 예로 들어 설정해보겠습니다.

우선 ①의 지지선을 클릭합니다. 그다음 그림 아래쪽에 있는 유형은 '선'으로 설정합니다. ②의 색상 부분을 클릭해서 원하는 색상을 선택합니다. 저는 연두형광색을 선택했습니다. 과열/침체는 그냥 지나가도 됩니다. ③의 너비는 선의 두께를 뜻합니다. 눈에 잘 띄도록 저는 3pt로 설정했습니다. 스타일 부분에서 실선으로 할 것인지 점선으로 할 것인지 자신에게 맞게 설정한 다음 '확인' 버튼을 클릭합니다.

이후의 설명을 위해서 중심선은 분홍색 실선으로, 저항선은 검정색 점선으로 표시했습니다.

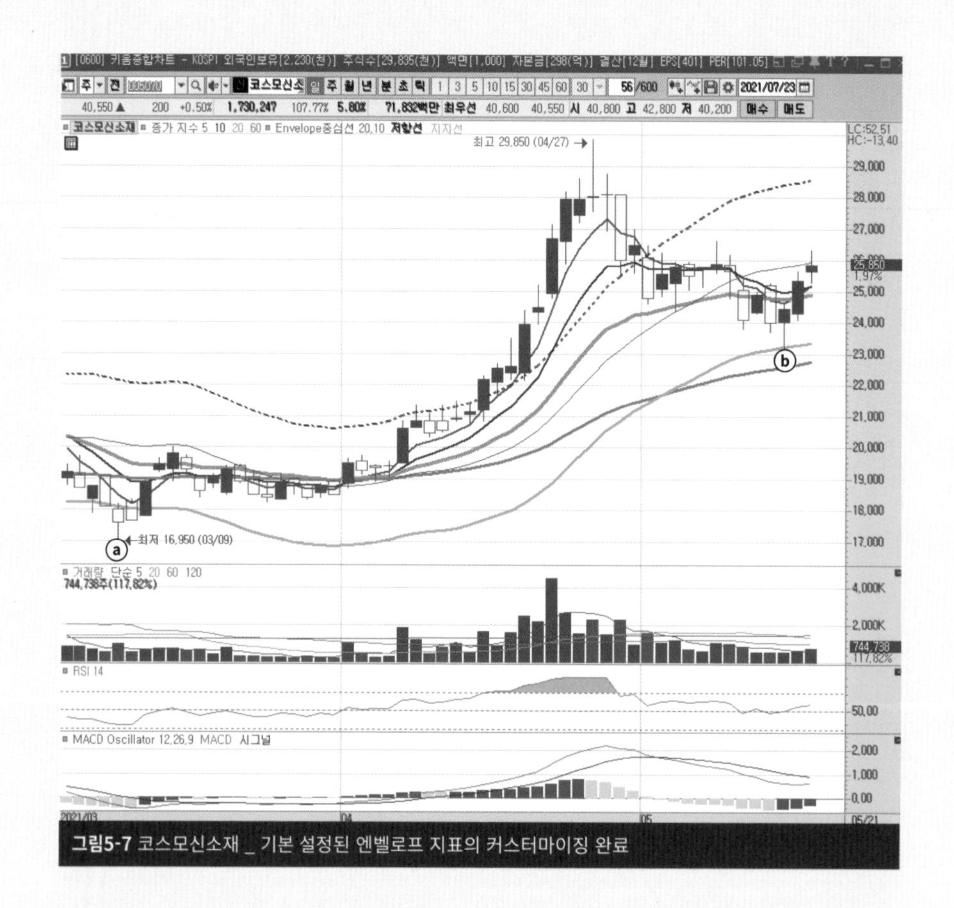

그림5-7 코스모신소재 _ 기본 설정된 엔벨로프 지표의 커스터마이징 완료

그림5-7 일봉상 엔벨로프 지표의 설정을 마쳤습니다. 형광연두색은 20이평선 −10% 하단선이고, 검정색 점선은 20이평선 +10% 상단선입니다. 가는 분홍색 실선은 엔벨로프의 기준선인 20이평선입니다.

어, 그런데 이상합니다. 우리가 처음에 설정해놓은 이동평균선의 20이평선인 노란색 선하고 엔벨로프의 기준선인 20이평선이 좀 다릅니다. 왜 그럴까요? 예. 이동평균선 설정은 '지수 이동평균선'으로 설정해놓은 것이기 때문입니다. 엔벨로프의 설정은 '단순 이동평균선'입니다.

그래서 조금 더 자세히 차트를 살펴보면 20이평선 -10% 하단에 닿는 ⓐ와 ⓑ 부분의 엔벨로프 기준선과 이동평균선의 20이평선 위치가 좀 다릅니다. 그래서 '20이평선 기준으로 봤을 때엔 엔벨로프 하단선과 10% 정도까지는 차이가 나지 않는 것 같은

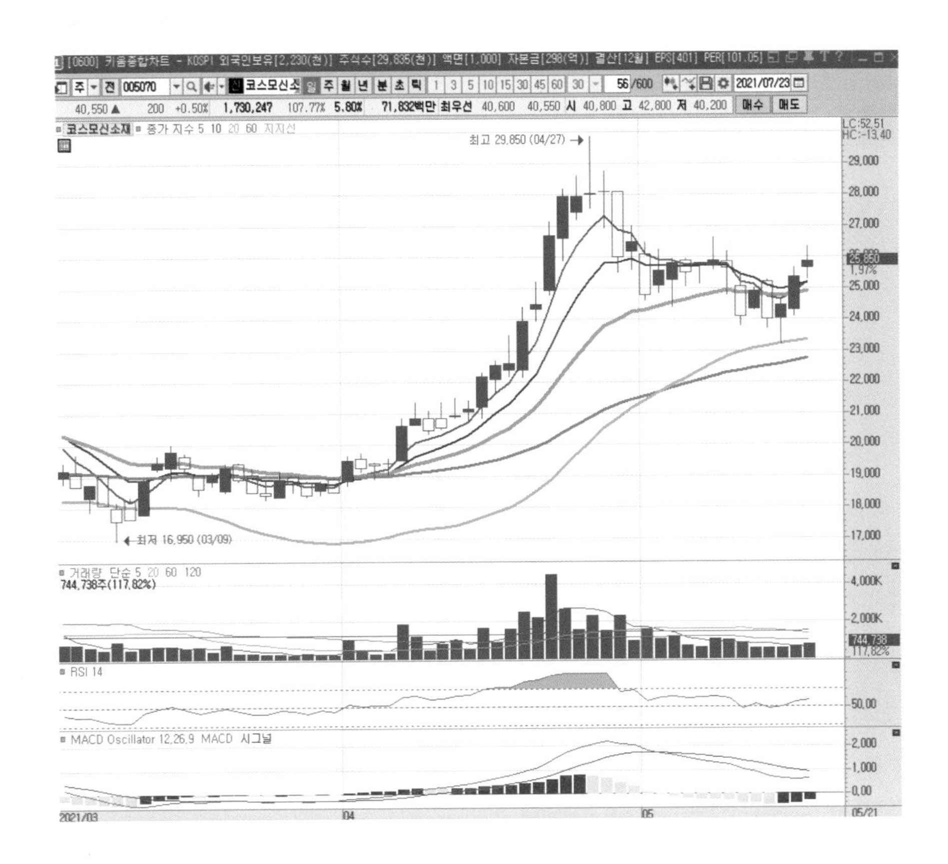

데 어떻게 된 거지?'라는 생각을 할 수 있겠지만, 엔벨로프 상단선과 하단선의 기준이 되는 기준선은 단순 20이평선이라서 그것을 적용해보면 -10% 지점이 맞다는 것을 알 수 있습니다.

그림5-8 한편, 차트에서 점선으로 표시되어 있는 엔벨로프 상단선은 상승추세를 충분히 타고 가는 데 심리적으로 제약을 거는 경우가 많은 것 같아서 저는 차트에 표시하지 않고 있습니다. 따라서 시각적인 혼선을 피하기 위해 엔벨로프 기준선과 상단선을 지우게 되면 최종적으로 위와 같은 차트 설정이 될 것입니다.

엔벨로프를 설정한 다음, 관심종목들의 차트상의 움직임들을 한번 살펴보세요. '우아!' 하는 순간이 있을 것입니다.

실전 엔벨로프 매수매도 타이밍

엔벨로프의 하단선, 즉 20이평선 -10% 하단선을 이용한 매매법은 간단합니다. 주가가 엔벨로프 하단선에 닿으면 매수한 다음, 적절한 선에서 이익실현하면 됩니다. 조금 더 구체적으로 매수 조건을 정리하면 다음과 같습니다. 종가를 기준으로 하는 중장기 매매자를 기준으로 설명합니다.

일봉상 주가가 엔벨로프 하단선에 접근했을 때, 우리는 이것을 장기적인 관점에서 저가권에 진입한 것으로 해석하기보다는 1달 동안의 주가 흐름 가운데에서 저가권이 형성된 것으로 파악하며, 따라서 추세적인 상승이라기보다는 범위가 한정되어 있는 단기적인 반등을 노리는 매매를 하게 됩니다. 한정된 범위란 20이평선 -10% 하단선에서 20이평선까지, 그리고 20이평선 +10% 상단선까지로 목표수익률은 7, 8%에서 20% 정도로 삼습니다.

매수

① 음봉인 상태에서 종가가 20이평선 -10% 하단을 깼을 때 종가 매수

② 양봉인 상태에서 종가가 20이평선 -10% 하단을 위로 돌파했을 때 종가 매수

③ 양봉인 상태에서 종가가 20이평선 -10% 하단 아래에 있을 때 종가 매수

④ 주가가 20이평선 -10% 하단을 찍고 아래꼬리를 단 캔들이 만들어졌을 때 종가 매수

상황별로 자세히 살펴보겠습니다.

① 음봉인 상태에서 종가가 20이평선 -10% 하단을 깼을 때 종가 매수

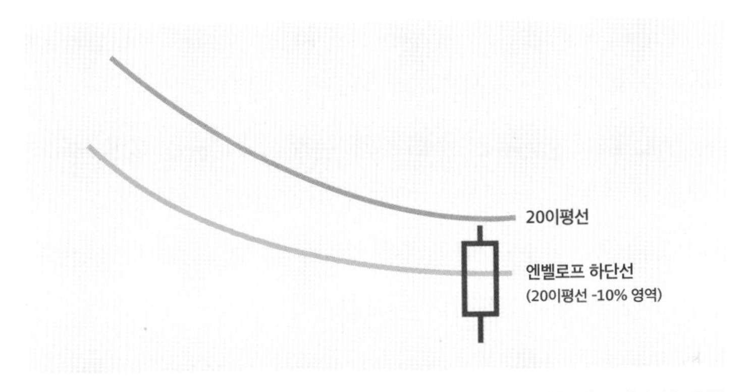

시가는 엔벨로프 하단선 위에 있었으나 장중 하락하여 종가가 하단선을 깨고 내려가는 음봉

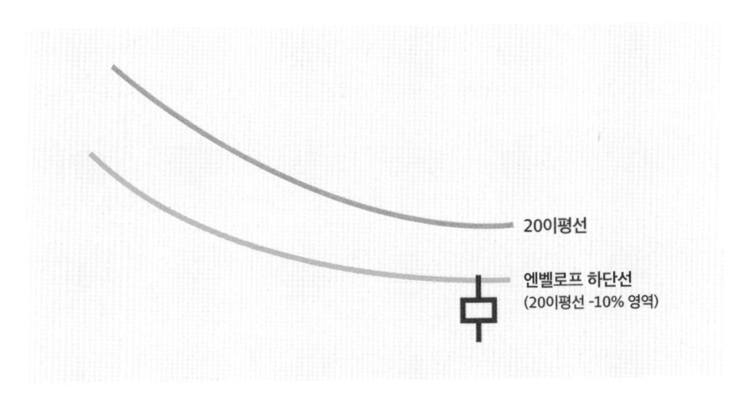

시가와 종가가 모두 엔벨로프 하단선 이하에서 만들어진 음봉

엔벨로프 하단선 근처에서 주가가 형성되면 추가 하락이 이어질 위험부담이 있습니다. 하락이 멈췄다는 또는 멈출 것이라는 아무런 암시도 없습니다. 음봉에서 매수한다는 것은 어느 정도의 하락 위험에 자신을 노출시키는 매수법입니다. 그러나 많은 경우 매매자들이 한 달 동안 만들어온 평균보유값에서 -10%나 빠지면 일단 해당 종목을 바라보는 매수 대기자들이 최소한 평균값으로의 반등을 기대하면서 매수합니다. 추세적인 상승으로 전환될지의 여부까지는 매수 시점에서는 알 수 없지만, 상승이 시작될 가능성이 높은 지점이라는 사실에는 틀림이 없습니다.

주가가 엔벨로프 하단선에 접근한다는 말은 주가의 하락으로 인한 것이므로 음봉의 형태를 띠는 것이 일반적입니다.

종가를 기준으로 매매하는 중장기 매매자의 입장에서, 얼핏 보기에 하락이 심하게 느껴지는 음봉에서의 매수는 심리적으로 저항감을 불러일으킵니다. 그러나 비중조절을 한 다음에 분할매수를 하는 것이므로 이 지점에서 1차 매수를 하는 것이라고 생각하면 되겠습니다.

1차 매수 이후 주가는 하락할 수 있습니다. 하락한다면 2차 매수로 대응합니다. 하지만 2차 매수의 기준이 되는 하락폭을 너무 좁게 잡으면 분할매수를 통해 매수단가를 낮추며 비중을 키운다는 의도가 적절하게 충족되지 않을 수 있습니다. 즉 1차 매수를 한 다음 날에 종가상 1차 매수가보다 -2% 정도 하락했는데 '하락하면 2차 매수하라고 그랬어'라고 하면서 매수하지는 말라는 말씀입니다. 10% 단위로 생각하세요. 1차 매수를 한 다음에도 하락이 지속되어 -9%나 -10%나 -12% 정도로 종가가 형성된다면 이럴 때 2차 매수를 하는 것입니다. 어차피 엔벨로프 하단선을 쳤다는 것은 결국 반등이 전제되어 있는 상태이므로 오히려 보유 비중을 높인다는 말입니다.

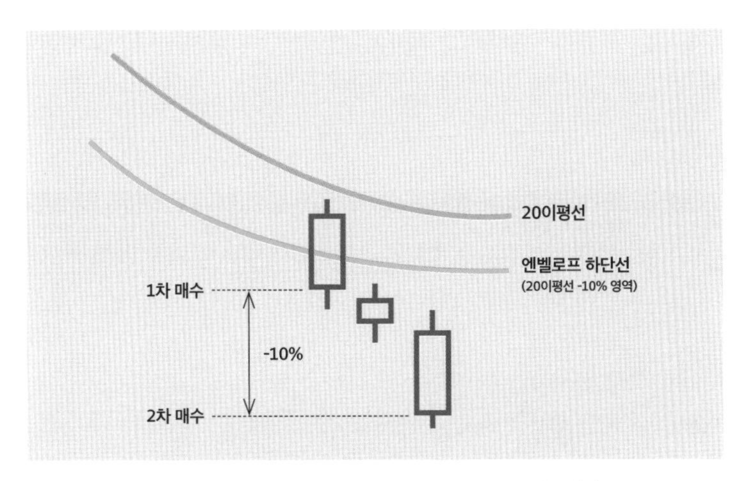

1차 매수 후 2차 매수의 타이밍 : 추가 하락 -10% 정도에서

또한 1차 매수 후 추가 하락 도중에 양봉이 발생한다면 하락폭과는 관계없이 우리는 그 양봉을 하락추세를 멈추게 만드는 매수세가 들어왔음을 감지하고 양봉의 종가에 2차 매수를 할 수 있습니다.

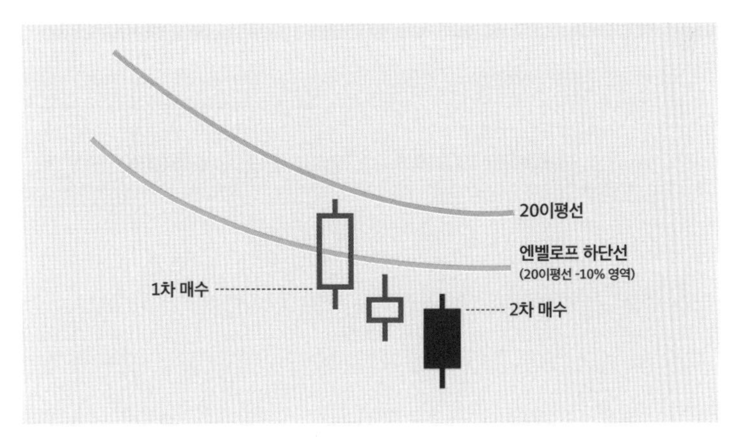

1차 매수 후 2차 매수의 타이밍 – 추가 하락 중 양봉이 나오면 그 종가에서

또한 엔벨로프 하단선에서 1차 매수를 한 다음 추가 하락이 생기는 경우에는 반등이 일어날 때 단기적인 반등이 아니라 추세적 상승으로 이어질 가능성이 크므로 비중을 높이는 분할매수의 의미가 커집니다. 사례를 살펴보겠습니다.

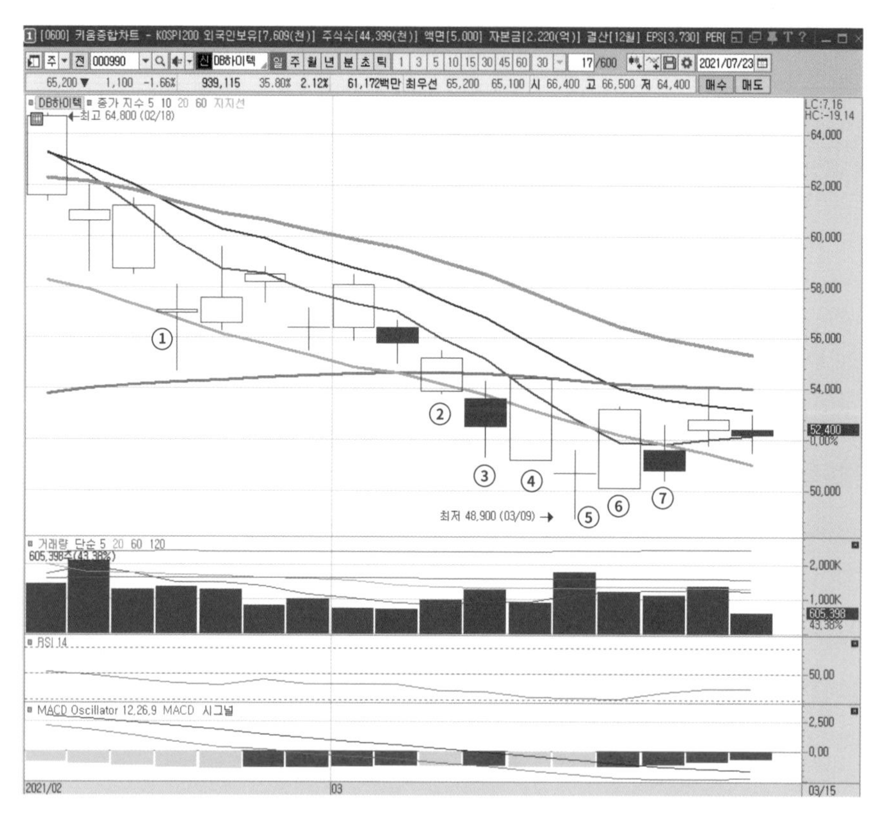

하락추세가 진행 중인 DB하이텍

이동평균선을 공부한 우리는 이 차트에서 5이평선과 10이평선이 데드크로스 상태에 있으므로, 한동안 계속 하락할 것이며 함부로 매수해서는 안 된다는 생각을 할 수 있습니다. 초보 매매자는 절대 매수해서는 안 되는 구간인 것이죠. 이런 구간에서 위험부담을 감수하면서라도 매수를 하겠다면 최선을 다해 매수 후 반등을 기대할 수 있는 포인트를 찾아야만 합니다.

①은 종가를 기준으로 엔벨로프 하단선을 깨지 않았습니다. 매수하지 않습니다. ②에서 종가로 하단선을 깼습니다. 1차 매수합니다. 예를 들어, 이 종목에 10%의 비중을 싣겠다고 마음먹었다면 분할로 1차 매수를 3% 정도 합니다. 다음 날인 ③에서는 장 초반의 갭하락 이후 추가 하락을 보면서 전날 종가에 매수했던 사람들은 패닉 상태였을 것입니다. (종가를 기준으로 매매하는 중장기 매매자는 이런 경험은 안 해도 되니까 좋죠.) 갭하락으로 시작하여 3% 가까이 추가로 하락했습니다. 그렇지만 위험부담을 관리하기 위해 분할매수 원칙을 세워놓고 있으니 종가까지 기다려봅니다. 양봉으로 마쳤습니다. 양봉이 비록 엔벨로프 하단을 돌파해서 올라오지는 못했지만, 하락까지 했다가 주가를 올려주는 것을 보면 더 하락시킬 마음이 없다는 것으로 해석됩니다. 하락시 양봉이 나오면 추가매수한다는 원칙이 있으니 2차 매수를 합니다. 3% 정도 매수합니다. 매수단가는 약간 하락했으며 보유 비중은 6% 정도가 되었습니다.

④ ⑤ ⑥의 3일 동안 계속 음봉이 나오고 있습니다. 그렇지만 우리의 매수단가보다 -10% 수준이 되는 정도까지는 하락하지 않았습니다. 그러다 ⑦에서 다시 양봉이 나옵니다. 3차 매수를 합니다. 비중상 4% 정도가 남았으므로 4%를 매수해서 비중 10%를 모두 채웁니다. 매수단가는 내려갑니다.

이제 최근 3차에 걸쳐 분할매수를 진행한 시기의 최저가를 깨지 않는 이상 손절매하지 않고 보유합니다. 어떤 결과가 나왔을까요?

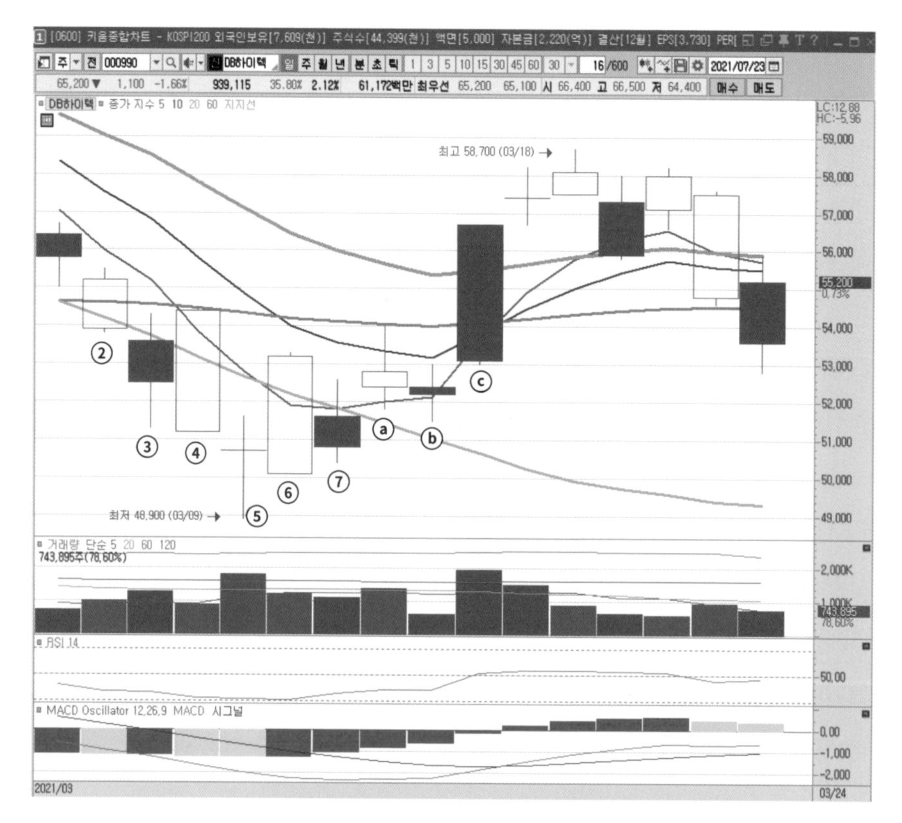

엔벨로프 하단에서 반등하는 DB하이텍

⑦의 3차 매수 다음 날인 음봉 ⓐ는 음봉으로 마무리되었음에도 5이평선을 넘어서 끝났습니다. ④에서 ⓐ까지 매수한 사람들의 5이평값보다 ⓐ의 종가가 위에 있으니 보유자들은 모두 약간의 수익인 상태입니다. 우리가 ⑦에서 매수한 비중만큼은 확실히 수익권에 있다는 걸 아시겠죠? ⓑ에서도 5이평선을 지키고 끝났으며 ⓒ에서 8.21%의 양봉이 나왔습니다.

ⓒ의 양봉은 5-10 이평선의 골든크로스를 만들고 20이평선까지도 종가로 돌파했습니다. 즉 우리가 매수를 시작한 ②의 앞 봉부터 ⓒ까지 10일 동

안 매수한 사람들도 수익이 나기 시작했다는 말입니다. 우리는 ②와 ③ 그리고 ⑦에서 매수했으니 깔끔하게 수익권인 것이죠. 기준선인 20이평선을 넘어 종가가 형성되었으니 보유 물량의 일부는 ⓒ의 종가에서 익절할 수 있었을 것입니다. 8% 이상의 수익을 실현했습니다.

② 양봉인 상태에서 종가가 20이평선 -10% 하단선을 위로 돌파했을 때 종가 매수

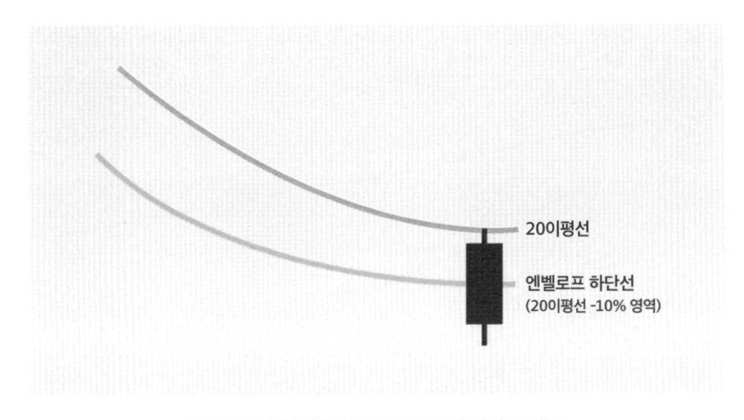

엔벨로프 하단선을 양봉으로 뚫고 올라가는 경우

엔벨로프의 하단선을 뚫는 음봉에서의 매수는 가장 재빠른 저가권 매수일 수도 있지만, 음봉의 의미상 아직 하락을 멈추게 만드는 매수세가 들어오지 않았다는 말일 수도 있기 때문에 매수 후 추가 하락이 있을 수도 있음을 기억해야 합니다. ('하단선에서 매수했는데 왜 또 내리는 거야?'라고 실망하지 마시라는 뜻입니다. 매매자에 따라 리스크를 감수하는 성향이 다르기 때문에 자신의 성향에 맞는 유형으로 매매하면 됩니다.)

엔벨로프 하단선을 돌파하면서 상승하는 양봉은 20이평선 -10% 하단선

이하에서 만들어지던 하락추세가 모두 마무리되고 전환되었다는 뜻입니다. 일러스트 상에서는 간단하게 양봉이 하나 나와 있지만, 실제 차트에서는 저런 돌파 양봉 왼쪽으로 20이평선 -10% 하단선 밑에 여러 캔들이 존재할 것입니다.

그리고 여러 캔들이 존재한다는 뜻은 5일이든 10일이든 이평선을 만드는 과정이 존재한다는 뜻이기도 합니다. 사례를 보면 더욱 쉽게 이해할 수 있습니다.

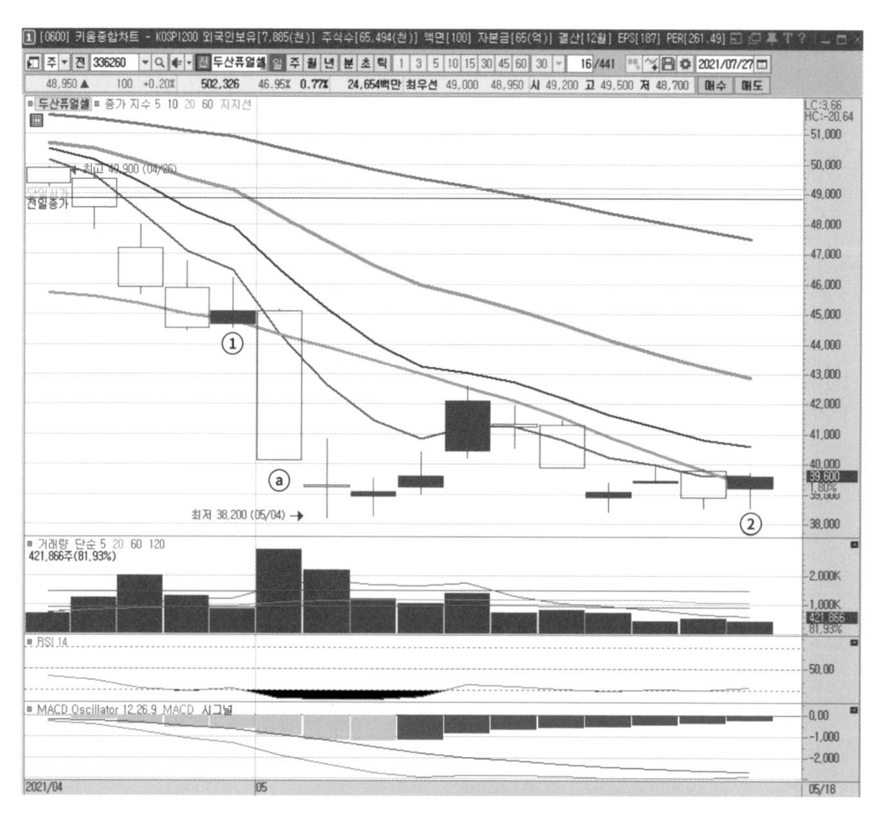

20이평선 -10% 하단선을 양봉으로 돌파하는 사례 - 두산퓨얼셀

양봉 ①을 봅시다. 전날 20이평선 -10% 하단선을 뚫는 음봉이 나왔을 때 추가 하락의 위험부담을 감수하고 매수하는 매수자도 있겠지만, 더 이상의 하락을 허락하지 않겠다는 신호 즉 양봉의 출현을 기다림으로써 위험부담을 최대한 피하고 싶은 매수자도 있을 수 있습니다. 양봉 ①은 바로 그런 매수자를 위한 매수 포인트입니다.

본 사례에서는 아쉽게도 큰 하락을 보인 음봉 ⓐ가 매수자를 실망하게 만듭니다. -11%짜리 음봉입니다. 그렇지만 보통 비중조절 후 분할매수를 적절하게 했다면 겁을 낼 것이 아니라 1차 매수가로부터 -11%나 내렸으니 2차 매수를 해서 비중을 늘리면서 매수단가를 낮춰주는 적극적인 대응을 해주는 것입니다. 1차와 2차 매수를 동일 비율로 분할매수한다면 손실은 -5.5% 정도의 수준이 됩니다. 그리고 우리에게는 아직 3차 매수를 할 수 있는 현금과 시간이 있습니다. 이야기가 조금 옆으로 샜습니다만, 이에 대해서는 조금 뒤에 더 설명하겠습니다.

시간이 지나서 20이평선 -10% 하단선을 양봉으로 돌파하는 양봉 ②가 발생했습니다. 우리는 이 시점에서 왼쪽에 캔들 여러 개가 만들어지면서 이동평균선들의 관계가 정리되는 것을 볼 수 있습니다. 이평선과 이평선의 관계에서 5-10 이평선의 데드크로스 상태에서는 초보 중장기 매매자는 절대 매수하지 않도록 주의하라고 말씀드렸지만, 저가권은 안정적인 상승추세가 시작되기 전에 세력이 미리 보유 비중을 확보하는 과정이기 때문에 저가권에서의 주가 움직임에 대해 이해할 수 있다면 이런 식으로 매수할 수 있습니다. -10% 하단선을 양봉으로 돌파할 때만 매수한다고 하면 양봉 ①에서 1차 매수한 다음 다시 양봉 ②에서 2차 매수를 할 수 있을 것이며, -10% 하단선에서 1차 매수 후 하락폭에 따라 2차 매수를 한다고 하면 양봉 ①에서 1차 매수 후 음봉 ⓐ에서 2차 매수 그리고 양봉 ②에서 3차 매수를 할 수도 있을 것입니다.

중요한 것은 20이평선 -10% 하단선 밖에서 주가가 형성되다가 다시 들어왔다는 사실입니다. 그러면 주가는 다시 하락하기보다는 20이평선을 향해 상승할 가능성이 더 큽니다. 그리고 양봉 ②에서 우리는 RSI 과매도권을 벗어나기 시작하는 것을 볼 수 있습니다.

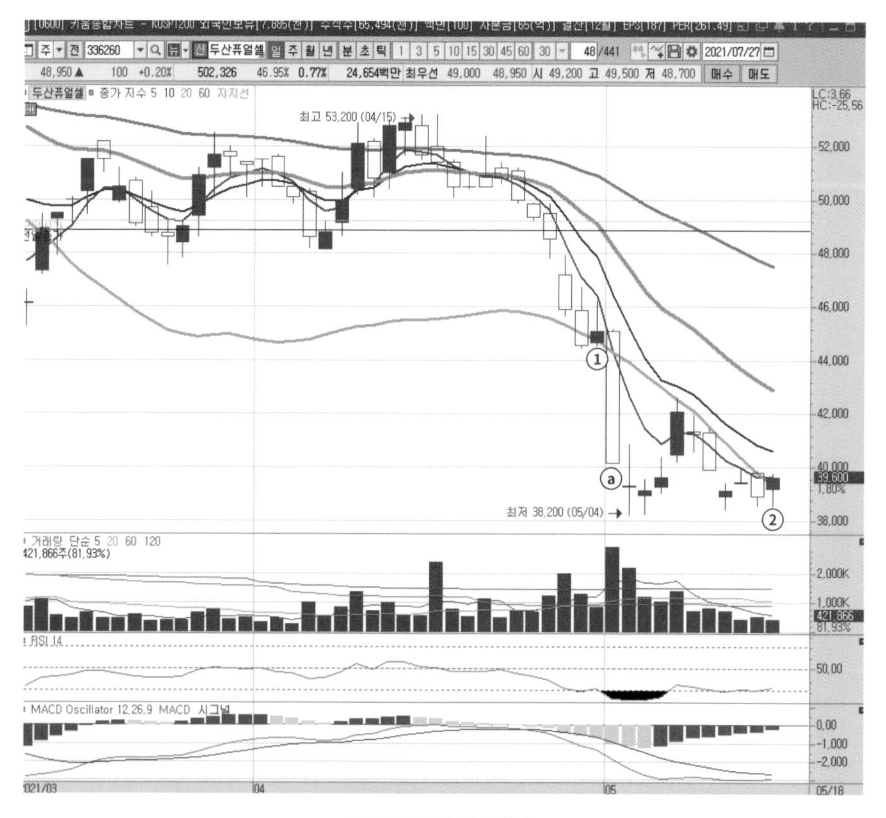

두산퓨얼셀의 하락추세

20이평선 -10% 하단선 근처의 주가만을 보기 위해 시간을 조정하여 뽑아낸 차트만 보면 쉽게 따라 할 수 있을 것 같은 생각이 듭니다. 그러나 사실 20이평선 -10%라는 주가의 위치는 일반 매매자가 덤벼들기에는 겁이 무척 많이 나는 위치입니다. 양봉 ①도 이 지점까지 하락하는 흐름을 보면 고점에서 상당히 떨어진 지점이고, 거기에 음봉 ⓐ로 -11%가 추가로 하락하면 그냥 도망가고 싶어질 정도입니다. 그렇지만 저런 지점이 저가권이고 저런 지점에서 물량을 모으는 것입니다.

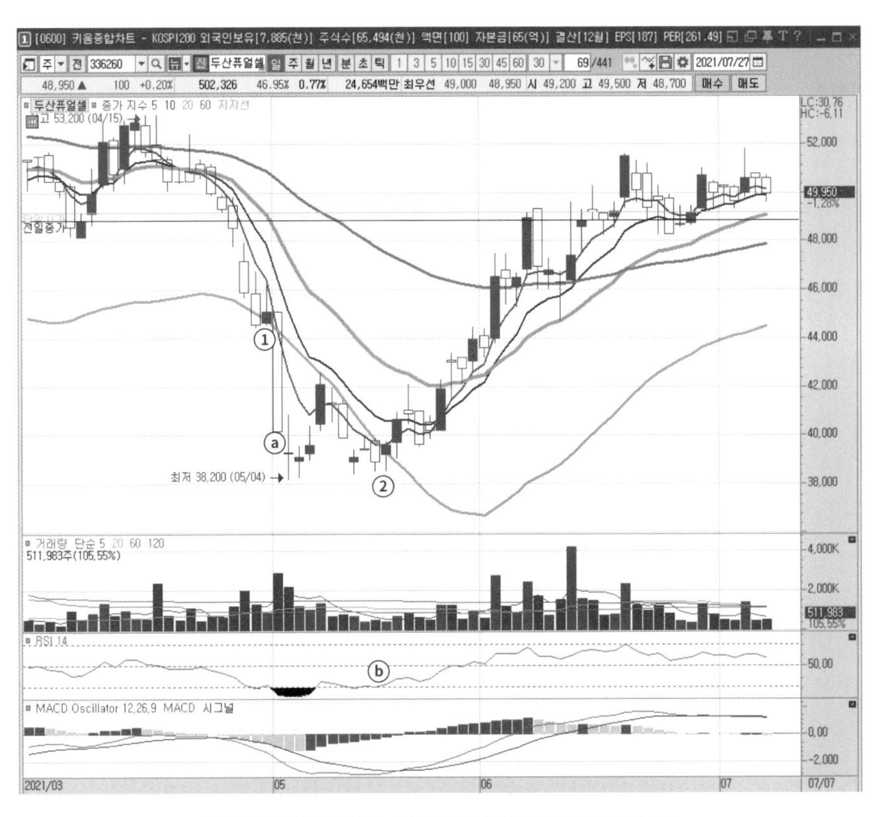

두산퓨얼셀의 20이평선 -10% 하단선에서의 추세 반전 후 상승

어떠신가요? 양봉 ②까지 매수해온 매수자는 양봉 ② 다음 날의 양봉이 5이평선을 돌파하면서 올라온 것을 볼 수 있고, 이 봉의 저가가 깨지지 않은 채 시간을 보내다 5-10 이평선이 골든크로스 상태로 들어가는 것을 보면서부터는 '이제 세력이 알아서 하겠지~' 하며 골든크로스 상태가 유지되는 한 매도하지 않고 최대한 수익을 끌고 갈 수 있음을 볼 수 있습니다.

③ 양봉인 상태에서 종가가 20이평선 -10% 하단선 아래에 있을 때 종가 매수

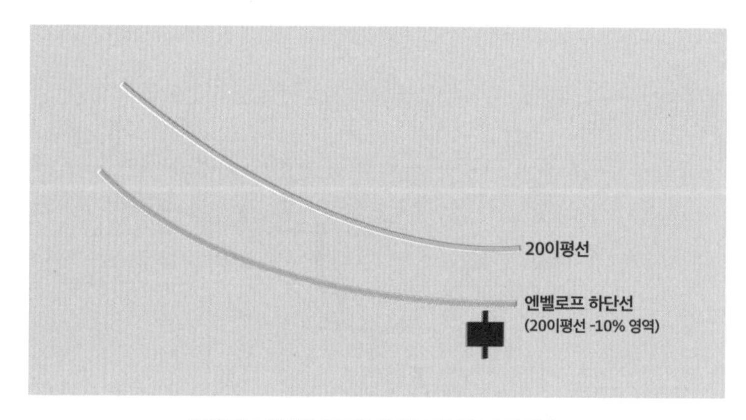

엔벨로프 하단선 아래에서 양봉이 만들어진 경우

이 케이스는 간단히 설명하자면 20이평선 -10% 하단선을 아래로 깨는 음봉에서 매수하는 것보다는 위험부담이 적고, 위로 돌파하는 양봉에서 매수하는 것보다는 위험부담이 큰 경우입니다.

즉 일단 급한 하락은 멈췄는데 다시 상승할지 아닐지 확신하기는 어렵다는 의미 정도로 해석하면 좋을 것 같습니다. 다만 20이평선 -10% 하단선이 의미하는 바를 잘 곱씹어봤을 때, 이런 케이스의 양봉은 하락할 만큼 하락한 상태에서 매수세가 새로 들어온 것을 암시하며 이후 매수세가 이어질 경우 하락을 멈추고 상승할 가능성이 크겠다고 생각하고 매수개입하는 것입니다.

어찌 됐든 20이평선 -10% 하단선을 위로 돌파하는 양봉보다는 더 낮은 가격에 매수할 수 있는 매수 포인트입니다. 사례를 살펴볼까요?

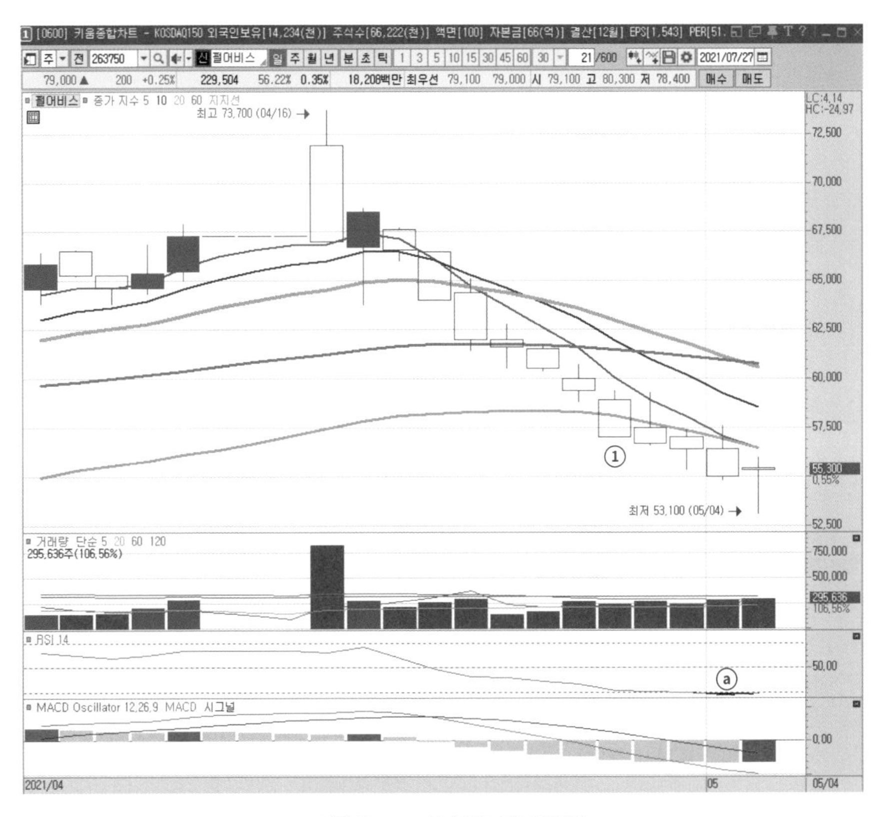

20이평선 -10% 하단선을 깬 펄어비스

음봉 ①에서 20이평선 -10% 하단선을 아래로 깨는 모습이 나왔습니다. 중장기 매매자 중에서도 '위험부담을 감수한다!'라는 타입은 종가에 매수하겠지만 '조금 더 조심스럽게 매수하고 싶어'라는 타입은 이제 양봉이 나올 때까지 기다려야만 합니다. 음봉 ① 이후 계속해서 음봉이 발생하고 있습니다. 매수해야 할 이유가 하나도 없는 것이죠. 단 RSI 과매도권인 ⓐ영역이 발생하는 것을 볼 때 매수해도 괜찮은 타이밍이 멀지 않음을 느낄 수 있습니다.

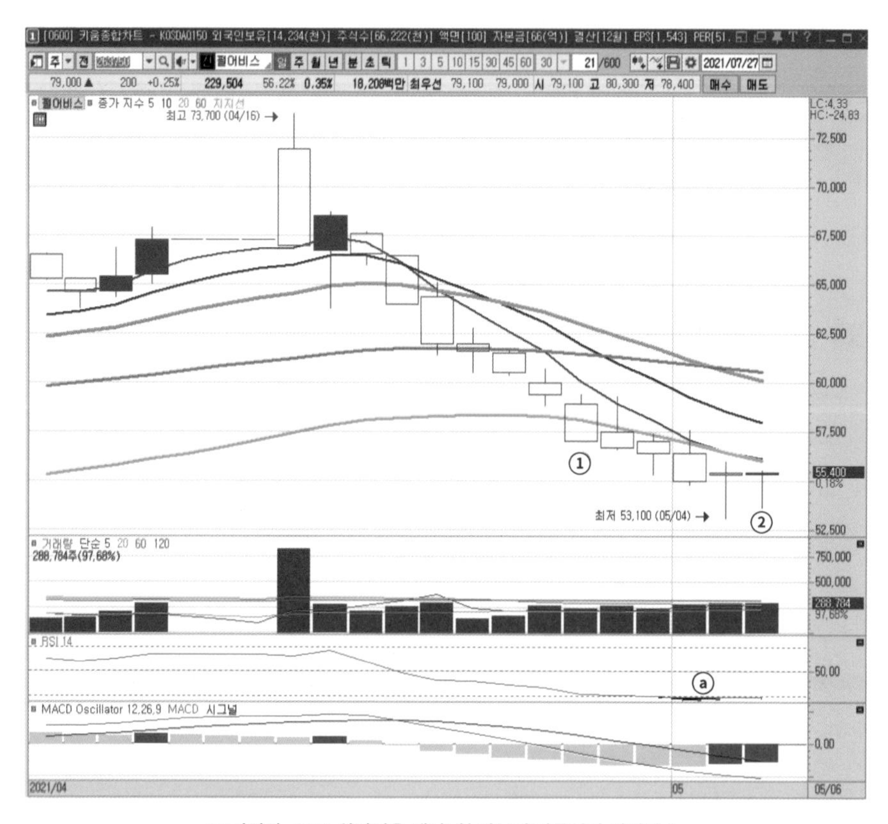

20이평선 -10% 하단선을 깬 후 첫 양봉이 만들어진 펄어비스

양봉 ②가 발생했습니다. 중장기 매매자라면 여기서는 종가에서 1차 매수를 해야겠죠. 20이평선 -10% 하단선을 깨는 하락이 마무리되었다는 신호가 나온 것이며, RSI를 살펴볼 때에도 ⓐ에서 과매도권을 탈출하는 것을 봤으

니, 이후 발생하는 캔들의 종가가 양봉 ②의 종가와 저가 사이의 영역(아래 꼬리 부분)에서 생성될 경우 추가매수를 도모할 수 있으며, 양봉이 하나 나와 준 이상 아예 추가로 더 하락하더라도 1차 매수한 가격에서 -10%나 -20% 하락하면 추가매수를 통해 과감하게 비중을 높이고 매수단가를 낮출 수 있습니다. 즉 이 시점부터는 굉장히 적극적으로 대응해야만 하는 시점이라는 뜻입니다. 긍정적으로 주가가 흐른다면, 5이평선을 뚫는 양봉이 나올 것이며, 더 나아가서는 5-10 이평선의 골든크로스도 발생할 것이고 주가는 스스로 흐름을 만들면서 올라갈 것입니다.

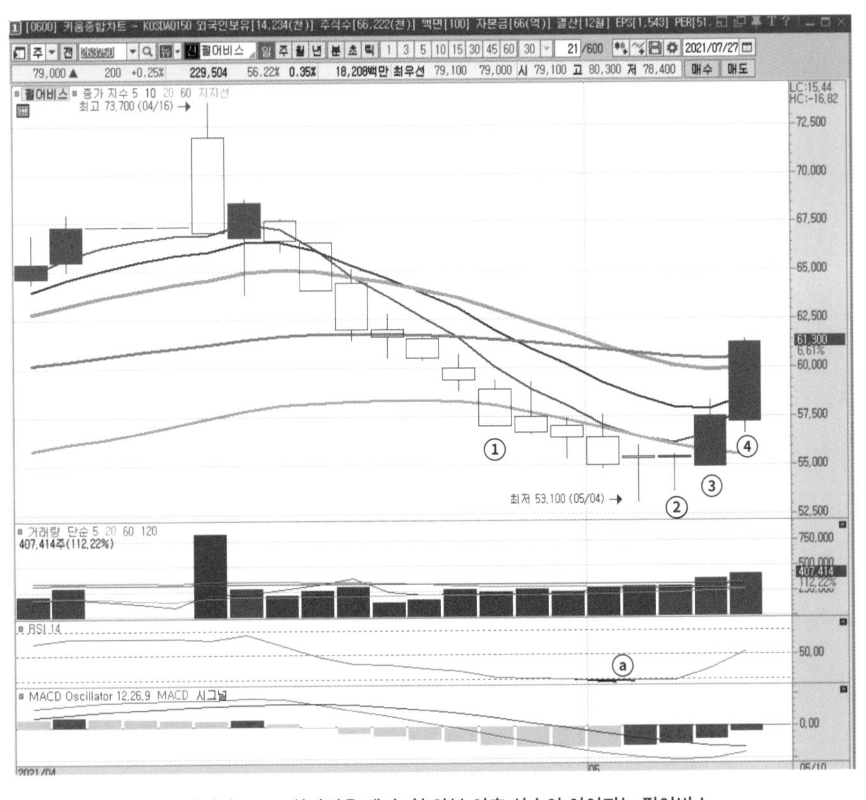

20이평선 -10% 하단선을 깬 후 첫 양봉 이후 상승이 이어지는 펄어비스

양봉 ②의 종가에서 1차 매수했다면 그다음 날 양봉 ③이 발생하는 것을 시장 끝 무렵에 확인하고 마음이 뿌듯할 것입니다. 그리고 기술적 분석을 공부한 만큼 양봉 ③의 의미를 해석함으로써 앞으로의 대응을 준비할 수 있을 것입니다.

우선, 양봉 ③은 20이평선 -10% 하단선을 양봉으로 돌파했습니다. '오, 하락추세에서 하단선 안쪽으로 들어왔으니 일단 20이평선까지는 상승을 하겠구나.' 그리고 캔들과 이평선을 살펴보니 5이평선을 종가상 돌파했습니다. 요 며칠 사이의 매수보유자들은 수익이 나기 시작했다는 뜻입니다. '오, 이 양봉의 저가를 깨지 않는 이상 보유하면서 주가의 추가 흐름을 봐야겠다'.

그리고 그다음 날 양봉 ④가 5-10 이평선에 더해서 20이평선까지 한 번에 뚫어낸 것을 종가 무렵에 확인할 수 있었을 것입니다. 앞서 '일단 20이평선까지는 상승하겠구나'라고 생각한 것에 비추어 보유 비중의 일부를 종가에 익절할 수 있을 것입니다. 10%가 넘는 수익이 발생합니다. 그리고 나머지 물량은 5-10 이평선의 골든크로스를 기다리면서 손해를 보지 않는 한 홀딩한다고 생각하며 이후의 주가 흐름에 대응하면 됩니다. 왜냐하면 주가는 20이평선 -10% 하단선으로부터 20이평선으로 올라오고, 또 20이평선 +10% 상단선까지 가는 것처럼, RSI 과매도권을 ⓐ에서 돌파했으니 RSI 과매수권까지 움직이게 될 것이기 때문입니다.

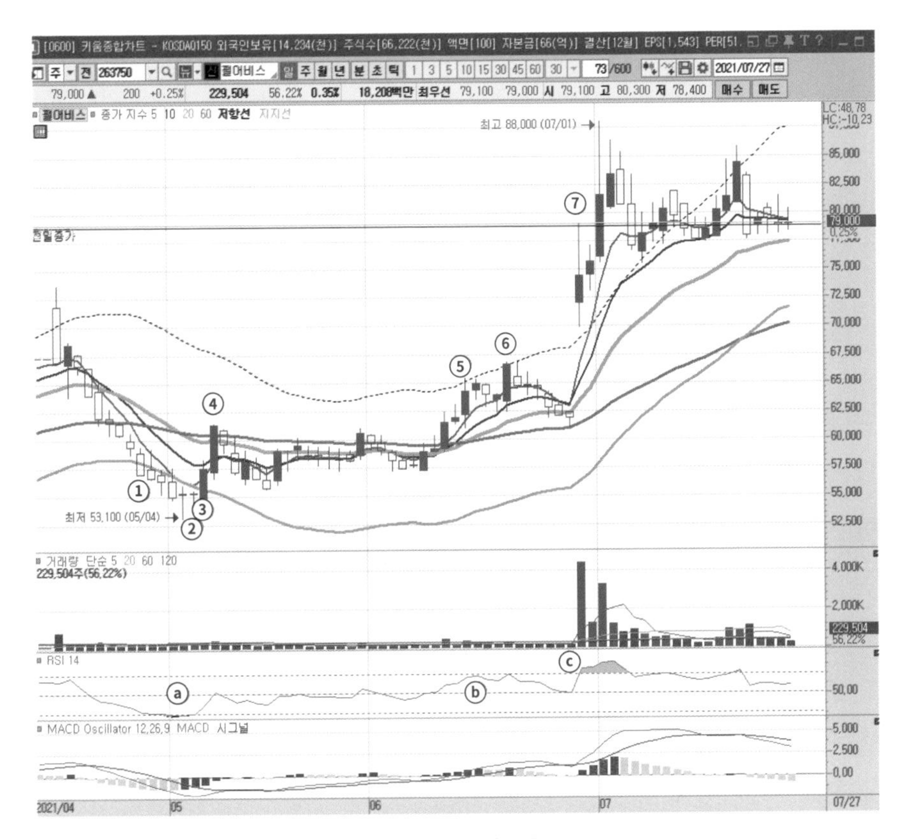

펄어비스의 주가 흐름

양봉 ④에서 보유 물량의 일부를 익절한 이유는, 채널매매의 방식이 주가의 흐름은 채널 하단→채널 중심선(20이평선)→채널 상단으로 이동한다는 것을 전제로 한 것인데, 주가가 우리의 1차 목표선인 20이평선까지 왔기 때문입니다. 11% 정도의 수익이 나는 시점입니다. 그러고 나서 만족스럽게 매도할 수 있는 지점은 20이평선 +10% 상단(원래 저는 +10% 상단선은 차트에 표시하지 않으나 여러분의 참고를 위해 여기서는 검은색 점선으로 상단선을 표시했습니다)인 ⑤나 ⑥ 양봉입니다. 사례 종목에서는 이 시점에서 매도했을 때 약 20%의 수익률을 거두게 됩니다. 하지만 그 지점까지 가는 데 1달 가까운 시간이 재미없이 흘러갑니다. 7~8%의 수익을 보고 있는 상태에서 특별한 변화 없이 계속 시간이 흘러가니 매도하고 다른 종목에 들어가서 빨리 수익을 보고 싶은 유혹을 느끼게 될 것입니다. 하지만 그렇게 하지 않는 것이 기술적 분석에 의한 매매입니다.

RSI로 봤을 때 ⓑ지점은 과매수권으로 들어가지는 못했지만 거의 도달한 지점입니다. 여기서 전량 매도해도 잘한 것이고요, 조금 더 참을 수 있었다면(참는 근거는 5-10 이평선의 골든크로스 유지), ⓒ로 RSI 과매수권에 확실히 들어가는 지점인 양봉 ⑦ 이상에서 매도할 수 있었을 것입니다. 약 35%의 수익률. 즉 저가권에서 적절한 대응으로 세력과 함께 매집할 수 있다면 그다음은 차근차근 수익을 실현해가는 일만 남는 것입니다. 기분에 따라 매도하는 것이 아니라 지표에 따른 신호에 근거해서 말이지요.

④ 주가가 20이평선 -10% 하단선을 찍고 아래꼬리를 단 캔들이 만들어졌을 때 종가 매수

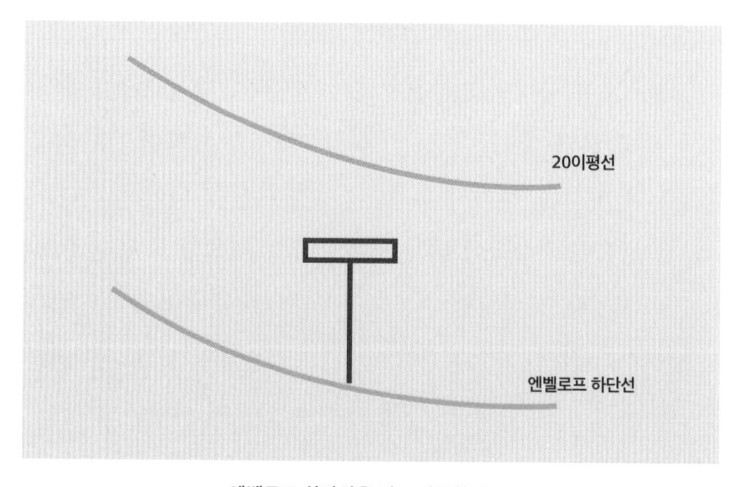

엔벨로프 하단선을 찍고 반등한 음봉

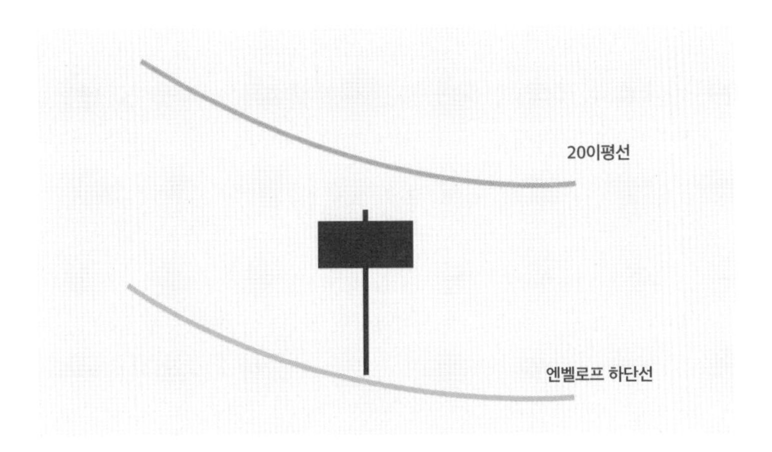

엔벨로프 하단선을 찍고 반등한 양봉

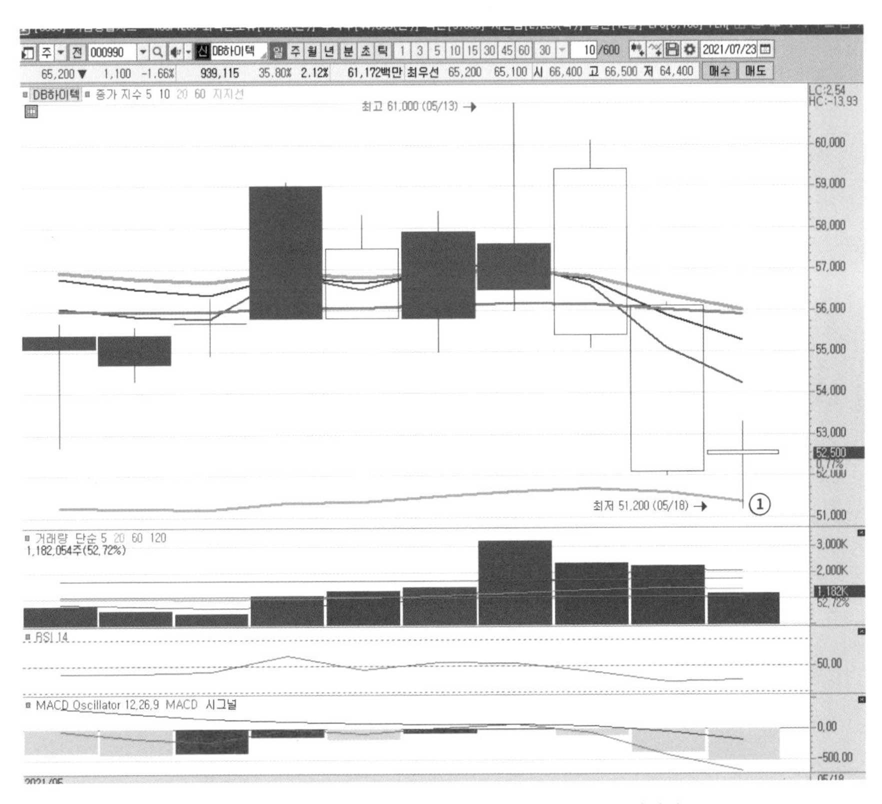

엔벨로프 하단선을 찍고 아래꼬리를 만들며 반등한 DB하이텍

종가 기준으로 매매하는 중장기 매매자의 입장에서 장이 끝날 즈음에 차트를 열어보니 ①과 같은 상태였다고 가정해보겠습니다. 이동평균선을 기준으로 봤을 땐 5-10-20 이평선의 데드크로스가 너무나 명확하게 발생하였기 때문에 매매를 되도록 안 하는 것이 위험관리상 추천하는 바입니다만, 사례 연구로서 안내합니다.

단 이틀 만에 주가가 엔벨로프 하단선까지 급하게 떨어졌으므로 반등의 가능성을 기대할 수 있습니다. ①과 같은 캔들을 만나면 그 저점을 손절가격으로 설정하고 1차 매수를 할 수 있습니다. 그리고 종가~아래꼬리 사이는 추가매수 가능 지점으로 삼을 수 있습니다. 이후 주가의 흐름을 살펴봅시다.

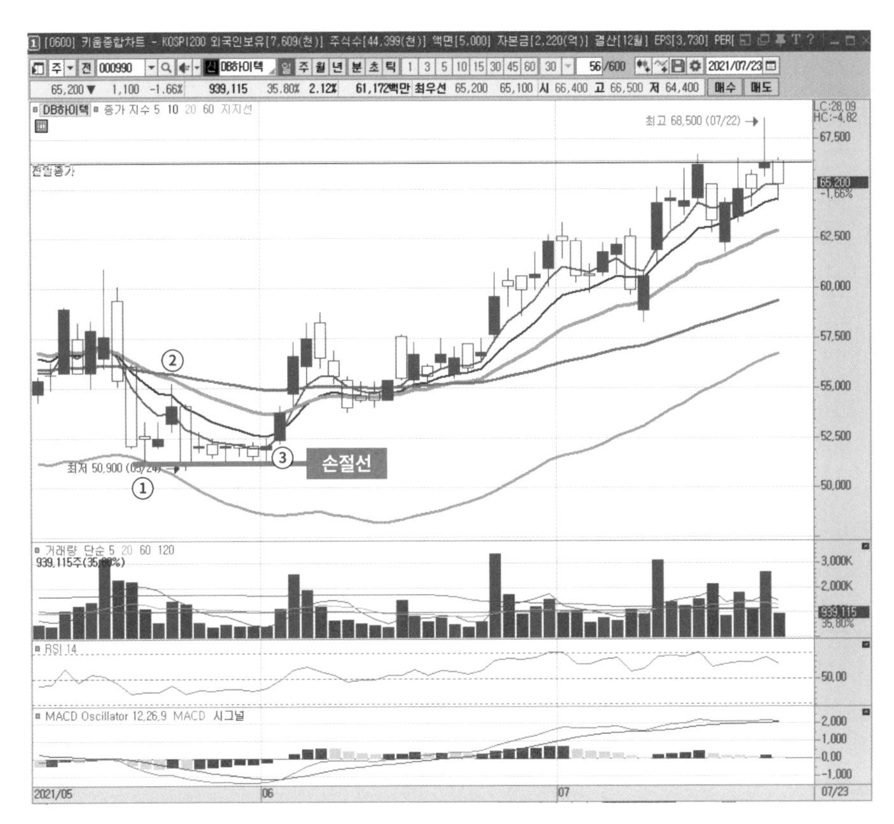

엔벨로프 하단을 찍고 아래꼬리를 만들며 반등한 DB하이텍 이후의 주가 흐름

①의 종가에서 매수한 다음, 그다음 날 양봉의 종가에서 추가매수할 수 있습니다. ②에서는 종가상 3% 정도 수익이 난 상황이니 일부 보유 물량을 익절할 수 있을 것입니다. 주가의 흐름을 보면 ①의 저가를 손절선으로 삼았을 때 여러 캔들이 종가로 이 선을 깨지 않고 유지되는 것을 볼 수 있습니다. 양봉 ③에서 5-10 이평선을 모두 뚫어내는 양봉이 만들어지고 그 이후 골든크로스가 계속해서 유지되고 있는 것을 볼 수 있습니다.

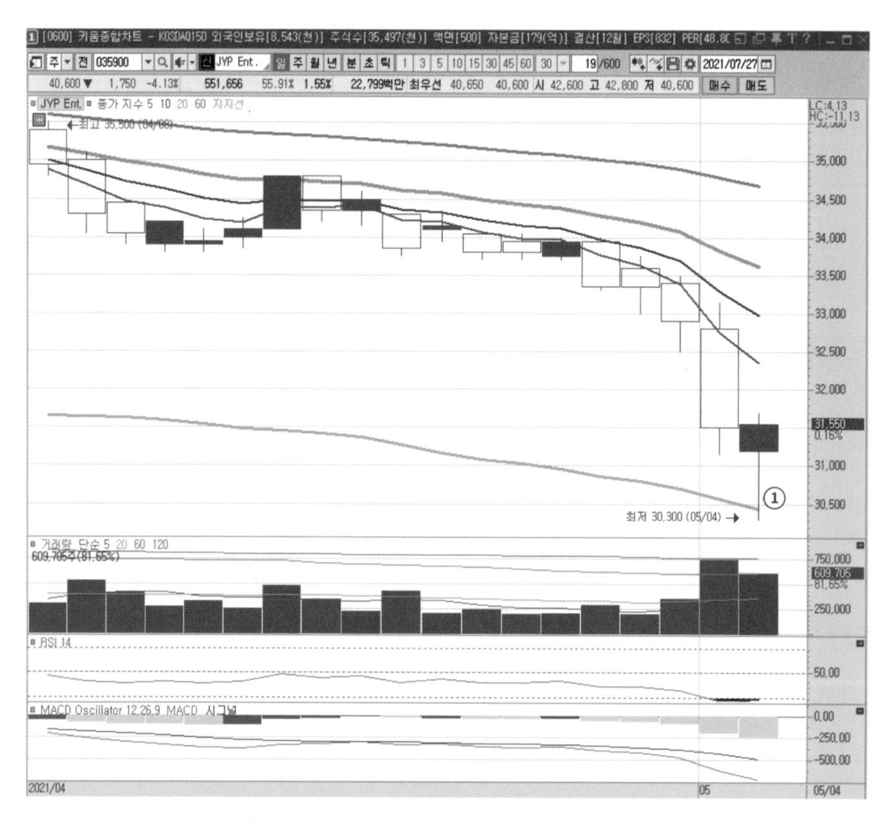

엔벨로프 하단을 찍고 아래꼬리를 만들며 반등한 JYP Ent.

2021년 5월 4일 JYP Ent.는 20이평선 -10% 하단선을 찍고 반등하는 양봉 ①을 만들었습니다. 단기 매매자는 장중에 실시간 검색을 통해 저 지점을 찾아 매수할 수 있으며, 중장기 매매자의 경우 종가에서 1차 매수를 과감하게 실행하거나 불안하다면 다음 날 양봉 ①의 종가~저가 사이에 주가가 형성될 경우 매수를 계획할 수 있습니다.

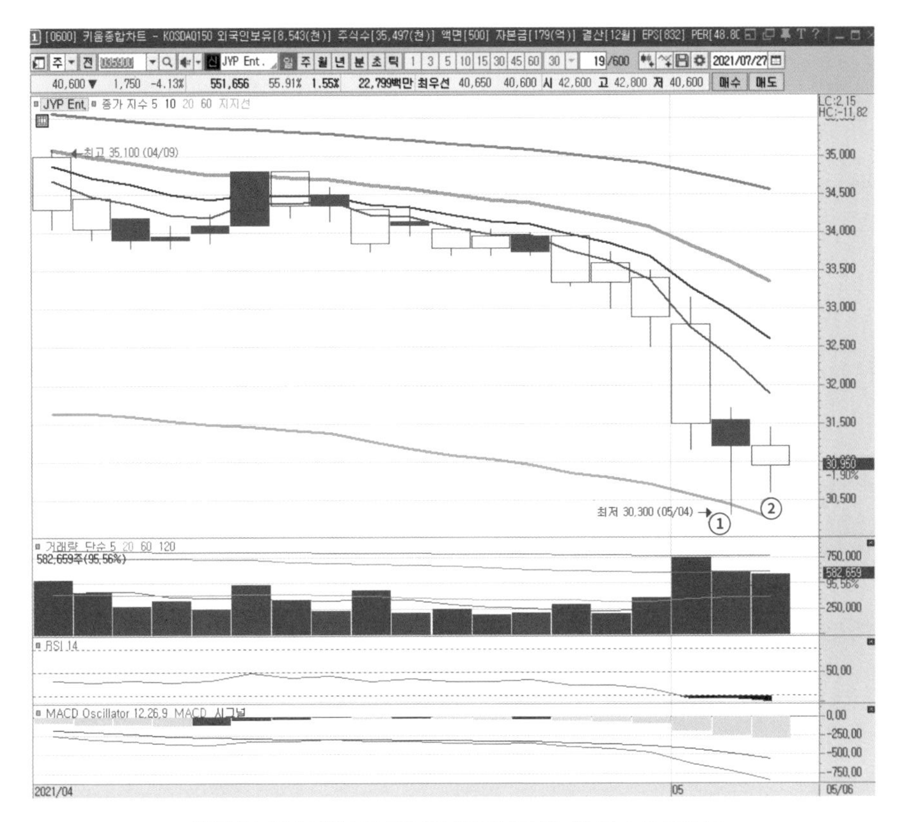

엔벨로프 하단을 찍고 아래꼬리를 만들며 반등한 JYP Ent.의 다음 날

양봉 ①의 다음 날, ②를 체크해보십시오. 캔들의 종가가 어제 매수계획을 세운 가격대에서 형성되었습니다. 이럴 땐 매수 대응을 해줘야 합니다. 비중조절과 분할매수를 차분하게 진행하면 크게 겁날 것 없습니다. 중장기 매매자라면 종가에 매수를 해줘야 합니다. 양봉 ①의 종가에서 과감하게 1차 매수를 한 매매자라면 주가가 내려서 손실 상태가 되니 실망할 수도 있겠지만 겁내지 말고 ②에서 계획대로 2차 매수를 해주는 겁니다. 특히 RSI도 과매도권으로 내려가 있는 상태이기 때문에 이래저래 한 번은 반등이 있을 것으로 기대할 수 있습니다.

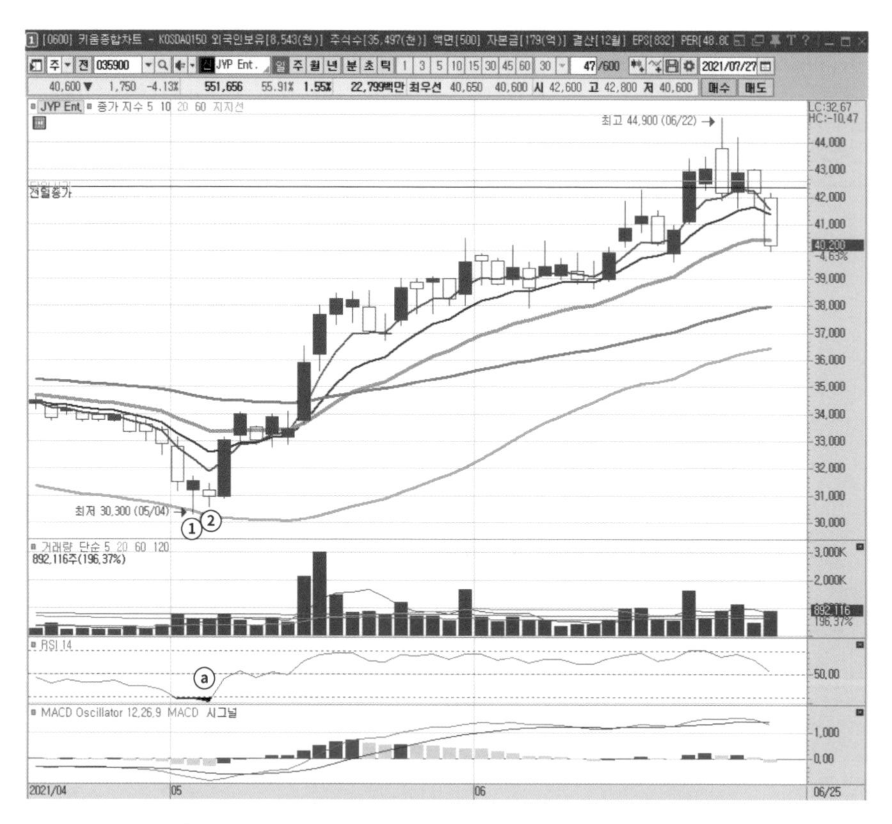

엔벨로프 하단을 찍고 아래꼬리를 만들며 반등한 JYP Ent.의 주가 흐름

①과 ②에서 매수한 매매자는 지속적인 상승을 통해 수익을 거둘 수 있었을 것입니다. 5-10 이평선을 뚫는 양봉도 나오고, 5-10 이평선의 골든크로스가 발생하면서 지속적으로 상승하였습니다. ⓐ에서 RSI 과매도권을 탈출하는 모습도 나옵니다. 여러 지표가 저가권에서 반등함을 보여주고 있으니 신호를 믿고 매매하는 것입니다. 신호는 나를 포함해서 이 종목에 관여한 모든 매매자들의 심리가 만들어내는 것이니까요.

매도

매수를 잘하면 시간이 흐르면서 계속 수익이 나는 상황이 되므로, 매수보유자는 자신이 적당하다고 생각하는 수익률에서 매도하면 됩니다. 다만, 우리가 매수할 때 '기분'으로 매수하는 것이 아니라 매수의 '기준'을 정해놓고 하는 것처럼, 매도할 때에도 '기분'으로 매도하는 것이 아니라 매도의 '기준'이 있어야만 합니다.

지표를 통한 매매에서는 그 지표의 특성대로 매도하는 것이 원칙입니다. 앞서 이동평균선을 이용한 매매를 할 때에는 5이평선과 10이평선의 관계를 통해 세력이 상승추세를 만드는 골든크로스 상태를 충분히 누린 다음 데드크로스 발생 시점에서 매도하는 것을 배웠습니다.

엔벨로프 지표를 통한 매도도 그 특성대로 매도 타이밍을 잡으면 됩니다. 중장기 매매자는 일봉상 20이평선을 기준으로 -10% 하단선에서 매수합니다. 이 말은 달리 말하자면 반등이 최소한 기준선인 20이평선까지는 일어날 것을 기대한다는 뜻이며, 상승이 추가로 이어지면 +10% 상단선까지도 갈 수 있다고 믿고 적용하는 매매법이라는 뜻입니다. (20이평선 아래로 10% 하락하는데 위로 10% 못 올라갈 이유도 없잖아요?)

그래서 엔벨로프 지표에서 매도 타이밍은 일반적으로 다음과 같이 잡습니다. 일봉을 기준으로 종가 근처에서 매매하는 중장기 매매자들은 -10% 하단선 근처에서 매수한 물량을,

종가가 20이평선 근처에 오면 일부 매도(약 10% 남짓의 수익률)

- 종가가 20이평선 아래인데 위꼬리가 달려서 당일 20이평선을 돌파한 흔적이 있다면 매도하지 않고 그대로 보유합니다. 물량 소화를 하면서 추가 상승할 가능성이 높습니다.
- 종가가 20이평선 위에서 형성되면 일단 일부는 익절하는 것이 수익을 안정적으로 확보해나가는 데 도움이 됩니다.
- 캔들이 종가상 20이평선 위로 올라간 이후 다시 종가상 20이평선 아래로 떨어지면 잔여 물량을 전부 매도합니다.

종가가 20이평선 +10% 상한선 근처에 오면 일부 또는 전량 매도(약 20% 남짓의 수익률)

- 종가가 +10% 상한선 아래인데 위꼬리가 달려서 상한선을 터치 또는 돌파한 흔적이 있다면, 보유 물량의 일부 또는 전량을 매도하여 수익을 실현합니다.
- 종가가 +10% 상한선 위에서 형성되면 일부 또는 전량 매도하여 수익을 확보합니다. 일부만 수익실현하고 잔여 물량을 보유하기로 했다면 다음에 따라 최대 수익을 도모합니다.

종가가 +10% 상한선을 넘어서 형성되면 매도 조건 변경하여 전량 매도

- 이 경우, 엔벨로프 매매 조건의 영역을 넘어서게 된 것이므로 일봉상 5이평선과 10이평선의 골든크로스가 유지될 때 5-10 이평선을 한꺼번에 깨는 음봉이 나오거나, 데드크로스가 나오면 매도합니다.
- 또는 하위 시간축인 30분봉으로 매도 시점을 찾으며 30분봉상 5이평선과 10이평선의 데드크로스에서 매도합니다. (단, 이 경우는 장중 차트를 계속 볼 수 있는 단기 매매자의 영역입니다.)

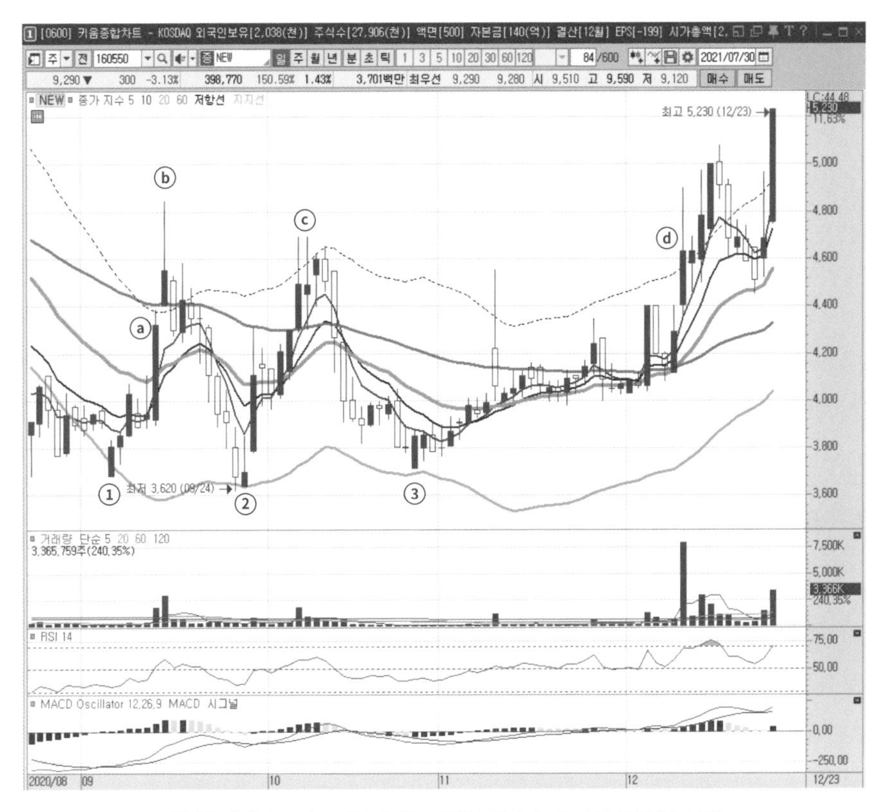

일봉상 엔벨로프 지표 활용시 매도 타이밍 찾기: NEW 2020년 9월~12월

실전을 통해 그리고 자신이 관심종목으로 뽑아놓은 종목들을 엔벨로프 지표의 관점에서 살펴보면 다양한 케이스를 볼 수 있겠지만, 해석에 도움이 될 수 있도록 NEW라는 종목에서 어떻게 매수매도를 할 수 있는지 잠시 살펴보겠습니다.

20일 이평선 -10% 하단선에 걸치는 캔들은 ① ② ③ 정도 되겠습니다. 어느 위치에서 매수하는지에 따라서 약간씩 매수단가의 차이는 있겠지만 차트상 저점권에서 매수하게 된 것임은 틀림없습니다. -10% 하단선에서 매수했다면 1차 매도권을 기준선인 20이평선 부근으로 삼으면 됩니다. 차트를 자세히 보시면 모두 20이평선까지는 무리 없이 종가상 뚫어주는 양봉이 발생하는 것을 볼 수 있습니다.

2차 매도권은 +10% 상단선이 됩니다. ⓐ의 경우에는 양봉이 20이평선을 호쾌하게 돌파해주었고 +10% 상단선까지 갔다가 약간 밀려서 종가가 형성된 것을 볼 수 있습니다. 이런 날에는 기분 좋게 20일 이평선 매도를 실현해주고 나머지 물량을 어떻게 해야 할지 전략을 세워야 합니다. 왜냐하면 +10% 상단선을 맞고 하락으로 방향을 틀 수도 있습니다. 채널 안에서 오르락내리락하는 것이 엔벨로프 지표로 파악하는 주가의 흐름이니까요. 그래서 이렇게 +10% 이평선에 가깝게 종가가 형성되면 그다음 날에는 종종 살펴주는 게 좋긴 합니다. (종가 근처에서 매매하는 중장기 매매자는 힘들겠지만, 점심시간 때라도 잠깐 봐주는 것이죠.) 보유의 기준은 20이평선을 다시 아래로 깨느냐의 여부이며, +10% 이상에서 종가가 형성되는 양봉이 나오면 다시 보유 물량 일부는 수익실현해주는 것입니다. ⓐ 다음 날에 +10% 상한선 위에서 종가가 만들어지는 양봉이 나왔네요? 수익실현합니다. 전량을 실현할 것인지 또 일부를 남길 것인지는 보유자의 의사결정 사항입니다.

ⓒ는 어떻습니까? 장중에는 +10%의 상단선을 돌파하지만 종가로는 돌파해내지 못하고 있습니다. 추가 상승을 욕심내면서 계속 보유하고 있을 필요가 있을까요? 우리는 채널매매를 하고 있습니다. 채널을 종가로 시원하게 뚫어주지 못한다면 거기에는 그 나름의 이유가 있을 것입니다. 우리는 그 이유가 뭔지 몰라도 상단선 근처에서 계속 잔여 물량의 일부를 매도해줌으로써 수익을 실현하면 됩니다. 오히려 ②에서 ⓒ로 가는 도중에 20이평선을

뚫고 난 다음 종가로 20이평선을 깨는 음봉이 나왔을 때 어떻게 할 것인가 생각을 해보시면 좋겠습니다.

ⓓ의 경우 +10% 상단선을 장중에 크게 돌파했는데 유지하지 못하고 하락했습니다. 그러나 종가는 상단선 위에 머물렀습니다. 일단 채널매매의 특성상 채널 상단선에 오면 일부든 전량이든 매도를 해주는 것이 맞습니다. 그리고 남은 물량에 대해서는 채널매매가 아닌 다른 매매 기준으로 전환하여 매도 타점을 잡게 됩니다.

ⓓ시점에서 봤을 때, 이평선이 골든크로스된 상태로 유지되고 있기 때문에 매매자는 다음의 경우 중 하나를 매도 타점을 선택하는 기준으로 삼을 수 있습니다.

- 종가로 5이평선과 10이평선을 동시에 깨는 음봉이 나오면 매도
- 5이평선과 10이평선이 데드크로스를 만들면 매도

한편, 장중에도 주가의 흐름을 확인할 수 있는 매매자라면 ⓓ를 본 다음 하위 시간축인 30분봉상에서 5이평선과 20이평선의 데드크로스가 나는 경우에 매도함으로써 수익률을 극대화할 수 있을 것입니다.

실력이 붙으면 여러 지표를 복합적으로 활용함으로써 수익률을 더 높일 수 있는 자신만의 요령이 생기게 됩니다. 다만 그전에는 매매에서 자신이 선택한 지표를 기본적으로 고수하여 매수와 매도의 기준으로 삼기를 권합니다.

TIP BOX

조건검색식 만들기

이동평균선에 대해 공부했을 때처럼, 하루의 장이 마무리되는 3시~3시 30분 사이에 엔벨로프 지표로 저가권 매수 신호를 주는 종목이 있는지를 신속히 살펴볼 수 있도록 조건검색식을 만들어놓으면 편리합니다. 앞서 공부한 매수 조건을 바탕으로 해서 다음과 같은 세 가지 패턴의 조건검색식을 만들어보도록 하겠습니다.

- 패턴1: 20이평선 -10% 하단을 아래로 뚫는 음봉 & -10% 하단선 아래에 몸통으로 음봉
- 패턴2: 20이평선 -10% 하단을 위로 뚫는 양봉 & -10% 하단선 아래에 몸통으로 양봉
- 패턴3: 20이평선 -10% 하단을 터치하고 반등한 캔들

패턴1 조건검색식 만들기

조건검색식을 만들기 위한 조건을 다음과 같은 순서로 구성해보겠습니다.

① 20이평선 -10% 하단을 구성

② 하단을 아래로 뚫는 음봉은 시가는 -10% 하단선 위에, 종가는 -10% 하단선 아래에 있어야 합니다.

③ 하단선 아래에 몸통으로 음봉은 시가와 종가가 모두 -10% 하단선 아래에 있어야 합니다.

검색대상 설정 부분은 이동평균선 조건검색식을 만들 때 설명드렸던 부분을 참고해 주십시오.

그림5-9 종가가 20이평선 −10% 하단선 아래에 있는 '음봉'을 찾아야 하므로 우선 '음봉'을 검색하는 식을 만듭니다. 조건식 탭에서 ①의 '시세분석〉가격조건'을 클릭한 다음 ②의 '주가비교'를 선택합니다. 그 후, 음봉은 시가보다 종가가 낮은 것이니 ③과 ④처럼 '시가'와 '종가'의 크기를 결정해줍니다. 0봉 전은 당일을 뜻합니다. 모두 설정한 후 '추가' 버튼을 클릭합니다.

그림5-10 앞서 음봉을 찾는 조건을 설정한 다음 '추가' 버튼을 클릭하면 ①과 같이 A식으로 나타나고, ②의 '검색' 버튼을 클릭하니 64개의 종목이 제 관심종목에서 찾아지는 것을 볼 수 있습니다. 이제 20이평선 −10% 하단선과의 조건을 만들어보겠습니다.

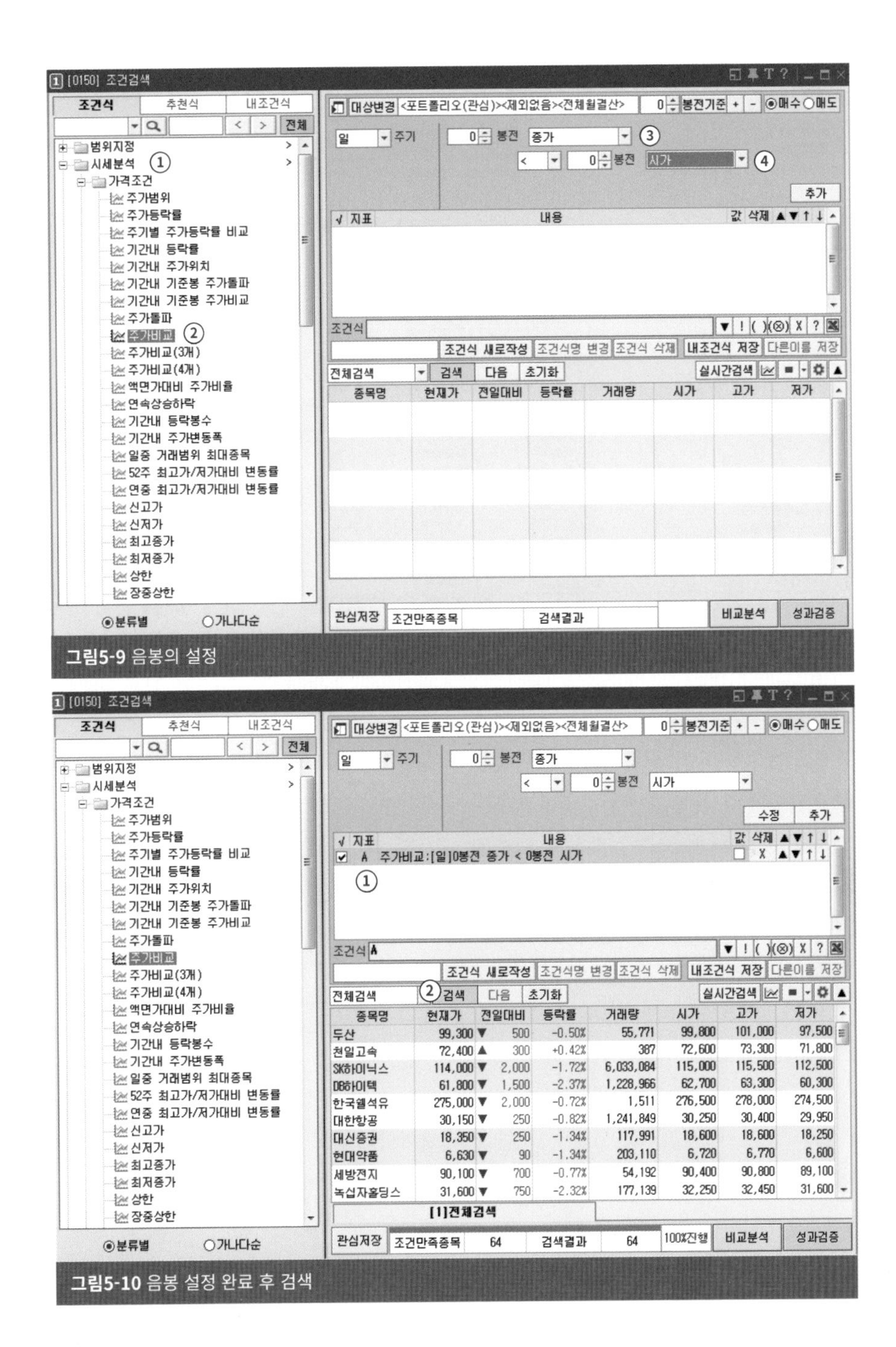

그림5-9 음봉의 설정

그림5-10 음봉 설정 완료 후 검색

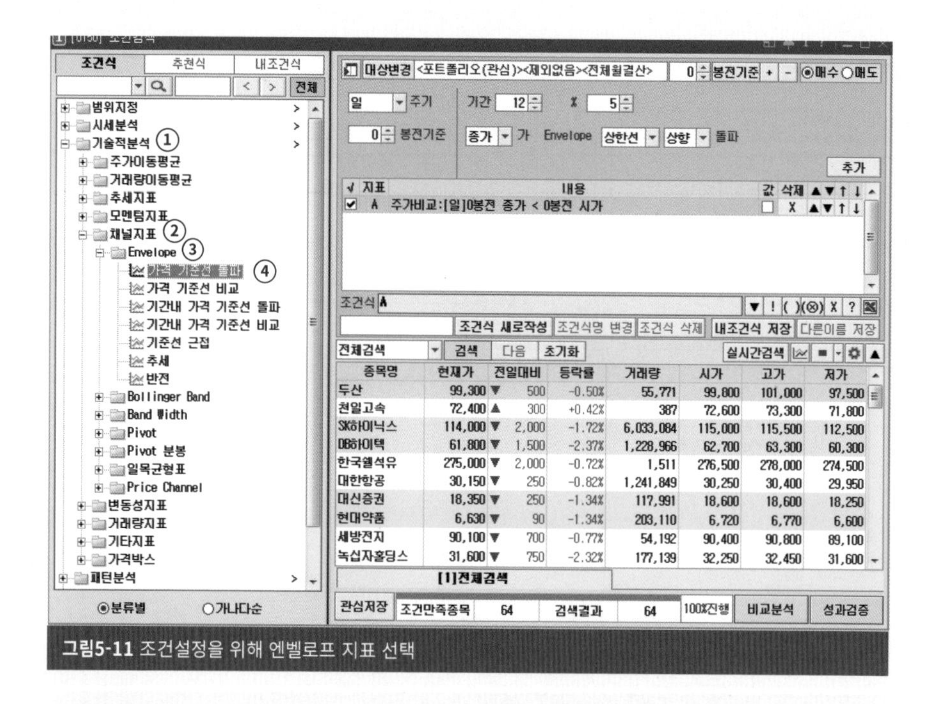

그림5-11 조건설정을 위해 엔벨로프 지표 선택

그림5-11 20이평선 -10% 하단선과 관련된 조건을 설정하기 위해서는 엔벨로프 지표를 선택해야 합니다. ①기술적 분석→②채널지표→③Envelope를 선택하면 엔벨로프에서 조건을 설정할 수 있는 몇 가지 미리 설정된 조건이 있습니다. 이 중에서 우리는 우선 20이평선 -10% 하단선을 아래로 깨는 종가를 찾기 위해서 ④'가격 기준선 돌파'를 클릭합니다. 오른쪽에 조건을 상세히 설정할 수 있는 창이 뜹니다.

그림5-12 우리가 사용하는 엔벨로프로 조건을 상세설정해봅시다. ①의 기간은 기준선을 말하므로 20일로 합니다. ②에서 20이평선 위아래로 어느 정도의 간격을 가진 채널을 설정할지 결정합니다. 우리는 10%로 합니다. 이것으로 우리가 사용하는 엔벨로프의 조건을 설정하게 되었고 ③종가가 ④하단선을 ⑤하향 돌파, 즉 20이평선 -10% 하단선을 아래로 돌파하는 조건을 설정해줍니다. '추가'한 다음 '검색'해보겠습니다. 결과가 잘 나올까요? 두근거립니다.

그림5-13 20이평선 -10% 하단선을 아래로 돌파하는 음봉을 찾는 조건이 B식으로 등록되었고, A and B로서 조건을 완성하였습니다. 검색을 해보니 두 종목이 나오는군요! 실전에서도 20이평선 -10% 하단선

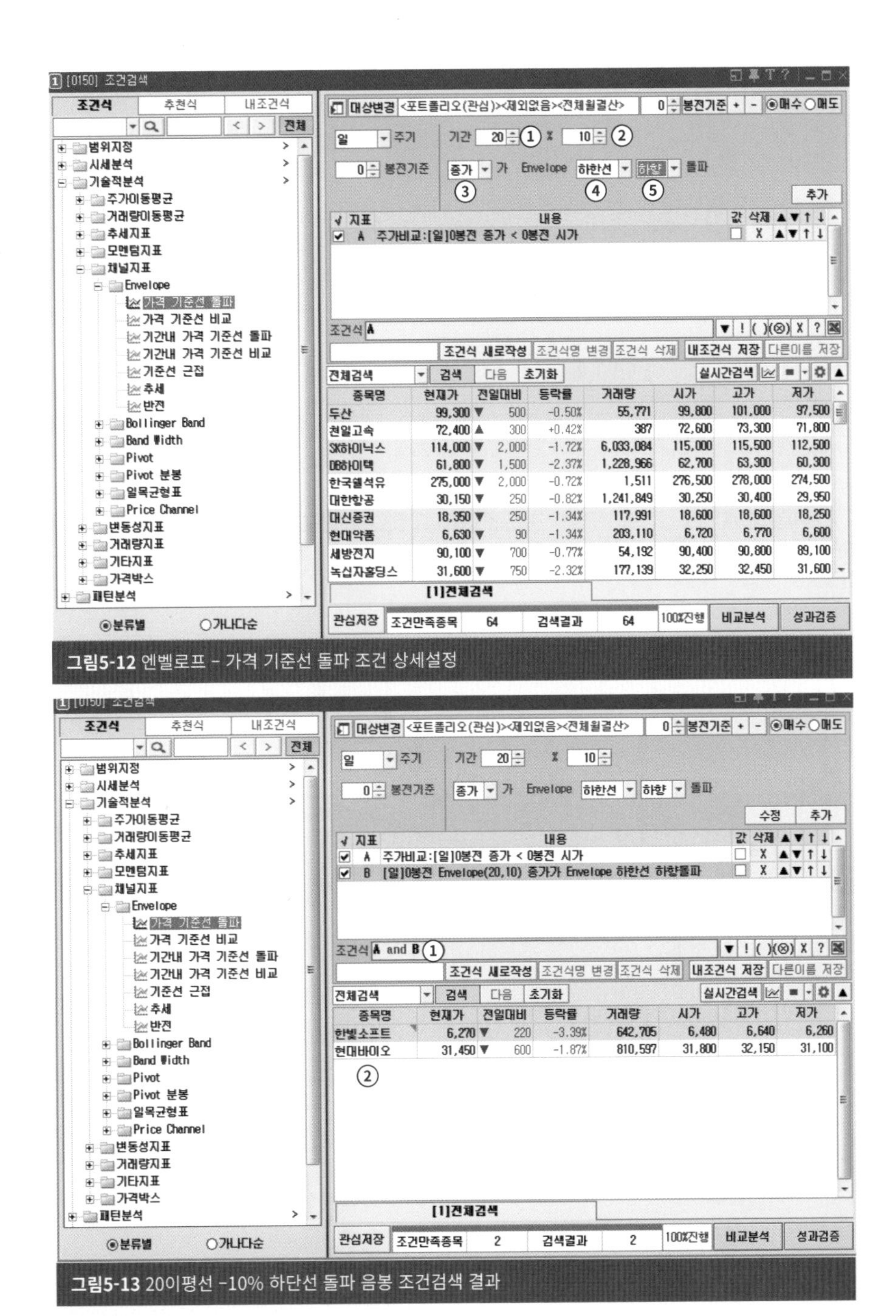

그림5-12 엔벨로프 – 가격 기준선 돌파 조건 상세설정

그림5-13 20이평선 -10% 하단선 돌파 음봉 조건검색 결과

을 돌파하는 음봉이 검색되는 경우는 많지 않습니다. 더군다나 우리처럼 매매할 종목을 미리 뽑아놓고 그 종목만 매매하는 경우에는 더 그렇죠. 제대로 검색되었는지 한번 살펴볼까요? 한빛소프트의 차트를 열어보았습니다.

그림5-14 검색결과로 나온 20이평선 −10% 하단선을 아래로 뚫는 음봉 ①입니다. 이 지점에서 매수할 것인지 아닌지는 매매자의 의사결정 사항이 되겠지요? 하지만 RSI 지표를 살펴보니 ②와 같이 과매도권으로 진입을 앞두고 있습니다. 의사결정을 하는 데 도움이 될 것입니다.

그림5-15 ①지점에서 매수했다면 며칠 동안의 하락에 신경이 많이 쓰였을 것입니다. 그렇지만 ②에서 RSI 과매도권으로 진입할 가능성이 있다고 보았기 때문에 ③처럼 RSI 과매도권으로 들어갔을 땐 과감하

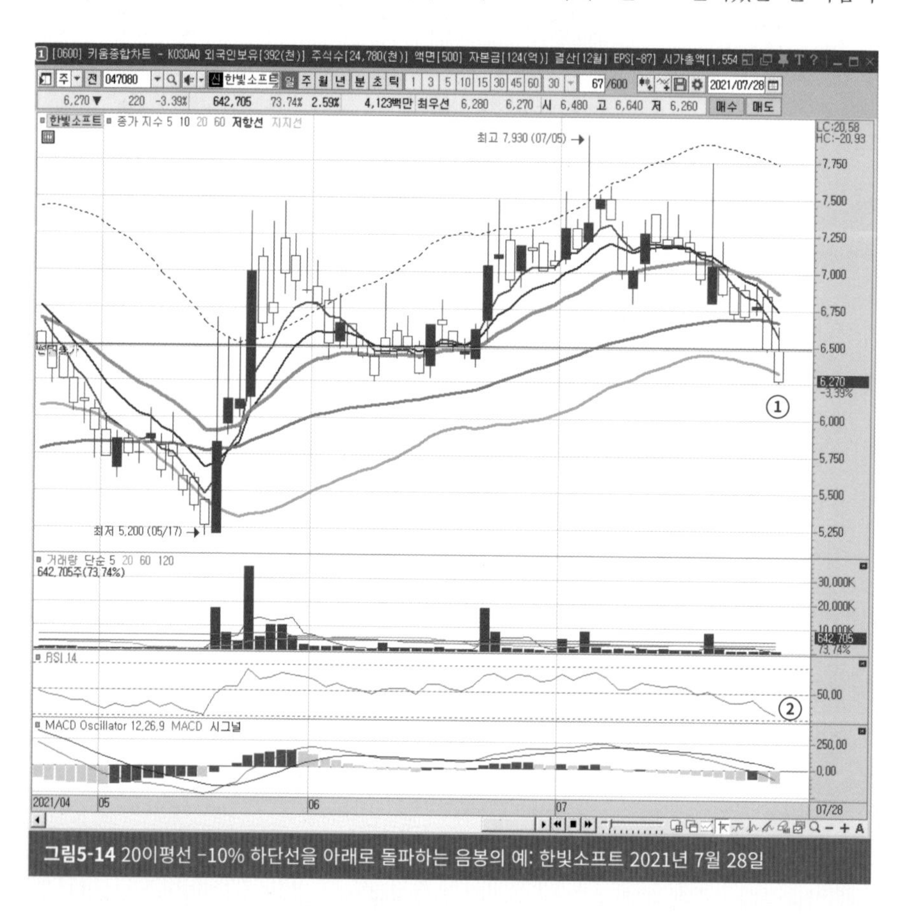

그림5-14 20이평선 −10% 하단선을 아래로 돌파하는 음봉의 예: 한빛소프트 2021년 7월 28일

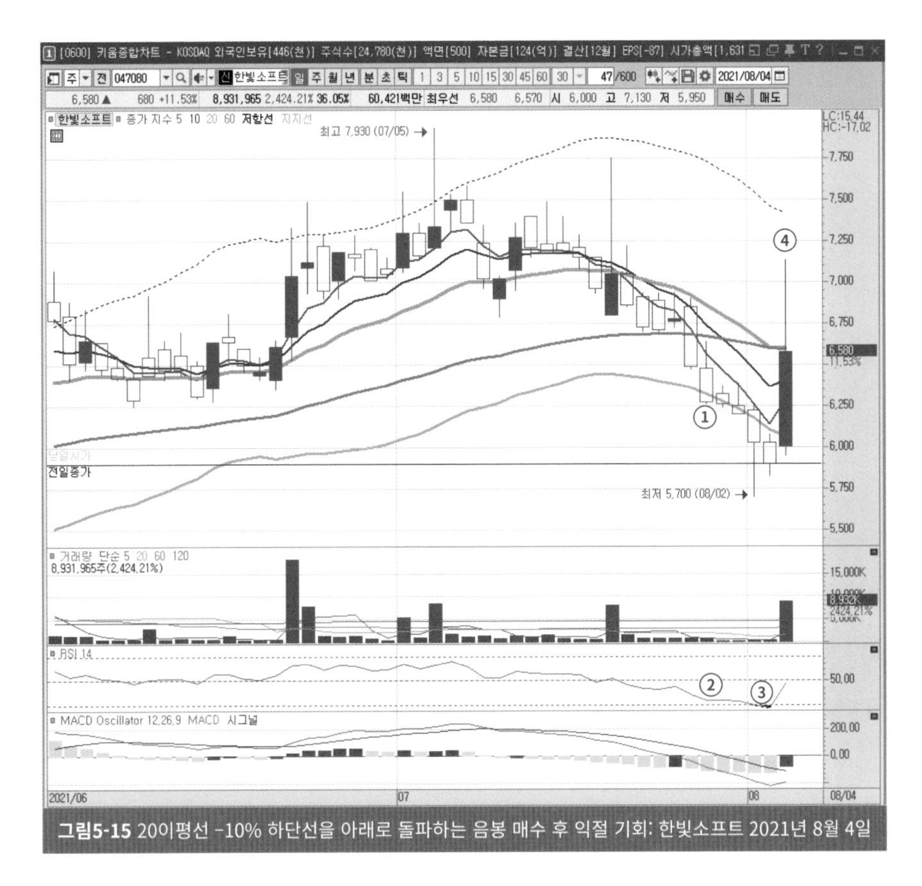

그림5-15 20이평선 -10% 하단선을 아래로 돌파하는 음봉 매수 후 익절 기회: 한빛소프트 2021년 8월 4일

게 2차 매수를 할 수도 있습니다. 양봉 ④가 발생합니다. 저가권에서는 분할매수만 잘해도 어느 날 갑자기 이런 일이 벌어지기도 합니다. 천천히 상승하기도 하고 재료에 따라서는 갑자기 오르기도 합니다. 장중에는 20%까지 상승했지만, 중장기 매매자라고 하더라도 종가가 20이평선 근처에서 형성되었으니 일부 물량은 익절해야겠지요. ①에서 매수하고 추가매수를 하지 않았더라도 5% 정도의 수익을 거둘 수 있는 상황입니다.

이제 이 조건에 더해서 20이평선 -10% 하단선 아래에서 몸통이 만들어진 음봉을 찾는 조건검색식을 만들어보죠.

그림5-16 기술적 분석→채널지표→Envelope를 선택한 다음 ①가격 기준선 비교 조건식을 선택합니다. 오른쪽 위에서 자세한 조건을 설정할 수 있습니다.

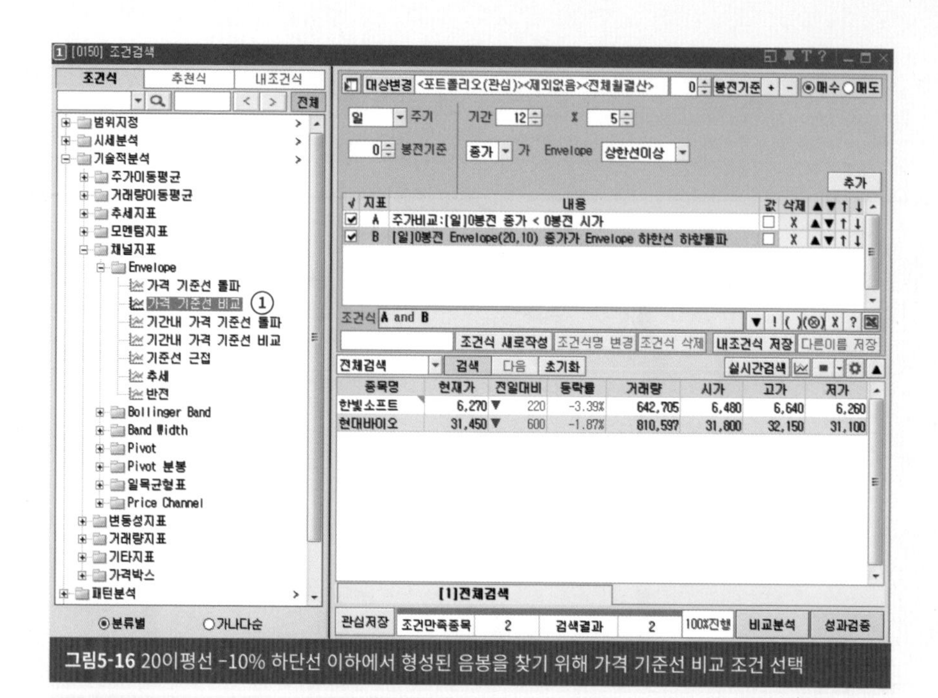

그림5-16 20이평선 -10% 하단선 이하에서 형성된 음봉을 찾기 위해 가격 기준선 비교 조건 선택

그림5-17 가격 기준선 비교에서 20이평선 -10% 하단선 아래에 시가가 형성된 조건설정

그림5-17 기간과 %는 앞서와 같이 20과 10으로 설정하면 됩니다. ①시가를 ②엔벨로프 '하한선 이하'에 형성된 것으로 상세 조건을 설정한 후 '추가'하면 ③처럼 C식이 설정됩니다. 완성된 조건식을 보니 A and B and C로 되어 있습니다. 이렇게 되면 세 식을 모두 만족시키는 종목을 찾아내라는 뜻이 되는데 잘 생각해보면 아시겠지만 그런 종목은 나올 수 없습니다.

그래서 이렇게 생각하는 대로 조건식을 약간 손봐야 합니다.

일단 음봉이어야 하는데, 20이평선 -10% 하단을 아래로 뚫는 음봉이거나 시가가 20이평선 -10% 하단선 아래에서 시작해서 만들어지는 음봉이어야 해.

그러면 이렇게 정리할 수 있습니다. A and (B or C). 조건검색 창에서 설정해보겠습니다.

그림5-18 조건식 부분에서 ①의 B and C의 and 부분에 마우스 커서를 가져다 대면 커서가 or로 변합니다. 더블클릭하면 조건식에 and로 되어 있던 부분이 or로 변합니다.

그림5-19 거의 다 왔습니다. B or C 부분에

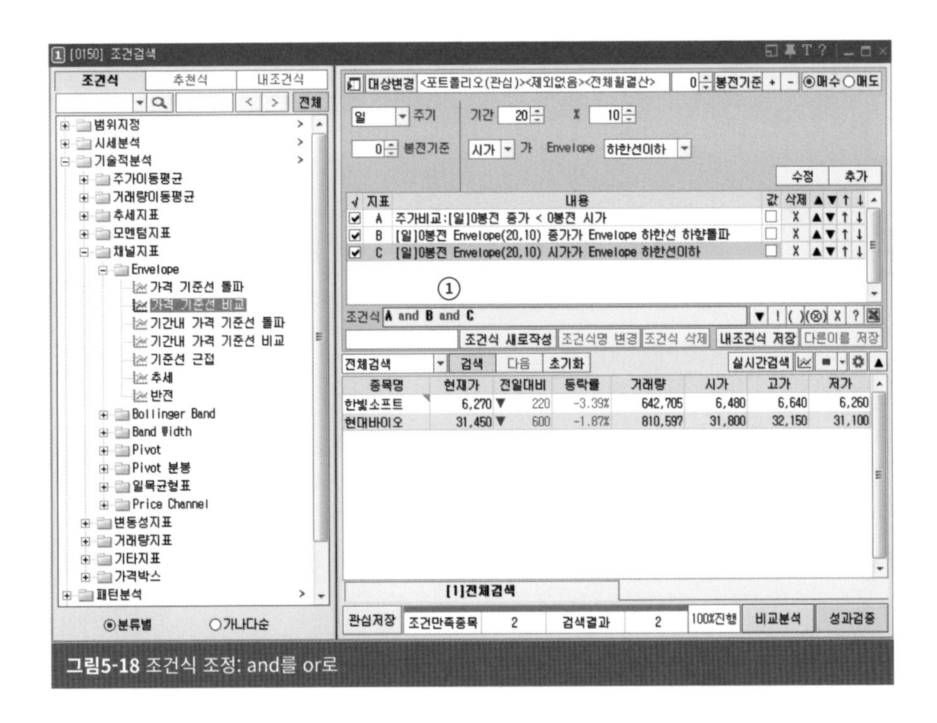

그림5-18 조건식 조정: and를 or로

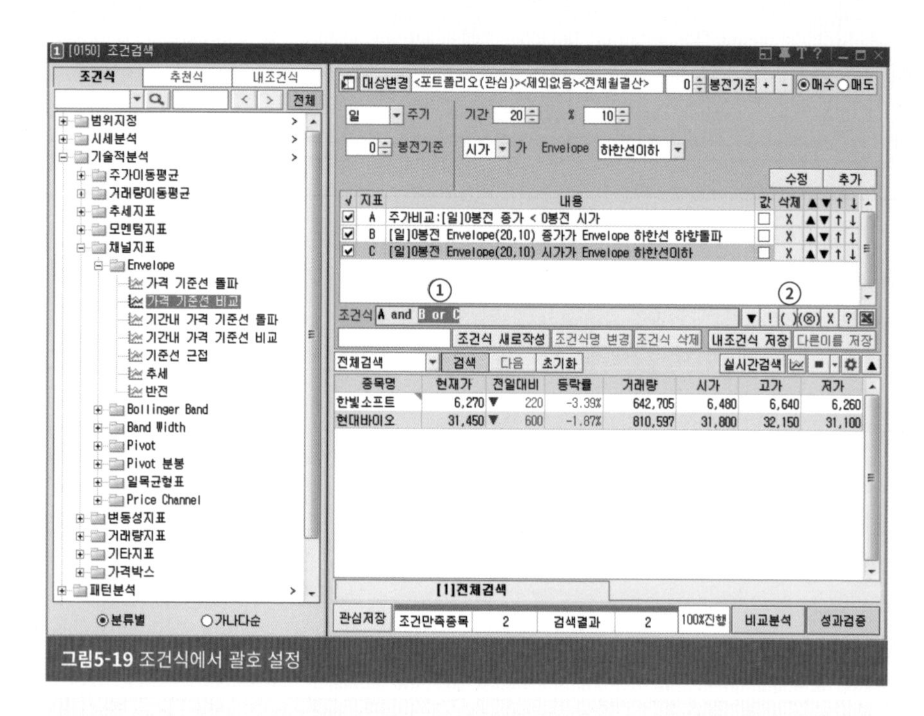

그림5-19 조건식에서 괄호 설정

괄호를 씌워야 B 또는 C에 A조건을 각각 적용시킬 수 있습니다. 괄호를 씌우고 싶은 부분에 ①처럼 마우스를 드래그해서 반전시킨 다음, ②의 ( )를 클릭해줍니다.

그림5-20 잘 따라 하셨다면 ①과 같이 (B or C)로 괄호가 씌워진 것을 볼 수 있습니다. '검색'을 클릭해보았더니 A and B만 했을 때와 검색결과가 같습니다. 무슨 뜻일까요? 제 관심종목 안에는 20이평선 -10% 하단선 아래에서 시가가 형성돼서 음봉으로 끝난 종목이 없다는 뜻입니다. 검색식이 잘 만들어졌는지를 확인하기 위해 검색대상을 제 관심종목에서 코스피와 코스닥 전 종목으로 바꿔서 검색해보겠습니다.

그림5-21 짜잔! ①에서와 같이 조건을 만족시키는 종목이 60개 나왔습니다. 검색식이 나쁘지 않은가 봅니다. 전업으로 투자하는 분들은 검색식을 만들 때 거래량이나 기타 여러 조건을 더 넣어서 가능한 범위를 좁히기도 합니다. 예를 들어 검색결과로 처음 보이는 중앙에너비스 같은 종목은 거래량이 2만 5000주 정도인데 이런 종목은 쉽게 매매해서는 안 됩니다. 원하는 시점에 팔 수 없는 경우가 많이 생기거든요. 그래서 거래량 조건(예를 들어, 몇십만 주 이상) 같은 것을 검색식에 추가하는 것이지요.

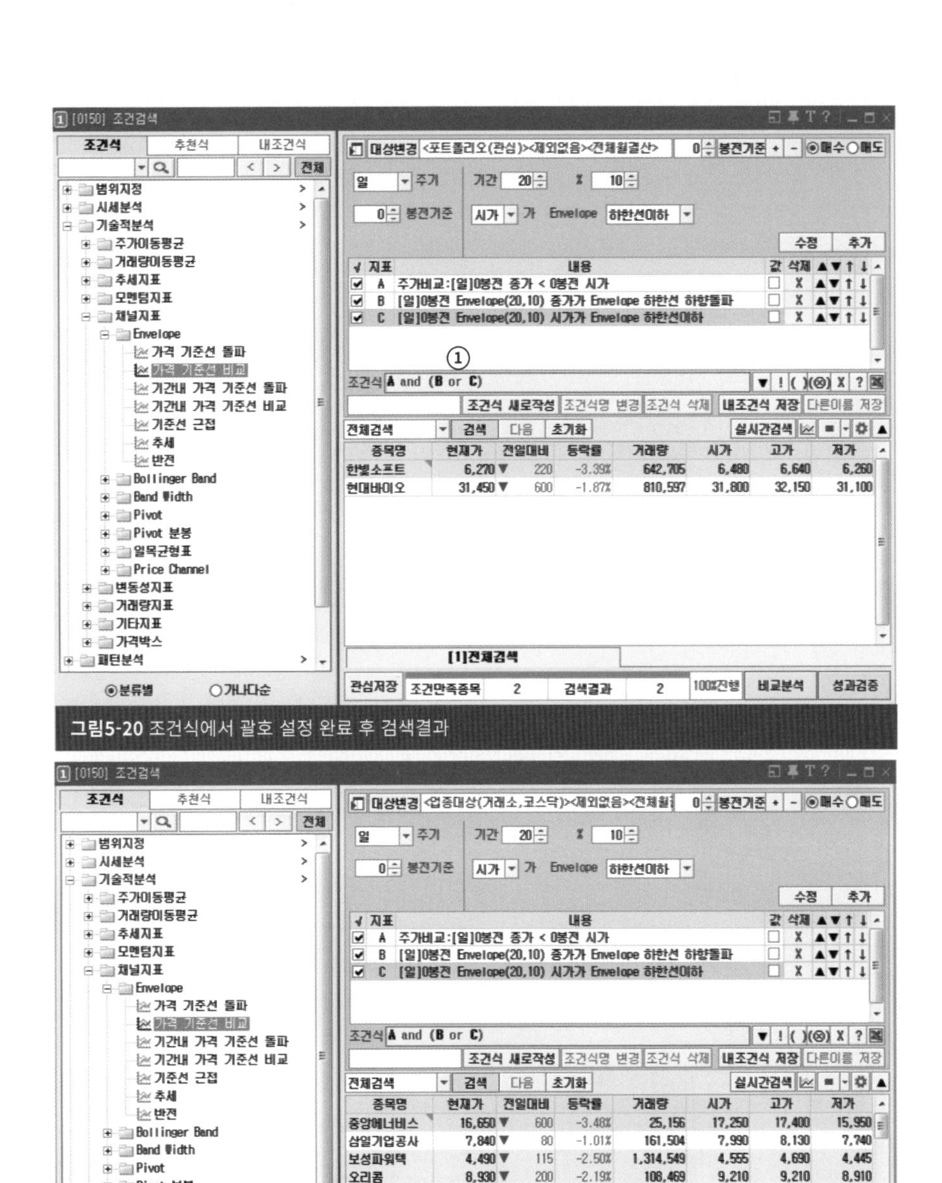

그림5-20 조건식에서 괄호 설정 완료 후 검색결과

그림5-21 대상변경 후 패턴1의 조건검색식으로 검색한 결과

제대로 검색했는지 종목 하나를 살펴보겠습니다.

그림5-22 보성파워텍이라는 종목의 차트를 열어보았습니다. ①과 같이 20이평선 -10% 하단선 아래에서 시가가 형성되고 최종적으로 음봉이 만들어진 것을 확인할 수 있습니다. 이틀 전에는 -10% 하단선을 하향돌파하는 음봉 ②가 만들어진 것도 겸사겸사 볼 수 있습니다.

기왕 검색결과가 나왔으니 이 시점에서 매수 전략을 어떻게 세울 수 있는지 살펴보지요. 우선 20이평선 +10% 상단선에서부터 거의 한 달 내내 하락하고 있음을 볼 수 있습니다. 그런데 아직 RSI는 과매도권으로 들어갈 때까지 아직 하락폭이 남아 있음을 확인할 수 있습니다. 20이평선 -10% 하단선이라는 지점은 하락이 끝났다는 뜻이 아니라 한 달 동안 매매자들의 평균심리를 관장하는 20이평선을 기준으로 -10% 정도

그림5-22 패턴1의 조건검색식 검색결과: 보성파워텍 2021년 7월 28일

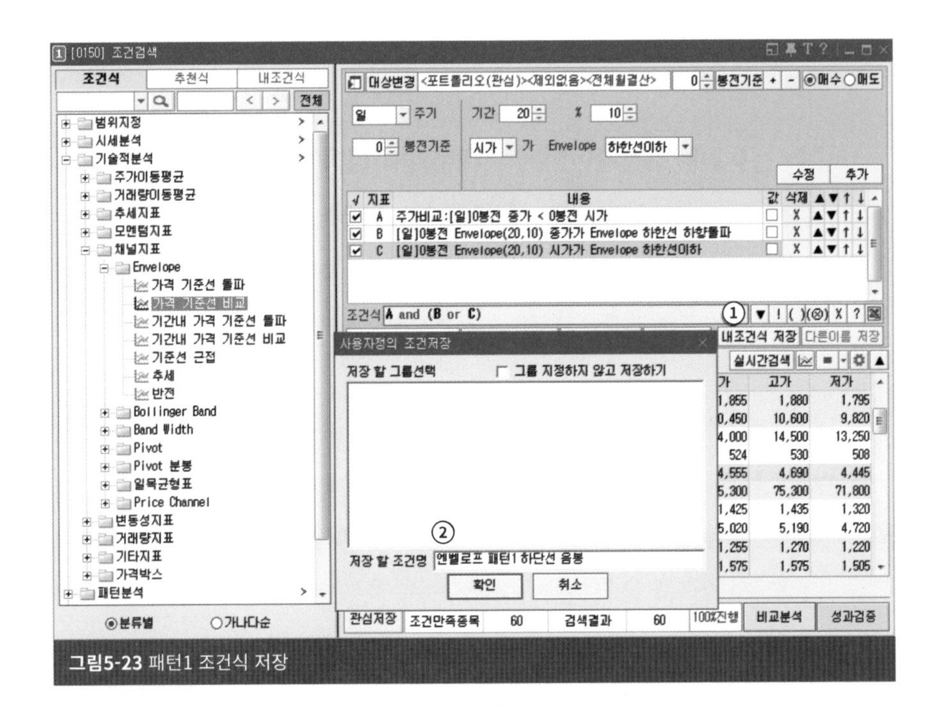

그림5-23 패턴1 조건식 저장

하락했다는 뜻이므로 매수세가 들어오지 않는다면 더 떨어질 수도 있는 것입니다.

보성파워텍이라는 종목을 정말 좋아한다면 ①의 종가에서 1~2% 비중으로 매수하고, RSI 과매도권으로 들어갈 때까지 기다려서 추가매수를 3~5% 비중으로 더해주겠다는 정도로 보유전략을 세울 수 있습니다. 1차 매수 후 주가가 상승하면 비록 1~2%의 작은 비중이지만 상승해줄 때 수익을 극대화할 수 있도록 하면 됩니다. 위험부담을 줄이면서도 수익을 낼 수 있는 가능성을 높이는 것이 매매의 기술입니다. 만약 이런 음봉에서 RSI까지 과매도권으로 들어간 상황이라면 비중을 조금 더 높일 수 있겠죠.

그림5-23 조건식을 잘 만든 것 같으니 저장해놓고 앞으로도 사용할 수 있도록 합시다. ①내 조건식 저장 버튼을 클릭한 다음 '사용자정의 조건저장' 창이 뜨면 저장할 조건명에 ②에서처럼 '엔벨로프 패턴1 하단선 음봉'이라는 이름을 써넣고 '확인' 버튼을 클릭하여 저장합니다.

패턴2 조건검색식 만들기

패턴2는 20이평선 -10% 하단선을 위로 돌파하는 양봉 & -10% 하단선 아래에 몸통으로 양봉입니다. 패턴1 조건검색식과 거의 비슷합니다. 변수와 부등호만 바꿔주면 되니까 여러분이 차근차근히 해보십시오.

① 우선 양봉이어야 합니다. 따라서 종가〉시가인 조건을 '주가비교' 부분에서 설정합니다.

② 하단을 위로 돌파하는 양봉은 시가는 -10% 하단선 아래에, 종가는 -10% 하단선 위에 있어야 합니다. '가격 기준선 돌파' 조건에서 설정할 수 있습니다.

③ 하단선 아래에 몸통으로 양봉은 시가와 종가가 모두 -10% 하단선 아래에 있어야 합니다. '가격 기준선 비교' 조건에서 설정할 수 있습니다.

설정을 마무리하면 아래 그림과 같은 조건식이 만들어질 것입니다.

그림5-24 잘하셨어요? 저는 이 조건식을 ①과 같이 '엔벨로프 패턴2 하단선 양봉'이라고 이름 붙였습니다. 제 관심종목 안에서 검색해보니까 검색결과가 0이네요. 검색식 검증을 위해 대상을 코스피와 코스닥 전 종

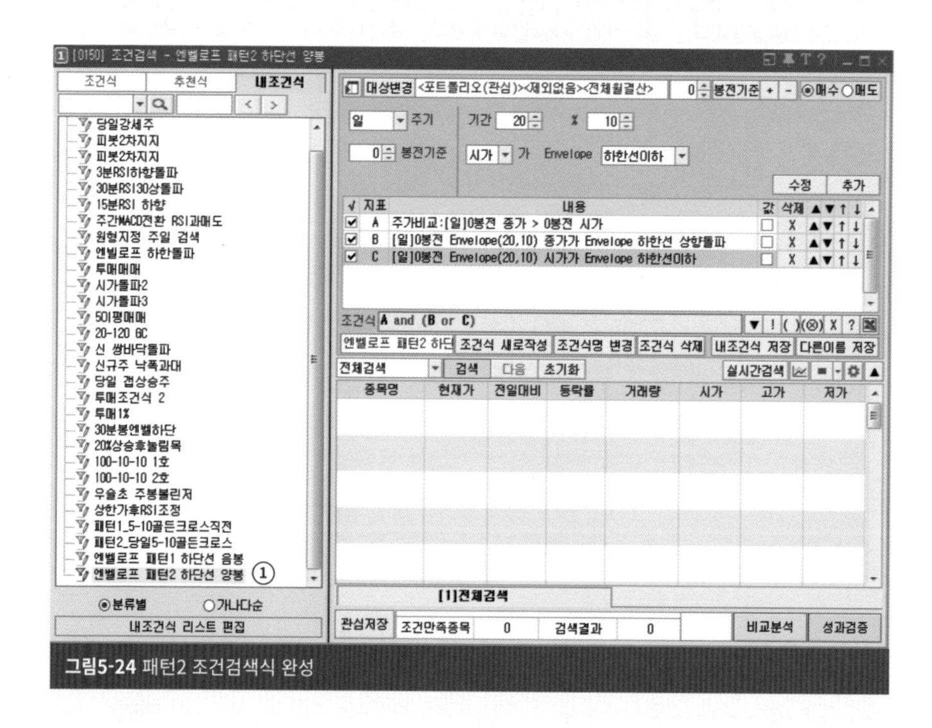

그림5-24 패턴2 조건검색식 완성

목으로 바꾼 다음 검색해보겠습니다.

그림5-25 코스피와 코스닥 전 종목을 대상으로 검색해보니 ①처럼 29종목이 도출되었습니다. 거래량이 많은 순으로 정렬을 시켜보았습니다. 거래량이 제일 많았던 ②의 이루온이라는 종목의 차트를 보고 검색식이 잘 만들어졌는지 확인해보겠습니다.

그림5-26 이루온은 양봉 ①에서 볼 수 있듯이 20이평선 -10% 하단선 아래에서 시가가 형성되었고 10% 가까이 상승한 다음 하락해서 하단선을 돌파하지는 못하고 양봉을 만든 채로 장을 마쳤습니다. 이평선 관계로 볼 때 5-10 이평선의 데드크로스가 일어나면 잠깐 기술적 반등이 일어나는 경우가 있는데 양봉 ①이 그런 좋은 예입니다. RSI를 보면 아직 하락이 한참 잠재되어 있음을 알 수 있습니다. 충분한 하락이 일어나지 않았다면 서둘러서 20이평선 -10% 하단선에서 매수개입할 경우 추가 하락의 가능성이 큽니다. **-10% 하단선을 매수 타이밍으로 잡을 때라도 가능한 한 5-10 이평선의 데드크로스가 발생한 후 진행된 시간이 길거나 RSI 과매도권으로 들어가는 상태에서 매매 타이밍을 잡도록 하십시오.**

다만, 단기 매매자의 경우에는 저런 하락에

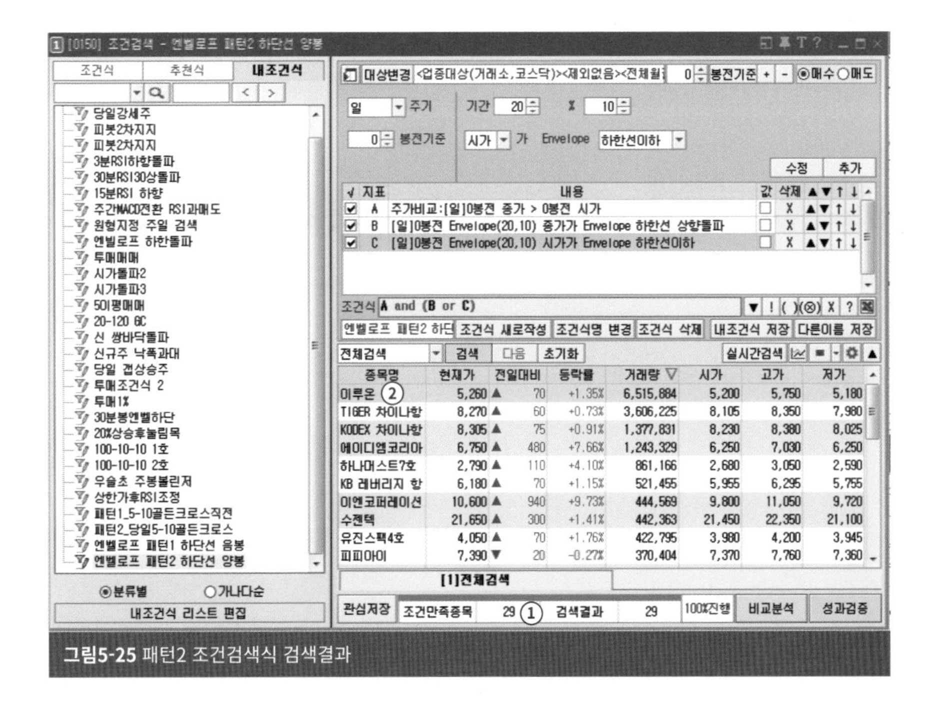

종목명	현재가	전일대비	등락률	거래량	시가	고가	저가
이루온 ②	5,260	▲ 70	+1.35%	6,515,884	5,200	5,750	5,180
TIGER 차이나항	8,270	▲ 60	+0.73%	3,606,225	8,105	8,350	7,980
KODEX 차이나항	8,305	▲ 75	+0.91%	1,377,831	8,230	8,380	8,025
에이디엠코리아	6,750	▲ 480	+7.66%	1,243,329	6,250	7,030	6,250
하나머스트7호	2,790	▲ 110	+4.10%	861,166	2,680	3,050	2,590
KB 레버리지 항	6,180	▲ 70	+1.15%	521,455	5,955	6,295	5,755
이엔코퍼레이션	10,600	▲ 940	+9.73%	444,569	9,800	11,050	9,720
수젠텍	21,650	▲ 300	+1.41%	442,363	21,450	22,350	21,100
유진스팩4호	4,050	▲ 70	+1.76%	422,795	3,980	4,200	3,945
피피아이	7,390	▼ 20	-0.27%	370,404	7,370	7,760	7,360

그림5-25 패턴2 조건검색식 검색결과

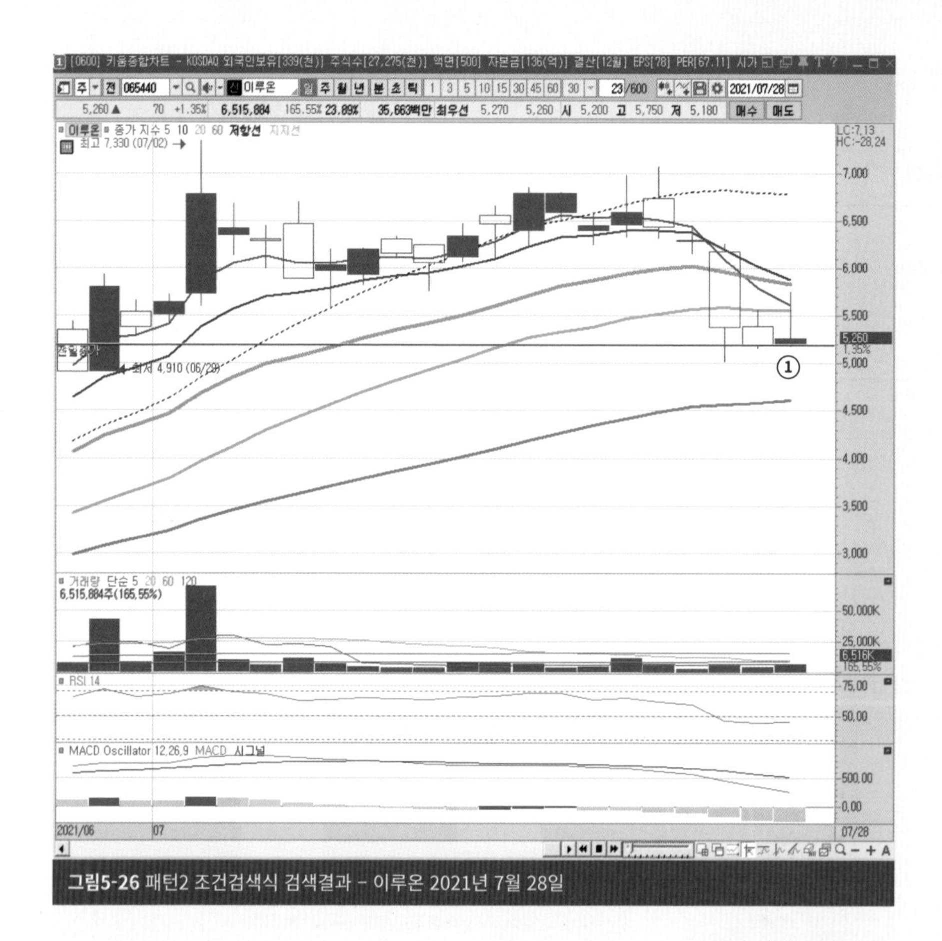

그림5-26 패턴2 조건검색식 검색결과 - 이루온 2021년 7월 28일

서 단기 반등이 5~10% 수익을 내며 나올 수 있습니다.

패턴3 조건검색식 만들기

패턴3은 20이평선 -10% 하단을 터치하고 반등한 캔들입니다. 양봉이든 음봉이든 상관이 없습니다.

그림5-27 우선, 저가가 -10% 하단선을 뚫어야 합니다. '가격 기준선 돌파' 조건에서 설정할 수 있습니다.

그림5-28 그리고 종가는 -10% 하단선 위에 있어야 합니다. '가격 기준선 비교' 조건에서 설정할 수 있습니다.

이 두 가지 조건을 설정함으로써 당일 주가

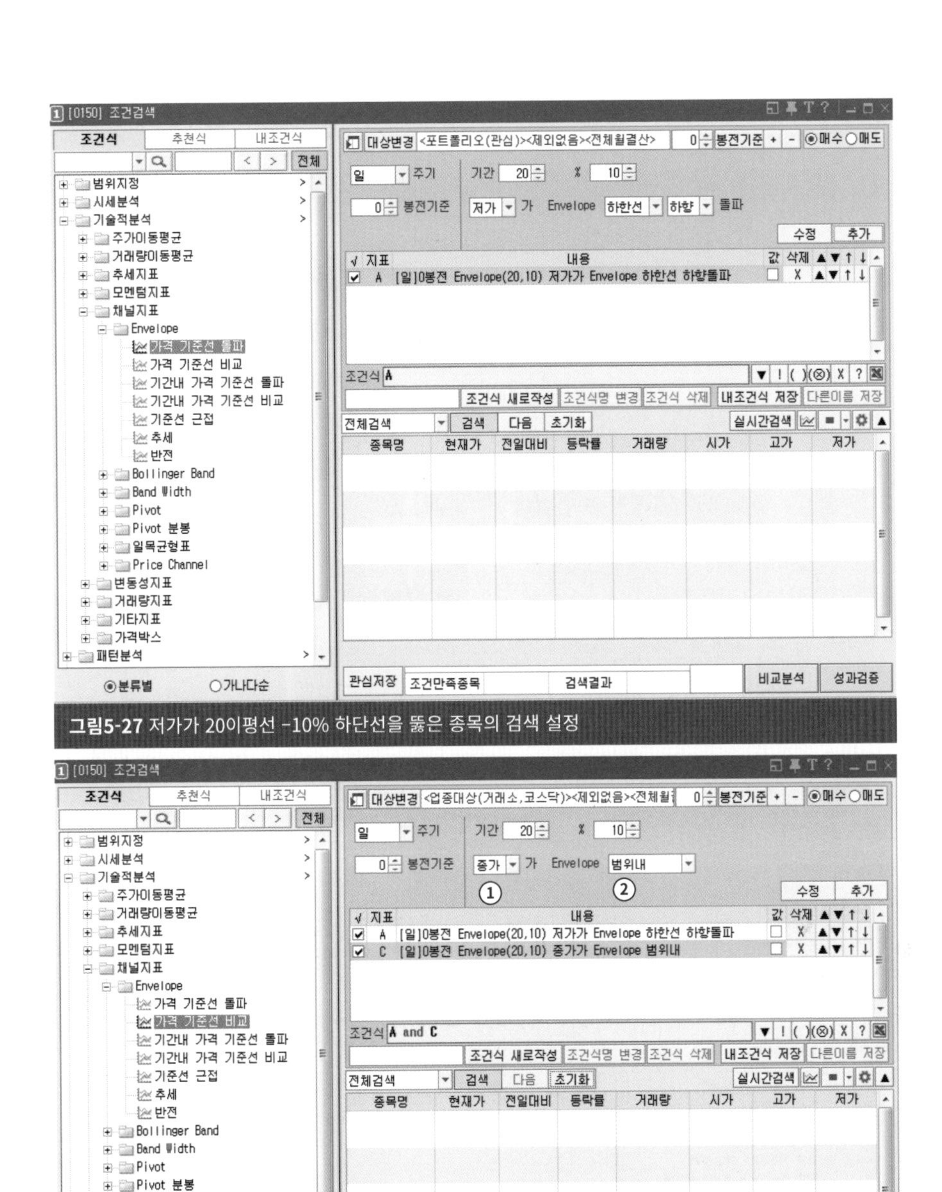

그림5-27 저가가 20이평선 -10% 하단선을 뚫은 종목의 검색 설정

그림5-28 종가가 20이평선 -10% 하단선 안으로 들어온 종목의 검색 설정

가 하락하면서 20이평선 -10% 하단선을 돌파한 다음에 반등하여 종가가 -10% 하단선 안으로 들어온 아래꼬리를 단 캔들을 검색할 수 있습니다. 이 검색식은 '엔벨로프 패턴3 하단선 아래꼬리'라는 이름으로 저장하였습니다.

다만, 시가와 종가의 폭과 관련한 조건을 별도로 설정하지 않았기 때문에 아래꼬리가 긴 것도 있고 짧은 것도 있을 수 있습니다. 제 관심종목을 대상으로 검색해보겠습니다.

그림5-29 딱 한 종목이 검색되네요. 검색된 종목의 차트를 열어볼까요?

그림5-30 차트의 오른쪽 끝 캔들을 살펴보면 아래꼬리가 아주 작은 캔들인 것을 볼 수 있습니다. 저가는 -10% 하단선 밖에 있고 종가는 하단선 안으로 들어와서 끝났습니다. 하지만 매수에는 적절하지 않을 수 있습니다. 왜냐하면 패턴3에 속하는 캔들 중에서도 몸통은 가능한 작고 꼬리가 길수록 추가 하락에 저항하는 매수세가 들어온 캔들이라는 뜻이 되기 때문입니다.

검색의 범위를 코스피 및 코스닥 전 종목으로 확대해서 검색해보면 그림5-31과 같이 아래꼬리가 길게 달리는 종목들을 찾을 수 있습니다.

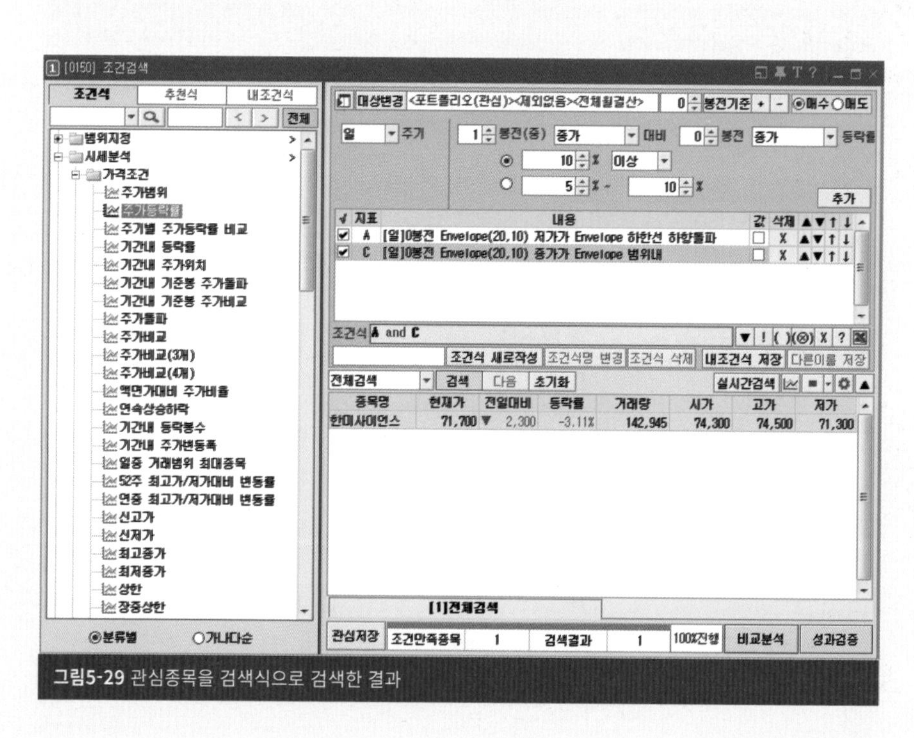

그림5-29 관심종목을 검색식으로 검색한 결과

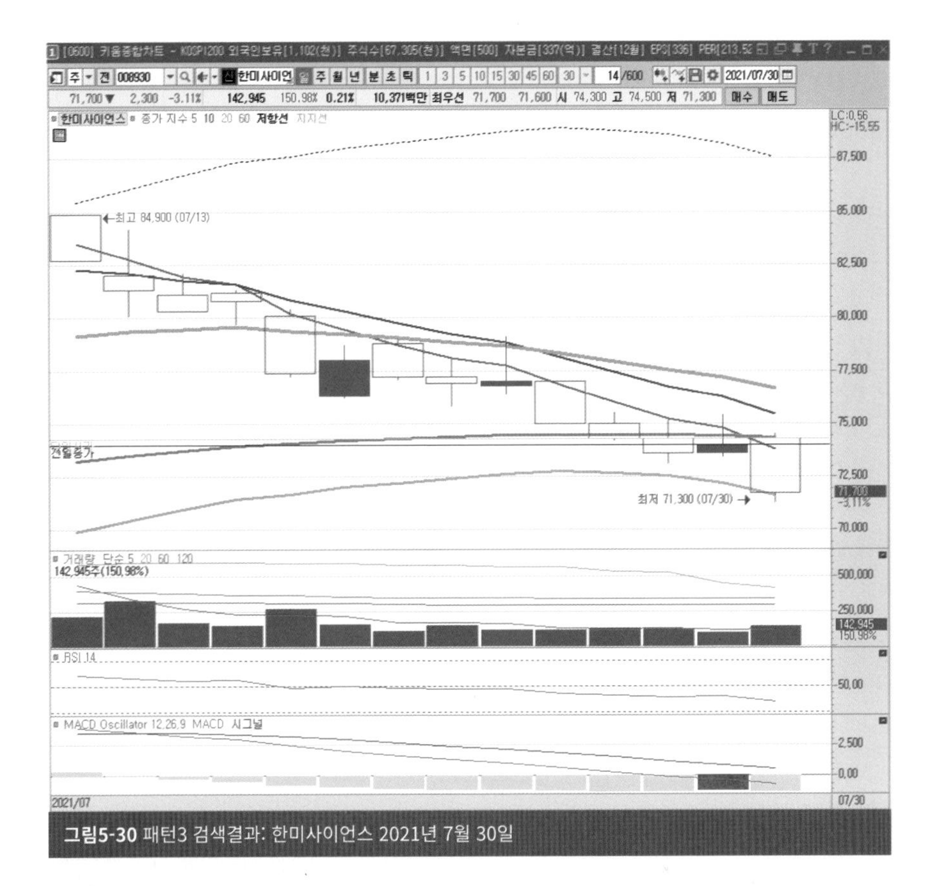

그림5-30 패턴3 검색결과: 한미사이언스 2021년 7월 30일

그림5-31 패턴3은 중장기 매매자에게는 캔들의 저가를 손절가로 삼고 매수하여 수익을 도모할 수 있는 기회를 제공합니다. 간단히 말해, '20이평선 −10% 이하로 떨어지는 것을 보고만 있지는 않는다!'라는 증거가 캔들에 나와 있기 때문입니다.

그런데 이 부분을 조금 더 깊게 생각해보면, 패턴3 조건검색식은 단기 매매자에게도 선명한 매수 타이밍을 준다고 생각할 수 있습니다. 장중 내내 종목을 살펴볼 수 있는 단기 매매자에게 이 패턴3의 조건검색식은 이런 식으로 도움을 주게 됩니다.

20이평선 -10% 하단선으로 주가가 내려갈 때는 검색이 되지 않습니다. 하락이 계속 진행되어 저가가 계속 낮아져도 검색되지 않습니다. 그러다가 하락을 멈추고 반등이 시작되어 -10% 하단선 안쪽으로 들어오는 순간, 즉 20이평선을 기준으로 -10%로는 내리

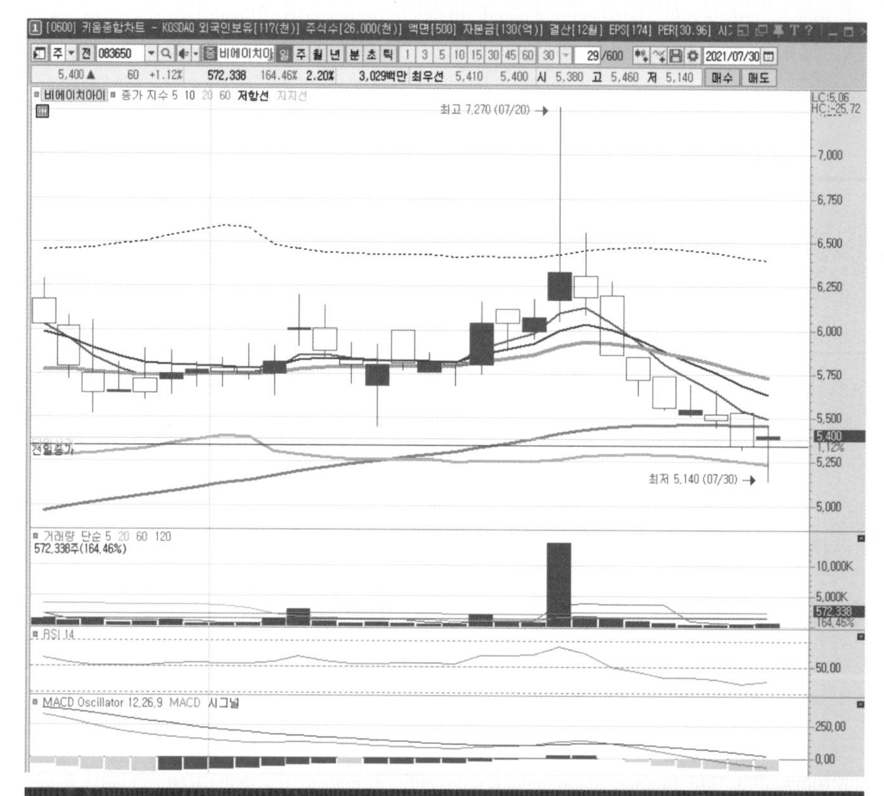

그림5-31 패턴3 검색결과: 비에이치아이 2021년 7월 30일

지 않겠다는 매수세가 붙기 시작한 순간 함께 매수할 수 있는 타이밍이 만들어집니다. 단기 매매자라면 패턴3 검색식이 장 내내 종목들을 검색할 수 있도록 설정할 수 있습니다. 바로 '실시간 검색'을 이용하면 됩니다.

그림5-32 조건검색 창에서 ①의 실시간검색 버튼을 클릭하면 그림5-33과 같은 창이 뜹니다.

그림5-33 실시간 검색창이 뜨면 우리가 특별한 조작을 하지 않아도 조건에 일치하는 종목들이 시간이 흐르면서 나타나기 시작합니다. 조금 전 사례인 비에이치아이를 다시 살펴보겠습니다.

그림5-34 비에이치아이의 일봉차트를 보면 20이평선 −10% 하단선이 5,250원 근처에 위치하고 있음을 알 수 있습니다. 그러니까 주가가 5,250원 이하로 떨어질 때에는

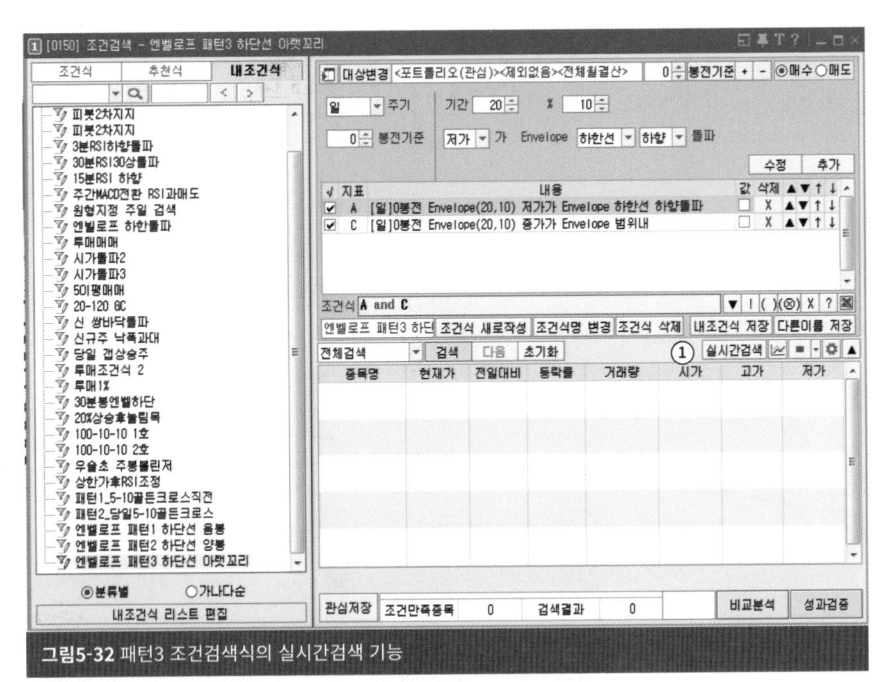

그림5-32 패턴3 조건검색식의 실시간검색 기능

[0156] 조건검색실시간 - 엔벨로프 패턴3 하단선 아랫꼬리
엔벨로프 패턴3 하단선 아랫꼬리
이탈삭제
등록
종목수:24 자동삭제 종목연동 소리 뉴스 관심
조건 [일]0봉전 Envelope(20,10) 저가가 Envelope 하한선 하향돌파 + [일]
비교분석
대상 <업종대상(거래소,코스닥)><제외없음><전체월결산>
지표분석
종목명 현재가 대비 등락률 거래량 삭제 L일봉H
서전기전 11,350 ▲ 1,650 +17.01 7,213,146 X
골든센츄리 472 ▼ 14 -2.88 3,256,488 X
범양건영 7,500 ▼ 480 -6.02 2,084,657 X
오가닉티코스 790 ▼ 26 -3.19 1,292,554 X
CBI 4,200 ▼ 180 -4.11 696,127 X
율호 3,260 ▼ 80 -2.40 626,600 X
젬백스지오 901 ▼ 21 -2.28 615,265 X
비에이치아이 5,400 ▲ 60 +1.12 572,338 X
아시아경제 4,745 ▼ 155 -3.16 436,003 X
대성산업 4,940 ▼ 170 -3.33 371,316 X
인터지스 3,720 ▼ 145 -3.75 296,018 X
알로이스 5,650 ▼ 190 -3.25 241,749 X
액토즈소프트 11,750 ▼ 350 -2.89 237,731 X
셀트리온제약 139,000 ▼ 4,600 -3.20 225,192 X
수젠텍 21,300 ▼ 850 -3.84 223,818 X
알테오젠 80,000 ▼ 2,700 -3.26 179,233 X
엠투엔 17,300 ▼ 700 -3.89 150,193 X
한미사이언스 71,700 ▼ 2,300 -3.11 142,945 X
유진스팩6호 3,385 ▼ 75 -2.17 115,135 X
TIGER 차이나 28,870 ▼ 270 -0.93 114,506 X

그림5-33 패턴3 조건검색식의 조건검색실시간 창

그림5-34 패턴3 검색결과 : 비에이치아이 2021년 7월 30일

검색되지 않다가 반등하여 5,250원에 닿기 시작하면서부터 실시간 검색창에 나타난다는 뜻입니다. 비에이치아이의 3분봉차트를 살펴보도록 하지요.

그림5-35 3분봉차트를 보면 오후 1시까지 내내 20이평선 −10% 하단선 가격인 5,250원 아래에서 주가가 형성되다가 오후 1시 30분에 이 가격을 치고 올라가는 것을 볼 수 있습니다. 즉 단기 매매자가 조건검색실시간 창을 열어놓았다면 오후 1시 30분에 이 종목이 딱 올라오는 것이죠.

단기 매매자는 이 시점에서 차트를 열어보고 쌍바닥이 만들어진 다음 3분봉 이동평균선이 정배열을 만들고 있는 것을 보고 바로 매수해서 2~3% 정도의 수익을 실현할 수 있습니다. 다른 예를 하나 들어보겠습니다.

그림5-35 패턴3 조건검색식으로 실시간 검색 중일 때의 비에이치아이의 상태

그림5-36 얼핏 보기에 큰 양봉이 발생한 서전기전인데, 이 종목이 저가권을 알려주는 20이평선 -10% 하단선과 무슨 관계가 있나 싶습니다. 하지만 잘 살펴보면 저가가 -10% 하단선 밖에 있다가 상승한 종목입니다. 전날도 13%가량의 큰 하락이 있었습니다. -10% 하단선은 9,740원입니다. 이 종목을 분봉으로 살펴보면 그림5-37과 같습니다.

그림5-37 3분봉을 살펴보면 시가 이후 계속 일봉상 -10% 하단선인 9,740원 아래에서 주가가 형성되다가 ①에서 -10% 하단선을 위로 돌파합니다. 즉 단기 매매자가 조건검색실시간 창을 열어놓았다면 오후 1시 30분에 이 종목이 딱 올라오는 것이죠. 단기 매매자는 저 가격에 의심 없이 매수합니다. 65이평선을 손절가로 삼고 매수한 물량을 3분봉상으로도 5-10 이평선 골든크로스가 유지되는 한 끌고 가는 것이죠.

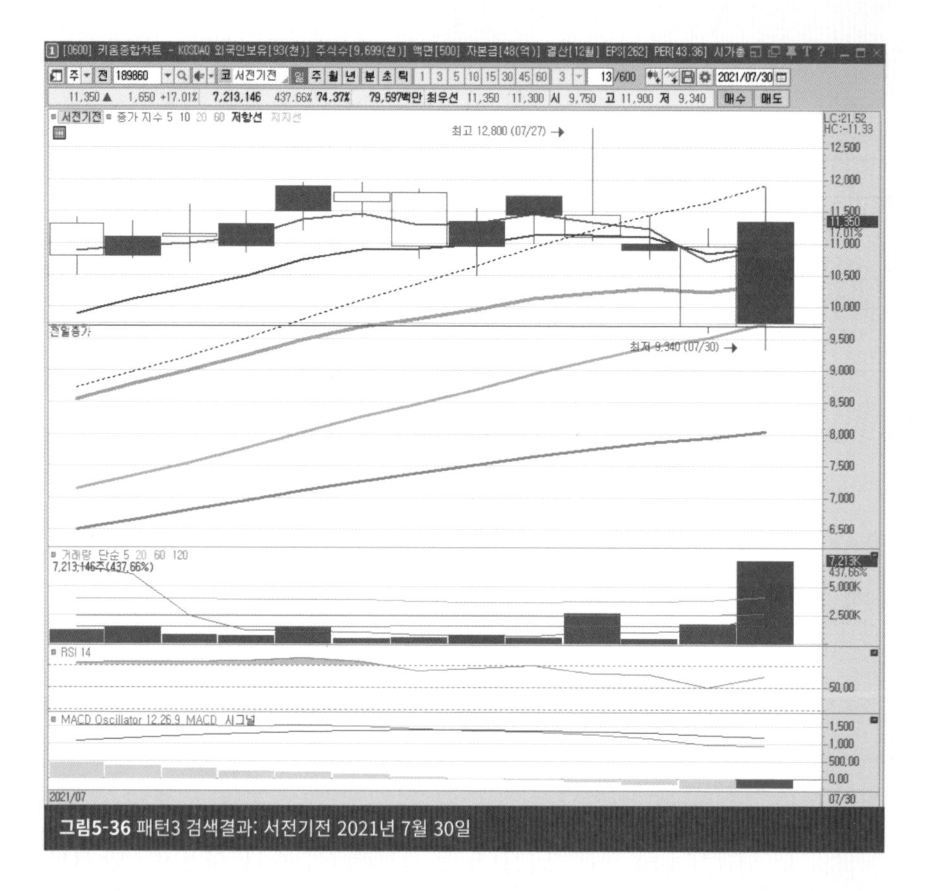
그림5-36 패턴3 검색결과: 서전기전 2021년 7월 30일

단기 매매자는 자신이 목적한 수익률이 오면 바로 끊고 나갑니다. 보통 3~5%에서 일부 물량 익절, 그리고 나머지는 급격한 상승일 경우 5이평선을 깨는 음봉에서 매도. 이런 식의 규칙으로요.

여기서 말씀드리고 싶은 것은 당일의 20이평값은 계속 당일의 주가에 따라 변하기 때문에 -10% 하단선 값도 계속 변한다는 사실입니다.

여기서는 사례 연구를 위해서 -10% 값을 정확히 말씀드렸지만 말이지요. 그래서 검색식이 중요합니다. 모든 계산은 컴퓨터가 해주니까 우리는 거기에 맞춰서 매매하기만 하면 됩니다.

다만, 비중조절과 분할매수에 훈련이 잘 안 된 상태에서 중장기 매매자가 패턴3 방식의 단기 매매가 혹해 보인다고 따라 해서는 안 됩니다. 이 부분은 충분히 훈련된

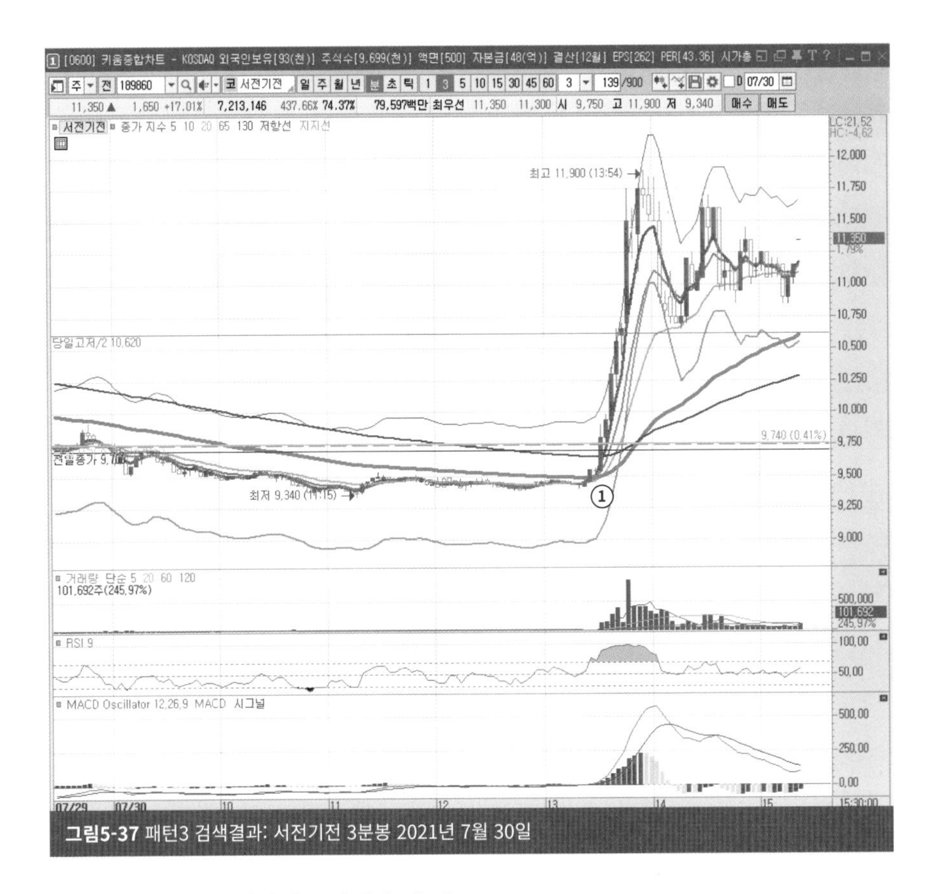

그림5-37 패턴3 검색결과: 서전기전 3분봉 2021년 7월 30일

다음에 머릿속에서 반짝하고 이해가 갈 때 천천히 적은 금액으로 시도해보시면 될 것입니다.

더 긴 시간축에서 신뢰도는 더 높아진다

이동평균선을 공부할 때 배웠던 것처럼, 보조지표의 활용은 시간축이 길수록 신뢰도가 높아집니다. 엔벨로프 지표도 마찬가지입니다. 다만, 엔벨로프 지표는 중심선을 기준으로 한 상단과 하단의 폭을 조금 조정하게 됩니다.

주봉에서의 엔벨로프 지표 설정 및 매수 타이밍 찾기

일봉에서 엔벨로프 지표 설정은 중심선을 20이평선으로 하고, 상하단을 10%로 설정했습니다. 주봉에서는 중심선을 20이평선으로 하고, 상하단을 20%로 설정합니다.

주봉으로 20이평선이라고 하면, 20주 동안의 평균매수가라는 뜻이며, 20주면 4~5개월 동안의 주가 흐름입니다. 그 시간폭에서 평균값보다 -20% 가깝게 하락한다면 누구나가 다 '싸다'고 느낄 수 있는 지점 또는 '더 이상 떨어지면 안 돼'라고 생각하게 되는 지점이라고 말할 수 있습니다. 자주 나오는 타점이 아니며, 따라서 이런 타점이 나오면 일단 매수하고 보게 됩니다.

주봉상 엔벨로프 설정 및 하단선 하향돌파: 현대공업 2020년 3월 16일 월요일 주

차트에서 보시는 것처럼, 주봉에서의 엔벨로프 설정은 -20% 하단선은 청록색 실선으로, 20% 상단선은 빨간색 실선으로 표시하고 있습니다. 설정하는 방법은 일봉에서와 같은 방식이니 직접 해보시기 바랍니다.

현대공업이라는 종목에서 주봉상 20이평선 -20% 하단선을 하향돌파하는 음봉이 발생한 것을 볼 수 있습니다. 2020년 3월 16일 월요일에 시작된 주봉이니까 한 주일 내내 내리다가 살짝 반등한 것이라 짐작할 수 있습니다 이런 그림이 나오면 물량을 싣고 매수한 다음 그냥 놔두시면 됩니다. 주봉의 종가에서 매수한 것이므로 주봉상 20이평선 근처에서 1차 매도, 20이평선 +20% 상단선에서 2차 매도 그리고 나머지는 자신이 원하는 시점에서 매도하면 됩니다. 주봉상 20이평선 -20% 하단선을 하향돌파한 종목을 매수하려면 금요일 아침에 검색식을 돌려서 이미 -20% 하단선을 하향돌파한 상태에 있는 종목을 추린 다음 그 종목을 금요일 장이 마칠 때 종가에서 매수하면 되겠죠? 그 이후의 주가 흐름을 살펴보겠습니다.

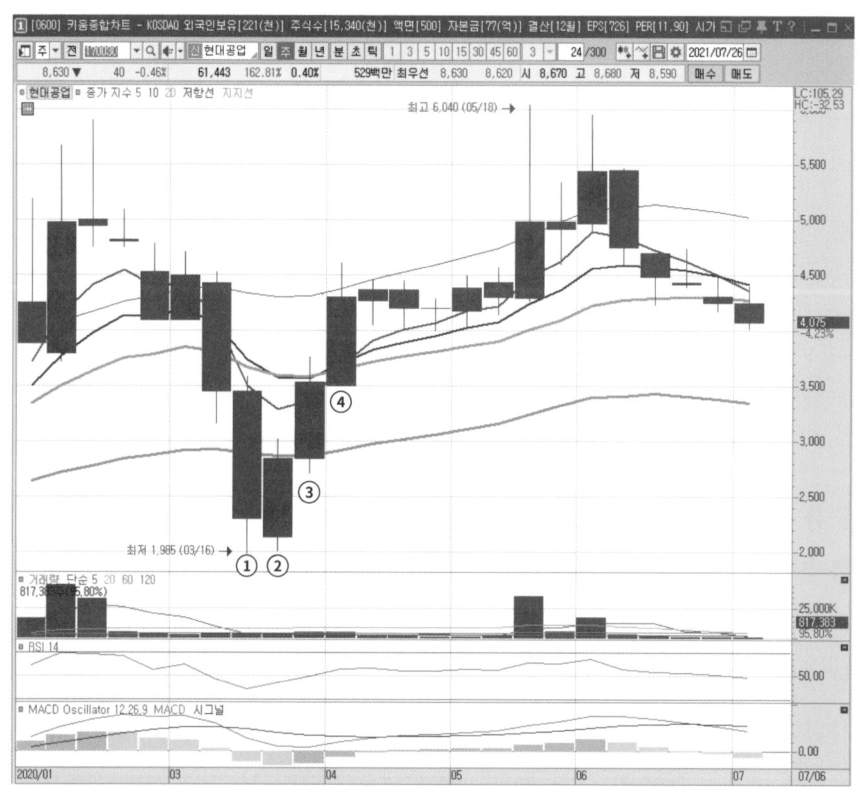

주봉상 엔벨로프 설정 및 하단선 하향돌파 매수 후 주가 흐름: 현대공업 2020년 3월 16일 월요일 주 매수 이후

음봉 ①의 종가, 즉 금요일 장 후반에 매수를 합니다. 주봉을 기준으로 매

매하는 것이니까 금요일이 될 때까지 중간에 매수한다거나 매도한다거나 하지 않습니다. 매수 후 첫 주가 지난 ②에서 양봉이 만들어졌습니다. 그리고 그다음 주에도 양봉 ③이 발생했습니다. 양봉 ③이 20이평선 근처죠? 그러니 일부 매도해도 괜찮습니다. 수익률이 60% 정도 나는 지점입니다. 한 주가 더 지나서 양봉 ④가 +20% 상단선에 닿으면서 끝났습니다. 그러니 또 일부 수익을 매도할 수 있을 것입니다. 이 지점이 100% 수익권입니다. 한 달도 아닌 단 15일 동안에 100% 수익을 거둔 것입니다. 그리고 그 이후로도 주가가 상승하는 것을 볼 수 있습니다.

주봉상 엔벨로프 설정 및 하단선 하향돌파 매수 후 주가 흐름2: 현대공업 2020년 3월 16일 월요일 주 매수 이후 2021년 7월까지

매수 타이밍이었던 시점부터 차트의 시간폭을 충분히 길게 만들어보았습니다. 그 이후로도 폭발적인 상승이 있었음을 볼 수 있습니다. 이런 상승을 어떻게 쫓아갈 수 있을까요? 이동평균선에서 배웠던 대로입니다. 5이평선과 10이평선이 골든크로스를 만들면 데드크로스가 나올 때까지 무조건 붙들고 간다는 원칙을 갖고 있다면 저 상승폭의 상당 부분을 내 것으로 만들 수 있습니다.

주봉으로 20이평선 -20% 하단선을 하향돌파하는 종목을 찾기 위한 검색식은 다음과 같이 만들 수 있습니다.

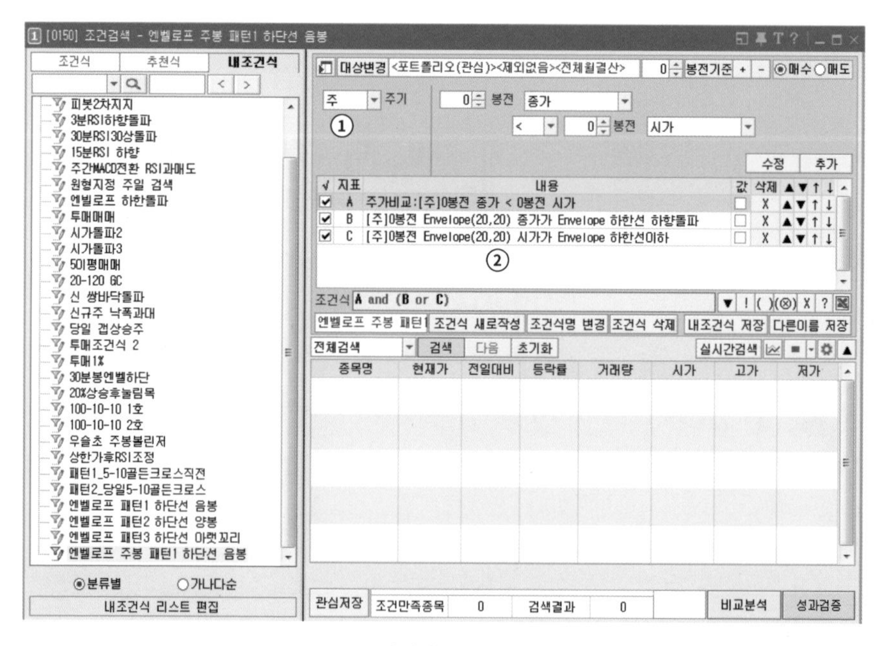

주봉상 패턴1 조건검색식

보시는 것처럼 주봉상 조건검색식을 만드는 것이므로 ①과 같이 주기 부분을 '주'로 설정해줘야 합니다. 그리고 ②에서 볼 수 있듯 엔벨로프의 상하단 폭이 일봉 때와는 달리 20으로 되어 있습니다. '엔벨로프 주봉 패턴1 하단선 음봉'이라는 이름으로 저장해놓았습니다. 주봉은 패턴1만 사용해도 충분합니다.

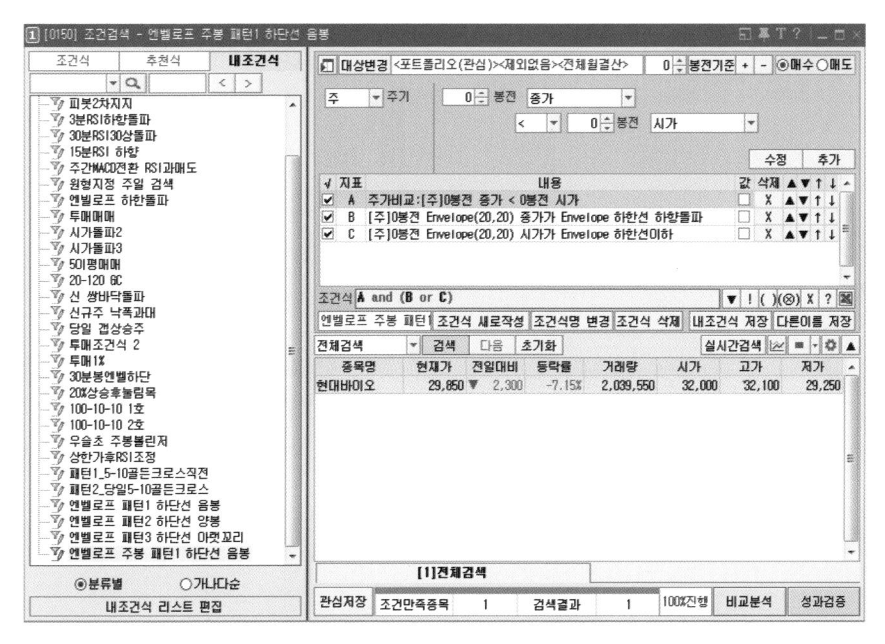

주봉상 패턴1 조건검색식 검색결과: 현대바이오

제 관심종목을 대상으로 검색하니 딱 1종목이 나옵니다. 실전에서도 주봉상 20이평선 -20% 하단선을 깨고 내려가는 종목은 자주 나오지 않습니다. 그것도 매일 검색하는 것이 아니라 매주 금요일에 하는 것이니 검색되어 나오는 확률은 더 떨어지겠죠. 검색되어 나온 현대바이오의 차트를 살펴보겠습니다.

주봉상 패턴1 검색결과: 현대바이오 2021년 7월 30일 금요일 기준

검색결과로 나온 현대바이오의 캔들을 살펴보니 음봉 ①에서 20이평선 -20% 하단선을 아래로 깨고 내려가는 음봉이 발생한 것을 볼 수 있습니다. 그럼 지난 2020년부터 올해 7월까지 20이평선 -20% 하단선을 깨는 음봉이 몇 개나 있었을까요? 네. 딱 1번 있었습니다. ②에서 발생한 다음, 그다음 주에 한 번 더 음봉이 나왔습니다만 다시 회복하고 1년 동안 무려 10배 이상 상승했습니다. 이 상승폭을 모두 자신의 것으로 하는 것은 정말 어렵겠지만, 중요한 것은 주봉에서의 이 매수 찬스는 정말 황금의 찬스가 될 수 있다는 것을 기억하자는 것입니다.

20이평선 -20% 하단선에 주가가 걸린 것을 일봉으로 보면 도저히 겁이 나서 매수할 수 있는 배짱이 생기지 않습니다. **더 떨어질 것 같기 때문입니다. 그런데 다 떨어진 것입니다.** (점 하나로 그렇게 입장이 바뀌는군요!) 모두가 겁낼 때, 세력에게는 싸기에 매집을 할 수 있는 기회가 되는 것이며, 이제는 우리도 그 시점을 알게 되었기 때문에 세력과 함께 매수할 수 있는 것입니다.

한편, 주봉상 20이평선 -20% 하단에서 매수했는데 그다음 주에도 음봉이 떨어지면 어떻게 할까요? 간단합니다. 추가매수.

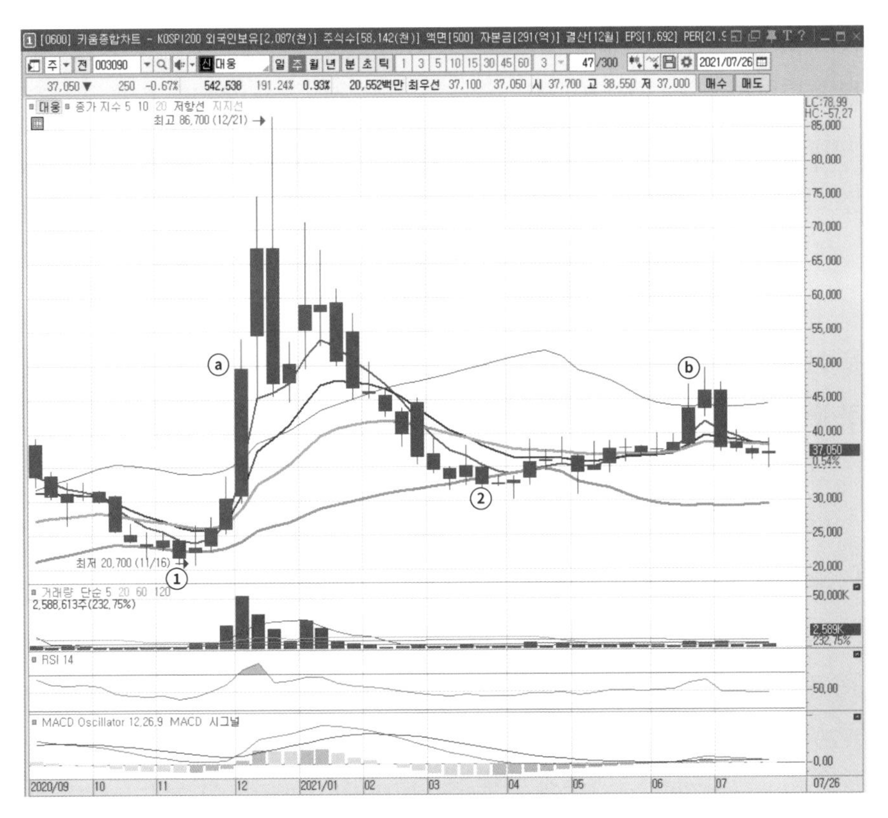

주봉상 패턴1: 대웅

대웅이라는 종목에서는 주봉상 20이평선 -20% 하단선을 돌파하는 음봉이 2020년 11월(음봉 ①)과 2021년 3월(음봉 ②), 두 번 나왔습니다. 매수 후 평소같이 열심히 일하고 공부하다가 매주 금요일 오후 3시쯤에 해당 종목을 보면서 수익을 실현할 것인지 추가매수할 것인지를 판단하면 되는 것이죠.

음봉 ①에서 매수했다면 주봉상 종가가 20이평선을 넘는 시점, +20% 상단선을 넘는 시점 등에서 분할매도를 하면서 수익을 실현할 수 있습니다. ⓐ 시점 같은 경우에는 금요일 오후에 열어봤을 때 +20% 상단선을 넘어서서 종가가 형성된 것을 볼 수 있습니다. 이 시점에서 찍힌 수익률은 +100% 정도 되는 것이죠. 기분 좋게 일부 매도하면 되는 것입니다.

마찬가지로 음봉 ②에서 매수했다면 ⓑ시점에서 일부 매도할 수 있습니다.

이 차트를 보면서 궁금해하는 여러분의 목소리가 들리는 듯합니다. '최고가가 86,700원까지 올라갔는데, 꼭 금요일에만 매수매도해야 한다면 수익률을 다 까먹는 게 아니냐? 어떻게 하면 마지막 보유 물량으로 최대 수익을 거둘 수 있을까?' 바로 이어서 설명드리겠습니다.

어디서 매도해야 수익을 극대화할 수 있을까?

주봉을 기준으로 20이평선 -20% 하단선 매수라는 저가권 매수법을 활용할 경우엔, 일반적으로는 주봉이 완성되는 날인 금요일 장 후반에 주가가 +20% 상단선 근처에 있다면 매도를 해주는 것이 좋습니다. 그런데 위의 대웅의 예처럼 +20% 상단선을 주봉이 뚫어버리는 경우가 있습니다. 이런 경우에는 조금 더 갈 길이 있다고 판단하고, 그 길을 잘 쫓아가 줘야 하는데 주봉상 20이평선 +20% 상단선을 주가가 넘은 상태부터는 일봉으로 시간축을 바꾼 후 주가가 가는 길을 살피면서 최종 수익의 실현 타이밍을 찾는 것이 좋습니다.

즉 주봉상 20이평선을 기준으로 한 채널매매를 하기로 기준을 세웠다면 매수한 비중의 절반 이상은 +20% 상단선 근처까지 올라오는 과정에서 모두 매도함으로써 수익실현과 함께 현금화를 하고, +20% 상단선을 주봉상 종가로 강하게 뚫었다면 보유하고 있는 나머지 물량에 대해서는 그 상황에 가장 적절히 대응할 수 있는 시간축과 지표로 바꾸는 것입니다.

더 정밀한 매도 타점을 잡기 위해서는 현재 사용하고 있는 시간축보다 하위의 시간축을 사용합니다. 주봉을 사용해서 매수 타점을 잡은 경우라면 남은 물량의 수익 극대화를 위해서 시간축을 일봉으로 옮겨서 살펴봐야 합니다. 그리고 결국에는 상승추세가 이어지는지 아닌지를 판단할 수 있게 해주는 이동평균선의 관계가 유지되는 동안 보유하다가 다음과 같은 경우에 매도 의사결정을 할 수 있습니다.

- 5이평선과 10이평선을 모두 아래로 돌파하는 음봉이 나왔을 때
- 5이평선과 10이평선이 데드크로스가 났을 때

앞의 대응의 사례로 살펴보겠습니다.

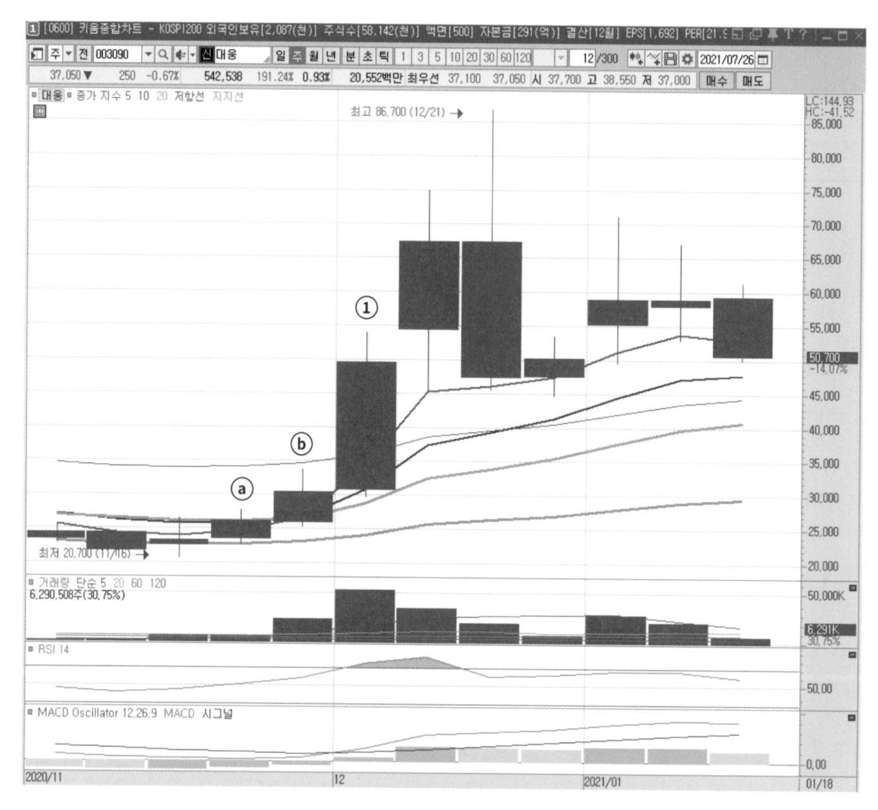

주봉상 20이평선 +20% 상단선을 돌파한 대웅 2020년 12월

주봉상 양봉 ①에서, 20이평선 +20% 상단선을 매우 강하게 돌파한 것을 금요일 장 마감 때 볼 수 있었다고 가정하겠습니다. 이 순간, 주봉을 기준으로 한 엔벨로프 매매는 끝난 것이라고 볼 수 있습니다. 여기까지 올라오는 동안에 한 번 내지 두 번 보유 비중의 일부에 대해 수익을 실현할 수 있었을 것입니다.

기준선인 20이평선에 닿은 주인 ⓐ에서 일부 매도를 함으로써 약 20%의 수익을 올릴 수 있었고, ⓑ에서는 금요일 장 마감 무렵에 확인했을 때 20% 상단선 근처까지 갔다가 내린 것을 보고 '아, 힘이 빠졌구나. 매도해야지'라고 생각하고 매도할 수도 있습니다. (차트 분석은 절대적인 것이 아니기 때문에 똑같은 캔들을 보고도 각자가 다르게 생각할 수 있는 겁니다.) 어쨌든 수익은 실현할 수 있을 때 꾸준히 실현해가는 것이 남는 장사입니다.

그런데 ⓑ에서 주봉상 5이평선과 10이평선이 골든크로스가 난 것을 확인하고, '오오, 이건 추세가 시작됐네?!'라고 판단한 사람이라면 물량을 갖고 있었을 것이고 그런 상황에서 양봉 ①을 만난 것이죠. 이 순간에 이미 20이평선을 기준으로 위아래 20%씩 40%의 상승률을 기대하며 매매하는 채널매매의 범위를 넘어섰기 때문에 보유자는 다음과 같은 결정을 내려야 합니다.

· 주봉상 이평선이 골든크로스가 난 다음 확대되네? 오케이. 주봉상 5-10 이평선 데드크로스까지 들고 간다.
· 주봉상 채널매매가 마무리되었구나. 일봉으로 전환해서 5-10 이평선이 골든크로스를 유지하는 동안 최대한 끌고 간다.

만약에 일봉으로 잔여 물량의 매도 타점을 찾고자 했다면 다음과 같은 차트를 보게 되었을 것입니다.

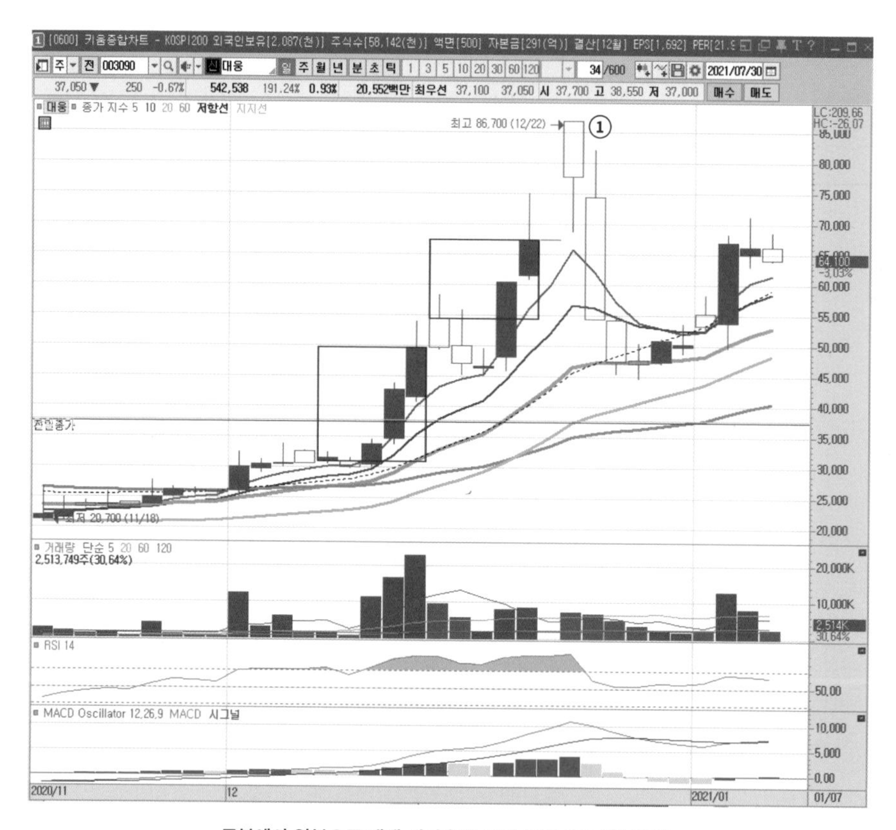

주봉에서 일봉으로 매매 시간축을 옮김. 대웅 2020년 12월

일봉차트에서 5개의 일봉을 빨간 박스로 묶어놓은 것은 주봉상의 시가와 종가를 나타낸 것입니다. 첫 번째 박스가 주봉상 +20% 상단선을 돌파한 양봉입니다. 이후 일봉으로 시간축을 변환시켰을 때 일봉상 5이평선과 10이평선이 골든크로스 상태가 유지되고 있음을 볼 수 있습니다. 그러다 이평선의 흐름이 아래로 꺾이는 음봉 ①이 발생합니다. 이 음봉은 최근의 상승 기간 동안 5일 동안의 매수자들과 10일 동안의 매수자들이 순식간에 손실 상태에 놓이게 되었음을 뜻합니다. 이평선을 공부할 때 5이평선과 10이평선을 위로 돌파하는 양봉이 발생하면 의미 있는 매수 타점이 나온 것으로 파악한 것처

럼, 두 이평선을 아래로 깨버리는 음봉은 추세가 꺾임을 뜻하는 것입니다. 종가 무렵에 이런 상태라면 미련 없이 매도하고 나와야 합니다.

대웅의 2020년 12월 일봉에서의 하락은 그 모습이 급작스러운 것이었지만 일반적으로는 흐름을 만들다가 천천히 하락을 준비하게 됩니다.

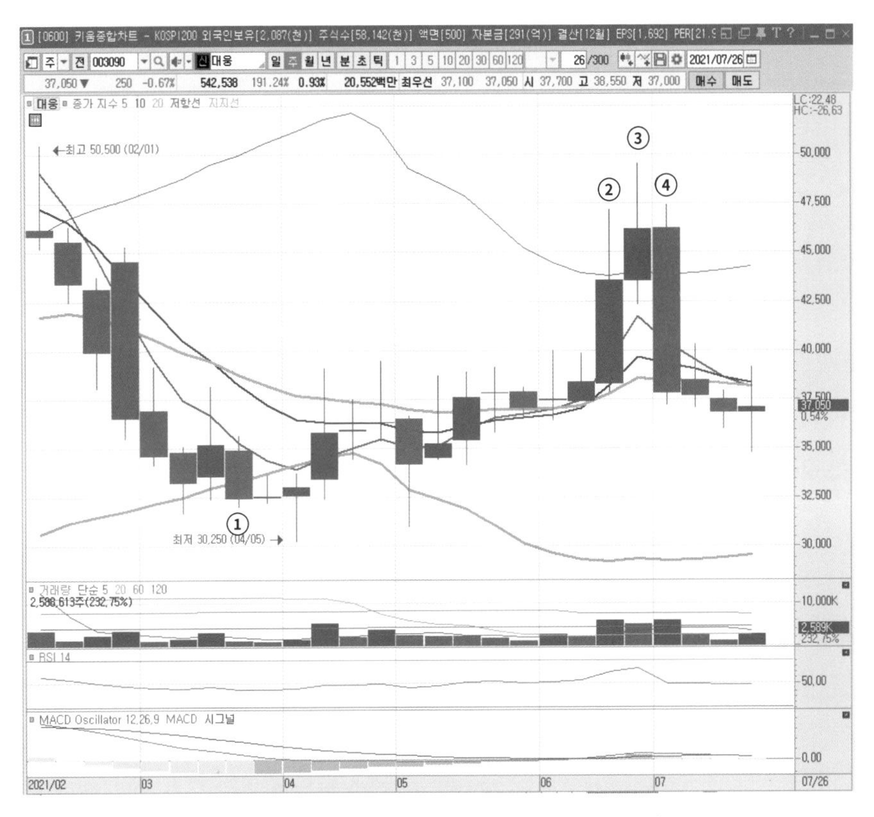

주봉상 20이평선 +20% 상단선을 돌파한 대웅 2021년 6월

대웅은 2021년 3월에 음봉 ①로 주봉상 20이평선 -20% 하단선을 뚫었습니다. 매수 타점이 나온 것이죠. 이렇게 매수해놓고 몇 개월 시간이 흐르더니 ②의 양봉을 만들었습니다. 조금 전과 같이 이번에도 금요일 오후 장 마

감 근처에 주봉의 모습을 보고, +20% 상단선을 뚫은 것을 유지하지 못하고 내려왔으니 일단 힘이 빠진 것으로 보고 매도할 수 있습니다. 잔여 물량을 갖고 있었다면 양봉 ③에서 채널매매가 끝났기 때문에 이 시점에서 전량 수익실현을 하지 않았다면 일봉으로 시간축을 옮겨서 적절한 매도 타이밍을 찾아야 할 것입니다. 힘들게 쌓아 올린 수익이 음봉 ④를 얻어맞고 모두 날라가면 멘탈이 흔들릴 수밖에 없습니다.

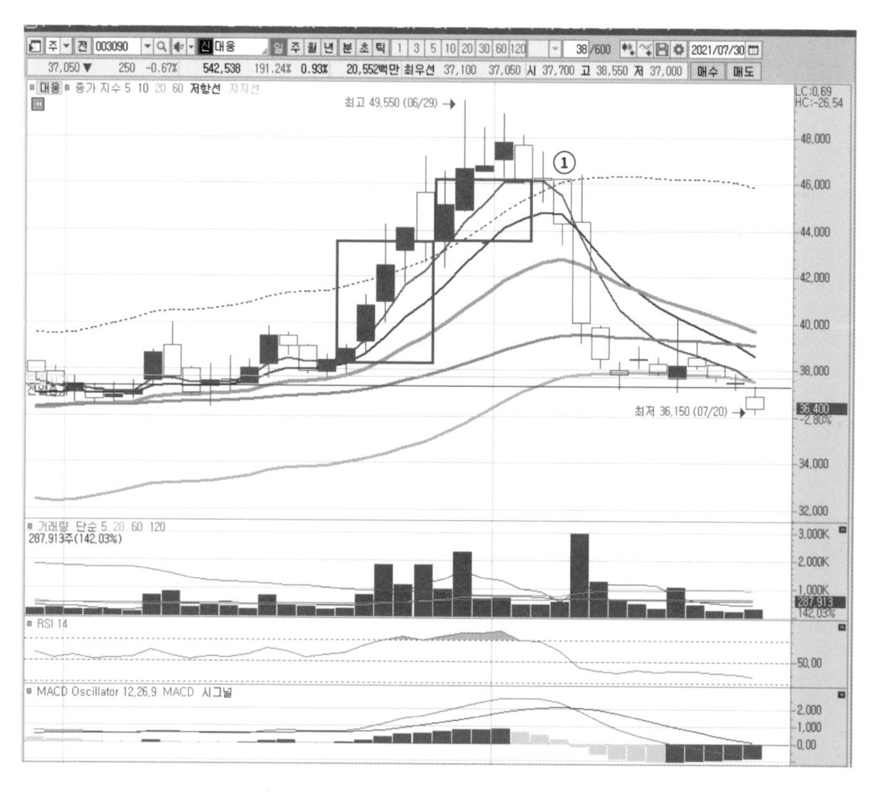

주봉에서 일봉으로 매매 시간축을 옮김. 대웅 2021년 6월

대웅의 일봉입니다. 일봉을 5개 단위로 묶은 박스는 주봉으로 봤을 때의 캔들을 파악하여 이해할 수 있도록 하기 위함입니다. 박스 위아래로 만들어

진 캔들의 부분은 모두 주봉상 위꼬리와 아래꼬리가 되는 셈이지요. 두 번째 박스가 바로 주봉상 +20%를 뚫고 올라간 캔들입니다. 일봉으로 시간축을 옮겨서 매도 타이밍을 찾은 지 이틀째, 화요일에 음봉 ①이 5이평선과 10이평선을 모두 깨버리는 것을 볼 수 있습니다. 고점에서 이런 봉이 나오면 모두 털고 나오는 것입니다. 미련을 가지면 그다음 날과 같이 -10%를 한 방에 맞을 수 있습니다.

저가권에서의 매매는 세력이 이평선을 골든크로스로 만드는 초기에 추가 물량 확보 등을 위해 일부러 5이평선과 10이평선을 한꺼번에 깨는 음봉을 만들기도 합니다. 그러나 저가권에서는 크게 손해볼 것이 없기 때문에 오히려 우리는 그럴 때 비중을 늘리기 위해 함께 들어갈 수도 있습니다. 그렇지만 **고가권은 둘 중 하나입니다. 세력이 더 쳐올리든지 세력이 수익을 실현하든지. 고가권에서 상승을 알려주는 중요한 이평선인 일봉상 5-10 이평선을 지키지 못하는 봉이 나왔다는 것 자체가 이미 끝이라는 뜻입니다.**

하위 시간축은 어떻게?

일봉을 매매 기준으로 삼는 중장기 매매자 입장에서, 하위 시간축은 분봉(30분봉, 3분봉)이 될 것입니다. 이에 관해서는 이동평균선 장에서 이미 배운 바 있습니다. 다만, 분봉에서의 엔벨로프 지표 활용은 일봉 이상의 시간축에서와는 조금 다른 부분이 있습니다. 단기 매매자로서 차트 해석의 기술적 요소가 더 필요하기 때문에 이 책에서는 다루지 않도록 하겠습니다.

다만, 스스로 더 공부하고 싶은 분들을 위해 힌트를 남겨놓자면, 하위 시간축인 분봉에서 엔벨로프의 활용은 일봉의 상승추세에서 발생하는 눌림목을 파악하는 좋은 수단이 됩니다.

6장

3주간의 최저가를 잡는다: RSI

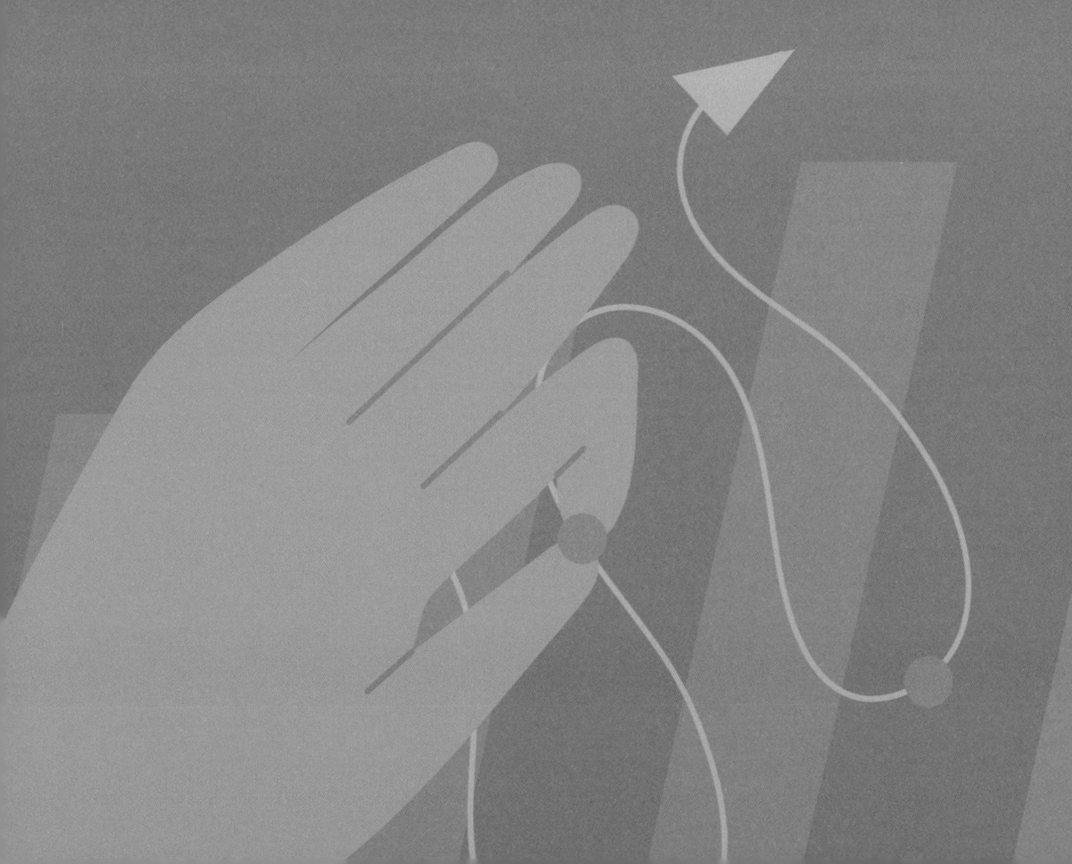

| RSI 지표 활용하기

앞에서 우리는 주가의 진행 추세를 보여주는 이동평균선과 주가의 진폭을 알 수 있게 해주는 채널 지표인 엔벨로프에 대해 공부했습니다. 이동평균선 및 엔벨로프 상단선과 하단선 모두 특정 기간 동안의 평균값과 현재 주가를 비교하는 방식이라서 매매방식을 정형화된 타입과 패턴으로 나눠서 조금 정밀하게 설명할 수밖에 없었습니다.

그러나 지금부터 공부하게 될 RSI 지표와 MACD는 주가가 형성되는 영역(zone)과 관련된 내용이라 더 손쉽게 이해할 수 있고 실전 매매에서도 고민 없이 바로 적용할 수 있습니다.

앞에서 간략히 설명했듯이, '상대강도지수(Relative Strength Index)'라고 번역되는 RSI는 일정 기간 동안 주가가 전일 가격에 비해 상승한 변화량과 하락한 변화량의 평균값을 구하여, 상승한 변화량이 크면 '과매수'로, 하락한 변화량이 크면 '과매도'로 판단할 수 있게 도와주는 지표입니다.

일반적으로 14일을 일정 기간으로 삼는데, 주식시장은 1주일에 5일간 개장하므로 **약 3주 동안의 상승과 하락의 강도를 알려주는 지표**라 하겠습니다.

일봉상 20이평선을 기준으로 10% 폭의 상단과 하단을 갖는 엔벨로프 지표와 14일간의 주가 변동의 강도를 보여주는 RSI는 저가권 신호를 알려줄 때 궁합이 잘 맞습니다. 일반적으로 **20이평선 -10% 하단선에 주가가 위치할 때 RSI가 과매도권에 든다면 두말할 나위 없는 황금의 매수 기회**입니다.

RSI를 활용한 매매에서는 과매도권과 과매수권을 살펴보게 됩니다. RSI의 기준선 30 이하를 과매도권('너무 내렸다! 14일 동안에 팔 사람은 다 팔았다!'로 해석)이라고 하며, 70 이상을 과매수권('너무 올랐다! 매수하려는 사람들이 과열되어 있다'라고 해석)이라 합니다.

RSI 지표를 통한 저가권 매수시 반드시 염두에 **둬야 할 사항이 있습니다. RSI 지표상 당일 과매도권으로 진입했다고 해서 하락이 멈추고 바로 반등이 진행된다는 뜻은 아닙니다.** 당일의 RSI 지표는 당일을 포함한 14일간의 주가 변동의 강도일 뿐입니다. 그다음 날의 주가 흐름을 담보하지 않습니다. 하락추세를 타고 추가 하락이 있을 수도 있으며, 이런 경우는 실전에서 종종 나타납니다. 따라서 **RSI 과매도권 진입 첫날 몰빵 투자 같은 무모한 매수는 금지입니다.**

다만, 14일의 주가 흐름 중에 과매도권까지 갈 정도의 강도로 하락을 했다는 말은, 무언가 개인들이 막 팔 수밖에 없도록 유도하는 사건이나 시장충격이 있었다는 뜻이며 우리는 팔 사람이 다 팔았을 때 그다음에는 무슨 일이 일어날까를 생각하고 시장에 대응하면 되는 것입니다. (개인이 막 팔아댈 때 그것을 사주는 사람은 누구일까요?)

TIP BOX

RSI 지표 설정

일봉상 기준

일봉상 RSI 지표를 설정해보겠습니다. 키움닷컴의 HTS인 영웅문 기준으로 설명합니다. 대부분의 HTS에서 비슷한 방법으로 설정할 수 있습니다. 우선 차트창을 엽니다.

그림6-1 사례의 차트를 보면 우리는 이동평균선을 공부했으니 5-10 이평선의 데드크로스 상태가 유지될 경우 아무 데서나 매수하면 안 된다는 점을 먼저 기억에 떠올려야 합니다. 한편, 20이평선 -10% 하단선

그림6-1 현대바이오_ RSI 지표 설정 전

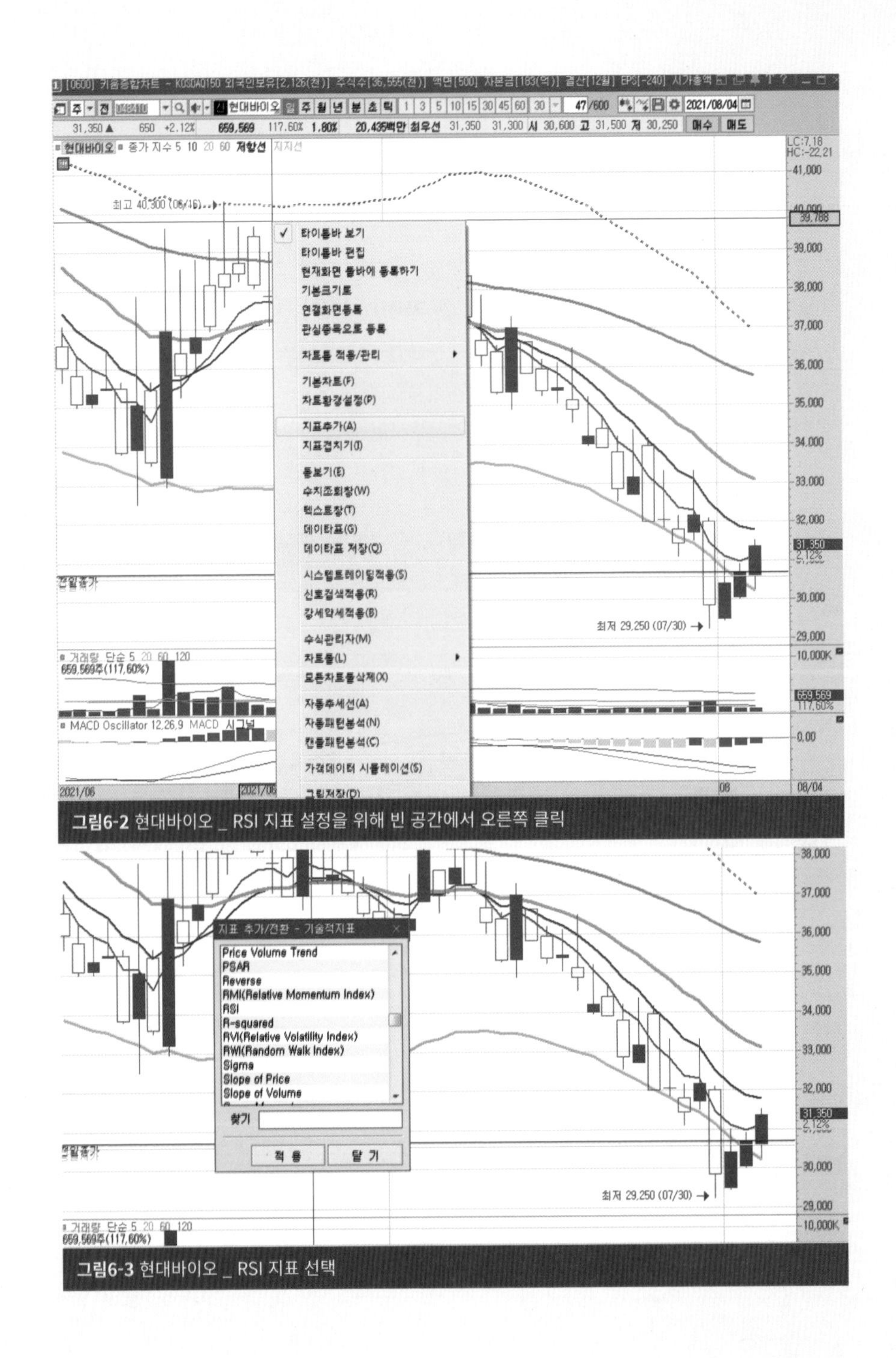

그림6-2 현대바이오 _ RSI 지표 설정을 위해 빈 공간에서 오른쪽 클릭

그림6-3 현대바이오 _ RSI 지표 선택

에 주가가 있는 것을 보고 매수하고 싶어지는 것은 엔벨로프 매매를 공부한 사람이라면 자연스러운 충동입니다.

다만, 엔벨로프 지표는 -10% 하단선 지점에서 하락이 멈춘 것인지 아직까지 진행될 하락이 더 남았는지는 알려주지 않습니다. 따라서 RSI라는 무기를 하나 더 붙여서 하락의 추세 강도를 알 수 있도록 하려 합니다.

그림6-2 차트 위의 빈 공간에 커서를 대고 마우스 오른쪽 클릭을 합니다. 그러면 다양한 설정을 할 수 있는 팝업이 뜹니다. 여기서 '지표추가(A)'를 선택합니다.

그림6-3 그러면 '지표 추가/전환-기술적 지표'라는 창이 뜹니다. RSI를 설정하기 위해서 '찾기' 부분에 RSI를 입력해봅니다. 바로 RSI 항목에 파란색 바탕이 뜹니다. '적용' 버튼을 클릭합니다.

그림6-4 현대바이오 _ 기본 설정된 RSI 표시

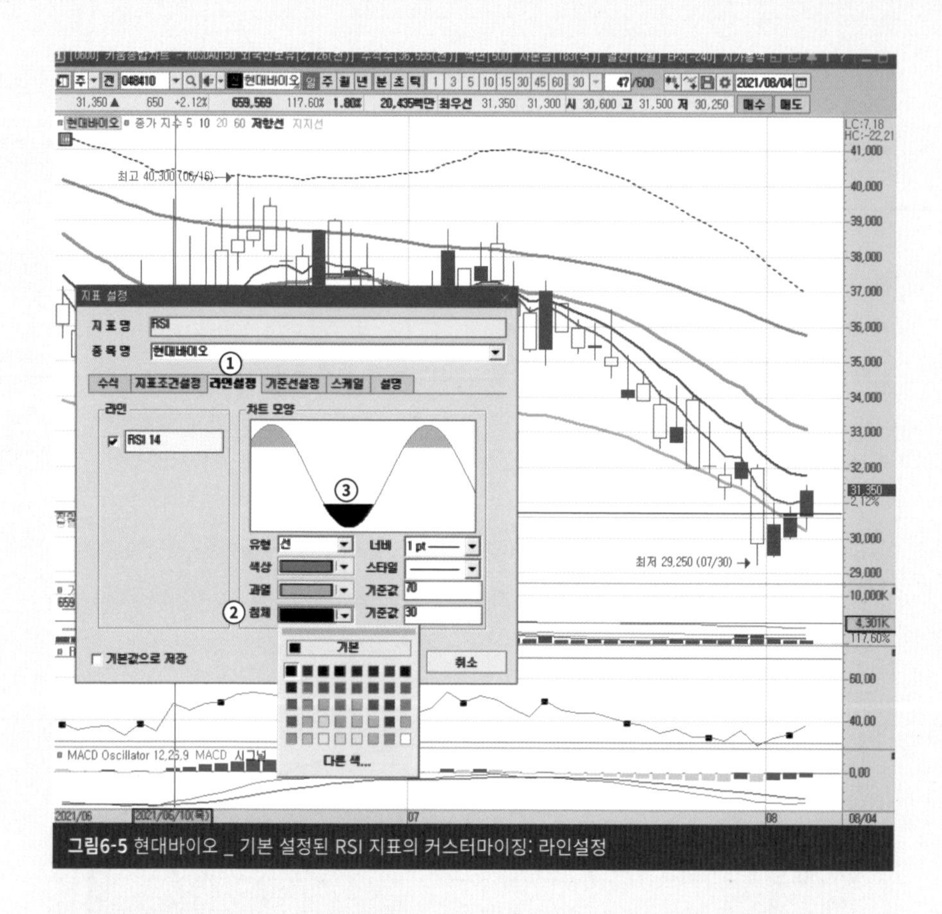

그림6-5 현대바이오 _ 기본 설정된 RSI 지표의 커스터마이징: 라인설정

그림6-4 그러면 일봉차트 아래에 RSI가 표시되는 것을 볼 수 있습니다. (독자의 HTS 및 MTS에서 보여지는 RSI 지표의 차트상에서의 위치와 색은 책과 다를 수 있습니다.) 우리는 RSI의 과매수권과 과매도권이 더 눈에 잘 띄도록 설정할 것입니다.

RSI 지표 영역의 왼쪽 위에 있는 'RSI 14' 부분(①로 표시된 부분)을 더블클릭해주세요. 설정창이 뜹니다.

그림6-5 지표설정 창이 뜹니다. '지표조건설정'은 14로 되어 있을 것입니다. 특별히 손볼 필요가 없습니다. ①라인설정 탭을 클릭합니다. 여기에서 과매수권과 과매도권이 차트에서 더욱 선명하게 보일 수 있도록 설정할 수 있습니다.

과매도권을 나타내는 색을 설정하기 위해

②침체 부분의 색을 선택합니다. 자신이 좋아하는 색을 선택하면 됩니다. 저는 검정색을 선택했습니다. 그러면 위의 샘플창에 ③과 같이 과매도권에 들어갔을 경우, 즉 RSI 값이 기준값 30 이하일 경우에는 차트에서 검정색으로 나타남을 볼 수 있습니다. 같은 식으로 과매수권(과열)의 색을 설정해주세요. 저는 빨간색으로 설정했습니다. 설정을 완료합니다.

그림6-6 RSI 지표와 관련된 커스터마이징이 완료되었습니다. ①에서 볼 수 있는 것처럼, RSI 지표가 과매도권으로 진입했을 때 검정색으로 표시됩니다.

그림6-7 설정한 RSI 과매도권과 과매수권이 잘 보이는지 차트의 시간폭을 늘려보았습니다. ①과 같이 과매도권에서는 검정색으로 그리고 과매수권에 올랐을 땐 빨간색으로 보이는 것을 확인할 수 있습니다.

그림6-6 현대바이오 _ 기본 설정된 RSI 지표의 커스터마이징 완료

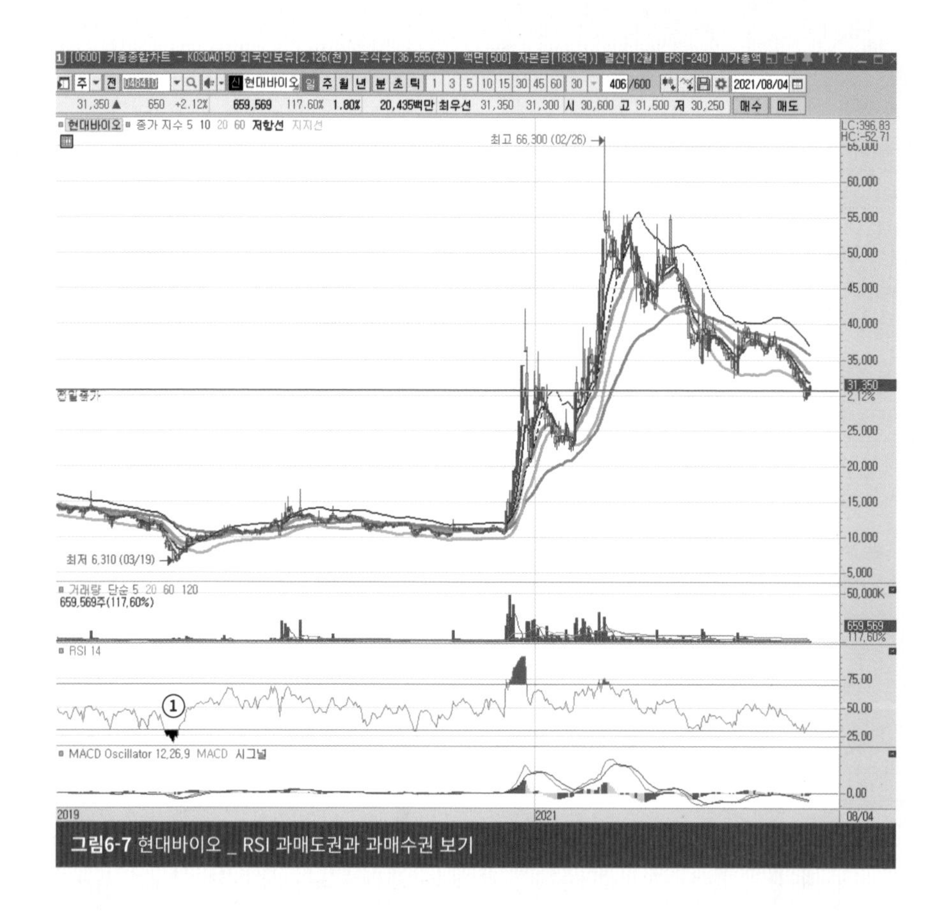

그림6-7 현대바이오 _ RSI 과매도권과 과매수권 보기

RSI를 설정한 다음, 관심종목들의 차트상의 움직임들을 한번 살펴보세요. '우아!' 하는 순간이 있을 것입니다.

| 실전 RSI 매수매도 타이밍

RSI 지표를 활용한 매매는 '왜 이걸 이제 알았지?' 싶을 정도로 손쉽습니다. 일봉상 RSI 지표가 과매도권으로 떨어지는 경우는 흔하지 않으며, 소위 말하는 우량주일수록 일 년 내내 과매도권으로 떨어지지 않는 경우도 있습니다. 추세적으로는 하락을 지속할 수 있으나 14일이라는, 즉 3주 정도의 기간에 RSI 과매도권으로 들어갈 만큼 급하게 하락하는 경우는 드물다는 말이지요. 그런 이유에서 RSI 지표가 과매도권에서 보여주는 저가권 신호는 신뢰도가 높다고 생각하시면 됩니다. RSI 매매에서는 비중조절과 분할매수를 할 때, 비중 자체를 처음부터 높여서 매수하는 것도 좋은 선택입니다. 즉 엔벨로프를 이용한 채널매매시 일봉상 20이평선 -10% 하단선 매수는 종목당 10%의 비중으로 분할매수를 한다고 하면 RSI 저가권에서 매수할 때에는 투자 자금의 20%~30%의 비중으로 비중의 폭을 늘려주는 것이죠.

엔벨로프 지표에서도 말씀드렸지만, 특정 보조지표를 활용한 매매에서는 매수와 매도를 보조지표의 특성에 맞춰 끝까지 고수하는 것이 좋습니다. RSI 과매도권에서 매수했다면 RSI 과매수권으로 진입할 때까지는 매도하지 않고 홀딩하여 수익을 극대화하는 경험을 해보는 것이 좋습니다. RSI 매매에서 어려운 점은 수익을 끝까지 누릴 수 있도록 기다리는 과정입니다. 좀처럼 만나기 어려운 RSI 과매도권 매수라는 기회를 몇 % 안 되는 수익률로 빠져나오는 것은 정말 아까운 일입니다.

매수

RSI를 이용한 매수는 매우 간단한 원칙을 따릅니다.

① RSI 과매도권 진입시 종가에 1차 매수(양봉이든 음봉이든 상관없음)
② RSI 과매도권 이탈시 종가에 매수(양봉이든 음봉이든 상관없음)
③ RSI 과매도권 진입 후 추가 하락시 매수단가의 -10%~-20%일 때 추가매수

비중조절과 분할매수에서 조금 더 무게를 줘도 무방합니다. 자세히 살펴보겠습니다.

① RSI 과매도권 진입시 종가에 1차 매수(양봉이든 음봉이든 상관없음)

옆 페이지의 차트에서 도이치모터스라는 종목이 2020년 9월 22일 하락 중에 RSI 과매도권 ①로 진입합니다. 보니까 음봉이 20이평선 -10% 하단선에도 붙었습니다. 두 지표를 통해 최근 20일간의 주가 흐름에서 저가권이 형성되었음을 알 수 있습니다. 매수합니다.

만약 주가가 20이평선 -10% 하단선에 붙었는데 RSI가 과매도로 들어가지 않은 경우는 어떻게 해석할 수 있을까요? 엔벨로프상으로는 반등이 있을

수도 있으나 하락할 수 있는 폭이 더 남아 있다고 해석하고 조심하는 것이 좋습니다. 즉 분할을 잘해야 한다는 뜻이죠.

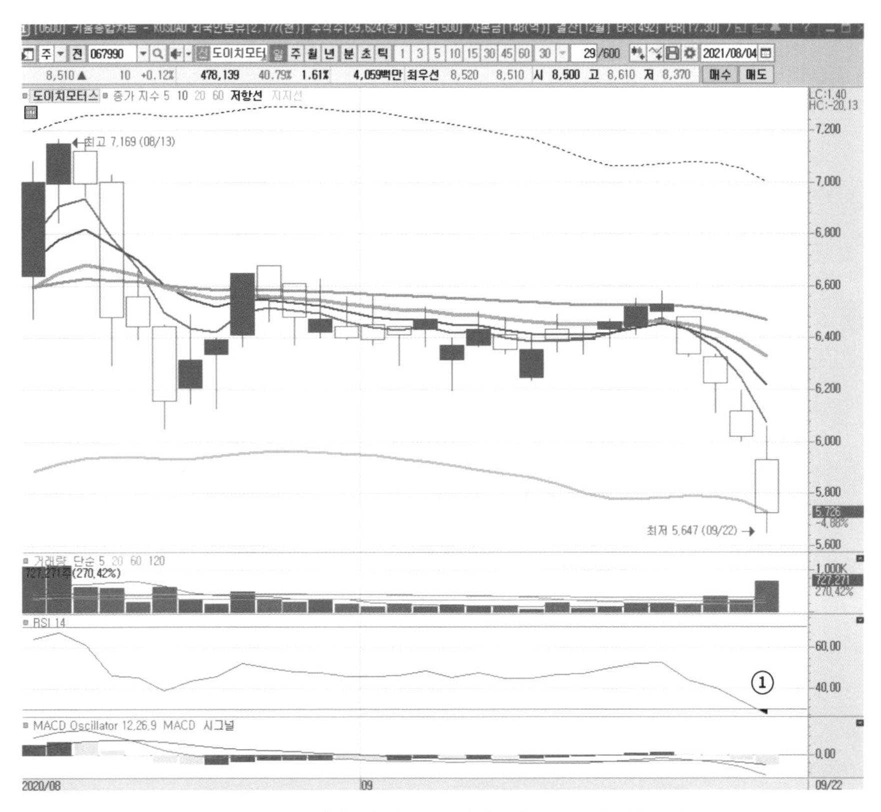

RSI 과매도권 진입 1차 매수 _ 도이치모터스 2020년 9월 22일

② RSI 과매도권 이탈시 종가에 매수(양봉이든 음봉이든 상관없음)

다음 페이지의 차트를 보면 1차 매수를 한 다음 날, 바로 반등하지 않고 추가 하락을 하네요. 흔히 미끄러진다고 말하는데요, 계속해서 말씀드리

는 것처럼 보조지표는 연속성을 갖기 때문에 하락이 이어질 수 있습니다. 이런 상황을 대비해서 분할매수를 하는 것입니다. 단, 이날의 추가 하락이 -2.74% 정도로 추가매수를 통해 매수단가를 낮추면서 비중을 높이는 것이 의미를 가질 정도의 큰 하락이 아니었으므로 추가매수하지 않고 흘려보냅니다.

RSI 과매도권 진입 1차 매수 다음 날 _ 도이치모터스 2020년 9월 23일

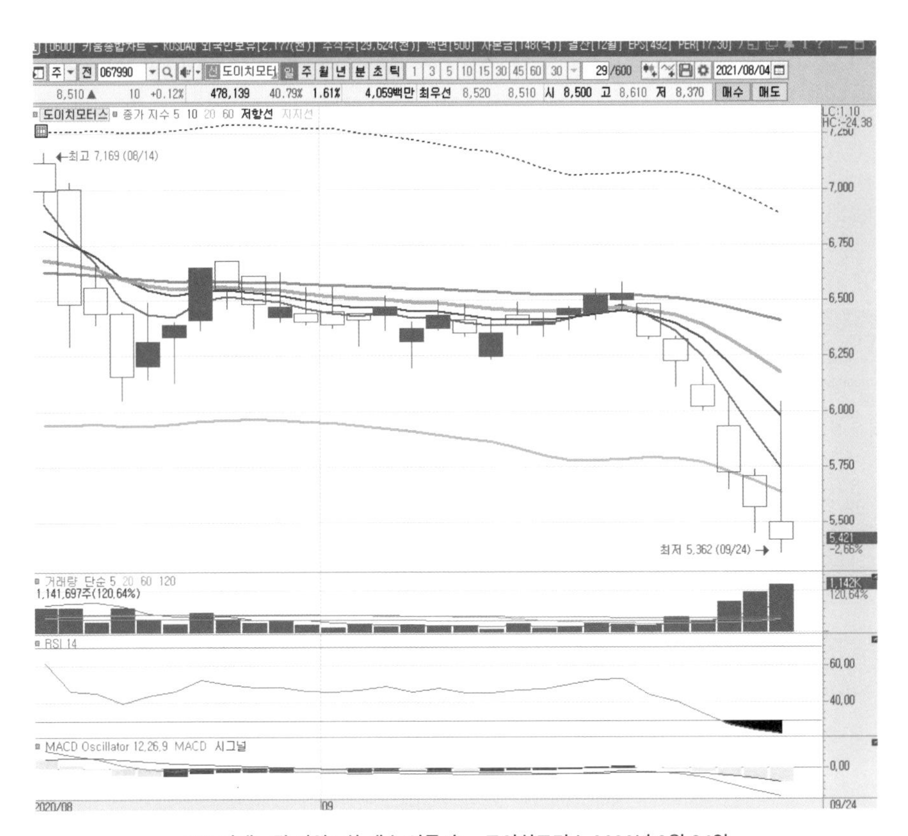

RSI 과매도권 진입 1차 매수 이틀 후 _ 도이치모터스 2020년 9월 24일

종가를 기준으로 매매하는 중장기 매매자 입장에서는 결과적으로 추가 하락이 이어지고 있습니다. 전일에 이어 -2.66%의 하락입니다. 매수단가상으로는 약 -5%의 손해를 보고 있는 상황입니다. **RSI 지표가 과매도권에서 계속 내려가는 것을 볼 수 있습니다.** (이런 과매도 신호를 보면 웃음이 실실 나와야 합니다. '저가권 땅을 파고 있구나…' 이렇게 생각하면서요.)

종목을 하루 종일 계속 보고 있는 단기 매매자라면 매수단가보다 3~5% 올라갈 경우 얼른 익절하고 다시 매수할 수 있습니다. 어차피 RSI 지표가 과매도권에서 땅을 파는 중이기 때문에 이날의 상승이 종가까지 유지될 것이라고는 보기 어렵거든요. 종가상으로는 추가 하락이 이어지기는 했지만 매수단가에서 -10%로 하락하지 않은 상황이므로 추가매수하지 않고 흘려보냅니다.

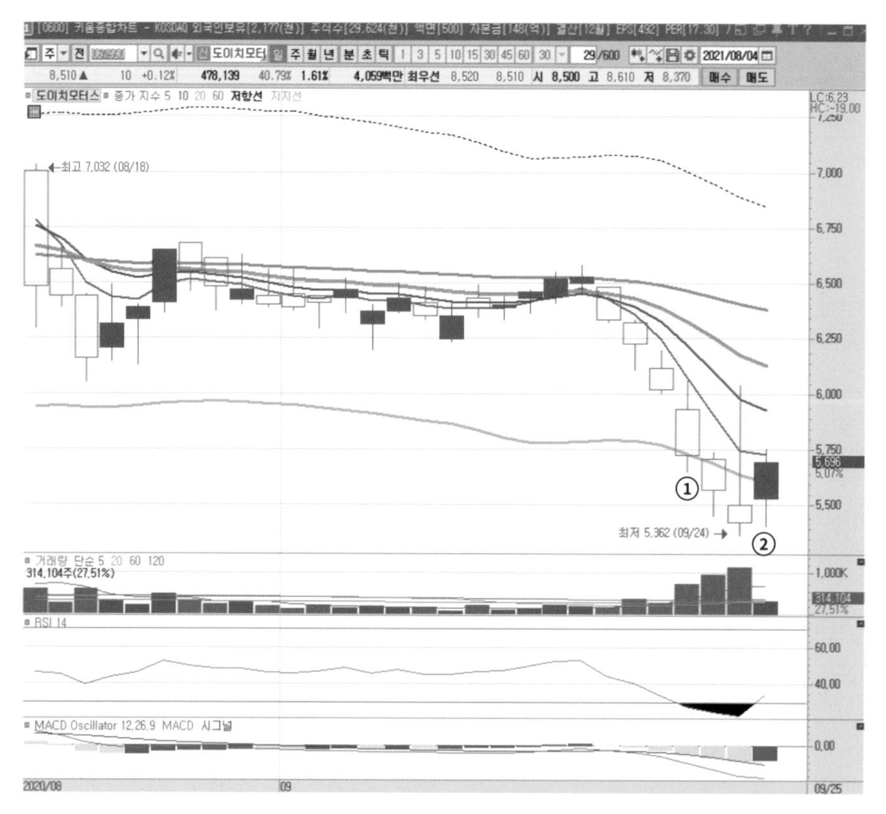

RSI 과매도권 진입 1차 매수 사흘 후 _ 도이치모터스 2020년 9월 25일

RSI가 과매도권에서 이탈해서 올라왔습니다. 따라서 양봉 ②의 종가에서 2차 매수를 합니다. 앞서 과매도권으로 진입하던 음봉 ①에서 1차 매수한 다음에 추가매수가 되어 보유 비중이 늘어났습니다. 지금까지 공부를 열

심히 해오셨다면 양봉 ②가 20이평선 -10% 하단선 안으로 들어왔음이 눈에 띌 것입니다. 하락이 마무리되고 상승으로 전환될 것을 암시하고 있습니다. (하지만 많은 사람들은 하락 중의 단기 반등에 지나지 않을 것이라며 다시 하락할 것이라고 생각하고 매수하지 못하죠.) 이후 어떻게 되었을까요?

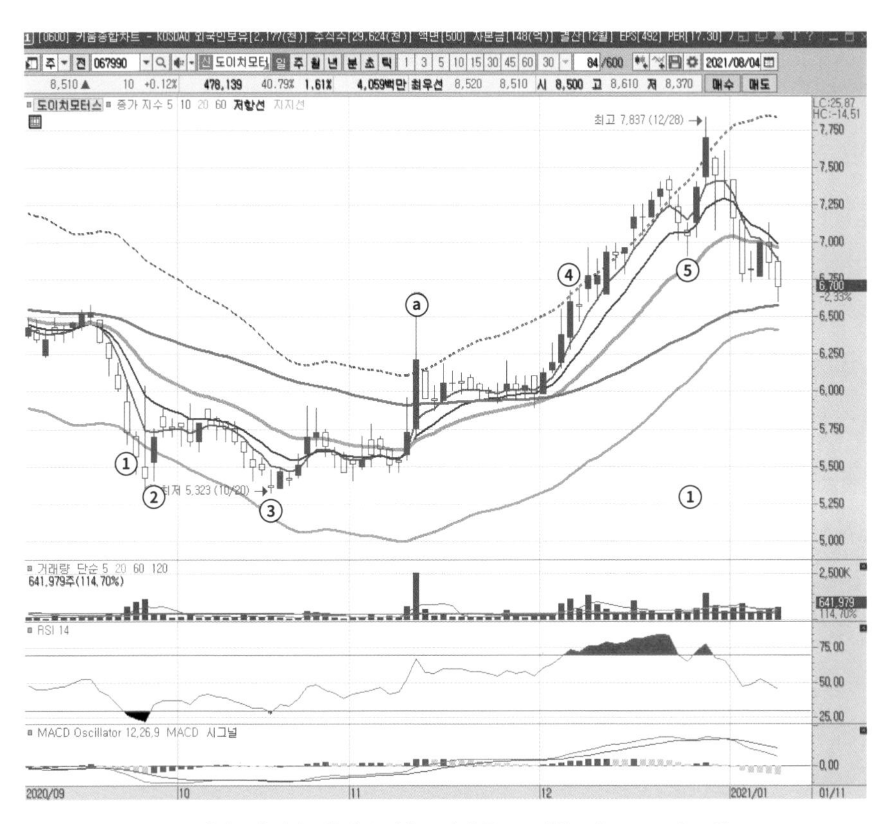

RSI 과매도권 진입 2차 매수 이후 주가 흐름 _ 도이치모터스 2020년 12월

①과 ②에서 즉 RSI 과매도권 진입과 이탈 때의 각 캔들의 종가에서 2차에 걸쳐 매수했습니다. 그러고 나서 시원한 상승 없이 하락해서 ③까지 하락했습니다. 이럴 때 실망하거나 패닉할 필요가 없습니다. 우리는 저가권에

서 물량을 모으는 것이 목적이고, 매수가보다 -10%나 -20% 단위로 추가 하락이 나오면 추가매수를 통해 물량을 더 모은다고 생각하면 되는 것입니다. 그렇지만 2차에 걸친 매수단가로부터 -10%도 빠지지 않은 채 오히려 음봉 ③에서 RSI 과매도권으로 한 번 더 진입하니 3차 매수까지 할 수 있습니다.

RSI 과매도권에서 매수했기 때문에 매도는 RSI 과매수권에 도달할 때까지 기다렸다가 하면 됩니다. ④지점에서 RSI 과매수권에 진입했습니다. ④시점에 도달했을 때 우리는 그 이후의 주가 흐름을 알 수 없는데, 어떻게 의사결정을 하면 좋을까요?

우선, RSI 과매수권 진입은 매도 사인입니다. 보유 물량을 모두 매도할 것인지 일부만 매도할 것인지는 경험을 쌓고 훈련함에 따라 달라질 것입니다. 이동평균선의 이치를 열심히 공부했다면, 이 시점에서 5-10 이평선의 골든크로스 상태가 이어지는 것을 보고 일부 물량을 남겨서 수익을 극대화할 궁리를 할 수 있습니다. 이것이 보조지표의 복합 활용의 예입니다.

물량을 일부 남겼다면 그다음의 매도 포인트를 잡는 방법은 다음과 같습니다.

- (RSI 지표를 고수한다면) RSI 과매수권 이탈시 매도
- (이동평균선의 관계로 유지한다면) 5-10 이평선 데드크로스 때 매도 또는 5-10 이평선을 모두 뚫는 음봉 발생시 매도

⑤는 RSI 과매수권을 지표가 이탈하는 캔들입니다. 후회 없을 충분한 수익을 남길 수 있습니다.

한편, 본 사례에서는 재미있는 지점이 하나 나왔습니다. 바로 ⓐ캔들입니다. 우리가 ①과 ②에서 매수했을 때, RSI의 과매도권 진입 및 이탈에 의한 저가권 매수라는 기준이 있었지만, 한편으로는 20이평선 -10% 하단선에 위치하는 매수 타점이라는 상황도 있었습니다. 그럼 ⓐ캔들은 어떤 의미가 될까요? 20이평선 +10% 상단선입니다. 엔벨로프를 이용한 매수매도 기법에 딱 맞는 것이지요. 그러니 +10% 상단선을 넘어선 종가에서 일부 매도해도 괜찮습니다. 수익 충분히 났습니다.

분할매도로 익절해나가는 것은 절대 나쁜 일이 아닙니다. 주가는 언제 어떤 식으로 변할지 모릅니다. **수익은 한 번에 실현하는 것이 아니라 여러 차례에 걸쳐 만들어가는 것입니다.** 다만 실전 매매를 하면서 익숙해지기까지는 매수에 사용한 보조지표를 매도에도 활용하는 습관을 들이면 좋습니다.

③ RSI 과매도권 진입 후 추가 하락시 -10%~-20%일 때 추가매수

다음 페이지의 차트는 2020년 3월 초 현대차의 주가 흐름입니다. 최고점인 13만 7500원부터 쭉~ 하락해서 ①의 위치에서 RSI 과매도권에 진입했습니다. **현대차같이 한국을 대표하는 기업이 이런 상황에 놓이면 별별 해석이 다 튀어나오겠지만, 우리 같은 사람들에게는 기본적으로 몇 년에 한 번 있을까 말까 한 매수 기회입니다.** ('돈 어디서 못 빌리나?'라고 할 정도로요.) 보통 비중조절 10%에 분할매수 3-3-4 방식으로 해왔다면 이런 경우에는 비중조절을 20% 정도로 해주고 분할매수를 5-5-5-5 같은 식으로 세게 들어가서 단기 반등뿐 아니라 큰 시세 상승의 흐름을 먹고 나올 생각을 하게 됩니다. **기다리면 시간과 시장이 올려주거든요.**

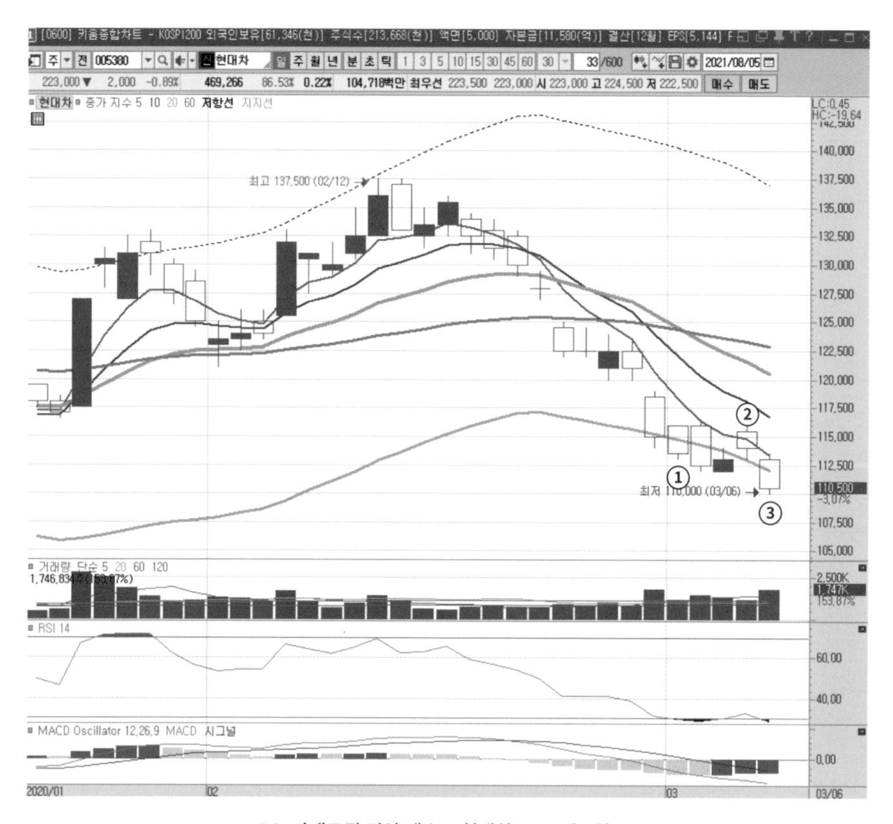

RSI 과매도권 진입 매수 _ 현대차 2020년 3월 초

1차 매수 후 ②에서 RSI 과매도권을 이탈하기 때문에 공식대로 2차 매수를 합니다. 일반적으로는 이런 자리에서부터 반등이 시작됩니다. 어, 그런데 ③에서 다시 RSI 과매도권으로 진입하네요? 공식대로 3차 매수를 합니다. 이 시점만 해도 손실 폭이 크지 않은 상태입니다. 잘하신 겁니다.

① ② ③의 종가에서 같은 비율로 종가에 매수했다면 113,500원, 114,000원, 110,500원으로 평균매수단가는 112,670원 정도가 됩니다.

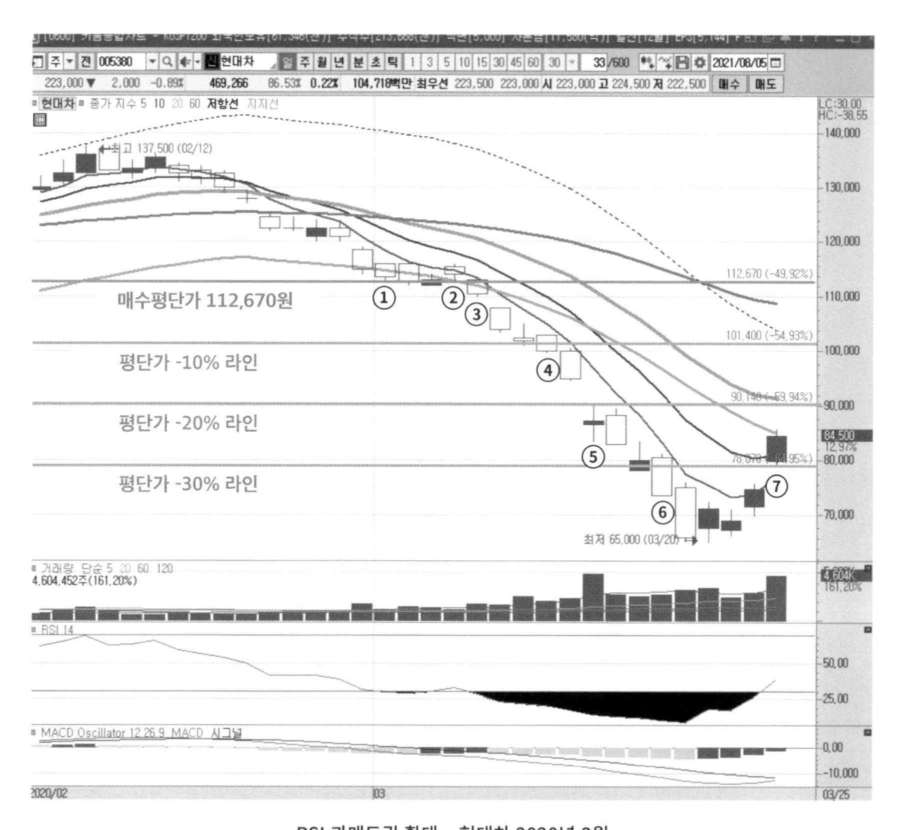

RSI 과매도권 확대 _ 현대차 2020년 3월

그런데 그 뒤로 어마어마한 하락이 진행되었습니다. 위의 차트에서 우리의 3차에 걸친 매수평균단가는 112,670원이었습니다. 그런데 평단가에서 10% 하락한 101,400원 선을 깬 음봉 ④ 같은 경우에 4차 매수를 할 수도 있습니다. 보조지표가 알려준 저가권 신호에서 추가 하락시 몇 % 대에서 추가 매수할 것인가는 매매자의 몫입니다. 개인적으로는 중대형 종목은 10% 단위, 중소형주는 20% 단위로 끊어서 하는 게 적절하다고 생각합니다. 현대차 같은 주식이 계속해서 엄청나게 하락할 것이라고는 음봉 ④의 시점에서는 예측하기 어려울 것입니다.

그런데 계속 하락이 지속되어 평단가에서 20% 하락한 선인 90,140원을 깨고 양봉 ⑤가 만들어졌습니다. ④에서 매수하지 않았다면 ⑤에서는 받아주는 것이 좋겠지요. 게다가 양봉이니 '하락이 멈췄다!'라고 생각할 수 있기 때문입니다. 야속하게도 추가 하락이 이어집니다. 평단가에서 30% 하락한 선인 78,870원 선을 또 깨는 음봉 ⑥이 발생했습니다. 결론적으로 말해, 첫 RSI 저가권 신호를 보고 3차에 걸쳐 매수한 최초의 단가에서 저가까지 -42%나 하락합니다. 중간중간 추가매수를 해서 최초의 매수단가보다는 더 낮아지고 보유 비중은 더 올라갔겠지만, 마음은 정말 끔찍한 상태일 것입니다. 힐끔힐끔 손해율보다 손해액을 살펴보면서 말이지요.

2020년 3월은 코로나 패닉이 있었던 때이며, 차량용 반도체 수급 문제 등등 자동차 산업이 망할 것처럼 뉴스가 흘러나오던 때였습니다.

그래도 결국 끝이 없을 것처럼 보이던 하락이 멈추고, RSI 과매도권을 벗어났습니다. 양봉 ⑦에서 RSI 과매도권을 벗어납니다. 그동안 저가권을 계속 아래로 파오던 RSI 지표를 보시지요. 이 정도의 하락이 있었다면 그 반대의 상승도 매우 크게 나옵니다. 쉽게 매도하면 안 됩니다. 우리가 모아온 비중이 환희로 바뀌는 순간이 올 것입니다.

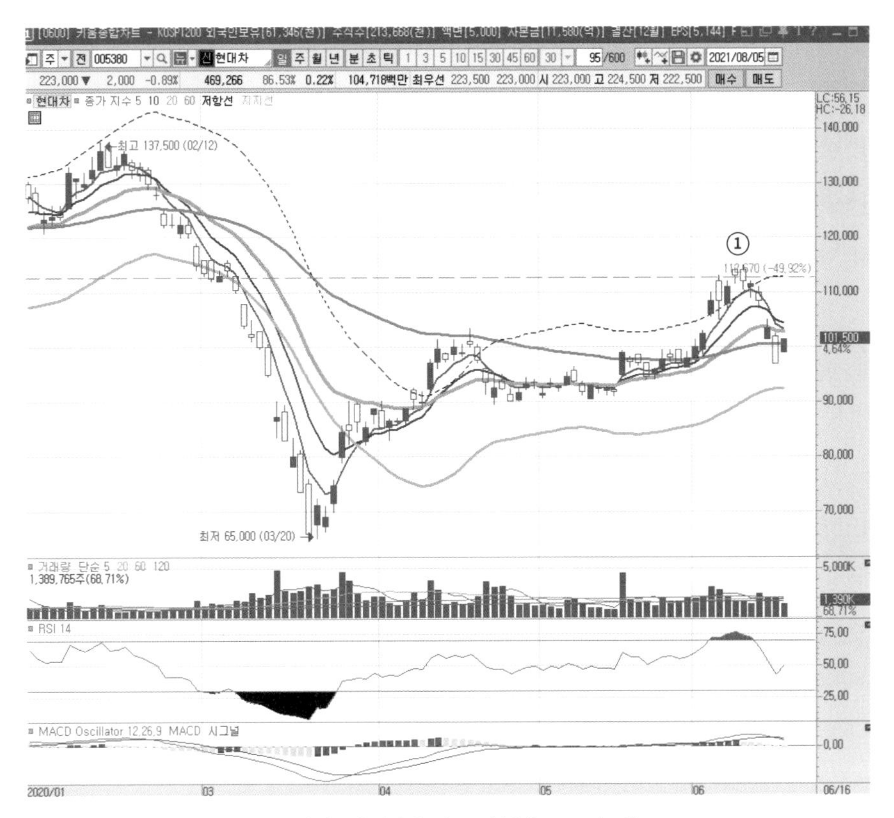

RSI 과매도권 이탈 후 반등 _ 현대차 2020년 6월

시간은 많은 것을 해결해줍니다. RSI 과매도권으로 진입했다 빠져나온 주가는 시간의 차이가 있지만, RSI 과매수권으로 진입했다 이탈합니다. RSI 지표의 관점에서 주가의 흐름은 과매도권과 과매수권을 반복할 뿐입니다. 앞서 최초의 3차에 걸친 매수단가인 112,670원에서 추가 하락이 무서워서 얼어붙은 나머지 추가매수를 하지 못한 분들마저 시간이 지나니 ①에서 본전을 찾을 수 있게 됩니다. RSI 과매수권으로 진입하는 모습을 보십시오. 만약 저 추가 하락 중에 이성적인 전략을 세우고 추가매수를 통해 매수단가를 꾸준히 낮추면서 비중을 높였다면 수십 %에 달하는 수익을 거둘 수 있었을

것입니다. 그런데 저기서 주가의 흐름이 끝났을까요?

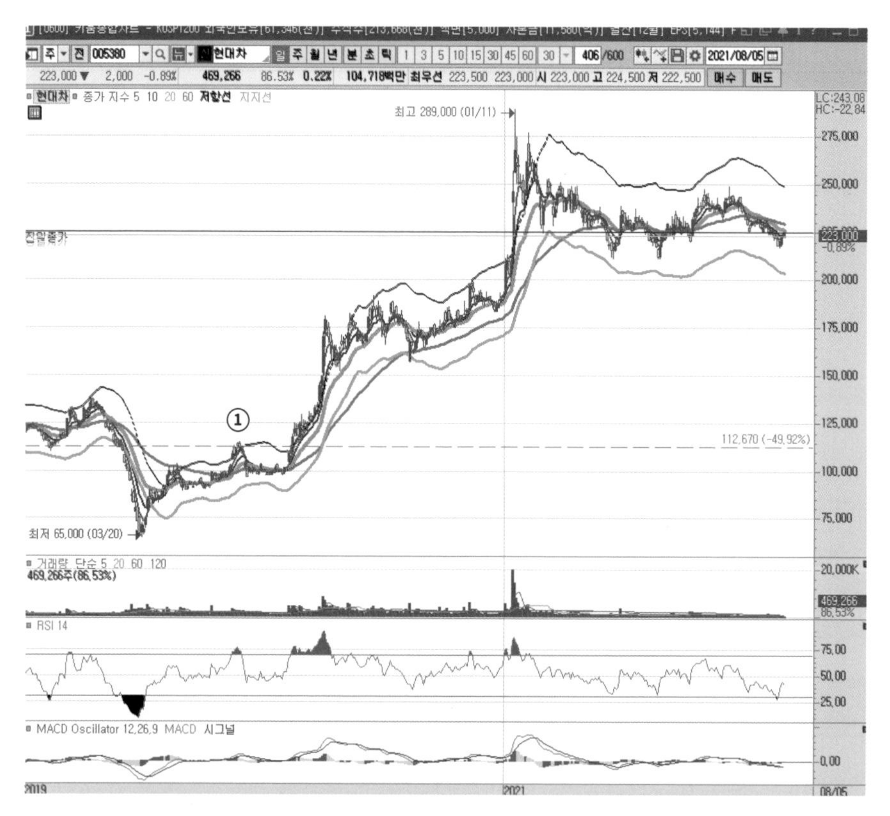

RSI 과매도권 이탈과 반등 이후 상승추세 확장_ 현대차 2020년 6월~2021년 7월

매도

RSI 지표를 기준으로 매매할 때는 RSI 과매도권에서의 매수 물량을 주가가 RSI 과매수권인 70선에 진입할 때 매도하는 것을 원칙으로 삼습니다.

한편, RSI 과매수권으로 진입하는 과정에서 5-10 이평선의 골든크로스 상태가 유지되고 있거나 MACD 상승교차가 계속 유지되고 있어서 추가 상승 추세가 기대된다면 매매자의 의사에 의해 매도하지 않고 홀딩할 수도 있습니다.

즉 RSI 과매도권에서 매수(진입 및 이탈 때) 후 RSI 과매수권에 진입할 때 매도한다는 기본적인 전략을 매매 원칙으로 삼되, RSI 매매가 끝나야 하는 RSI 과매수권 진입 시점에서 매매기법을 이동평균선 매매나 MACD 매매로 살짝 바꿔서 상승하는 추세를 더 이용할 수 있는 것입니다.

RSI는 당일을 포함한 최근 14일 동안의 하락 및 상승 추세의 강도를 나타낼 뿐, 방향성을 알려주지는 않습니다. 따라서 강도에 더해 추세 진행을 잘 살필 수 있다면 더 나은 수익을 도모할 수 있습니다.

또한 RSI가 과매수권을 이탈하게 된다면 그 시점에서는 일단 보유 물량의 전체를 매도함으로써 포지션을 정리하길 권합니다. RSI가 과매도권에서 이탈 후 다시 과매도권으로 들어가는 경우도 있는 것처럼, 과매수권에서 이탈 후 다시 재상승하여 과매수권으로 진입하는 경우도 있습니다. 그러나 초보 매매자들은 지표의 한쪽 끝(저가권)에서 매수해서 지표의 다른 쪽 끝(고가권)에서 매도하는 간단한 매매법만 잘 운용해도 충분한 수익을 거둘 수 있습니다. 추가 상승에 대해 욕심을 더 내시면 난처한 경우에 빠지기 쉽습니다. 지표의 움직임의 중간 영역에서 매수하고 매도하여 수익을 내는 것은 잘 훈련된 단기 매매자의 영역입니다.

매도 타이밍에 대해 정리하겠습니다.

① RSI 과매수권에 진입하는 캔들의 종가에서 매도(전량 또는 일부)

② 일부만 익절하고 일부를 보유한 상태라면 일봉 기준 5-10 이평선의 골든크로스가 유지되는 동안 홀딩하며 5이평선을 깨는 음봉의 종가에서 전량 매도 또는 5-10 이평선을 모두 한 번에 깨는 음봉의 종가에서 전량 매도 또는 5-10 이평선의 데드크로스가 발생하는 캔들의 종가에서 전량 매도

③ 또는 RSI 과매수권에서 이탈하는 캔들의 종가에서 전량 매도

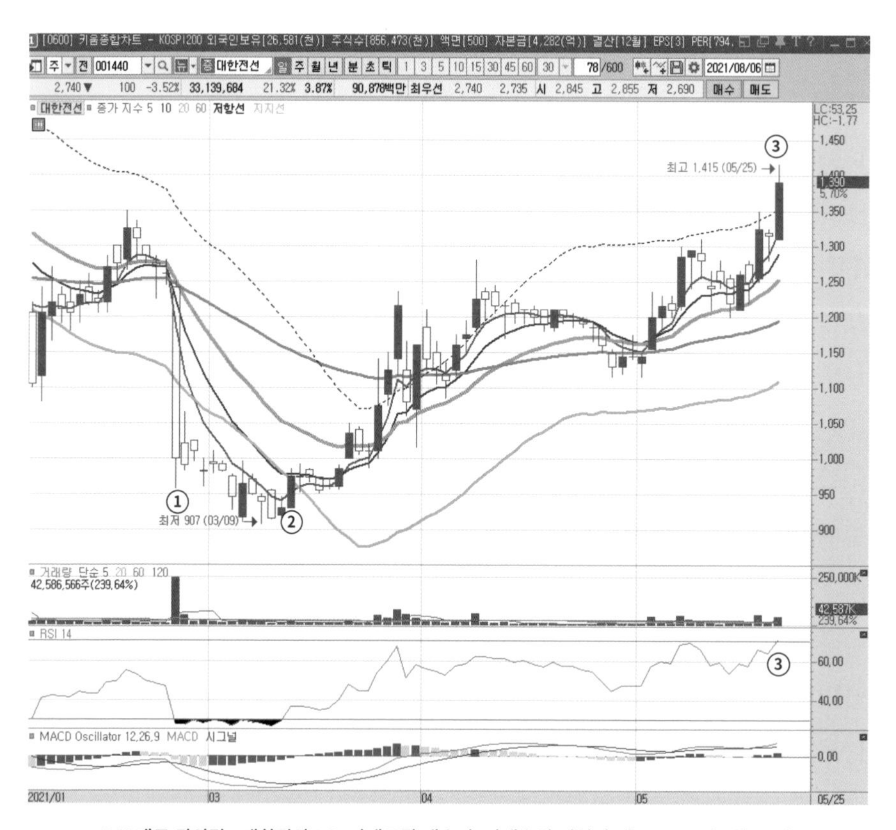

RSI 매도 타이밍_ 대한전선 RSI 과매도권 매수 후 과매수권 진입시 매도 2021년 5월 25일

2021년 2월 말, 대한전선이 음봉 ①의 발생과 함께 RSI 과매도권에 진입

합니다. 장중 24%나 빠졌다가 약간 반등하여 -20% 선에서 종가를 형성했습니다. 뭐, 이런 날엔 그냥 '오~예!' 하고 받는 것입니다. 몰빵하는 것이 아니라 계획된 비중조절 및 분할매수이기 때문에 겁날 것 없습니다. 음봉 ①의 종가인 1000원에 1차 매수를 완료했습니다.

그 이후 주가가 계속해서 하락하지만, 우리의 눈은 이것만 확인하면 됩니다. 추가매수 타이밍을 찾기 위해서요.

- **1차 매수단가에서 -10%~-20% 정도 하락하는가?**
- **RSI 과매도권을 이탈하는가?**

2021년 3월 12일, 종가 975원의 양봉 ②가 만들어지면서 RSI 과매도권을 이탈합니다. 종가에서 2차 매수합니다. 그럼으로써 1차 매수와 2차 매수의 비율이 같았다면 매수단가는 987.5원이 되었습니다.

RSI 과매도권의 진입 및 이탈을 기준으로 매수했기 때문에 우리의 매도 타점은 RSI 과매수권 진입 시점입니다. 2달 정도 지난 5월 25일, 양봉 ③에서 RSI가 과매수권으로 진입하였습니다(RSI 지수 70.66). 양봉 ③의 종가는 1390원입니다. 매수단가에서 402.5원 올랐습니다. 40.7% 정도의 수익률입니다!

이것이 RSI 지표를 이용하는 가장 기본 매매법입니다.

그런데 공부를 좀 열심히 해온 분이라면, '5월 25일 시점에서 상승 강도가 과매수권으로 들 정도로 셌는데 그다음은 어떻게 될까?'에 대해서 궁금해질 것입니다. RSI는 14일간의 지표라고 했는데 그럼 내일은? 네. 이것이 자연스러운 질문입니다. RSI는 추세를 알려주지는 않기 때문이죠.

우리는 이동평균선을 공부하면서 세력이 주가를 끌고 가는지의 여부를 5-10 이평선의 골든크로스 유지를 통해 파악할 수 있다고 배웠습니다. 그러니 양봉 ③의 종가에서 전량 매도가 아니라 보유 물량 일부를 매도하고, 5-10 이평선이 골든크로스를 유지하는 과정을 지켜보면서 수익 극대화를 도모해볼 수 있습니다.

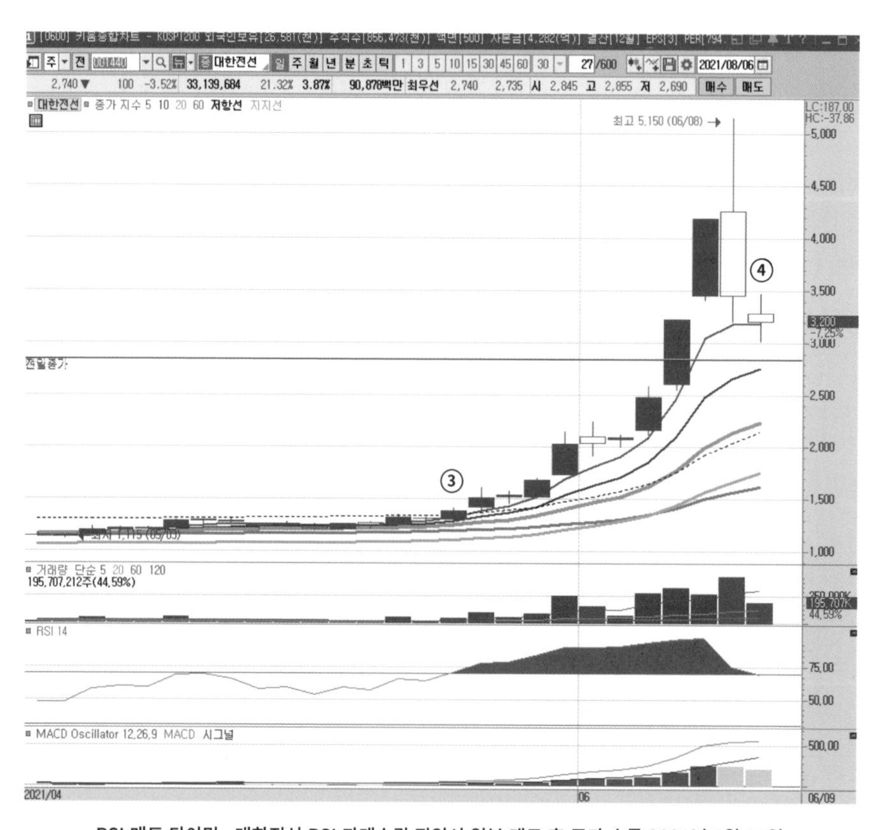

RSI 매도 타이밍_ 대한전선 RSI 과매수권 진입시 일부 매도 후 주가 흐름 2021년 6월 29일

RSI 과매수권으로 진입한 양봉 ③에서 저가권에서 매수한 일부 물량을 익절한 다음 나머지는 RSI가 아닌 이평선 매매로 기준을 바꿔서 5-10 이평선의 골든크로스 상태를 쫓아갑니다. 양봉 ③의 지점이 까마득하게 보일 정도로 훅 훅 상승합니다. RSI 과매수권 진입 이후 지표가 빨간색 영역을 확장하며 계속 올라가는 것을 볼 수 있습니다. 이렇게 급격한 상승을 이루다가 음봉 ④에서 RSI가 과매수권에서 이탈합니다. 이탈하면 종가에 보유 물량 전량을 매도합니다. 음봉 ④의 종가는 3200원입니다. 매수단가인 987.5원에서 2212.5원 상승했습니다. 224%의 수익률입니다. 다시 말씀드리지만, 수익을 끝까지 기다렸다가 실현하는 게 제일 어렵습니다!

RSI 지표의 과매수권 이탈보다 먼저 이평선을 아래로 깨는 음봉이 나오면 적절하게 매도해나가는 것도 잊지 마십시오.

TIP BOX

조건검색식 만들기

RSI 과매도권으로 진입하는 종목을 찾는 조건검색식을 만들어보겠습니다.

그림6-8 여러 차례 조건검색식을 만들어보셨으니 쉽게 따라 하실 수 있을 것입니다. 다음 순서대로 해주십시오.

① 조건식에서 '기술적 분석' 선택

② 변동성지표 선택

③ RSI 선택

④ 기준값 돌파 선택

⑤ RSI 30 하향돌파로 설정 후 '추가'

이렇게 하면 식 A가 설정되어 나옵니다. RSI 과매도권을 이탈하는 종목의 검색식은 굳이 만들지 않겠습니다. RSI 과매도권에 진입한 어떤 종목을 매수하게 된다면 그다음부터는 매수한 종목을 매일 살펴봐야만

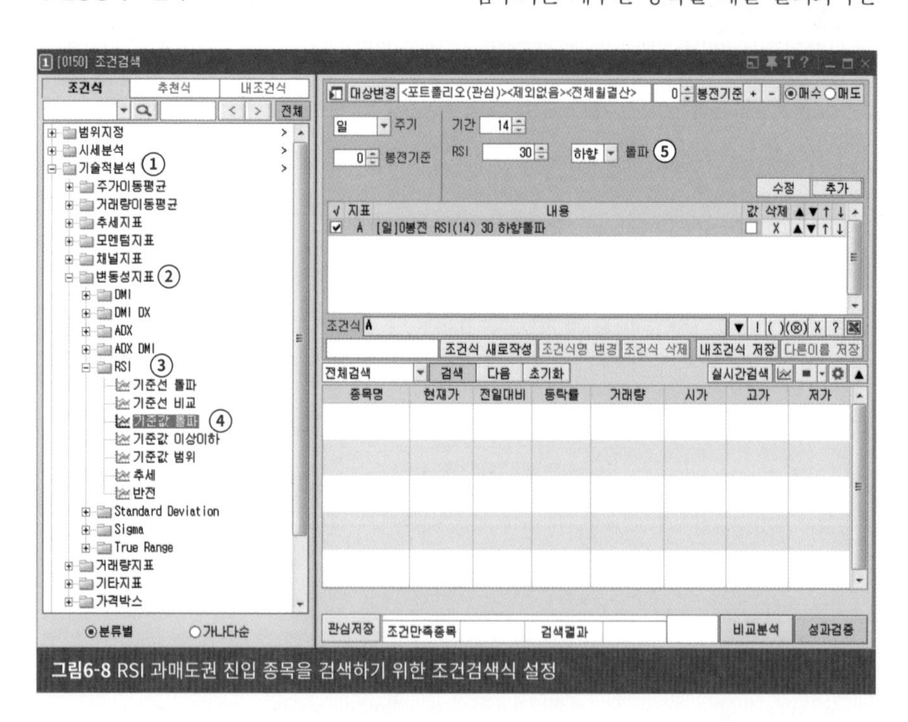

그림6-8 RSI 과매도권 진입 종목을 검색하기 위한 조건검색식 설정

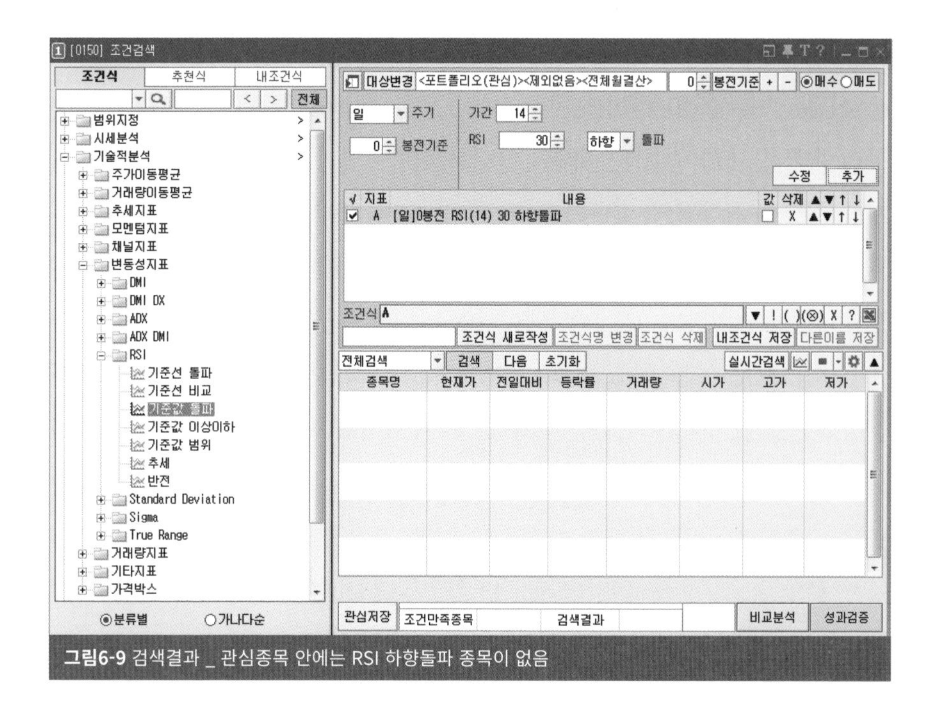

그림6-9 검색결과 _ 관심종목 안에는 RSI 하향돌파 종목이 없음

하니까요. 이 검색식을 'RSI 과매도권 진입'이라는 이름으로 저장해놓습니다. 검색식이 잘 만들어졌는지 '검색' 버튼을 클릭해보겠습니다.

그림6-9 검색해보았더니 제 관심종목 안에는 조건을 만족시키는 종목이 없는 것 같습니다. 일봉상 RSI 과매도권으로 진입하는 것은 매우 드문 일이기 때문에 관심종목에 담아놓은 종목에서 검색되지 않는 날이 많을 것입니다. 공부를 위해 대상을 코스닥 코스피 전 종목으로 바꿔 다시 검색해보겠습니다.

그림6-10 전 종목을 대상으로 조건검색을 해봐도 7종목밖에 나오지 않는군요! 이렇게 종목이 검색되어 나올 때 거르는 법에 대해서 잠깐 살펴보겠습니다.

①처럼 거래량이 너무 적은 종목은 건드리지 않습니다.
②처럼 주식의 가격이 너무 낮은 종목도 피하는 것이 좋습니다. 보통 주가가 1000원 미만인 종목을 동전주라고 하는데요, 동전주는 건드리지 않는 것이 좋습니다.
③은 두 가지 조건을 다 갖췄네요. 동전주인 데다가 거래량이 적습니다. 종가가 811원(동전주)인데 거래량이 112,710주(거

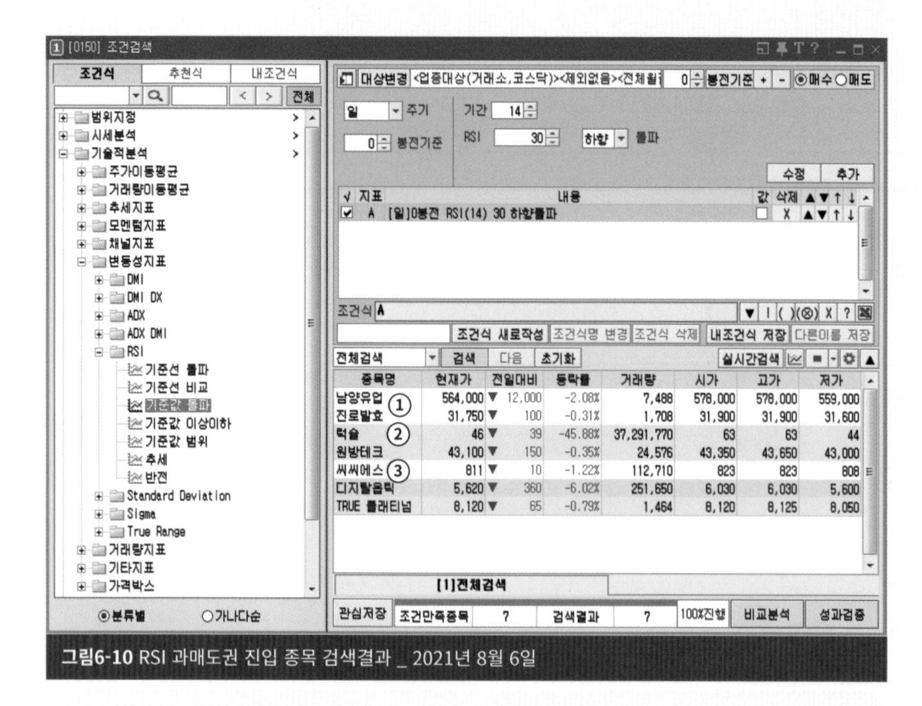

그림6-10 RSI 과매도권 진입 종목 검색결과 _ 2021년 8월 6일

래량이 적음)였다는 말은 종가로만 계산해도 하루에 거래된 금액이 9140만 원 정도밖에 안 되는 종목이라는 뜻입니다. 거래량이 적은 종목은 살 때도 문제, 팔 때도 문제입니다.

앞서 공부한 것처럼, 미리 선정해놓은 관심종목들을 대상으로 조건검색을 통해서 매수할 종목을 선택하는 것이 아니라, 그냥 검색식을 돌려서 검색된 아무 종목이나 매수하는 것은 초보 매매자들에게는 매우 위험한 선택이 될 수 있으니 주의하시기 바랍니다.

어쨌든 이리저리 거르고 보니 디지탈옵틱이라는 종목이 오늘 나온 종목 중에는 개인이 거래하기 그나마 적당한 것 같습니다. 차트를 보시죠.

그림6-11 음봉 ①이 20이평선 -10% 하단선을 꿰뚫으면서 RSI에서도 ①′와 같이 과매도권으로 진입했습니다. 마침 차트의 앞쪽에서 이 종목이 RSI 과매도권에 있다가 과매수권까지 올라가 준 주가의 흐름을 볼 수 있네요. 하지만 조금만 더 차트를 자세히 보면 종목 이름 앞에 주황색으로 '관'이라는 아이콘이 있는 것을 볼 수 있습니다. 관리종목이라는 뜻입니다. 뭔가 매매하기에

그림6-11 RSI 과매도권 검색결과 _ 디지탈옵틱 2021년 8월 6일

찝찝한 종목입니다. 사례 공부를 위해 차트를 보여드린 것이지만 제대로 공부를 해왔다면 이런 종목은 자신의 관심종목 리스트에 없어야만 합니다.

검색식을 돌렸는데 관심종목 안에서 검색되어 나오지 않는 것에 대해 실망하거나 조급하게 생각하지 마십시오. 때가 오지 않은 것이라고 이해하시고 현금을 보유하고 그냥 지나가면 됩니다. 주식에서 제일 쉬운 게 뭘까요? 앞뒤 안 가리고 그냥 매수하는 것입니다. 다만 이렇게 산 주식은 반품도 안 되는 것이니 스스로를 곤란한 처지에 밀어넣지 않았으면 좋겠습니다.

더 긴 시간축에서 신뢰도는 더 높아진다

이동평균선을 공부할 때 배웠던 것처럼, 보조지표의 활용은 시간축이 길수록 높은 신뢰도를 갖습니다. RSI 지표도 마찬가지입니다. 일봉에서도 드물게 나타나는 RSI 과매도권 진입 신호가 상위 시간축인 주봉이나 월봉에서 나타났다면 상장폐지가 될 회사가 아닌 이상 아주 큰 매수 기회가 왔다고 생각하시면 좋습니다. 주봉이나 월봉에서 RSI 과매도권 진입 신호가 나타났다는 말은, 그 시점에서는 시장에서 그 종목의 주인 말고는 아무도 관심을 갖고 있지 않다는 뜻입니다. 이럴 때 세력을 따라서 매수하는 것이죠.

주봉에서 RSI 매수 타이밍 찾기

주봉에서의 RSI 조건도 일봉에서와 같습니다. 다만 일봉에서 RSI가 14일간의 주가 흐름의 강도를 보여준다면 주봉은 14주간의 주가 흐름의 강도를 보여주는 것이 되겠지요. 14주면 3달 하고 2주 정도의 주가 흐름입니다. 주봉에서의 RSI 과매도권 진입은 종목당 몇 년에 한 번 만나게 되므로 관심종목의 차트를 일일이 살펴보기보다는 조건검색식을 만들어놓고 매주 금요일 오후에 한 번씩 검색하는 정도로 충분합니다.

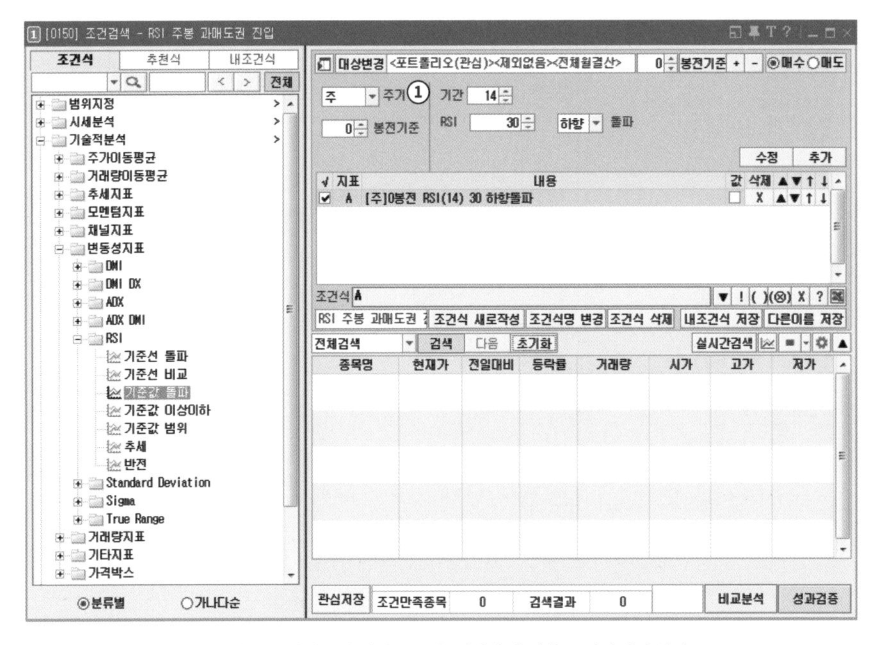

주봉상 RSI 과매도권 진입 종목을 검색하기 위한 조건검색식 설정

앞의 일봉상 RSI 과매도권으로 진입하는 종목을 찾는 조건검색식에서 ①과 같이 주기 부분을 '주'로 바꿔줌으로써, 주봉상 RSI 과매도권으로 진입하는 종목을 검색할 수 있는 검색식을 만들 수 있습니다. 'RSI 주봉 과매도권 진입'이라는 이름으로 저장해놓습니다.

한편, '봉전기준'이라는 것 앞의 0은 당일(또는 해당 주)를 나타낸다고 했습니다. 앞의 숫자를 바꾸면 n주 전의 과매도권 진입 종목도 살펴볼 수 있습니다.

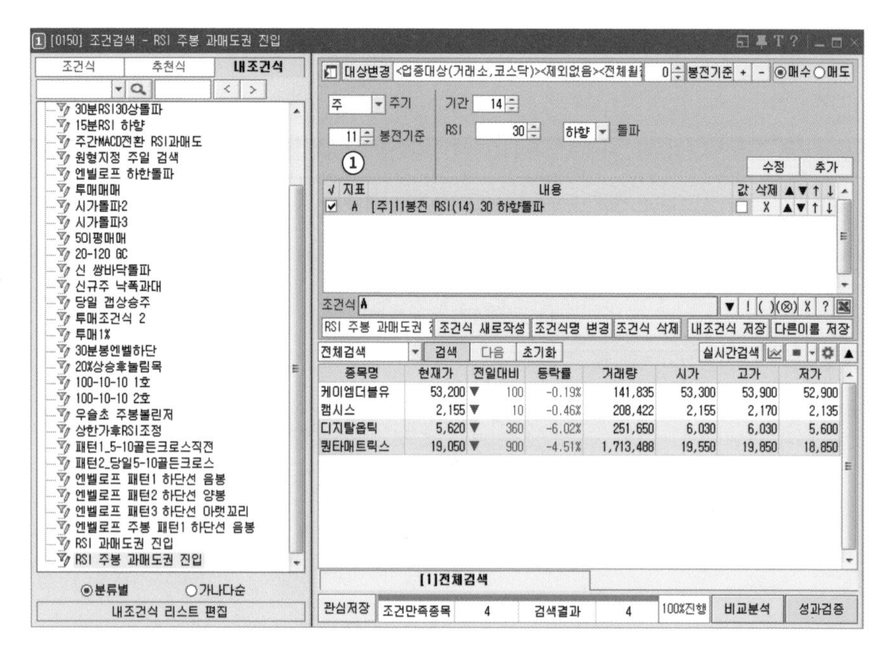

11주 전 주봉상 RSI 과매도권 진입 검색

①에서와 같이 11봉 전 기준으로 조건을 바꿔서 검색해보니 4종목이 검색되었습니다. 주봉으로 검색했지만 검색결과로 나온 거래량은 검색한 당일의 거래량입니다. 초보 매매자는 거래량이 100만 주 이상 되는 주식을 다루는 것이 매수 및 매도가 편안합니다. 퀀타매트릭스라는 종목의 차트를 열어보겠습니다.

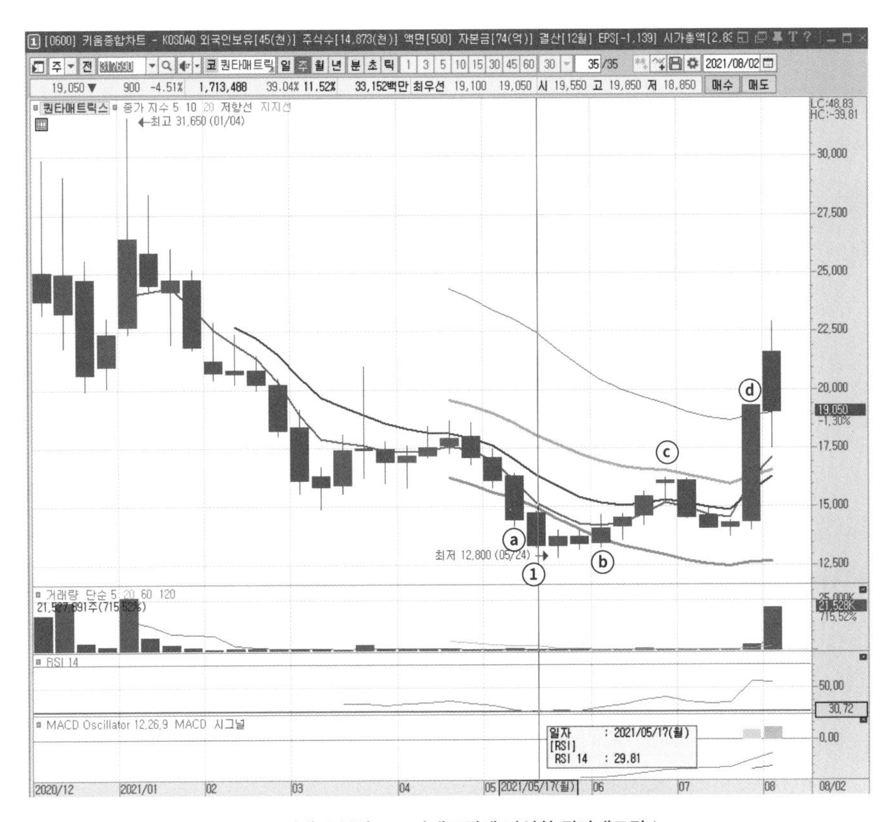

11주 전에 주봉상 RSI 과매도권에 진입한 퀀타매트릭스

주봉상 음봉 ①에서 RSI가 29.81로 과매도권에 진입했습니다. 자신의 관심종목 안에서 이렇게 주봉상 RSI 과매도권에 진입했다고 금요일 오후에 검색되어 나오면 그냥 매수하십시오. 그리고 그다음은 대응의 영역입니다. 추가로 하락할 수도 있고 검색된 다음 주부터 상승할 수도 있지만 하락한다면 적절한 타이밍에 추가매수하면 되는 것이고, 상승한다면 RSI 과매수권으로 진입할 때까지 그냥 기다리면 되는 것입니다. (물론 중간중간에 익절해주는 것은 좋은 습관입니다.)

이 종목의 경우 음봉 ①의 종가인 13,300원에 매수했다면 차트 맨 오른쪽의 최근 주봉의 종가가 19,050원으로 5750원, 약 43%의 수익을 거두고 있는 상태일 것입니다. 다만 아직 RSI 과매수권으로 가지는 않았죠? 더 기다리면 됩니다.

한편, 차트 공부의 입장에서 보면 엔벨로프로 매매할 경우, 음봉 ①의 전 주인 음봉 ⓐ에서 주봉상 20이평선 -20% 하단선을 돌파하는 음봉이 나왔고, 양봉 ⓑ에서 -20% 하단선을 뚫고 올라오는 양봉이 나왔으니 두 지점에서 매수할 수 있었을 것입니다. 양봉 ⓒ가 20이평선에 닿지 않았으니 매도하지 않는 게 정석이고, 양봉 ⓒ 이후 3주간의 하락 기간 동안 '왜 그때 안 팔았을까?' 하며 속상했겠지만, 양봉 ⓓ가 20이평선과 +20% 상단선까지 동시에 뚫어주었습니다. 이런 때에는 엔벨로프 지표로 매매하는 사람이라면 매도하는 게 좋겠죠.

어디서 매도해야 수익을 극대화할 수 있을까?

주봉을 기준으로 RSI 과매도권 진입 및 이탈 때 매수한 보유 물량은 원칙상으로는 RSI 과매수권 진입 및 이탈 때 매도하여 수익을 실현합니다. **주봉상의 흐름이므로 한 번 매수했다면 수개월에서 1년 이상 보유해야 과매수권으로 진입하는 것을 보게 될 것입니다.** 매도는 언제든지 할 수 있으나 수익을 실현하지 않고 끝까지 참아내는 것이 더 큰일입니다.

한편, 주봉상 RSI 과매수권으로 진입했을 때 주봉상 5-10 이동평균선이 정배열을 유지하고 있다면 5이평선을 깨는 음봉이나 5이평선과 10이평선을 동시에 깨는 음봉이 나올 때까지 매도를 보류하고 주가의 흐름을 살핌으로써 수익을 극대화할 수도 있습니다.

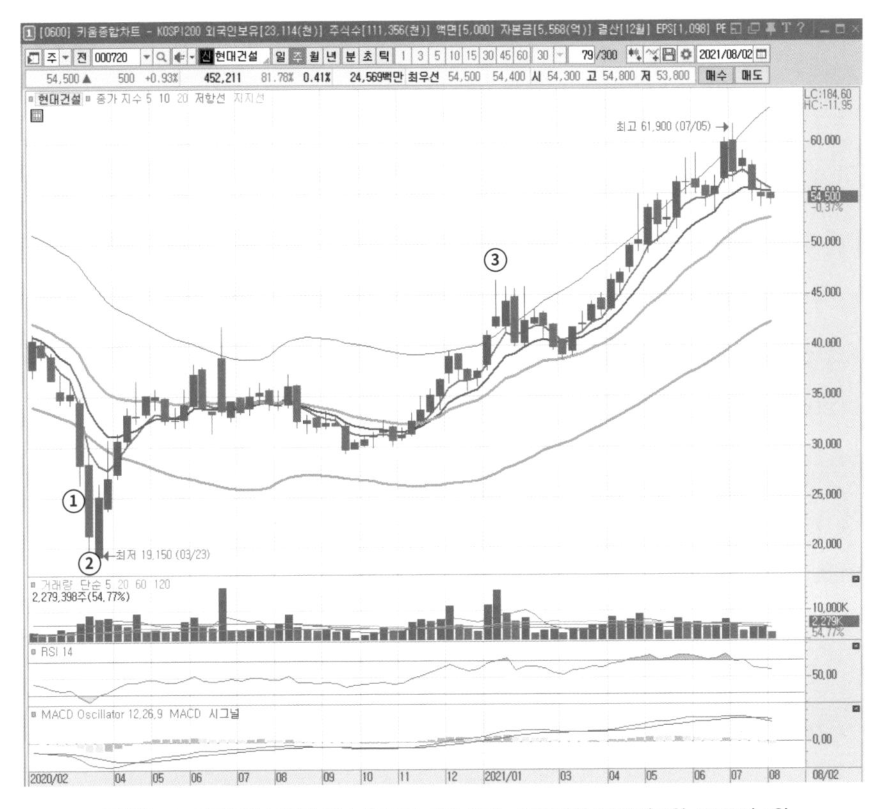

주봉상 RSI 과매도권 진입시 매수 후 매도 시점 찾기 _ 현대건설 2020년 3월~2021년 8월

코로나로 인한 패닉으로 2020년의 하락과 상승은 매우 특별한 예가 될 수도 있지만, 상승과 하락의 폭에 차이가 있을 뿐 본질적인 주가의 움직임은 다르지 않습니다. 2020년 3월 음봉 ①에서 주봉상 RSI 과매도권으로 진입합니다. 주봉으로 하는 매매니까 금요일 종가에 검색 후 매수하는 것이 될 것입니다. 종가는 28,250원입니다. 매수한 다음 주에도 음봉이 길었습니다.

한 주 동안 종가 기준 21,200원, 전주보다 24.96% 하락했습니다. RSI도 과매도권에서 더 내려갔습니다. **분할매수로 추가매수할 경우, 주봉으로 하는 매매는 주중에 추가매수의 타이밍을 보는 것이 아닙니다. 반드시 금요일 종가에 매수 및 매도 결정**을 하는 것입니다. 따라서 2주 동안 같은 비율로 분할매수했다면 매수단가는 24,725원입니다.

이렇게 **자신이 주봉상 RSI 과매도권에서 의식적으로, 이성적으로 매수했다면 어떻게 되든지 시간을 들여서 RSI 과매수권으로 들어가는 것을 꼭 경험해보십시오.** 경험을 해봐야 기다릴 수도 있습니다. 기다리는 기간이 너무 지루하다면 조금씩 익절을 하면서라도 굳은 마음으로, 강철 같은 마음으로 버텨봐야 하는 겁니다. 무려 10개월이 지나서 양봉 ③지점에서 RSI 과매수권으로 진입합니다! 이때의 종가는 42,800원. 수익률로는 73%입니다! 1년에 두 번 매수하고 열심히 일하고 공부하다 보니 이런 수익률을 거두는 것이죠. 원칙적으로는 여기서 전량 매도하고 손 털고 나오는 것입니다. 추가 상승이 있든 없든 나만의 매매 원칙을 지킨 것이니 만족스럽습니다.

그렇지만 그 이후로도 주봉상 꾸준히 상승하는 것을 보실 수 있습니다. '어떻게 하면 수익을 끝까지 가져갈 수 있을까?' 차트상에서의 봉을 하나씩 짚으면서 머릿속으로 생각해보시기 바랍니다. 키워드는 추세입니다.

하위 시간축은 어떻게?

일봉을 매매 기준으로 삼는 중장기 매매자 입장에서, 하위 시간축은 분봉(30분봉, 3분봉)이 될 것입니다. 이는 이동평균선 장에서도 이미 배운 바 있습니다. 다만, 분봉에서의 RSI 지표 활용은 일봉 이상의 시간축에서와는 조금 다른 부분이 있습니다. 단기 매매자로서 차트 해석의 기술적 요소가 더 필요하기 때문에 이 책에서는 다루지 않도록 하겠습니다.

다만, 스스로 더 공부하고 싶은 분들을 위해 힌트를 남겨놓자면, 하위 시간축인 분봉에서의 RSI의 활용은 일봉의 상승추세에서 발생하는 눌림목을 파악하는 좋은 수단이 됩니다.

7장

수익의 극대화, 추세를 끝까지 먹는다 : MACD

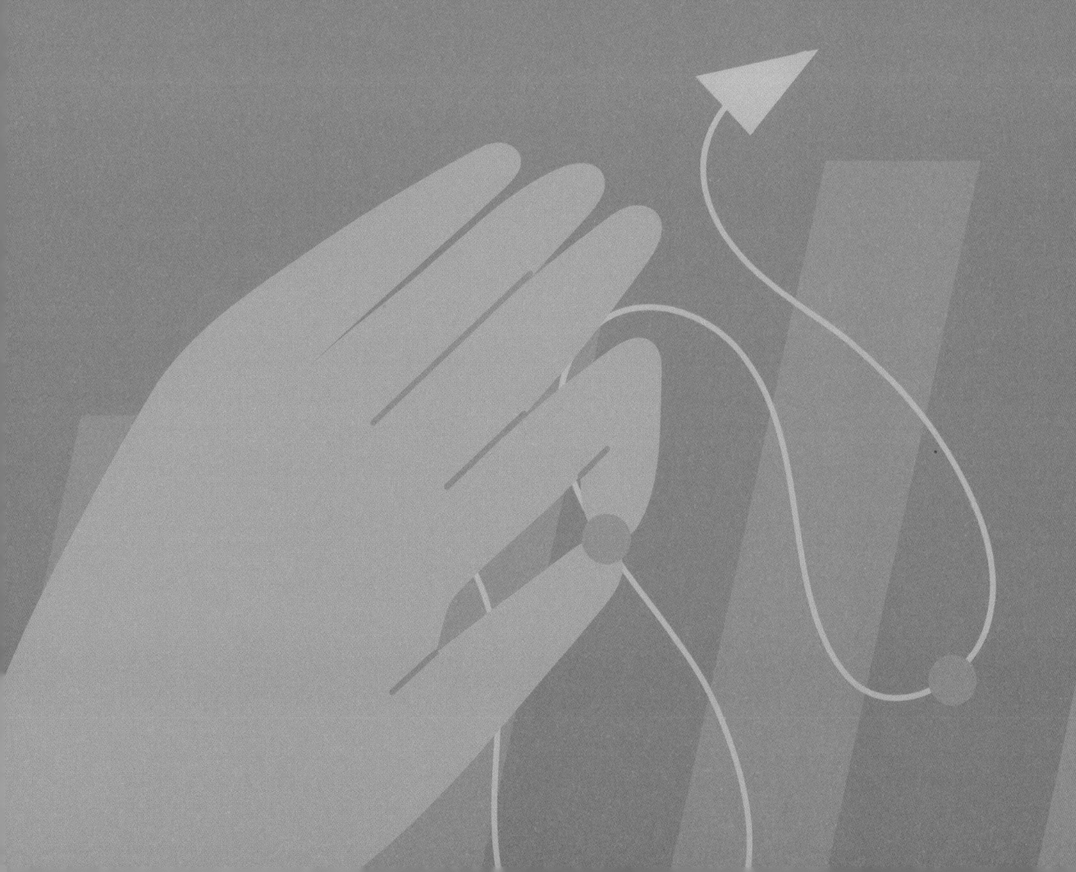

우리는 지금까지 저가권에서 매수하기 위한 방법으로 이동평균선 및 엔벨로프 지표와 RSI 지표를 공부했습니다. 저가권에서의 매수는 말은 쉽지만 매우 마음 졸이는 일입니다. 쉽게 손이 나가지 않습니다. '더 떨어질지도 몰라' 하는 자기 의심과 끝없이 싸워야 하기 때문입니다. 이 마음은 종종 약간의 상승에도 빨리 매도해버리고 마음이 편해지고 싶은 충동으로 이어지게 됩니다. 매수한 그 자리가 나중에 돌아봤을 때 엄청난 상승의 시작점이었음에도요. 따라서 그 불안한 마음, 즉 저가권에서 자신이 잘 산 것인지 아닌지를 계속 의심하게 되는 마음을 진정시켜주기 위한 마지막 하나의 지표를 소개합니다. 그것은 바로 MACD입니다.

| MACD 활용하기

MACD 지표는 Moving Average Convergence and Divergence의 머리글자를 딴 약어로서, 우리말로는 '이동평균 수렴확장 지수'라고도 합니다. 엔벨로프를 공부할 때, 주가는 20이평선을 기준으로 상하단으로 일정 폭을 상승 및 하락하면서 다시 기준선인 20이평선으로 돌아가려는 특성을 갖는다는 사실을 배웠습니다. 우리는 일봉에서 편의상 위아래 10%의 폭을 설정했죠. **엔벨로프가 이평선과 주가의 관계라면, MACD는 이평선과 이평선의 관계를 알려줍니다.**

이평선과 이평선의 관계라고 하면 머릿속에 '5-10 이평선 골든크로스 상태의 유지는 세력이 만드는 것이다'라는 개념이 떠오를 것입니다. MACD는 이보다 더 긴 기간으로 만들어진 두 이평선의 관계를 통해 주가의 흐름이 더 큰 관점에서 상승추세를 유지하는지, 하락추세로 들어간 것인지를 쉽게 알 수 있게 해줍니다. MACD에서는 **지수 이동평균선을 사용**하는데, 단기 지수 이동평균선으로는 12일을 그리고 장기 지수 이동평균선으로는 26일을 사용합니다.

단기 지수 이동평균선이 장기 지수 이동평균선을 골든크로스하게 되면 MACD선은 0선 위에 형성되며, 데드크로스하게 되면 0선 아래에서 형성됩니다. 이동평균선을 공부할 때 골든크로스가 형성되면 상승추세가 유지될 가능성이 크고, 데드크로스가 형성되면 하락추세가 진행될 것을 알려준다고 배웠습니다. 그런 이유에서 MACD선이 0 이하에서 형성되면 추세적인 하락을 예상하여 매수개입을 하지 않습니다. (물론, 우리가 앞서 배운 것처럼 하락 중에 팔 사람들이 다 팔아버린 시점인 저가권에 들어갔을 땐 매수를 할 수 있습니다.)

MACD의 작동 예

MACD의 작동 예를 이해하기 쉽게 알아보기 위해서 다음 페이지의 사례 차트에서 다른 이평선을 모두 지우고 12이평선과 26이평선을 각각 파란색과 노란색으로 보이게 설정해보았습니다. 우리는 이미 지수 이동평균선을 사용하고 있기 때문에 더 잘 이해할 수 있습니다. ①과 ② 사이의 ⓐ에서 볼 수 있는 것처럼 두 이평선의 골든크로스가 발생했습니다. 그때 MACD 지표 부분을 보면 ⓐ′ 처럼 0선을 돌파했음을 알 수 있습니다.

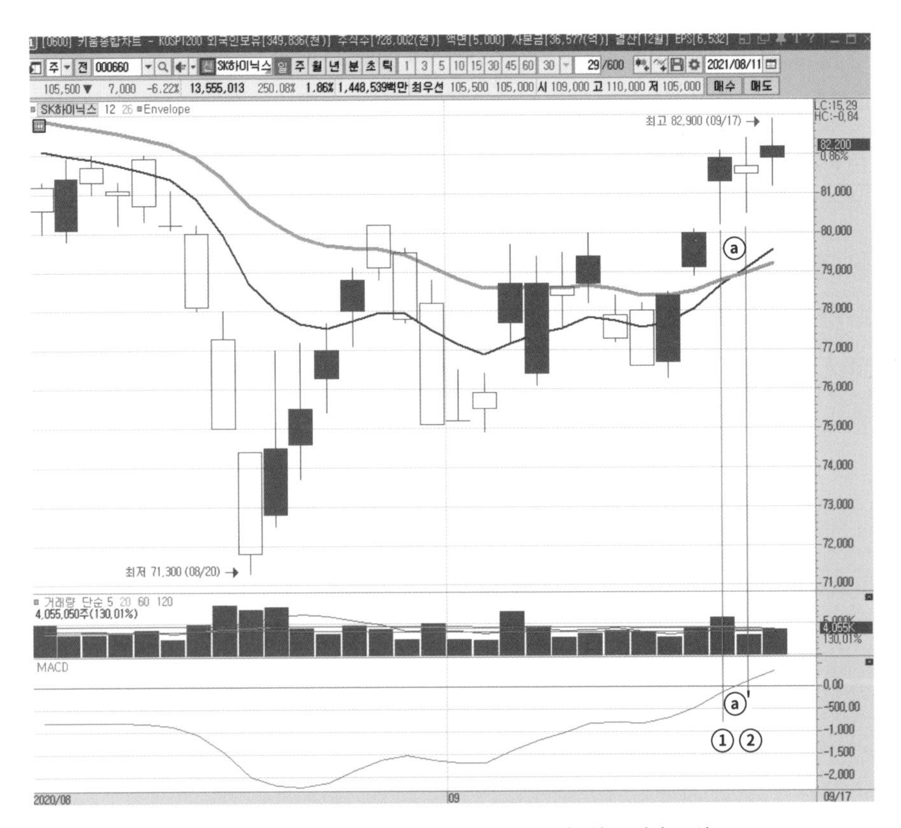

MACD 0선 상향돌파의 예 _ SK하이닉스 2020년 9월 15일과 16일

이평선 매매를 할 때 5-10 이평선의 골든크로스를 중요한 기준으로 다뤘습니다. MACD는 그보다 더 큰 12-26 이평선의 골든크로스가 발생했으니, 이는 발생하기도 힘들고 일단 발생하면 그 추세를 유지하려는 기운이 큽니다. 이후의 진행 상황을 볼까요?

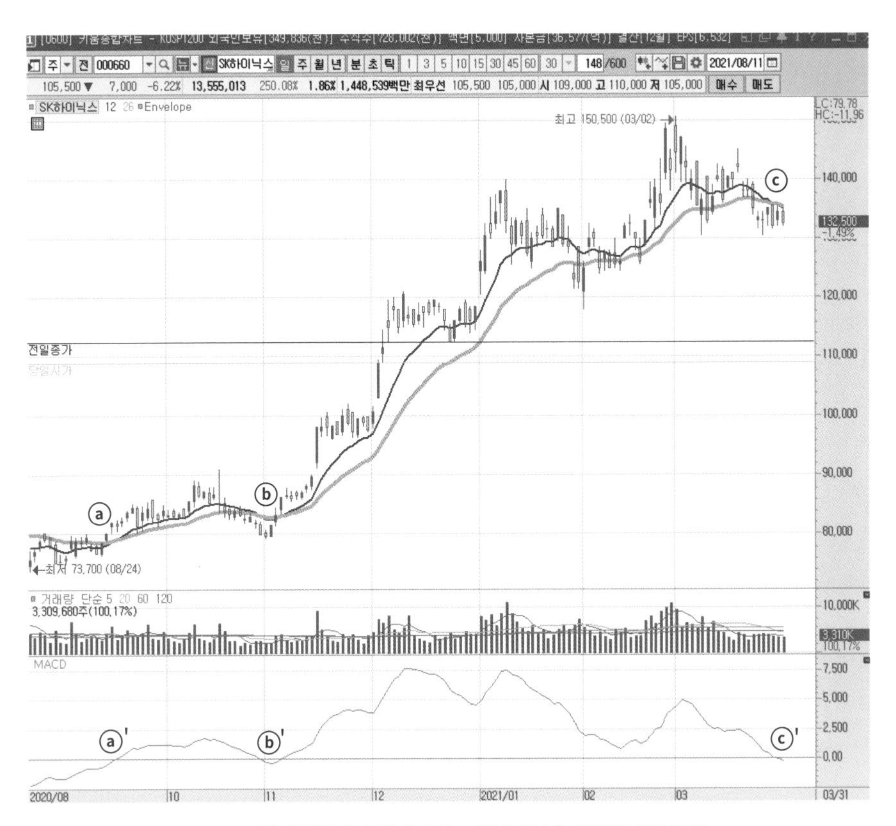

MACD 0선 상향돌파 후 주가 흐름 _ SK하이닉스 2021년 3월 31일

12-26 이평선의 골든크로스가 발생한 ⓐ시점에서 MACD는 0선을 ⓐ′ 와 같이 돌파하고 그 이후 상승이 진행되다가 ⓑ시점에서 데드크로스가 발생하면서 잠깐 MACD도 ⓑ′ 와 같이 0선을 하향돌파합니다. 그리고 다시 골든크로스가 발생하면서 12-26 이평선이 데드크로스하는 ⓒ시점까지 약 6개월간 70%에 가까운 상승을 하게 됩니다. 그럼 시간 범위를 넓혀서 약 2년치의 MACD와 주가의 흐름을 살펴볼까요?

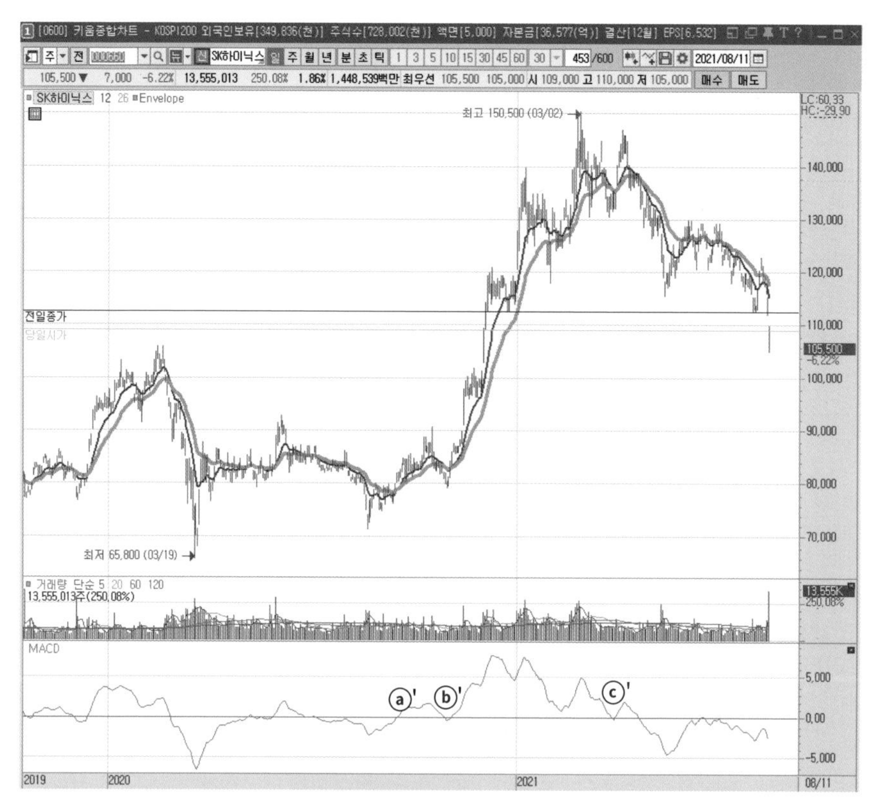

2년간의 MACD의 흐름 _ SK하이닉스

이 차트를 보면서 그동안 공부해온 바에 비추어 몇 가지 생각을 할 수 있을 것입니다. 우선, MACD에 대해 배우고 있는 입장이니까, 일단 0선을 상향돌파할 때와 하향돌파한 이후의 주가 흐름이 상승과 하락으로 매우 분명하다는 사실을 알 수 있습니다. 앞서 엔벨로프나 RSI 지표를 공부할 때 상위 시간축일수록, 즉 일봉보다는 주봉에서 발생한 지표의 신호가 더 높은 신뢰도를 갖는다고 배웠습니다. MACD는 시간축을 일봉에서 주봉으로 바꾸지 않더라도, 그 신호를 발생시키는 기준 기간이 길기 때문에 추세 진행과 관련된 신뢰도가 상당히 높습니다.

MACD의 움직임을 알려주는 시그널선

그런데 이런 생각이 듭니다. 단기 지수 이동평균선을 12일로, 장기 지수 이동평균선을 26일로 삼아서 두 이평선의 골든크로스(MACD 0선 상향돌파)를 신호 삼아 매수하고 데드크로스(MACD 0선 하향돌파)를 신호 삼아 매도한다면 그보다 빠른 시간에 만들어지는 주가의 흐름에 대해서는 대처할 수 없는 건가? 0선 위에서 0선을 하향돌파할 때까지 하락은 그대로 견디는 것인가? 0선 아래에서 0선을 상향돌파할 때까지의 상승은 즐길 수 없는 것인가?

이를 위해 MACD 자체가 어떻게 움직일 것인가를 미리 판단할 수 있는 도구로서 MACD 시그널선(이후 '시그널선'으로 통일합니다)을 사용할 수 있습니다. (이해하기 약간 어려울 수도 있습니다만) 시그널선으로는 일반적으로 MACD의 9일 지수 이동평균선을 사용합니다. 즉 주가의 이동평균값의 차이로 구한 MACD 값을 다시 9일 지수 이동평균으로 계산한다는 뜻입니다. 복잡하게 생각할 것은 하나도 없고요, MACD를 계산하는 단기 지수 이동평균선이 12이평선인데, 시그널선은 그보다 짧은 MACD의 9이평선을 사용하는 것이므로 MACD보다 조금 더 빠른 '어떤' 신호를 다음과 같이 우리에게 알려준다고 보면 되겠습니다.

MACD선이 시그널선을 골든크로스하면

- (0선 밑에서의 골든크로스) 앞으로 MACD선이 0선을 상향돌파할 가능성이 높다. (즉 12이평선과 26이평선의 골든크로스 발생 가능성이 높다.)
- (0선 위에서의 골든크로스) 상승추세 진행 중 조정이 끝나고 다시 상승추세로 진

행할 가능성이 높다.

MACD선이 시그널선을 데드크로스하면

- (0선 밑에서의 데드크로스) 추가 하락이 진행될 가능성이 크다. 추가 하락은 제한적이다.
- (0선 위에서의 데드크로스) 상승추세 중 조정이 진행될 가능성이 크다.

시그널선을 적용했을 때 _ SK하이닉스 2020년 9월 15일과 16일

시그널선을 굵은 초록색선으로 표시했습니다. 0선 아래인 ①′ 지점에서

MACD가 시그널선을 골든크로스했습니다. 하락추세가 거의 마감되었고 앞으로 추세 전환이 멀지 않았음을 보여주는 사인입니다. 골든크로스를 만든 캔들 ① 이후 며칠간 하락이 있었지만 캔들 ②를 통해 다시 MACD와 시그널선이 ②′처럼 골든크로스를 만들었습니다. 이런 골든크로스 지점에서 매수했다면 MACD가 0선을 돌파하는 캔들 ⓐ에서 매수하는 것보다는 미리 매수할 수 있는 셈이 됩니다.

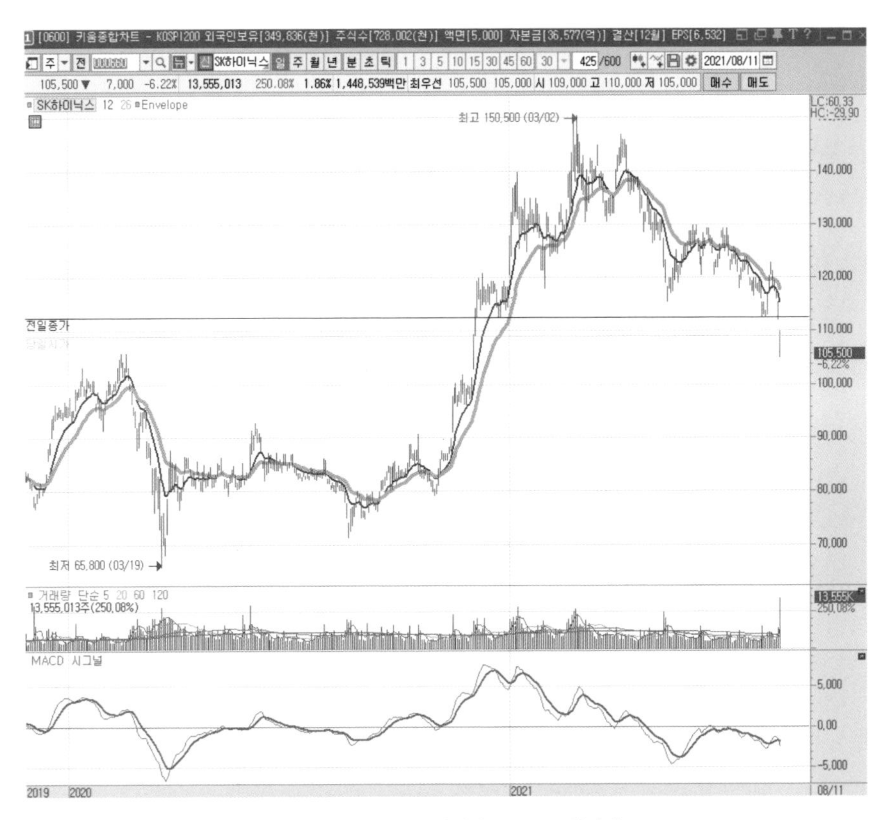

2년간의 MACD와 시그널선의 흐름 _ SK하이닉스

MACD 지표는 매수매도의 타이밍을 잡기 위해 사용하는 지표라기보다는 자신의 매수개입 시점이 적절한지 아닌지를 확인하기 위해 사용하는 지표라고 생각하는 것이 좋습니다. 다만 MACD와 시그널선의 관계를 해석할 때 다음의 내용에 대해서는 비중을 두고 해석해야 할 것입니다. 앞 페이지의 2년간의 MACD와 시그널선의 관계를 천천히 짚으면서 차트를 음미해 보세요.

- 0선 아래에서 MACD와 시그널선의 골든크로스: 매수 또는 비중증가 관점
- 0선 위에서 MACD와 시그널선의 데드크로스: 매도 또는 비중축소 관점

MACD와 RSI의 혼합 해석

우리는 저가권 매수를 열심히 공부해왔으며, RSI 지표의 과매도권 진입 신호는 한 해에도 몇 번 안 나오는 신뢰도 높은 저가권 신호라 배웠습니다. RSI 지표와 MACD 지표를 한 차트에서 같이 보고 살펴보도록 하겠습니다.

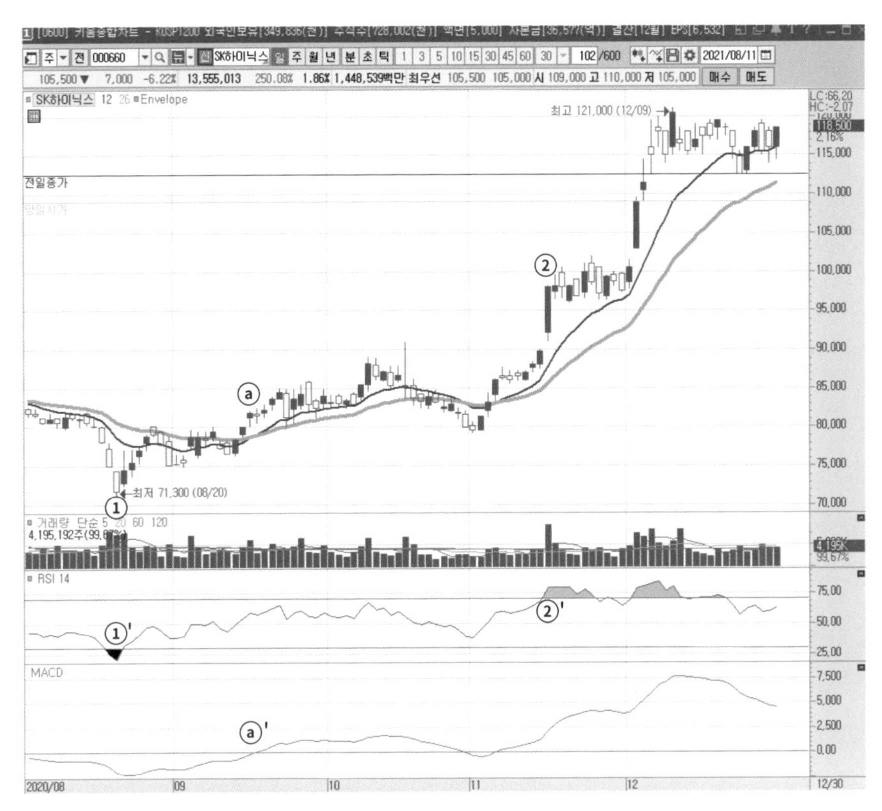

RSI 저가권 매수 후 MACD를 통한 추세매매 _ SK하이닉스

①지점에서 RSI 과매도권에 진입했습니다. RSI 과매도권에서 매수했다면 기본적으로는 RSI 과매수권에 도달할 때까지 홀딩해서 수익을 실현한다는 생각을 갖고 있어야 합니다. 즉 '②시점까지는 무슨 일이 있든지 붙들고 간다!'가 되어야 하는데 사람 마음이 절대 그렇게 굳지 않습니다. 우리가 차트에서 RSI 과매수권까지 진입한 지점까지 모두 볼 수 있으니 버텨야 한다고 쉽게 말할 수 있지만, 미래를 알지 못한 채 RSI 저가권 진입 시점인 캔들 ①에서 매수한 사람은(실제로는 매수조차 못 합니다. '내일 더 떨어지면 어떡하지?'라는 마음 때문에) 하루이틀만 올라줘도 당장 매도해서 수익을 실현하고

싫어지는 게 인지상정입니다.

그런데 이런 지점이야말로 저가에 주식을 매수할 수 있게 되는 좀처럼 오지 않는 지점이니 함부로 보유 포지션을 포기하면 안 됩니다. 이럴 때 자신이 매수한 이후로 하락추세가 끝나고 추세가 상승 방향으로 만들어지는지를 확인시켜주는 것이 바로 MACD입니다. RSI 저가권에서 매수한 이후 MACD를 보면 계속해서 상승합니다. 그리고 ⓐ′에서 볼 수 있듯 0선을 돌파합니다. 즉 12 지수 이동평균선과 26 지수 이동평균선이 골든크로스를 만들어내면서 큰 추세의 상승을 우리가 탔다고 말해주고 있습니다. 그러면 그냥 그 추세에 묻어서 따라가면 됩니다.

MACD가 0선 하향돌파를 할 때까지 붙들고 있든지, MACD가 0선을 하향돌파하지 않았더라도 RSI 과매수권에 도달하면 매도할 건지는 매매자의 의사결정 사항이 되겠지만, MACD가 0선 위에서 움직일 때는 그냥 꾹 쥐고 버티는 것이 큰 추세를 타는 비결이라 할 수 있습니다. (수익을 극대화하는 방법에 대해서는 뒷부분에서 추가로 다룹니다.)

옆 페이지의 장기 차트를 보면 RSI와 MACD의 관계가 더 확연히 보입니다. 2020년에서 2021년 8월까지 SK하이닉스에서는 RSI 지표가 보여주는 4번의 저가권(과매도권)이 있었습니다. ① ② ③과 같은 RSI 과매도권 진입 시 매수를 했다면 하락에서 상승으로 되돌려지는 추세를 잘 탔는지 아닌지를 확인하기 위해 MACD를 활용합니다.

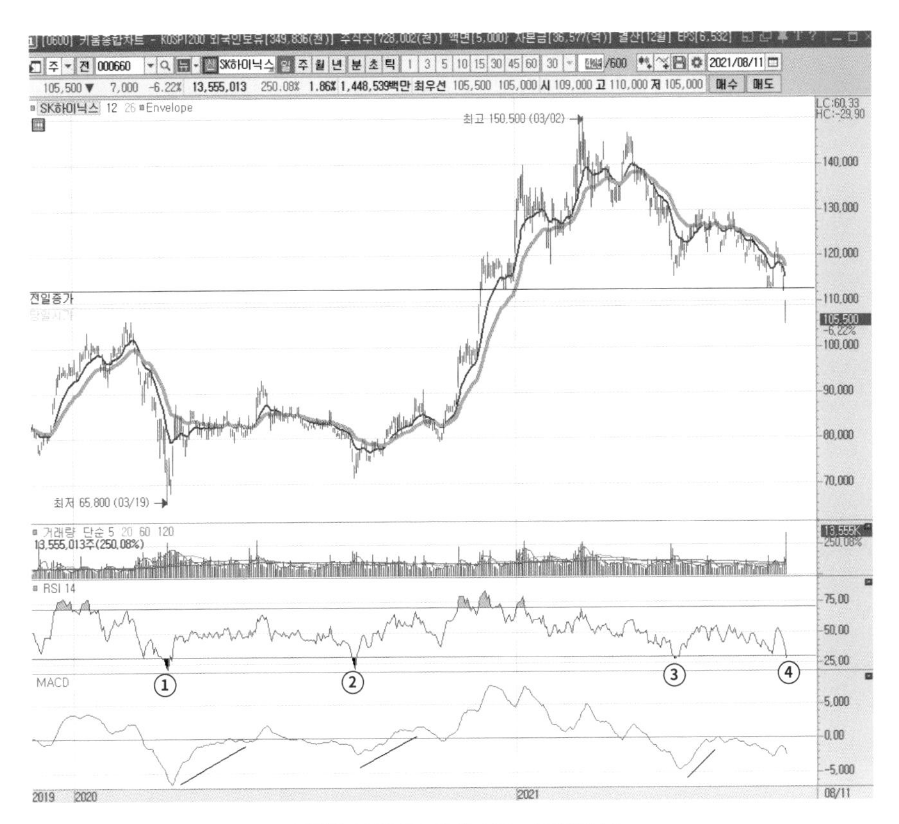

2년간의 RSI와 MACD의 흐름 _ SK하이닉스

RSI 과매도권 돌입시의 MACD는 대부분 0선 아래에서 아래 방향으로 계속 하락하는 모습을 보입니다. 따라서 MACD 0선을 상향돌파하느냐 마느냐에 앞서 MACD선이 상승으로 방향을 잡고 있는지의 여부를 살피면 됩니다.

자, 2021년 8월 11일 현재 ④와 같이 RSI 과매도권으로 진입했습니다. 이제부터는 매수 관점에서 대응해야겠죠?

TIP BOX

MACD 지표 설정

일봉상 기준

일봉상 MACD 지표를 설정해보겠습니다. 키움닷컴의 HTS인 영웅문 기준으로 설명합니다. 대부분의 HTS에서 비슷한 방법으로 설정할 수 있습니다. 우선 차트창을 엽니다.

그림7-1 차트 위의 빈 공간에 커서를 대고 마우스 오른쪽 클릭을 합니다.

그림7-2 다양한 설정을 할 수 있는 팝업이 뜹니다. 여기서 '지표추가(A)'를 선택합니다.

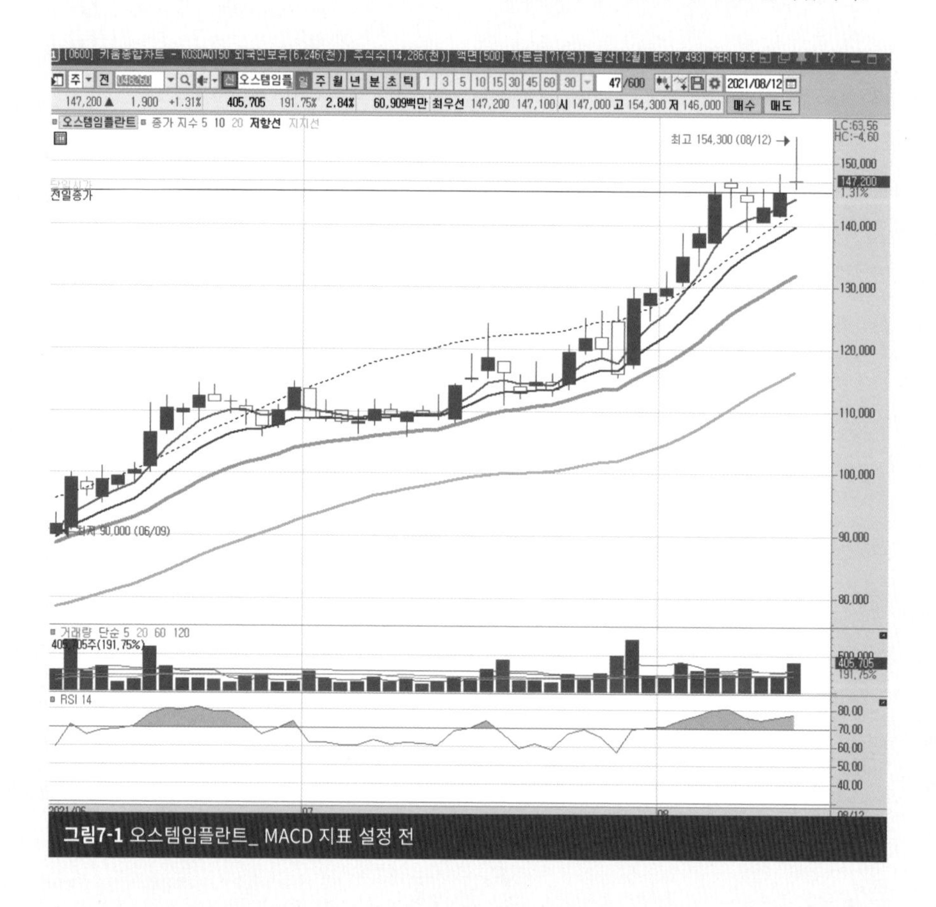

그림7-1 오스템임플란트_ MACD 지표 설정 전

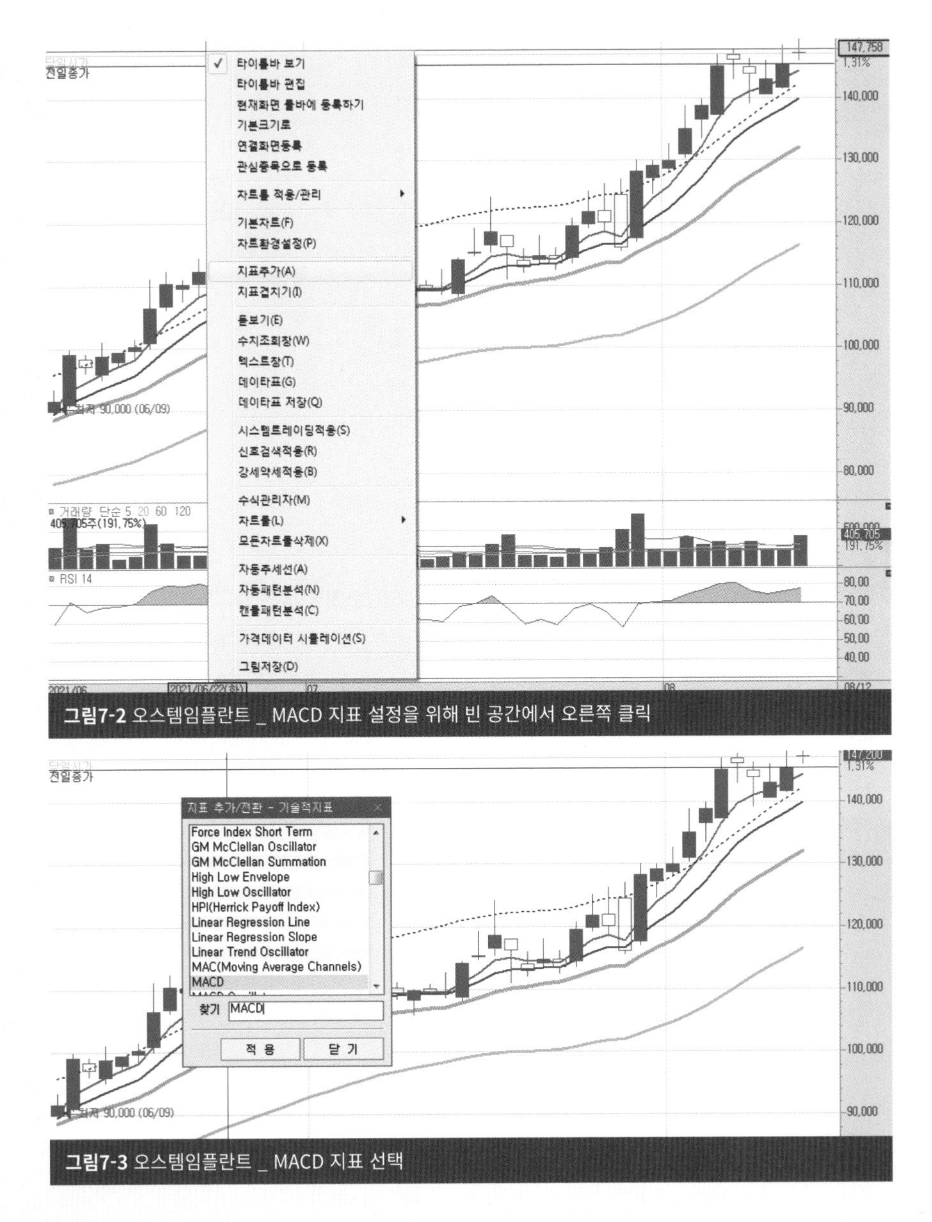

그림7-2 오스템임플란트 _ MACD 지표 설정을 위해 빈 공간에서 오른쪽 클릭

그림7-3 오스템임플란트 _ MACD 지표 선택

그림7-3 그러면 '지표 추가/전환-기술적 지표'라는 창이 뜹니다. MACD를 설정하기 위해서 찾기 부분에 'MACD'를 입력해봅니다. 바로 MACD 부분에 파란색 바탕이

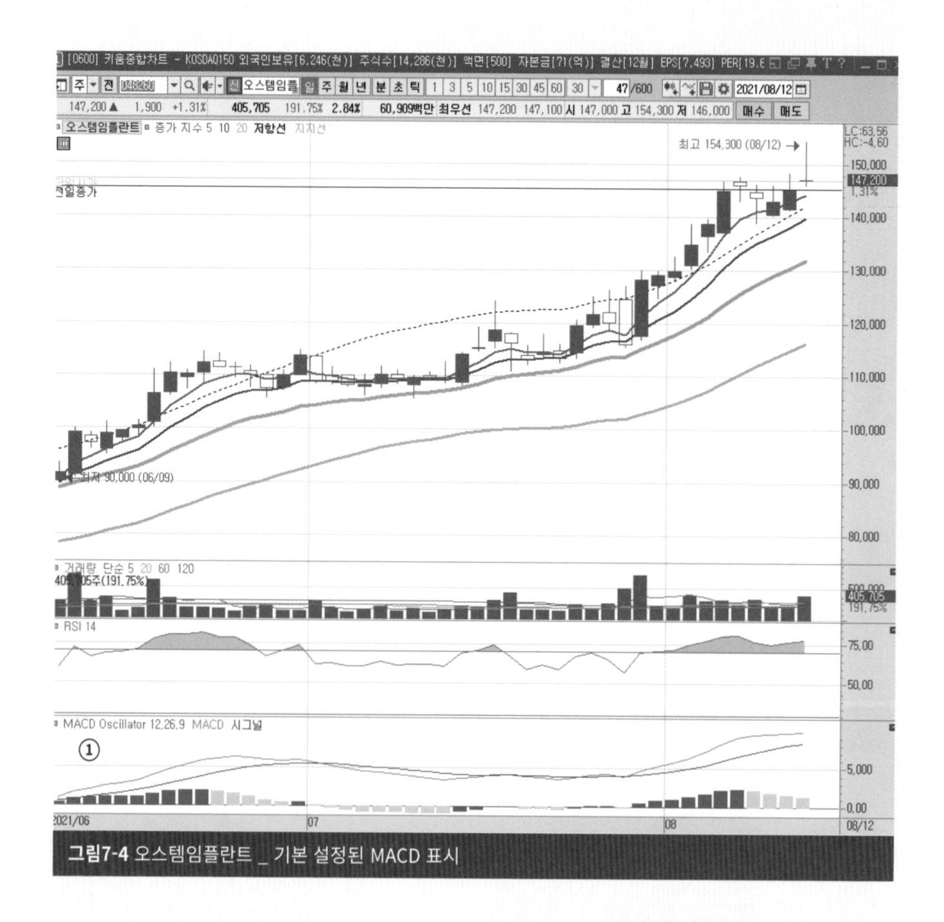

그림7-4 오스템임플란트 _ 기본 설정된 MACD 표시

뜹니다. '적용' 버튼을 클릭합니다.

그림7-4 그러면 일봉차트 아래에 MACD가 표시되는 것을 볼 수 있습니다. (독자의 HTS 및 MTS에서 보여지는 MACD 지표의 차트상에서의 위치와 색은 책과 다를 수 있습니다.) 우리는 MACD와 시그널선을 더 눈에 잘 띄도록 설정할 것입니다.

MACD 지표 영역의 왼쪽 위에 있는 'MACD' 부분(①로 표시된 부분)을 더블클릭해주세요. 설정창이 뜹니다.

그림7-5 지표설정 창에서 지표조건설정은 short(단기 이평선) 12, long(장기 이평선) 26, signal(시그널선) 9로 되어 있을 것입니다. 기본 설정 그대로 사용합니다.

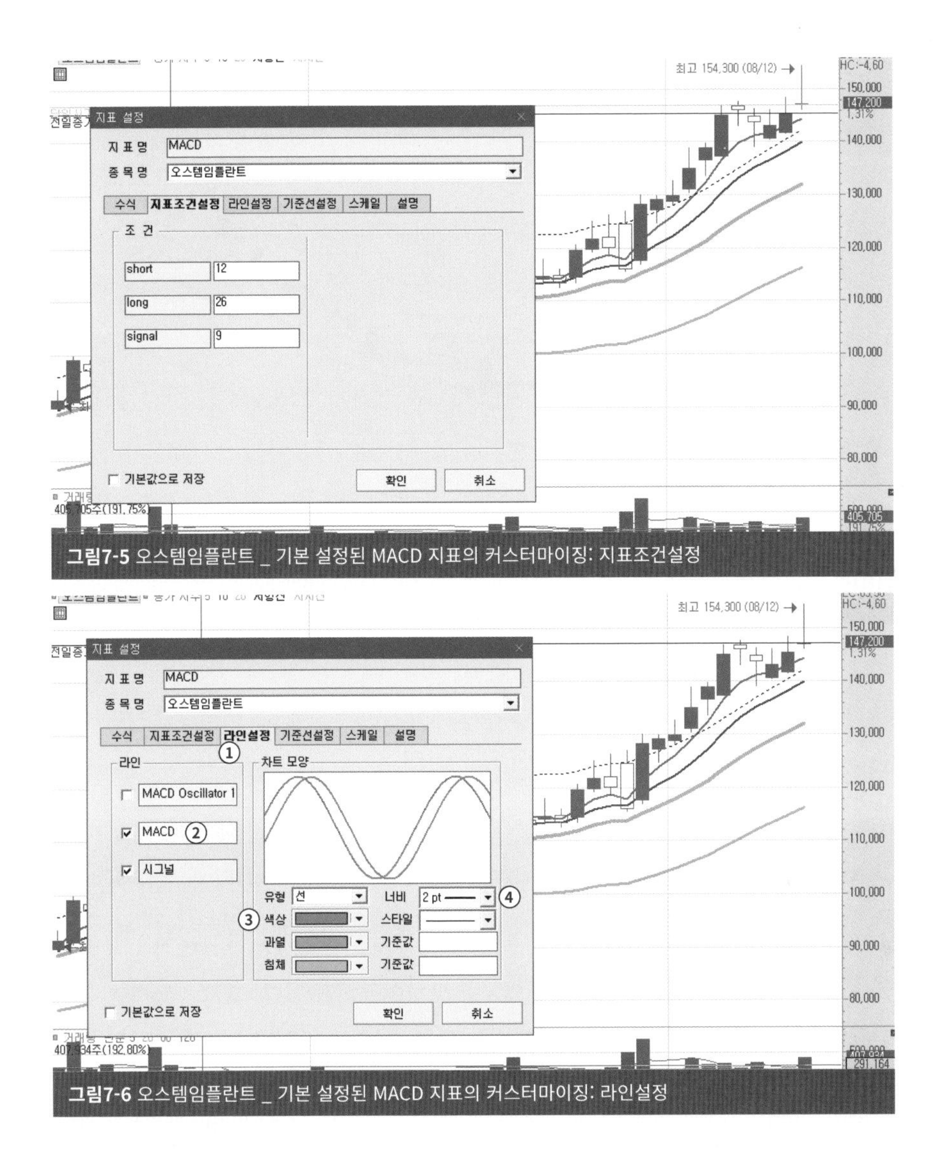

그림7-5 오스템임플란트 _ 기본 설정된 MACD 지표의 커스터마이징: 지표조건설정

그림7-6 오스템임플란트 _ 기본 설정된 MACD 지표의 커스터마이징: 라인설정

그림7-6 ①라인설정 탭을 클릭합니다. ②를 선택하여 MACD 라인에 대해 원하는 방식으로 커스터마이징합니다. 유형은 '선'으로 하는 것이 무난하며 ③색상을 클릭하여 원하는 색상으로, ④너비를 선택하여 보기 쉬운 선의 두께를 선택합니다. 저는 MACD를 오렌지색 2pt 너비로 설정하였고, 같은 방식으로 시그널선은 초록색 2pt 너비로

그림7-7 오스템임플란트 _ 기본 설정된 MACD 지표의 커스터마이징 완료

설정하였습니다. 'MACD 오실레이터'는 MACD와 시그널선 아래에 있는 막대기 모양을 보여주는 기능인데, 초보 매매자에게는 크게 의미가 없으니 나타나지 않게 선택을 해제합니다.

그림7-7 커스터마이징이 완료되면 MACD선과 시그널선이 보기 쉽게 설정되어 차트에 반영된 것을 확인할 수 있습니다. MACD가 0선 위에서 움직일 때는 장기적인 상승추세를 탄 것이라고 이해하면 됩니다. 저가권 매매가 아니라도 훈련이 된 사람이라면 눌림목과 같이 적절한 매수 타이밍을 찾을 수 있습니다. MACD가 시그널선을 데드크로스하면 단기 지수 이평선과 장기 지수 이평선 사이에 무언가 조정 및 주가 하락이 진행되고 있다는 이야기일 수 있으니 보유 비중의 일정 정도는 매도해서

그림7-8 오스템임플란트 _ MACD와 시그널선을 통한 주가 움직임 해석

잠시 발을 빼야 하는 타이밍이라고 생각해야 합니다.

그림7-8 MACD 설정이 잘 되었으니 사례 종목의 시간대를 넓게 하여 살펴봅시다. ⓐ는 오렌지색 MACD가 0선을 상향돌파한 날입니다. 이 말은 12이평선과 26이평선이 골든크로스를 발생시켰다는 뜻입니다. 이 두 이평선이 골든크로스를 내기까지는 상당한 시간이 필요합니다. 따라서 앞으로의 추세가 상승으로 진행될 가능성이 상당히 크다고 바라봐도 무방합니다. 자신의 보유 종목의 MACD가 0선을 상향으로 돌파한 상황이라면 일단은 매도보다는 보유를 지속함으로써 수익 극대화를 위한 의사결정을 내릴 수 있을 것입니다.

한편, MACD와 시그널선 간의 골든크로

스와 데드크로스, 즉 MACD가 시그널선을 상향돌파했는지 하향돌파했는지에 따라 조금 더 빠르게 앞으로의 흐름을 전망할 수 있습니다. ①에서는 골든크로스가 발생했기 때문에 MACD가 시그널선 위에서 진행하는 흐름, 즉 12이평선이 26이평선보다 높은 가격을 형성하며 진행하는 흐름을 계속할 것이라는 전망을 할 수 있습니다.

한편, ②에서는 데드크로스가 발생했습니다. MACD가 0선 위에서 움직이고 있기 때문에 추세적인 상승이 진행되고 있는 건 사실이지만 MACD와 시그널선의 데드크로스가 난 이상 이런 구역에서의 신규 매수는 삼가는 것이 좋습니다. 오히려 주가가 하락으로 전환될 수도 있는 상황이기 때문에 다른 지표, 즉 5-10 이평선의 골든크로스가 깨지지는 않는지 등을 살피면서 추세를 세심하게 살펴서 대응해야 할 것입니다. 본 사례에서는 MACD와 시그널선 사이의 데드크로스 기간에도 주가가 상승하는 모습을 보였습니다만, 이는 자주 발생하는 예는 아닙니다.

실전 MACD 매수매도 타이밍

MACD는 의미 있는 신호를 만들기까지 긴 시간이 필요하기 때문에 MACD 지표는 매수매도를 위한다기보다는 추세를 충분히 탐으로써 수익을 극대화하기 위한 수단으로 활용하기를 권합니다.

특히, 하락이 본격적으로 시작되는 신호를 MACD만으로 판단한다면 신호를 기다리다가 거둔 수익의 상당 부분을 하락으로 잃을 수 있기 때문에 MACD의 기울기나 MACD와 시그널선의 골든크로스/데드크로스를 잘 살펴야 합니다.

MACD의 중요한 신호가 발생한 종목을 검색할 수 있는 조건검색식 만들기를 중심으로 설명하겠습니다.

TIP BOX

조건검색식 만들기

MACD는 매수 타이밍을 잡기 위해 사용하기에는 다소 느린 감이 있습니다. 다소 느린 만큼 더 신뢰성이 높다는 장점이 있지만, 특히 매도와 관련해서는 MACD는 주의해서 활용해야 합니다. 위험을 최대한 회피하는 보수적인 매매를 원하시는 분을 위해서 MACD와 관련된 두 가지 검색식을 살펴보도록 하겠습니다.

MACD가 0선을 상향돌파하는 종목 검색

MACD가 0선을 상향돌파하는 종목을 찾는 조건검색식을 만들어보겠습니다.

그림7-9 여러 차례 조건검색식을 만들어보셨으니 쉽게 따라 하실 수 있을 것입니다. 다음 순서대로 해주십시오.

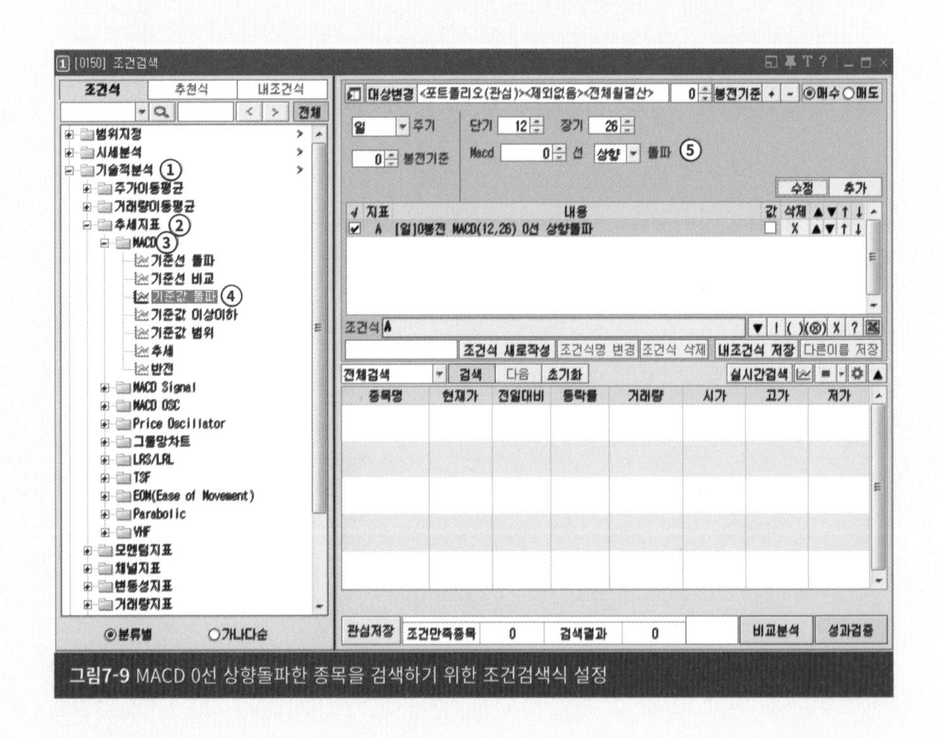

그림7-9 MACD 0선 상향돌파한 종목을 검색하기 위한 조건검색식 설정

① 조건식에서 '기술적 분석' 선택

② 추세지표 선택

③ MACD 선택

④ 기준값 돌파 선택

⑤ MACD 0선 '상향돌파'로 설정 후 '추가'

이렇게 하면 식 A가 설정되어 나옵니다. 우리는 이미 검색대상으로 관심종목을 추려놓았기 때문에 검색식이 간단합니다. 경험이 쌓인 익숙한 매매자는 관심종목을 따로 보는 것이 아니라 시장 전체를 관심종목으로 보기 때문에 거래량이나 기타 몇몇 조건을 추가 설정하게 됩니다. 초보 매매자는 검색식을 따라다니면 안 됩니다. 다시 한 번 강조하지만 우선 관심종목들을 뽑아놓고 그 종목이 현재 어떤 상태에 있는지를 각 검색식을 통해 확인하는 것입니다. MACD가 0선을 하향으로 돌파하는 종목의 검색식은 굳이 만들지 않겠습니다. 이 검색식을 'MACD 0선 상향돌파'라는 이름으로 저장해놓습니다. 검색식이 잘 만들어졌는지 '검색' 버튼을 클릭해보겠습니다.

그림7-10 제가 검색식을 만들면서 대상으로 제 관심종목을 포함해놓았는데, 그중 두 종목이 MACD가 0선을 상향돌파하는 것으로 나왔습니다. 만도라는 종목의 차트를 보겠습니다.

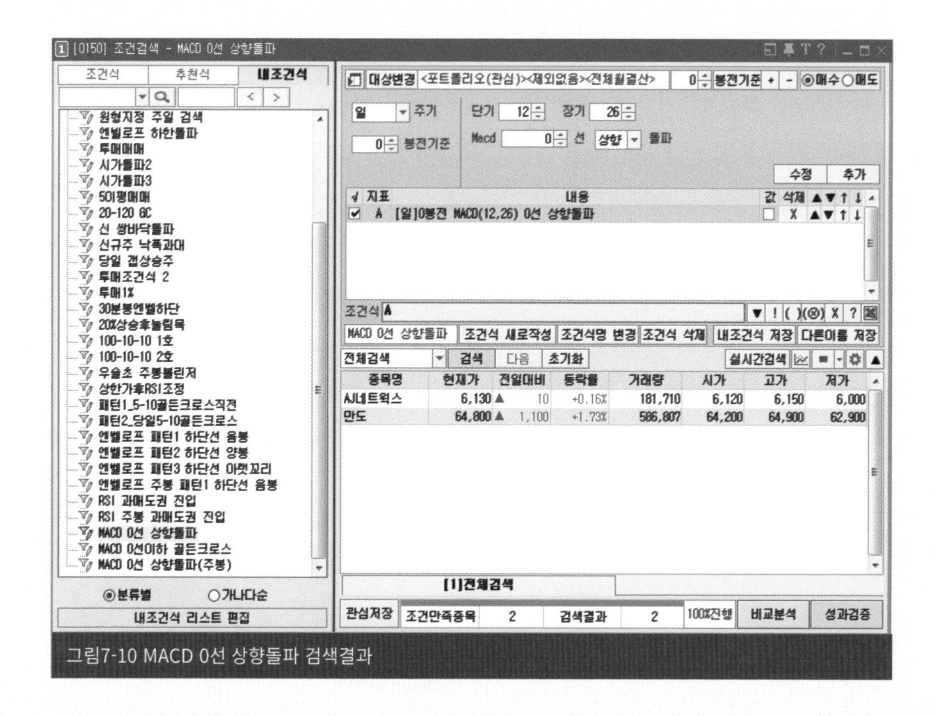

그림7-10 MACD 0선 상향돌파 검색결과

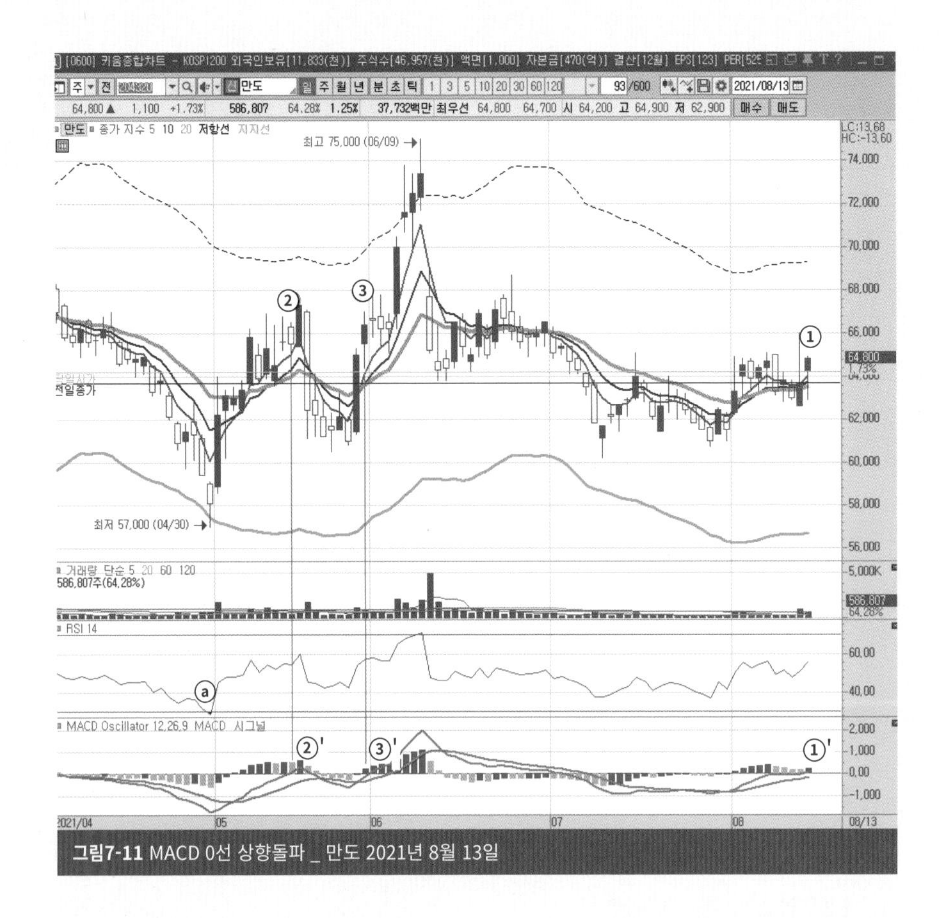

그림7-11 MACD 0선 상향돌파 _ 만도 2021년 8월 13일

그림7-11 만도를 통해 MACD가 0선을 상향돌파하는 상황의 의미를 사례로서 공부해 보죠. 관심은 'MACD 0선 상향돌파 신호를 매수 신호로 사용하기 적절한가?'입니다.

①′ 이전에 MACD가 0선을 상향돌파하는 상황을 살펴보겠습니다. ②′ 와 ③′ 에서 MACD 0선 상향돌파의 상황이 연출되었습니다. 그때의 각 캔들 즉 ②에서 매수했다면 10% 이상 하락을 경험했을 것이고, 캔들 ③에서 매수했다면 3일간의 조정을 거쳐 10% 정도의 수익을 경험했을 것입니다.

MACD는 12이평선과 26이평선의 골든크로스에서 0선을 돌파합니다. 단기 이평선이 장기 이평선을 돌파하기 위해서는 특정 기간 동안은 상승이 지속되어야 하겠죠. 0선의 돌파를 가져온 캔들의 위치를 파악하는 것은 그래서 중요합니다. ②의 경우

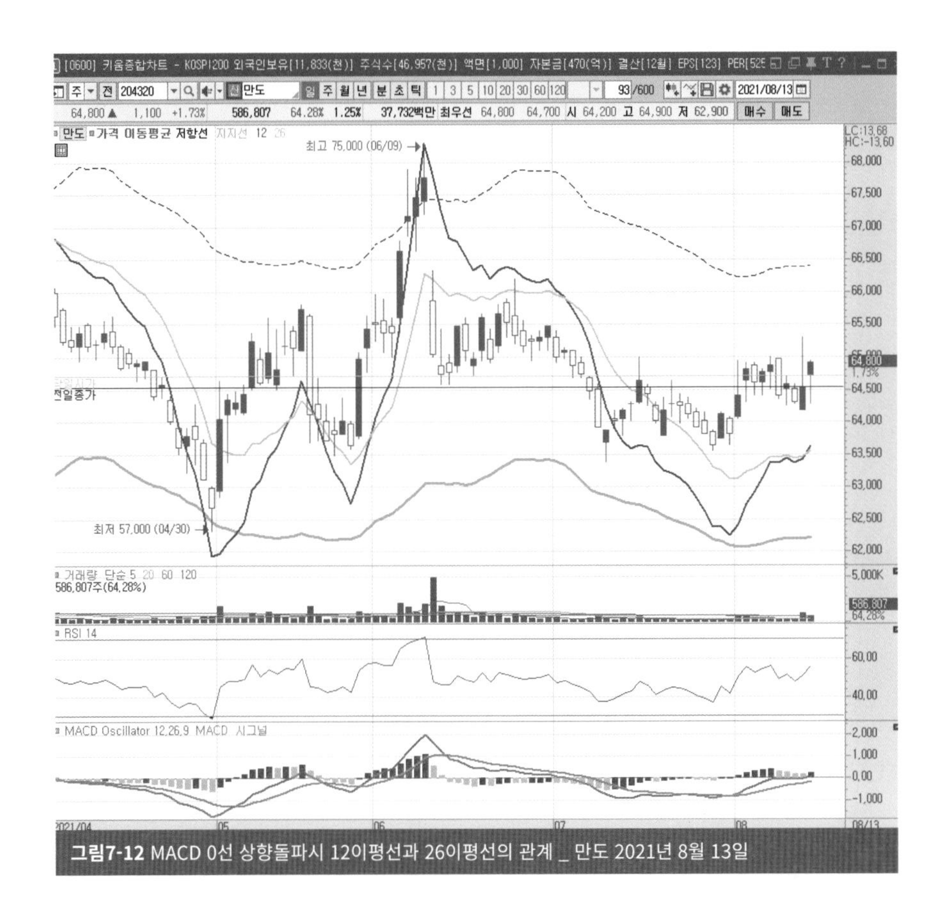

그림7-12 MACD 0선 상향돌파시 12이평선과 26이평선의 관계 _ 만도 2021년 8월 13일

RSI 저가권 진입을 나타내는 ⓐ에서부터 10일 가까이 계속 상승했습니다. 급한 상승이 나오면 차익매물로 인해 다시 조정받는 타이밍이 나오게 됩니다. ② 이후의 하락은 바로 그 흐름입니다. MACD 0선 **돌파는 주가의 흐름상 대단히 무거운 의미를 갖기 때문에 0선 근처에서는 등락이 심하며, 따라서 '0선 돌파 신호 발생시 무조건 매수!'를 하기에는 하락의 위험부담이 의외로 크다는 사실을 기억하면 좋겠습니다.**

그림7-12 MACD와 실제 일봉차트에서 12이평선과 26이평선의 관계를 한눈에 알아볼 수 있도록 조정한 차트입니다. 보라색 선으로 나와 있는 12이평선이 하늘색으로 나타나 있는 26이평선을 골든크로스했을 때 우리는 직감적으로 더 올라가기는 힘들 수 있음을 알 수 있습니다.

MACD는 단기 이평선이 장기 이평선과 많이 떨어지게 되면 다시 장기 이평선으로 다가가려 하고, 장기 이평선으로 다시 다가가면 또 떨어지려는 성격을 이용합니다. 실제로 차트를 통해 보면 26이평선에서 12이평선의 거리가 많이 떨어지면 반등하는 움직임이 있는 것을 볼 수 있습니다. MACD의 그 내부적인 움직임을 우리는 시그널선을 통해 알게 되는 것입니다.
아, 그래서 이 사례 연구에서 검색되어 나온 그림7-11의 ①에서는 어떻게 하는 것이 좋을까요? 0선 돌파 시점에서 앞선 10여 일의 주가 흐름이 비교적 안정된 범위 안에서 움직이고 있고, 이평선상 5-10-20의 정배열이 만들어진 의미 있는 지점이라고 설명할 수 있겠습니다. ②보다는 더 안정된 마음으로 매수할 수 있을 것입니다.

MACD와 시그널선의 관계를 활용한 검색식

MACD와 시그널선의 관계를 활용한 검색식을 만들어보겠습니다.
검색의 아이디어는 이렇습니다.

- MACD가 시그널선을 골든크로스(상향돌파)해야 한다.
- MACD가 0선 아래 있어야 한다.

MACD가 0선 아래 있어야 한다는 조건은, 이 책에서 여러분에게 꾸준히 말씀드리고 있는 저가권 매수를 하기 위해서입니다. MACD가 0선 아래 있다는 말은 12이평선과 26이평선이 데드크로스가 난 상태라는 뜻입니다. 추세적으로 하락이 진행 중이라는 말입니다. 당연히 MACD는 하락하는 추세를 보이게 됩니다. 다만, 영원한 하락이란 것은 없기 때문에 주가가 반등하는 움직임을 보일 수 있고 이때 MACD는 시그널선과 골든크로스를 발생시킵니다. 이럴 때마다 일정 비중을 매수한다는 전략입니다.

매수 후 MACD와 시그널선이 골든크로스 상태를 유지하면서 상승할 수 있습니다. 더 나아가 MACD가 0선을 돌파할 수 있습니다. 낙폭 과대에 따른 일시적인 반등에서 멈추는 것이 아니라 아예 본격적인 상승으로 방향을 트는 것입니다. 하지만 골든크로스가 났다가 다시 데드크로스를 내며 진행할 수 있습니다. 이럴 때에도 당황할 필요는 없습니다. 0선 아래에서 MACD와 시그널선이 골든크로스를 만들 때마다 매수하여 비중을 높이고 매수단가는 낮추는 전략입니다.

그림7-13 우선 조건식의 '기술적 분석>추세지표>MACD'에서 ①'기준값 이상이하' 항목을 클릭하여 ②와 같이 MACD 0선 '이하'로 조건을 설정한 후 '추가'합니다.

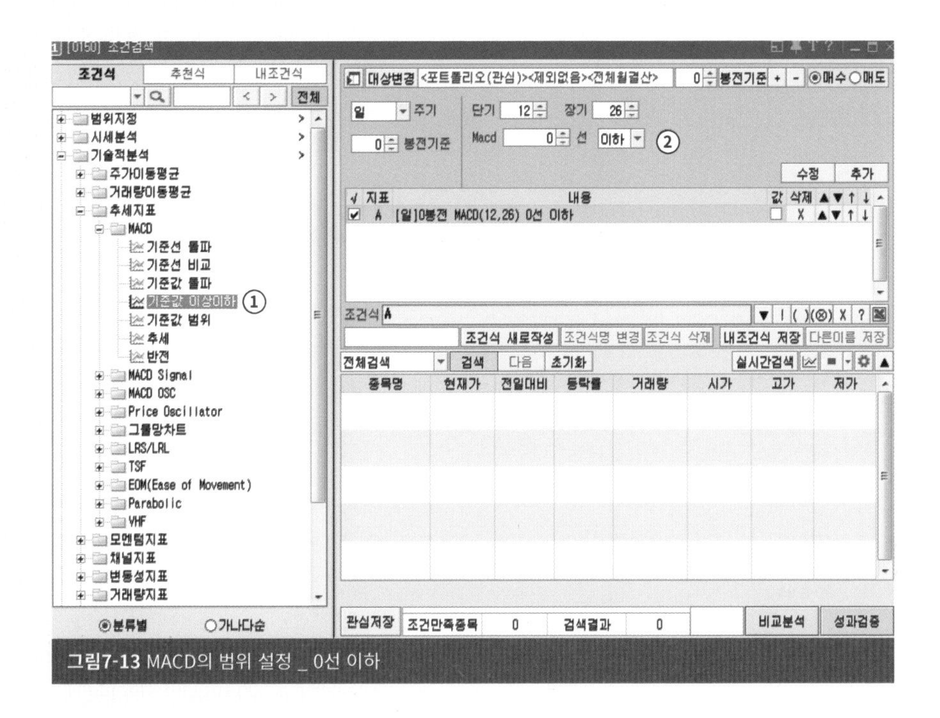

그림7-13 MACD의 범위 설정 _ 0선 이하

그림7-14 ①의 '기준선 돌파' 항목을 이용하여 MACD와 시그널선의 골든크로스 조건식을 만들 수 있습니다. ②에서와 같이 MACD 시그널선 '상향'돌파를 선택한 다음 '추가'합니다. 앞서 설정한 MACD의 범위와 지금 설정한 MACD와 시그널선의 골든크로스 조건을 함께 충족시키는 종목이 검색되어 나옵니다.

이 조건식은 'MACD 0선 이하 골든크로스'라는 이름으로 검색식에 저장해놓습니다.

이 조건식이 검색해낸 종목을 무조건 사야 할까요? 그렇지 않습니다. 검색된 종목의 현재의 주가 위치를 차트 전체를 통해 비교해서 선택해야 할 것입니다.

MACD 지표의 활용에서 계속 강조해온 것처럼, MACD는 엔벨로프나 RSI를 통해 저가권에서 매수한 후 수익이 나기 시작했을 때, 추세의 방향을 믿고 끌고 갈 것인지 아니면 적당하게 익절하고 말 것인지를 결정하는 수단으로 활용하는 것이 좋습니다.

훈련된 단기 매매자의 경우, MACD와 시그널선의 골든크로스 위치가 0선 한참 아래인지, 0선에서 살짝 아래인지, 0선 위인지 상관없이 매수개입을 하고 수익을 낼 수 있는 포인트를 찾을 수 있습니다. 하지만 주식 매수 후 전전긍긍하는 시간을 최소

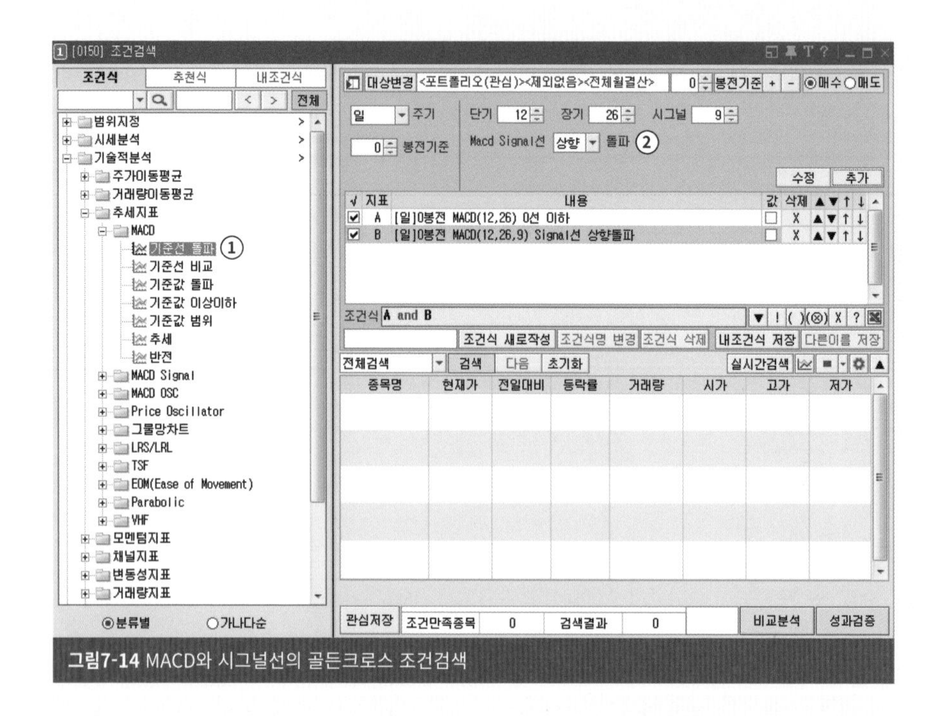

그림7-14 MACD와 시그널선의 골든크로스 조건검색

화하고 싶어 하는 초보 중장기 매매자의 경우, 장중에 종목에 적극적으로 대응하기 어려운 상황에 있기에 가능한 한 저가권 매수를 하는 것입니다. **따라서 검색식을 통해 종목이 검색되어 나오면, MACD와 시그널선이 0선 아래에서 골든크로스하는 상황이 발생하는 날을 기준으로 며칠 전에 주가가 20이평선 -10% 하단선에서 움직이고 있든지 RSI가 저가권에 들어간 흔적이 있는지를 살펴보고, 그 흔적이 있다면 '저가권에서 탈출한 다음 반등 추세가 한 번 만들어지는구나'라고 확신하고 매수할 수 있는 지점이라 할 수 있겠습니다.**

RSI 과매도권으로 진입할 때나 엔벨로프 하단선에 닿는 순간의 주가는 실전에서 보면 정말 무서운 지점입니다. 그 시점에서 매수했는데 조금이라도 더 하락하면 마음속에서 후회의 목소리가 들려옵니다. 네. 무서워서 사기 힘든 지점이라는 사실을 저도 인정합니다. 그렇기 때문에 그 지점에서는 매수하지 못했더라도 이 검색식을 통해 도출된 종목이 앞서 저가권에 들어간 신호가 있었던 종목이라면 조금은 비싸게 매수하는 셈이지만 겁을 조금 덜 내면서 매수할 수 있는, 한 번 확인된 저점이라고 판단할 수 있습니다.

더 긴 시간축에서 신뢰도는 더 높아진다

이동평균선을 공부할 때 배웠던 것처럼, 보조지표의 활용은 시간축이 길수록 높은 신뢰도를 갖습니다. MACD 지표도 마찬가지입니다. 주봉이나 월봉에서 MACD가 0선을 돌파했다면, 앞으로 상승할 가능성이 매우 크다는 뜻이 됩니다. 12주 이평선과 26주 이평선이라는 것은 3달과 6달의 주가 움직임을 대변하는 것이기 때문입니다.

일봉에서 MACD는 추세를 확인하는 용도로 사용하는 정도가 딱 좋지만, 주봉에서 MACD는 앞으로 큰 상승을 담보할 종목을 찾는 데 사용한다고 생각하면 좋습니다.

주봉에서 MACD 매수 타이밍 찾기

주봉에서의 MACD 조건도 일봉에서와 같습니다. 다만 일봉에서의 MACD가 12일과 26일 이평선으로 계산되는 것이라면, 주봉은 12주와 26주 이평선으로 계산되는 것입니다. 종목 자체뿐 아니라 그 종목이 속한 업황의 변화를 반영해주기에도 충분한 기간입니다. 주봉에서 MACD 0선 상향돌파하는 종목은 자주 나오는 것이 아니므로 미리 설정해놓은 관심종목의 차트를 일일이 살펴보기보다는 조건검색식을 만들어놓고 매주 금요일 오후에 한 번씩 검색하는 정도로 충분합니다.

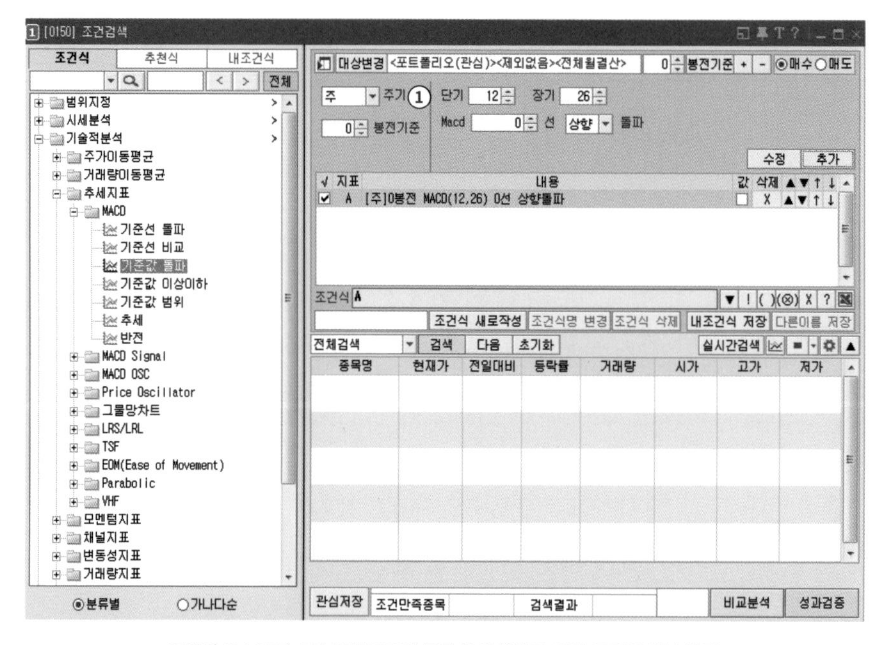

주봉상 MACD가 0선 상향돌파한 종목을 검색하기 위한 조건검색식 설정

일봉상 MACD가 0선을 상향돌파하는 종목을 검색해내는 검색식을 만드는 것과 같은 방식입니다. 단, ①에서와 같이 주기 부분을 '일'이 아닌 '주'로 바꿔주세요. 우리는 이 검색식을 'MACD 0선 상향돌파(주봉)'이라는 이름으로 저장해놓겠습니다.

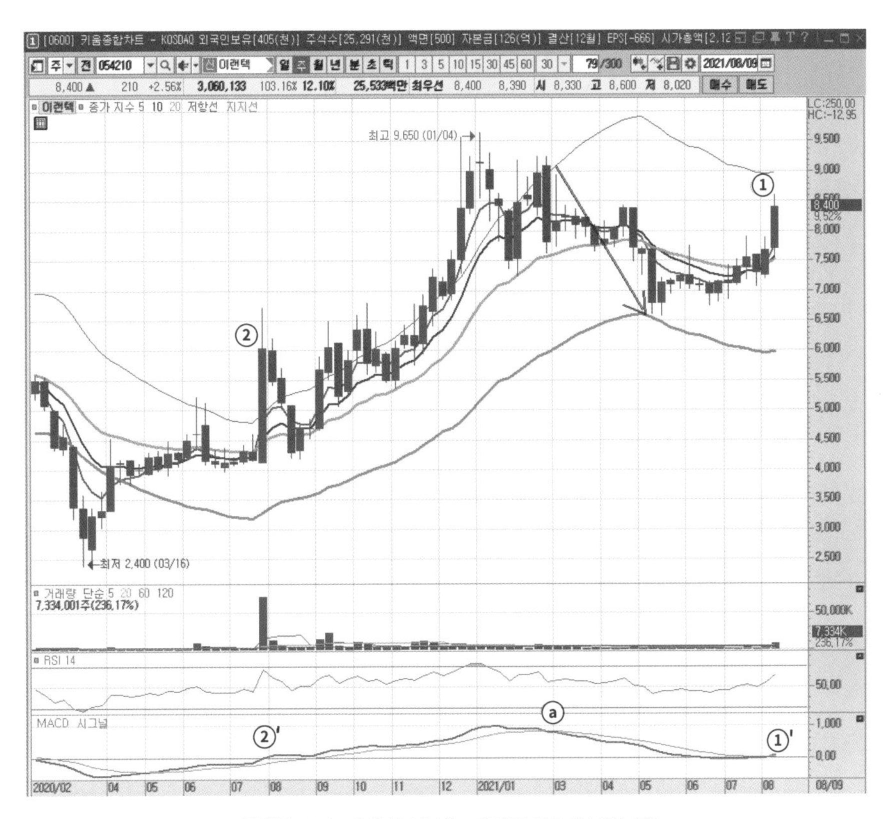

주봉상 MACD 0선 상승돌파 _ 이렌텍 2021년 8월 9일

검색되어 나온 종목 중에서 이렌텍이라는 종목으로 사례 연구를 하겠습니다. ①′에서 MACD가 0선을 돌파하는 것을 볼 수 있습니다. 더해서 시그널선까지 골든크로스를 했군요. 캔들 ①은 이평선상으로는 5-10-20이평선이 골든크로스를 냈고, 주봉상 20이평선을 기준으로 현재 10% 정도 상승한 상태. 위에는 주봉상 엔벨로프의 상단선인 +20% 선이 있는 상태입니다. 따라서 이평선상으로는 상승이 예비된 가운데 +20% 상단선까지 가기 전에 약간의 조정이 있을 수도 있겠다고 해석할 수 있을 것입니다. 모두 다 지금까지 우리가 공부해온 내용들을 조합해서 얻을 수 있는 결론이죠.

주봉상 MACD가 0선을 넘은 것은 ②′ 이래로 1년 만이니까 상당한 시간이 흐른 셈입니다. ②′를 만든 캔들 ②와 현재 캔들 ①을 비교해보면 좋은 공부가 됩니다. 캔들 ②는 고가 기준으로 60.72% 상승, 종가 기준으로 44.43% 상승한 양봉입니다. +20% 상단선을 뚫고 종가가 형성되었습니다. 금요일 오후에 이렇게 검색되어 나왔다면 아무래도 매수하기 부담스럽습니다. 이럴 때엔 서둘러 매수하는 것이 아니라 주가가 다시 기준선인 20이평선 근처로 돌아올 때까지 기다렸다가 매수합니다. 수첩이나 주식 노트 등을 만들어서 적어놓고 계속 확인하는 것이죠. '이렌텍 주봉상 20이평선 근처까지 오는 것 기다릴 것.' 매수하기 부담스러운 위치였는데 다음 주에 더 올라가 버리면 자신의 것이 아니라고 생각하는 게 마음 편합니다. 캔들 ②의 종가에 매수했다면 20이평선까지 하락하면 -40% 정도니까 중간중간에 비중조절 후 분할매수에 따라 매수한다고 해도 손실의 폭이 좀 크게 느껴질 수 있습니다. 하지만 캔들 ①의 경우는 RSI 0선을 돌파한 시점에서 20이평선까지 10% 남짓한 거리이기 때문에 분할매수 차원으로 접근할 수 있을 것입니다. 왜냐하면, 어찌 되었건 상승과 하락의 한 사이클이 만들어지면서 주봉상 12이평선과 26이평선의 골든크로스가 났다는 말은 다시 새로운 사이클을 만들 것이라는 암시를 주기 때문입니다.

한편, MACD와 시그널선의 관계를 통한 해석을 덧붙이자면, ②′에서 MACD가 0선을 돌파하기 몇 달 전인 2020년 5월부터 MACD와 시그널선은 골든크로스가 나 있었고 그것이 2021년 2월까지 유지되었습니다. 그러니 골든크로스 기간 동안 모른 척하고 보유하고 있었다면 80% 정도의 수익을 거둘 수 있었음을 알 수 있습니다.

중요한 건 주봉상 MACD와 시그널선이 데드크로스를 만들었을 때 어떻게 하느냐에 대한 대응의 문제입니다. 무조건 전량 매도. 그리고 엔벨로프나 RSI 등을 통한 저가권 신호가 발생하기 전까지는 뒤돌아보지 않습니다.

사례에서는 ⓐ에서 MACD와 RSI의 데드크로스가 난 다음에 주가가 20이평선 -20% 하단선 근처까지 가는 큰 하락을 보입니다. -40% 정도의 하락입니다. 저런 하락 구간에서는 그냥 기분 따라 매수해서는 안 됩니다. 하락 구간이지만 저가권을 형성하는 근처에서만 비중조절과 분할매수의 원칙으로 받아주는 매매를 해야 합니다.

주봉상 MACD와 시그널선이 골든크로스 상황일 때에는 20이평선 근처로 주가가 내려오면 눌림목 조정으로 이해하고 매수할 수 있습니다. 하지만 데드크로스일 때에는 20이평선 근처에 내려왔을 때 그곳이 멈추는 지점이 아니라 본격적으로 하락이 시작되는 지점이라는 것을 꼭 기억하십시오.

어디서 매도해야 수익을 극대화할 수 있을까?

주봉을 기준으로 MACD 0선을 상향돌파한 종목에서 매수 후 보유할 경우, 원칙상으로는 MACD가 0선을 하향돌파할 때까지 홀딩 후 매도하여 수익을 실현합니다. 주봉상 MACD의 0선을 기준으로 한 매매전략을 활용할 경우에는 MACD가 0선을 향해 내려가는 과정에서 생각보다 큰 주가 하락이 나올 수 있으므로 기다리면서 쌓아 올린 수익을 알차게 실현하기 위한 궁리가 필요합니다.

MACD는 12이평선과 26이평선의 관계에서 계산되는 것입니다. 따라서 MACD의 상승 흐름이 하락으로 전환하기에 앞서 미리 판단하고자 한다면 이 이평선보다 조금 빠른 이평선을 판단의 기준으로 삼는 것이 좋습니다.

여기서 우리는 주봉상의 5이평선과 10이평선의 골든크로스 유지 상태를 통해 상승추세가 계속되는지, 멈추고 하락으로 돌아설 것인지를 판단합니다. 즉 주봉상 MACD가 0선 위에서 움직일 때 주봉상 5이평선과 10이평선이 골든크로스가 났다면 데드크로스가 날 때까지 보유한다는 단순한 원칙을 세우고 따릅니다. 12이평선과 26이평선의 데드크로스가 발생할 때 MACD가 0선을 하향돌파하게 되므로, 그보다 빠른 이평선인 5이평선과 10이평선의 데드크로스가 발생하는 것을 보고 머지않아 12이평선과 26이평선도 데드크로스를 만들 것이라고 예측하는 것입니다.

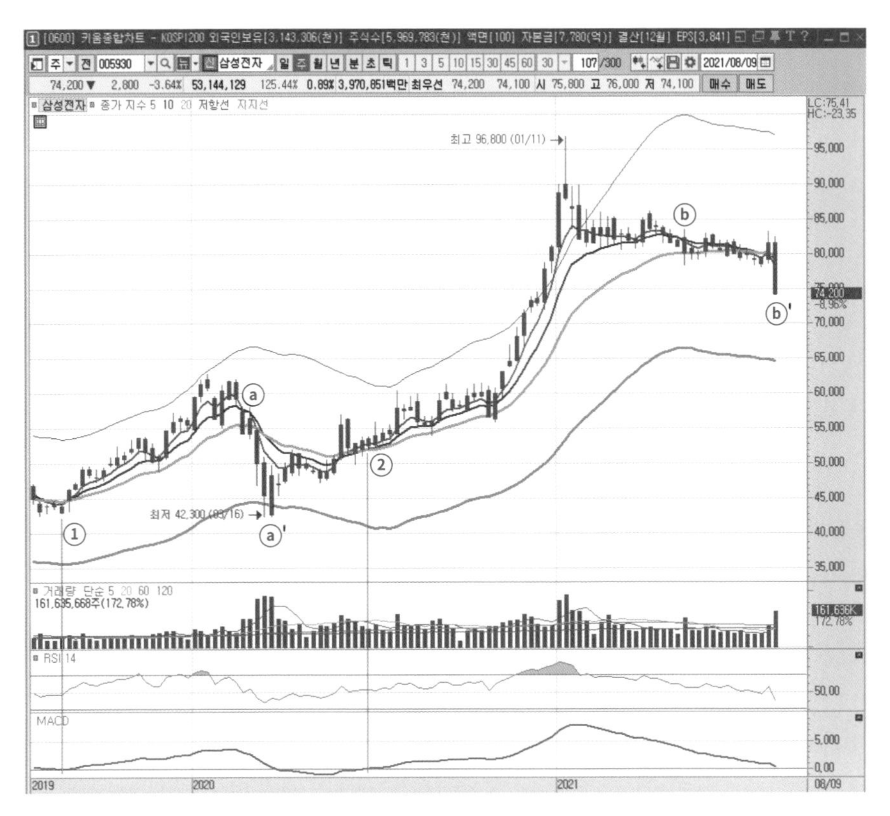

주봉상 MACD의 수익 극대화 매매전략 _ 삼성전자

삼성전자의 주봉입니다. ①과 ②는 주봉상 MACD가 0선을 상향돌파한 시점입니다. 이 시점에서 종목을 금요일 종가에 매수했다면 차트상 최대 어느 정도의 수익을 거두게 되는지 감이 오실 것입니다.

문제는 이런 것이죠. MACD 0선 상향 및 하향 돌파 매매전략이라면 MACD가 0선을 하향돌파하는 ⓐ′ 지점에서 오히려 ①의 매수가보다 저가로 끝나기 때문에 오랜 기간 기다려 얻은 수익을 모두 다시 시장에 빼앗기고 손해를 보게 되는 경우가 생긴다는 점입니다. 그렇지만 MACD를 계산하는 이평선보다 빠른 5-10 이평선의 데드크로스를 매도 시점으로 할 경우 ⓐ에서 매도하게 되므로 큰 하락을 겪지 않아도 됩니다.

비슷한 사례로 주봉상 MACD가 0선을 돌파하는 ②에서 매수한 다음 5-10 이평선의 데드크로스 발생 지점인 ⓑ에서 매도했다면 ⓑ′까지 오는 그리고 그 이후로 어디까지 갈지 모르는 하락은 맞지 않아도 됩니다.

공부를 열심히 해온 독자라면 이 책의 이 마지막 부분에서 눈에 딱 들어오는 포인트가 있을 겁니다. 바로 ⓐ′지점입니다. 주봉상 20이평선 -20% 하단선을 터치하고 종가를 만드는 저 영역은 저가권으로 인식하고 매수해야 하는 지점입니다.

즉 ①의 MACD 0선 돌파시 매수한 후, ⓐ의 주봉상 5-10 데드크로스 시점에 매도하고 다시 ⓐ′시점에서 저가권 매수 후 홀딩. 엔벨로프 기준선을 뚫고 ②에서 MACD 0선 재차 돌파. 상승추세가 만들어진 것으로 판단하고 엔벨로프 +20% 상단선까지 최소한 홀딩하여 매도하거나 ⓑ의 주봉상 5-10 데드크로스 시점에 매도 후 재매수 타이밍을 살핍니다. 이렇게 매수와 매도를 반복하면서 실행하는 과정에서 복리 효과가 발생하고 수익은 계속 커지게 되는 것입니다.

하위 시간축은 어떻게?

일봉을 매매 기준으로 삼는 중장기 매매자 입장에서, 하위 시간축은 분봉(30분봉, 3분봉)이 될 것입니다. 이는 이동평균선 장에서도 이미 배운 바 있습니다. 다만, 분봉에서의 MACD 지표 활용은 일봉 이상의 시간축에서와는 조금 다른 부분이 있습니다. 단기 매매자로서 차트 해석의 기술적 요소가 더 필요하기 때문에 이 책에서는 다루지 않도록 하겠습니다. 특히, MACD는 하위 시간축에서 사용하기에는 애매한 시간 단위를 사용하기 때문에 단기 매매에서 사용되는 하위 시간축에서는 매수매도의 판단에 크게 도움이 되지는 않습니다.

맺음말

마지막까지 읽어주신 당신에게 감사의 말을 전합니다. 책 전체를 관통하는 '저가권 매수'라는 개념을 공부하면서, 주식 초보자가 중장기 매매를 할 때 생업 및 학업에 방해받지 않고도 수익을 낼 수 있다는 희망을 가지셨기를 바랍니다. 개념뿐 아니라 실제 매매 상황에 대해 방대한 차트와 함께 자세한 설명을 한 이유는, 실전 매매를 하다 보면 어느덧 다시 기준 없이 욕망으로 매수하고 공포에 매도하여 후회하는 순간을 맞게 되기 때문입니다. 그때마다 모델 매매의 사례를 다시 꼼꼼히 살펴보면서 자신의 매매를 복기할 수 있는 기준점이 되기를 바라는 마음인 것이지요.

책의 내용을 자신의 머리에 이식하고 그 논리를 책을 읽지 않고도 어느 정도 풀어낼 수 있을 정도까지 매매는 항상 조심스럽게 하시길 바라며, 노파심에 몇 가지 마지막 말씀을 올립니다.

저가권에서 매수해야만 하는 이유

다양한 주식책과 유튜브 채널들에서는 급등주에 대한 이야기를 많이 다루고, 데이트레이딩으로 수익을 얻는 법에 대해 이야기를 합니다. 실제로 데이트레이딩으로 아침 9시에서 10시 사이에 간단하게 10% 남짓한 수익을 낼 수 있는 방법들이 존재합니다.

그러나 이는 훈련된 단기 매매자에 한하며, '그가 할 수 있으면 나도 할 수 있을 거야'라는 식의 마음은 갖지 않는 것이 좋습니다. '훈련된'이라는 뜻은 감정이 배제된 매매를 할 수 있다는 뜻이며, 여기에는 욕망이 제거되어 있고 억울하고 분한 마음 없이 손절매를 할 수 있다는 뜻입니다. 이 경지에 오르는 것이 결코 쉽지 않습니다. 주식 초보 투자자는 더 그렇지요. 그 방법이 맞는 투자자가 있고, 그것이 아니어도 주식시장에서는 수익을 거둘 수 있는 다양한 아이디어가 있습니다.

저가권은 세력이 주가를 앞으로 올릴 궁리를 하면서 사 모으는 곳이고, 단기 매매자들이 매수하는 주가에 탄력이 실린 곳 및 고가권은 세력이 주가를 팔 궁리를 하는 곳입니다. 따라서 저가권에서 매수함으로써 더 안정적으로 자신이 매수한 종목을 지켜볼 수 있게 됩니다.

특히, 고가권으로 올라갈수록 별별 변수들이 많이 발생합니다. 유상증자니 무상증자니 대주주 지분 매각이니 하는 뉴스들이 나오고 주가가 폭락하곤 합니다. 기업이 내부적으로 결정하여 일방적으로 공시한 다음 벌어지는 일이니 예측할 수도 없습니다. 주식 초보 투자자들은 이런 경우에 적절한 대응을 하기 어렵습니다. 따라서 **하락과 관련된 거의 모든 리스크가 제거된 저가권에서 매수하는 것을 권하는 것입니다.**

경험해봐야 무섭지 않습니다

'떨어지는 칼날은 잡지 마라'라는 주식 격언이 있습니다. 맞는 말입니다. 하지만 떨어지는 칼도 바닥에 닿기 마련입니다. 우리가 말하는 저가권은 떨어지는 도중의 칼이 아니라 칼이 바닥에 닿는 시점입니다.

우리가 매수 포지션을 잡기 시작하는 각 지표에 의한 저가권에서의 주가는 솔직히 매수하기 너무 무서운 자리입니다. 그렇지만 주식을 본격적으로 올려 수익을 내고 싶은 사람은 다른 사람과 그 수익을 나누고 싶지 않습니다. 한 기업이 발행한 주식의 수는 한정되어 있으니까요. 따라서 **과매도권이라는 말은 정말 많은 사람들이 그 주식을 팔고 떠났다는 말이고, 거꾸로 말하면 그 주식을 누군가 차곡차곡 받아서 챙겼다는 말입니다. 새로운 수익은 그런 지점부터 발생하게 됩니다.**

차트를 2년치 정도 열어놓고 보면 저가권에 돌입한 다음은 한결같이 반등하고 새로운 상승추세가 만들어지는 것을 볼 수 있습니다. 그럼에도 불구하고 당장 눈앞에 있는 과매도권에 주가가 돌입하게 되면 해당 종목에 대한 나쁜 이야기만 눈에 보이고 귀에 들리기 때문에 매수하지 못하는 것이죠.

자기가 실제로 경험해봐야 무섭지 않습니다. 저가권의 매수가 너무너무 위험한 것 같다고 느껴진다면, 자신이 느끼는 위험의 정체가 무엇인지를 따져보십시오. 더 하락할 것 같기 때문이라고 생각한다면 다만 한 주라도 사서 실험해보세요. 떨어지면 얼마나 더 떨어지는지, 추가매수할 수 있는 자리가 나오는지, 그리고 정말 반등하는지.

'더 떨어질까 봐 못 산다'라는 것은 대부분 고점에서 물린 경험이 있는 사람들이 느끼는 공포입니다. 물려본 경험 때문에 느낌을 사실로 받아들이는 것입니다. 저점에서도 물리는지 스스로 경험해보십시오. 몇 번을 해보다 보면 **두려움이 용기로 바뀌는 순간이** 올 것입니다.

종목을 선정할 때 이 점만은

기술적 분석에 의한 매매는 차트에서 보여지는 매매자들의 심리를 활용하는 매매법입니다. 이 심리의 추세는 참여자가 많을수록 더 구체적인 모습을 갖게 되고 예측할 수 있게 됩니다. 종가를 기준으로 매매하는 중장기 매매자라면 심리의 흐름을 신뢰할 수 있는 종목, 즉 거래 참여자가 많은 종목을 중심으로 매매하는 것이 좋습니다. 평소에도 일정 수준 이상의 거래량이 발생하는 종목, 일정 금액 이상의 거래대금이 발생하는 종목인지를 살펴보세요.

상따를 한다며 평균거래량이나 매매자의 심리를 파악할 수 없는 신규 상장 종목에 중장기 매매자가 들어가서는 안 됩니다. 상장된 지 오래된 종목, 주가의 흐름이 일정한 주기를 갖는 종목, 코스피200에 포함된 종목 등 일정한 흐름이 확보되어 있는 종목을 기준으로 선정하고 매매 대상으로 삼기를 권합니다.

매수하는 것이 투자가 아니라, 매수할 타이밍이 나올 때까지 기다리는 것이 오히려 투자라고 말할 수 있을 것입니다!

MEMO

세력처럼 매수해서 묵직하게 수익내는

저가 매수의 기술

초판 1쇄 발행 | 2021년 10월 29일
개정판 5쇄 발행 | 2024년 8월 30일

지은이 오버솔드
책임편집 이기홍
디자인 박다애, 박소현

편집·기획 필라멘트북스
펴낸곳 (주)바다출판사
주소 서울시 마포구 성지1길 30 3층
전화 322-3675(편집), 322-3575(마케팅)
팩스 322-3858
E-mail badabooks@daum.net
홈페이지 www.badabooks.co.kr

ISBN 979-11-6689-114-4 03320

필라멘트북스는 (주)바다출판사의 임프린트입니다.

훈련하고 연습하면
편안하게 수익 낼 수 있다!

특별 부록

2022

하락장에서도 저가매수의 기술은 통했다

실전매매 기법 사례

* 엔벨로프, RSI, MACD를 이용한 원칙있는 저가 매수
* 분할 매수, 분할 매도로 어떤 장세에서도 흔들리지 않는 원칙
* 수익을 극대화하는 매도타이밍 훈련

JYP Ent. (035900)

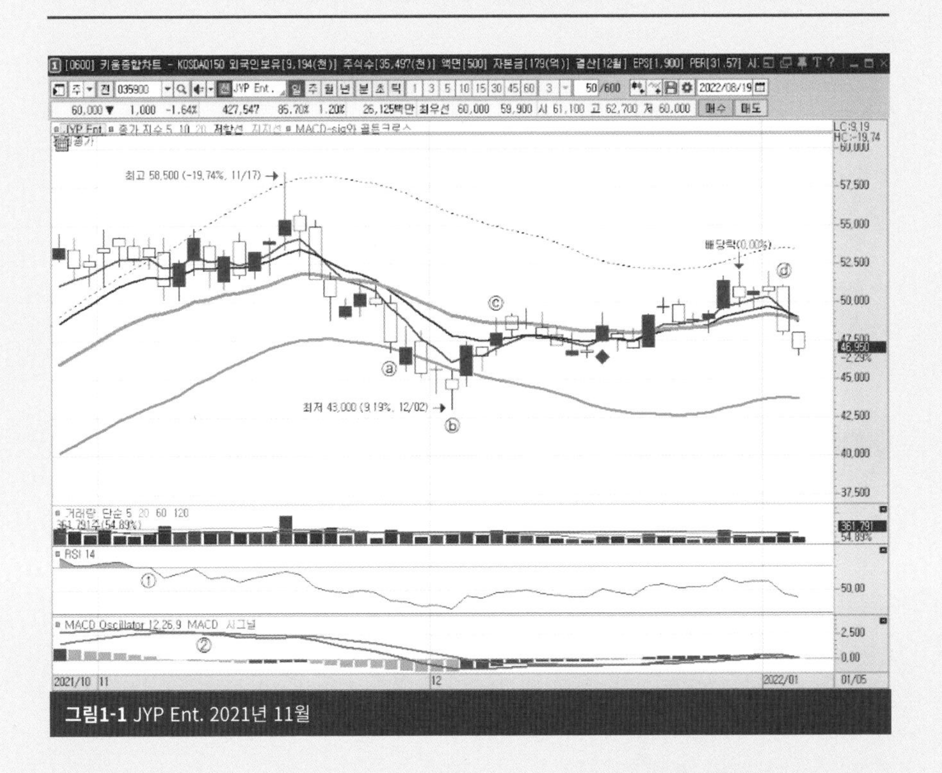

그림1-1 JYP Ent. 2021년 11월

그림1-1 ①의 RSI 과매도선 이탈 및 ②의 MACD 하방교차를 보고 이 종목에 들어있던 비중은 모두 현금화되어 있어야 합니다. 그 돈을 들고 재매수 기회를 찾아야 합니다.

매수 근거
엔벨로프 -10% 하단 매수

2021년 11월 26일 ⓐ지점부터 시작해서 12월 2일 ⓑ까지 엔벨로프 -10% 하단선을 벗어난 상황에서 적절히 매수합니다. ⓐ에서 ⓑ까지 5일간 종가기준으로 분할매수를 해도 괜찮고, 엔벨로프 하단에서 양봉에서만 종가에 매수해도 괜찮습니다.

매도는 매수 후 3~5%에서 일부 익절하거나, 20일 이동평균선까지 기다려서 익절(ⓒ까지 약 7.5% 정도의 수익 라인) 또는 엔벨로프 +10% 상단까지 기다려서 익절하거나 종가가 20일 이동평균선을 하향(2022년 1월 4일 ⓓ에서 매도 시 약 8% 수익)하면 매수 물량을 모두 정리합니다.

그림1-2 앞서 익절해서 갖고있는 현금으로 다시 매수 타이밍이 올 때까지 기다립니다.

매수 근거

ⓐ 엔벨로프 -10% 하단 매수 (2022년 1월 24일)

ⓑⓒ RSI 과매도 진입 및 이탈 (1월 26일, 27일)

홀딩 근거

① RSI 과매도 매수 시 과매수권까지 홀딩

② MACD 상향교차시 하방교차까지 홀딩

ⓐ~ⓒ에서 매수신호들이 나오고 있습니다. 특히 ①에서 RSI 과매도권으로 진입 및 탈출이 보입니다. 신호가 겹쳐서 나올 때는 저가 중의 저가라는 개념으로 이해하시면 됩니다. 게다가 매수 후에 ②에서와 같이 MACD 상향교차까지 나옵니다. 이익 실현을 위해서 좋은 신호가 나올 때까지 홀딩할 수 있습니다. 상승이 유지되면서 단기 이동평균선인 5-10일 이동평균선 골든크로스 상태가 이어지는 것도 홀딩의 좋은 근거입

그림1-2 JYP Ent. 2022년 1월

니다.

ⓓ에서 ③과 같이 RSI 과매수권 이탈이 보였으므로 일부 익절할 수 있습니다. 여기까지가 35% 정도 수익 라인입니다. 그리고 계속 5-10일 이동평균선 정배열이 유지됩니다. 굳이 매도해야 할 이유를 찾기 어렵습니다.

ⓔ에서 RSI 과매수권 이탈, ⓕ에서 MACD 하향교차가 일어납니다. 이런 중요 신호에서는 익절을 하는 것이 좋습니다. 매수가에서 55% 정도 수익 라인입니다. 20일 이동평균선을 깨는 ⓖ에서는 보유물량을 전량 매도합니다. ⓖ에서 익절한 물량의 최종수익률은 50% 정도입니다.

두 달 반 정도 보유하면서 적절한 매도 타이밍만 잡으면 됩니다. 무엇보다도 전쟁과 인플레이션 우려로 금리인상 등 시장이 어수선한 상황에서도 규정만 잘 지키면 수익이 난다는 것을 경험할 수 있습니다.

그림1-3 원금과 그동안 거둔 이익금을 갖고 다시 매수 타이밍을 찾습니다.

그림1-3 JYP Ent. 2022년 5월

매수 근거
ⓐ 엔벨로프 -10% 하단 매수 (2022년 5월 10일)
ⓑ RSI 과매도 진입 및 이탈 and 엔벨로프 -10% 하단 매수(6월 23일)

홀딩 근거
① RSI 과매도에서 매수 시 과매수권까지 홀딩
② MACD 상향교차시 하방교차까지 홀딩

ⓐ는 장중에도 종목을 살필 수 있는 분이었다면 책에 있는 조건식에 의해 검색되어 나오는 종목이니 잡아서 적당하게 익절할 수 있는 타이밍을 주는 시점입니다. 종가를 기준으로 매매한다면 매수 타이밍은 아닙니다.

ⓑ에서 RSI 과매도 진입이 나왔으므로 다시 매수합니다. 차트를 보면 매수 후 9%의 센 반등을 줬으니 매매자에 따라서는 익절해서 수익을 챙길 수도 있습니다. 그리고 그 이후 음봉이 이어지지만, RSI 과매도 진입 시의 저점을 깨지는 않습니다. 홀딩해도 괜찮습니다. 단지, 매수 직후 나왔던 양봉에서 익절하지 못했던 것을 후회하지 않기만 하면 됩니다. 멘탈을 잘 다스려야 합니다.

저가권에서 여러 봉의 종가가 비슷한 선에서 형성되면 이동평균선을 돌리기 위해 평균가격을 맞추는 준비를 하고 있는 것입니다. 5일 이동평균선을 뚫어내는 양봉이 나오고 ②에서처럼 MACD 상향돌파, 그리고 단기 이동평균선인 5-10일 이동평균선이 골든크로스를 만들어냅니다. 이제 하락을 염려하기보다는 상승의 추세가 어느 정도까지 이어질 것인가만 고려하면 됩니다.

홀딩의 근거는 충분하지만 ⓑ에서의 매수를 엔벨로프 -10% 하단 매수로 간주했다면 상단을 찍는 ⓒ의 종가에 일부 익절할 수 있을 것입니다. 20% 수익 라인에서 일부 익절이 이뤄진 셈입니다.

하지만 2022년 8월 19일 현재까지 특이할 매도신호, 즉 RSI 과매수권 진입 및 이탈/ 5-10일 이동평균선 데드크로스/ 종가 상 20일 이동평균선 하회가 없으므로 매수 이후 계속 홀딩이며 25% 정도의 수익 라인에 있습니다.

SK하이닉스 (000660)

그림2-1 SK하이닉스 2022년 1월

그림2-1 2021년 10월 말부터 연말까지 약 2달간 SK하이닉스는 엄청난 상승을 했습니다. 그 상승이 마감되는 시점이 RSI 과매수권 이탈인 ①, MACD 하방교차인 ②, 종가가 20일 이동평균선 아래에서 놀고 있는 ③근처입니다. 이렇게 신호들이 나오면 보유물량을 모두 수익실현하고 현금화 해놓습니다.

매수 근거

ⓐ 엔벨로프 -10% 하단 매수 (2022년 1월 27일)

ⓓ 엔벨로프 -10% 하단 매수 (2022년 3월 15일)

ⓐ지점에서 엔벨로프 -10% 하단선을 찍고 살짝 아랫꼬리를 달면서 종가가 형성되었

습니다. RSI를 살펴보니 30.16입니다. 아랫꼬리를 만들기 전까지 하락하던 장중에는 RSI도 과매도권인 30이하로 들어갔을 것입니다. 매수합니다.

다만 앞선 2021년 10월 말부터의 상승이 워낙 컸기 때문에 조금 더 집중해서 매매할 필요가 있습니다. 언제든지 수익을 실현하고자 하는 과거의 매수자들이 대기하고 있기 때문입니다. 익절 타이밍을 잘 잡아야 합니다.

엔벨로프는 20일 이동평균선을 기준으로 한 매매입니다. 따라서 20일 이동평균선까지 가게 되면 저항을 받는 경우가 있습니다. 그래서 20일 이동평균선 근처에서는 익절을 한 번 해주는 게 좋은데, ⓑ와 같이 20일 이동평균선을 갭으로 뛰어넘었다는 것은 20일 이동평균선 근처에 있는 매도세를 시초가부터 뛰어넘을 정도의 매수세가 붙었다는 의미입니다. 이렇게 기분 좋은 갭에서는 익절도 기분 좋게 해주세요. 하이닉스 같은 대형주로 10% 수익을 볼 수 있습니다.

이후의 상승은 5-10일 이동평균선의 정배

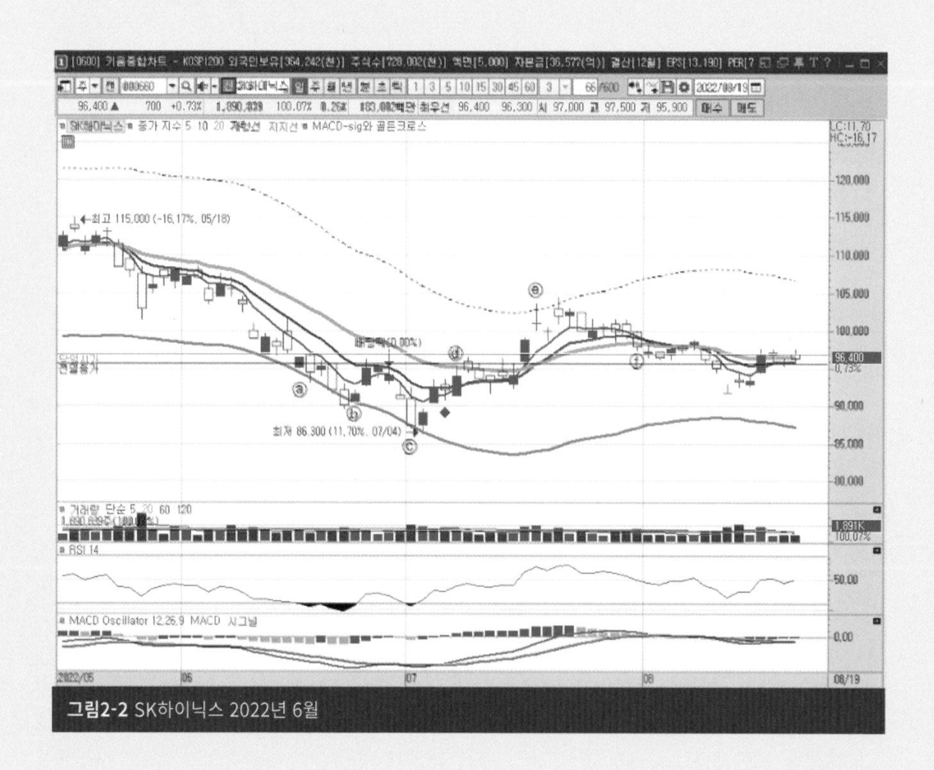

그림2-2 SK하이닉스 2022년 6월

열상태를 보면서 엔벨로프 +10% 라인이 두 번째 익절가능 라인입니다만, 앞선 상승세가 커서 다시금 추세적인 상승이 나오기는 어렵다는 입장으로 보수적으로 수익들을 실현하시면 되겠습니다. 최종적으로 20일 이동평균선을 종가로 깨는 ⓒ는 무조건 ⓐ의 매수량을 모두 매도하여 정리합니다. 그래도 7.5% 수익. ⓓ와 ⓔ도 같은 기술로 매수 후 매도입니다. 여기서도 약 10%의 수익이 실현됩니다.

그림2-2 3월달의 매도 이후 6월까지 매수신호 없이 하락합니다. 매수할 이유가 없습니다. 그냥 기다리기만 합니다.

매수 근거

ⓐ RSI 과매도권 진입 매수 (2022년 6월 17일)
ⓑ RSI 과매도권 탈출 매수 (2022년 6월 24일)
ⓒ RSI 과매도권 진입 매수 (2022년 7월 1일)

ⓐ~ⓒ까지 약 2주 동안 과매도권 진입 이후 주가가 왔다 갔다 하면서 아래로 떨어집니다. 하지만 ⓐ에서 ⓒ까지의 하락폭은 약 7% 정도입니다. 계속적으로 분할매수를 해도 괜찮고 저 지점 중 아무 데서나 잡고 그냥 기다려도 상관없습니다.

ⓓ와 같이 20일 이동평균선 부근에서 일차적으로 매도해주고, RSI 과매도권 이탈하면서 만들어진 주가가 MACD 상향교차까지 만들어주면 추세를 따라가다가 엔벨로프 +10상단선에서 일부 익절을 해주던가 최소한 저가가 20일 이동평균선을 깨는 ⓕ에서는 수익을 모두 실현하고 손을 털도록 합니다. 대형주는 장기이동평균선 저항이 굉장히 두텁기 때문에 중·소형주처럼 한방에 뚫고 올라가기를 바라기보다는 적절한 타이밍에 수익을 실현해서 현금화하는 것을 추천합니다.

하지만 자신이 참을 수만 있다면 RSI 과매도권에서 이탈하였으니 과매수권까지 가는 것을 보겠다! 하며 홀딩할 수도 있겠죠.

만도 (204320)

그림3-1 만도 2022년 1월

매수 근거

ⓐ RSI 과매도권 진입 매수 (2022년 1월 25일)
ⓑ 1차 매수 후 -10% 진입 추가매수 (2022년 2월 11일)
ⓒ RSI 과매도권 진입 매수 (2022년 3월 14일)

홀딩 근거

RSI 과매도권 이탈 이후 MACD 상승교차

그림3-1 이 종목은 RSI 과매도권 진입신호에 따라 매수를 했는데 추가 하락하면서도 비중조절과 분할매수를 통한 원칙적인 매매로 수익을 볼 수 있었던 사례입니다.

ⓐ에서 첫 과매도권으로 진입했지만 반등없이 계속 흘러내립니다. 종가기준으로 매

수 이후 ⓑ가 -10%의 평가손인 상태입니다. 두 가지 판단을 할 수 있습니다. -10% 선에서 추가 매수하여 평단가를 -5%의 평가손으로 만들고 반등을 기다리느냐 아니면 아예 더 하락할 때까지 기다려서 -20% 정도에서 추가 매수할 것이냐. 매매자의 선택이고요, 여기서 한 번 더 매수하였습니다.

그리고 나서 RSI도 과매도권에서 확실히 탈출하고 MACD도 상향교차를 하였기 때문에 새로운 상승추세가 만들어질 것을 기대하게 하였지만 20일 이동평균선의 저항을 좀처럼 뚫지 못하고 재차 하락하여 ⓒ와 같이 다시금 RSI 과매도권으로 진입합니다. 신호대로 하기 때문에 매수합니다.

평단가 계산을 해봅니다.

ⓐ ⓑ ⓒ의 종가에 같은 비중으로 매수했을 때: (52,200원 + 47,300원 +42,550원)/3 = 47,350원

ⓐ와 ⓒ에서만 같은 비중으로 매수했을 때: (52,200원 + 42,550원)/2 = 47,375원
둘이 큰 차이는 없습니다.

평가손에 눈을 빼앗기지 말고, 차트에서 RSI, MACD, 이동평균선들이 어떻게 만들어지는지만 신경쓰십시오.

충분한 시간을 들여서 저가 부분을 형성할 때 매매자는 발목을 만들어 놓았고, 적절한 익절의 타이밍만 잡으면 됩니다.

RSI 과매도권을 두 차례 들락거리면서 이탈했고, MACD는 상향교차를 했으며, 5-10일 이동평균선이 정배열해서 상승합니다. 매수 후 오랫동안 평가손인 상태가 지속되다가 본전으로 올라오면 금방 본전 생각나서 매도하고 싶어지지만, 우리는 관리하면서 무릎을 만든 것이기 때문에 (시간을 투자하면서!) 본전 매도는 시간 낭비를 한 것에 다름 아닙니다. 최소한 RSI 과매수권 진입/ MACD 하방교차/ 5-10일 이동평균선의 데드크로스/ 일봉 종가 20일 이동평균선 하회 등과 같이 명확한 조건에 따라서 수익실현을 하도록 합니다.

ⓓ에서 ①과 같이 RSI 과매수권 진입 및 이탈로 매도조건이 만족됩니다. 여기서 익절 시 15% 정도의 수익을 실현할 수 있습니다. MACD 하향교차인 ②에서 매도 시 14% 정도의 수익. 아무리 늦어도 20일 이동평균선을 일봉의 종가가 하회하는 ⓔ에서는 모든 매수물량을 수익실현 합니다. 9.3% 정도의 수익입니다. 수익실현 후 다시 다음날 반등하더라도 이미 우리가 매도를 목적으로 하고 매수한 기준에 따라 좋은 매매를 한 것입니다.

그림3-2 만도 2022년 6월

그림3-2

매수 근거

ⓐ RSI 과매도권 진입 매수 and 엔벨로프 -10% 하단 매수 (2022년 6월 20일)

ⓑ RSI 과매도권 탈출 매수 (2022년 6월 24일)

홀딩 근거

① RSI 과매도권 탈출 이후 ② MACD 상승교차

이전에 매수했던 물량의 수익실현 후 기다리니 다시 매수 기회가 찾아왔습니다. ⓐ에서의 매수 이후 하락이 만들어져서 지난번 오랫동안 평가손을 지켜보던 기억이 되살아나서 염려가 될 수도 있지만, 갖고있는 원칙에 따라서 매수매도만 반복하면 스트레스받지 않아도 됩니다. ⓑ에서 최종적으로 RSI 과매도권을 탈출했고, ②와 같이 MACD가 상승교차 했기 때문에 5-10일 이동평균선의 골든크로스 유지를 지켜보면서 적절한 익절 타이밍만 잡으면 됩니다.

RSI 과매수권 진입 및 이탈하는 ⓒ와 ⓓ 정도에서 익절합니다. 25~26% 정도의 수익라인에서 익절하게 됩니다. 익절하지 못하고 미적거렸더라도 MACD가 하방교차하는 ④ 시점에서는 익절을 해야만 합니다. 추세가 꺾인 것입니다. 22% 정도의 수익 라인입니다. 아무리 못해도 그 이후에 일봉 종가가 20일 이동평균선을 깬다면 보유물량 전부를 수익실현 합니다.

두산퓨얼셀 (336260)

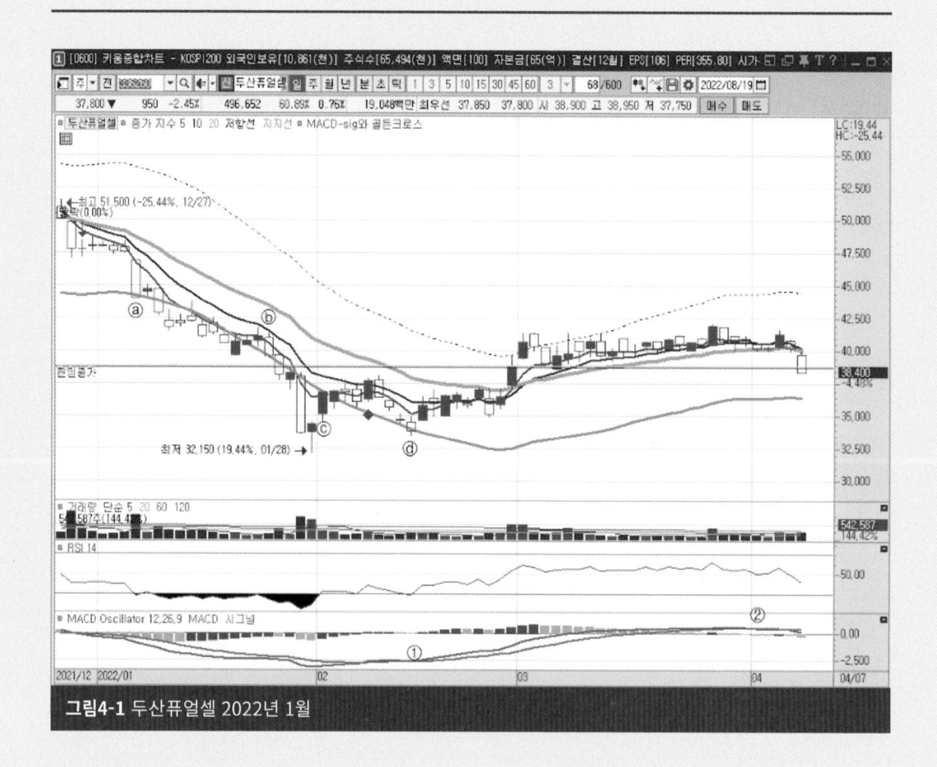

그림4-1 두산퓨얼셀 2022년 1월

그림4-1 이 종목은 RSI 과매도권 진입신호에 따라 매수를 했는데 추가 하락하면서도 비중조절과 분할매수를 통한 원칙 매매로 수익을 볼 수 있었던 사례입니다.

매수 근거

ⓐ RSI 과매도권 진입 매수 and 엔벨로프 -10% 하단 매수 (2022년 1월 6일)

ⓑ 1차 매수 후 -10% 진입 추가매수 (2022년 1월 24일)

ⓒ RSI 과매도권 탈출 매수 (2022년 2월 3일)

ⓓ RSI 과매도권 진입 매수 and 엔벨로프 -10% 하단 매수 (2022년 2월 15일)

홀딩 근거

RSI 과매도권 이탈 이후 MACD 상승교차 (①)

ⓐ에서 엔벨로프 -10% 하단을 찍으며 RSI 과매도권으로 진입합니다. 1차 매수합니다. 지금 이 매수 시점보다 앞 부분에서도 엔벨로프 -10% 하단을 찍으며 반등해서 수익을 짭조름하게 준 이력이 있기때문에 별다른 의심 없이 진입합니다.

그런데 신속한 반등이 일어나지 않고 계속해서 하락합니다. 평가손이 -10% 정도 되는 ⓑ지점에 다다르게 됩니다. 추가매수를 통해 평단가를 낮추면서 비중을 높이는 전략을 택할 수 있습니다. 아니면 RSI 과매도권을 탈출할 때(ⓒ) 추가매수를 할 수도 있습니다.

어쨌든 RSI 과매도권을 간신히 탈출해서 이제 본격적인 반등이 시작되겠지 싶을 때 다시 하락하여 ⓓ에서 RSI 과매도권으로 들어갑니다. 추가매수 합니다. 즉, 매매자의 판단에 따라 1차 매수 이후 추가매수를 통해 평단가를 낮추고 비중을 늘려가면서 발목을 만들 수 있습니다.

평단가 계산을 해봅니다.

ⓐ ⓑ ⓒ ⓓ의 종가에 같은 비중으로 매수했을 때: (44,050원 + 39,600원 +36,850원 +33,850원)/4 = 38,588원

ⓐ와 ⓒ에서만 같은 비중으로 매수하고 ⓓ에서도 같은 비중을 추가매수 했을 때: (44,050원 +36,850원+33,850원)/3 = 38,250원

익절은 최선의 경우 RSI 과매수권 진입 및 이탈이 되겠지만, 중간중간 익절할 경우 엔벨로프 +10%선 / 5-10일 이동평균선 데드크로스/ MACD 하향교차/ 종가 상 20일 이동평균선을 깨는 지점은 정확히 익절을 실현해주는 것이 좋습니다.

이 사례의 경우, MACD가 하향교차하는 ②지점을 매도가로 삼았습니다. 1의 경우라면 4% 정도의 수익이, 2의 경우라면 5.1% 정도의 수익이 발생합니다. 앞서 무릎을 만드는 과정에서는 속이 많이 쓰렸을 수 있지만, 시간을 주니 수익으로 매매를 정리할 수 있었습니다.

그림4-2

매수 근거

ⓐ RSI 과매도권 진입 매수 and 엔벨로프 -10% 하단 매수 (2022년 6월 22일)

ⓑ RSI 과매도권 탈출 매수 (2022년 6월 25일)

홀딩 근거

① RSI 과매도권 탈출 이후 ② MACD 상승교차

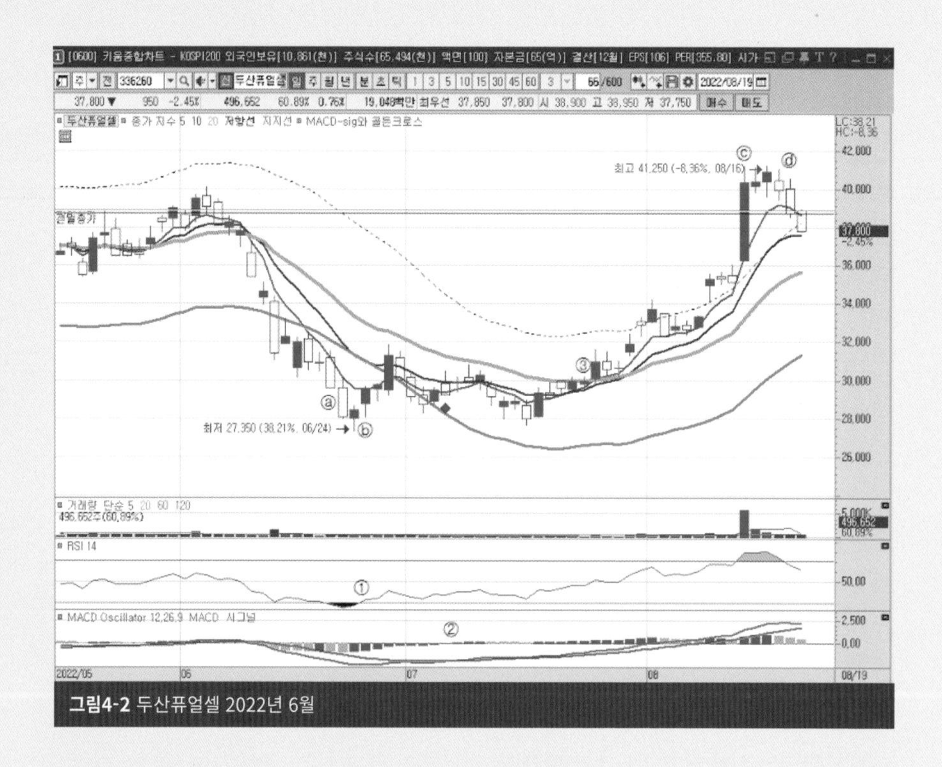

그림4-2 두산퓨얼셀 2022년 6월

ⓐ지점에서 엔벨로프 -10% 하단보다도 더 아래에서 RSI 과매도권으로 진입하는 것을 보고 1차 매수를 합니다. 희망하는 대로 다음 날 바로 반등이 만들어지지는 않지만, 결론적으로 ①과같이 RSI 과매도권에서 탈출합니다. ⓐ의 종가와 ⓑ의 종가가 비슷하지요? 종가들이 맞춰지면서 이동평균선이 하락을 멈추고 돌릴 때 이런 모습들을 보입니다. 성격이 급한 매매자는 수익이 좀 날 때 재빨리 매도해버리는데, 저가매수의 기술에서는 매수 후 하락하면 추가매수로 비중을 높이면 되고 시간을 들여서 수익을 극대화하는 것을 목표로 합니다. ②에서처럼 MACD도 상향교차를 합니다. 물론 매수 이후에 빠른 수익으로 반등 전환하지 않고 기다리는 시간이 답답할 수도 있습니다. 이 사례의 경우 ⓐ에서 매수한 이후 MACD 상향교차까지가 거래일 기준으로 11일입니다. 하지만 상향교차가 일어난 이후의 상승을 보면 놀랍습니다.

RSI 과매도권 진입을 기준으로 매수했기 때문에 우선은 RSI 과매수권 진입 및 이탈을 최종적인 수익실현의 순간으로 기대하면서 중간중간 적당히 익절해나가면 됩니다. 차트를 보면 기다리던 중에 ③에서 5-10일 이동평균선의 골든크로스까지 일어납니다. 추세가 바뀌었습니다.

ⓒ와 ⓓ가 RSI 과매수권 진입 및 이탈하는 시점입니다. 각 시점에서 익절을 할 경우 각 42%, 37% 정도의 수익을 실현하게 됩니다. RSI 과매수에는 진입했다가 이탈했지만, MACD는 아직 상향교차가 유지되고 있고, 5-10일 이동평균선도 골든크로스 상태가 지속되고 있습니다. 더 갈 수도 있고 이대로 하락할 수도 있겠죠. 매도를 통한 수익실현은 각자의 몫입니다.

대한항공 (003490)

그림5-1 대한항공 2021년 11월

그림5-1

> **매수 근거**
> ⓐ RSI 과매도권 진입 매수 and 엔벨로프 -10% 하단 매수 (2021년 11월 26일)
> ⓑ RSI 과매도권 진입 매수 (2022년 1월 25일)

ⓐ에서 RSI 과매도권 진입 후 ⓓ의 RSI 과매수권 진입까지 기다렸다가 매도했다면 25% 정도의 수익실현이 가능합니다. 그러나 그사이에 ⓑ나 ⓒ같이 상승이 유지되지 않고 하락하는 경우가 있기 때문에 보조지표들이 특별한 의미를 갖는 지점에서는 욕심을 살짝 내려놓고 익절하는 습관을 갖는 것이 필요하다고 하는 것입니다.

ⓐ에서 매수했다면 RSI 과매도권 탈출 후 상승의 과정에서 MACD가 하향교차하는 지점에서는 일정 비중은 덜어내는 것이 좋겠지요. 10% 정도의 수익 라인입니다. 이렇게 해서 현금을 갖고 있다면 ⓑ지점에서 다시 매수할 수 있을 것이고 MACD가 하향교차하는 지점에서 또 익절을 합니다. 이 또한 10% 정도의 수익 라인입니다.

ⓒ는 저가매수의 기술을 배워서 경험을 쌓아가는 분이라면 매수하기 어려운 자리입니다. 그러나 추가 하락 시 RSI 과매도권 진입이고, 앞선 ⓐ와 ⓑ의 저점에서 지지가 있다고 판단할 수 있기 때문에 매수 후 추가 하락 시의 대응에 대한 원칙만 지킬 수 있다면 매수하여 수익을 또 얻을 수 있는 자리입니다. 17% 정도의 수익 라인입니다.

시나리오 대로만 되었다면 ⓐ에서 매수한 물량을 ⓓ에서 매도할 경우의 25% 정도의 수익보다 반복하는 매매를 통해 37% 정도의 수익으로 더 나은 수익을 도모할 수 있습니다. 10%는 그다지 의미 있는 수익률 아니니 반복하는 매매를 할 때마다 생기는 긴장감, 즉 매수 후 더 하락할 수 있다는 긴장감을 겪는 대신 그냥 RSI 과매도권 매수

그림5-2 대한항공 2022년 6월

→ RSI 과매수권 매도하겠다고 하면 그것도 좋겠지요.

그렇지만 ⓐ에서 매수한 것이 다시 ⓑ까지 떨어지게 되면 멘탈이 바사삭 부서질 수 있습니다. 두 달을 기다렸는데 더 큰 수익이 만들어지는 게 아니라 본전이 되어버리면 기분이 나빠지죠. 멘탈관리를 위해서도 적절한 익절을 하시기를 권하는 바입니다.

한편, ⓓ에서의 매도 이후 매수신호가 한동안 나오지 않다가 ⓔ에서 나타납니다. 확대해서 살펴봅니다.

그림5-2 2022년 6월 13일, ⓐ에서 RSI 과매도권으로 진입합니다. 매수했다면 그다음 날의 상승에 기분이 좋고 아, 이번에는 바로 반등이 일어나나? 하고 기대하게 될 것입니다. 그렇지만 계속 하락하면서 ⓑ, ⓒ에서 RSI 과매도 진입 및 이탈을 반복합니다.

그렇다면 ⓑ, ⓒ에서 사야만 할까요? 매매자의 스타일에 따라 다르지만 ⓐ에서 매수한 다음 ⓒ까지의 평가손의 폭은 -8% 정도입니다. 보통은 1차 매수 후 10% 정도 하락폭이 나올 때 추가매수를 고려해볼 수 있습니다. 시장 상황에 따라서는 -20%까지도 보거든요.

그래서 ⓐ이후의 ⓑ나 ⓒ에서는 매수를 하지 않더라도 ⓓ는 이야기가 좀 다릅니다. ⓐ에서 ⓓ까지의 평가손의 폭이 -12%입니다. 종가기준으로 추가매수를 해도 불편하지는 않습니다. 그리고 MACD는 상승교차를 해주었습니다.

현시점에서 매수한 물량에 대한 매도신호는 나오지 않았습니다. ⓐ와 ⓓ에서 동일비중을 종가매수했을 경우의 평단가인 25,325원에 대해 3% 정도의 수익 라인에 있습니다.

LG에너지솔루션 (373220)

그림6 LG에너지솔루션 2022년 3월

그림6 2022년 연초 한국 주식 시장의 하락의 방아쇠를 당긴 것이 아닌가? 하는 평가를 받는 LG에너지솔루션입니다. 상장 당시의 엄청난 관심과 장밋빛 전망에 고가에 매수한 사람들은 아직도 비명이 나오는 단계이지만, 저가매수의 기술을 구사한 사람들은 안정적인 수익을 낼 수 있었습니다.

매수 근거

ⓐ RSI 과매도권 진입 매수 and 엔벨로프 -10% 하단 매수 (2022년 3월 15일)
ⓑ RSI 과매도권 진입 매수 (2022년 5월 12일)
ⓒ RSI 과매도권 진입 매수 (2022년 6월 30일)
ⓓ RSI 과매도권 탈출 매수 (2022년 7월 6일)

2022년 1월부터 8월까지, 많으면 4번의 매수타이밍을 줬습니다. 매수한 다음에는 매일 익절타이밍만 체크하면 됩니다. RSI 과매도권 진입과 함께 매수했기 때문에 과매수권에 들어갈 때 매도하는 것이 정답이지만, 그 중간중간 적절히 수익을 실현해주는 것이 도움이 됩니다.

특히 이동평균선상 주가가 20일 이동평균선을 깬다거나, MACD가 하향교차한다면 이는 명확한 매도신호입니다. 예를 들어, ⓐ에서 매수한 것은 ⓖ에서 (17% 수익 라인), ⓑ에서의 매수는 ⓗ에서 (10% 수익 라인), ⓒ나 ⓓ에서 매수한 물량은 20일 이동평균이 깨진 ⓘ에서 익절할 수 있습니다 (8% 수익 라인).

한편, 5-10일 이동평균선의 정배열 유지를 함께 살펴본다면 RSI가 과매수권으로 진입하고 이탈하는 ⓔ 또는 ⓕ에서 익절할 수 있습니다. (30% 수익 라인)

매매자의 심리에 대해 잠시 언급하겠습니다. ⓐ에서 ⓖ, ⓑ에서 ⓗ로 일봉의 종가가 20일 이동평균선을 깰 때 수익을 실현하는 경험을 했다면 ⓒ나 ⓓ에서 매수한 물량을 역시 ⓘ에서 털어내게 됩니다. 그건 당연한 것입니다. 20일 이동평균을 안 깬 상태에서 계속 5-10일 이동평균선의 정배열이 간격을 유지하면서 상승하면 더 고가에 매도할 수도 있지만, 아닐 수도 있는 것입니다. 더 수익을 얻을 수 있었는데! 하고 아쉬워하지 마시면 좋겠습니다. 상대적으로 익절한 다음에 더 하락할 수도 있으니까요.

오스템임플란트 (048260)

그림7-1 오스템임플란트 2021년 11월

그림7-1

> **매수 근거**
> ⓐ RSI 과매도권 진입 매수 and 엔벨로프 -10% 하단 매수 (2021년 11월 1일)

2022년 11월 1일, ⓐ에서 오스템임플란트는 엔벨로프 -10% 하단선을 벗어나면서 RSI 과매도권에 진입합니다. 첫 매수 이후 큰 이익도 손실도 나지 않은 상태에서 주가는 횡보합니다. 5일 이동평균선과 10일 이동평균선이 좁혀지기만 하지 방향성을 잡지 못하고 있지만, 보조지표는 다른 이야기를 하고 있습니다. RSI의 저점이 계속 높아지고 있고, MACD는 상승교차를 했습니다.

따라서 상승이 만들어질 때 쉽게 털리면 안 됩니다. 간단히 말해서 ⓐ에서 시작해서 한 달 동안 비슷한 가격대에서 물량이 쌓였기 때문에 (즉, 매집한 사람이 있기 때문에) 상승폭이 제법 나올 것이라는 기대를 할 수 있으며, 우리는 보조지표를 챙기면서 익절포인트만 찾으면 됩니다.

ⓑ에서 RSI 과매수권까지 올라갑니다. 과매도권에서 매수했기 때문에 수익실현을 해도 하나도 이상하지 않습니다. 그게 정상입니다. 한 달 정도를 기다려서 22%의 수익을 거둘 수 있었습니다. 전량을 매도하지 않더라도 일정 비중은 익절을 해서 현금을 다시 보유하는 것이 옳습니다. 아직까지 5-10일 이동평균선이 정배열상태이고, MACD도 상승교차가 유지되고 있으므로 추가상승을 기대하고 일부는 남겨놓을 수 있겠습니다.

하지만 이 종목, 누구나가 다 아는 횡령사고가 일어나서 그 이후로 거래정지 상태가 유지되었습니다. 많은 것을 생각하게 합니다. 우선, 저가에 매수해서 일정비중을 또

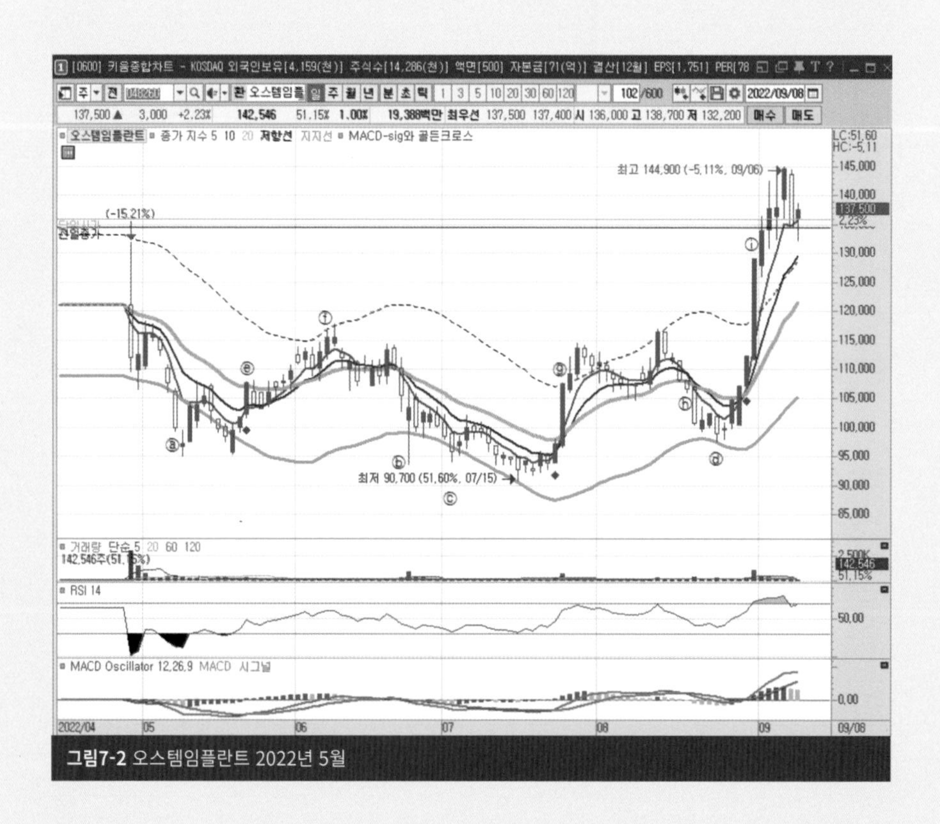

그림7-2 오스템임플란트 2022년 5월

는 전체를 수익실현 했다면 횡령뉴스를 들었을 때, 안심할 수 있었을 것입니다. 잔량이 있더라도 전량이 물린 것은 아니니 이 또한 다행이라고 생각할 수 있었을 것입니다. 몰빵하지 않고 비중조절/분할매수를 통해 이 종목에 다 물리지 않을 수 있는 것도 다행입니다. 저가매수의 기술에 따라 매수 타이밍에 대한 기준을 세우지 않고 상승의 고점에 덤벼든 매수자라면 거래정지 기간 동안 얼마나 고통스러웠을까요.

그림7-2

매수 근거
ⓐ RSI 과매도권 진입 매수 and 엔벨로프 -10% 하단 매수 (2022년 5월 9일)
ⓑ 엔벨로프 -10% 하단 매수 (2022년 6월 24일)
ⓒ 엔벨로프 -10% 하단 매수 (2022년 7월 4일)
ⓓ 엔벨로프 -10% 하단 매수 (2022년 8월 24일)

거의 6개월동안 거래가 정지된 상태에서 오히려 전쟁 등으로 인한 시장폭락을 피해서 다행이었다는 말을 들으면서 보유자들의 속을 태우던 이 종목이 다행스럽게도 거래가 재개되었습니다.

몇몇 매수타점들이 나오고 매도할 수 있었습니다. ⓐ에서 매수했다면 불안정한 시장 상황에 대응하기 위해 20이평선인 ⓔ에서 일부 익절할 수 있을 것이고, 추가상승을 하더라도 엔벨로프 10% 상단선인 ⓕ에서 또 수익을 실현할 수 있었습니다. (16% 수익라인)

ⓑ는 장중에 시장을 볼 수 있는 분이 검색식을 통해 잡혔을 때 매수후 수익을 낼 수 있었던 부분이며, 종가기준 저가매수자에게는 해당이 없습니다.

ⓒ에서 엔벨로프 -10% 하단에서 매수합니다. 추가하락 하더라도 RSI 과매도권 진입이라는 또다른 매수타이밍이 존재합니다. 그리고 다시 엔벨로프 10% 상단선인 ⓖ에서 수익을 실현합니다. (11% 수익라인) ⓖ에서의 익절후 남은 물량이 있었더라도 일봉상 20이평선을 종가로 하향돌파 (즉, 깨는) 하는 ⓗ에서는 전량 수익을 실현하여 현금화 한 다음, 다음 매수타점을 기다려야 할 것입니다.

며칠 안되어 또다른 매수타점 ⓓ가 나타납니다. 이 매수물량은 엔벨로프 -10% 하단을 보고 매수했기 때문에 엔벨로프 +10% 상단을 돌파하는 ⓘ에서 익절할 수 있습니다. (30% 수익라인) 물론 수익 라인 안에서는 스스로 기분좋아지는 수익률에서 자유롭게 익절할 수 있습니다.

한편 ⓘ에서 장대양봉을 뽑아내며 5-10 이

평선의 간격이 확 벌어지면서 5-10-20 이평선의 정배열이 멋있게 만들어진 것을 보고, 매도의 기준을 5-10이평선의 데드크로스 발생 시점으로 살짝 옮기면서 일부 잔여 물량을 들고갈 수도 있습니다. 9월 9일 현재 종가상 39% 의 수익라인에 놓이게 됩니다.

다른 이야기가 아닙니다. 모두가 힘들다고 하며 고가에서 원칙없이 쫓아가는 매수를 하다 물린 계좌들이 녹아내릴 때, 우리는 저가매수의 기준에 따라 매매해서 60%에 가까운 수익을 거둘 수 있다는 말입니다.

현대건설 (000720)

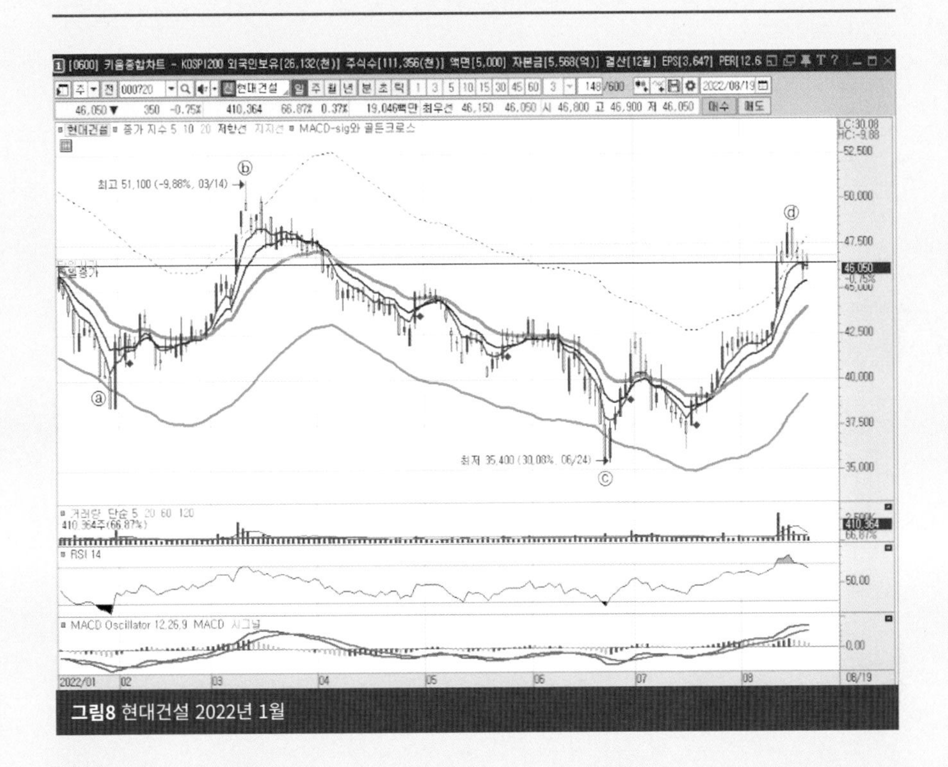

그림8 현대건설 2022년 1월

그림8

> **매수 근거**
> ⓐ RSI 과매도권 진입 매수 and 엔벨로프 -10% 하단 매수 (2022년 1월 25일)
> ⓒ RSI 과매도권 진입 매수 and 엔벨로프 -10% 하단 매수 (2022년 6월 24일)

수익을 내는 익절타이밍은 매매자의 성격에 따라 다르지만, 저가매수의 기술은 매수의 타이밍 만은 누구나 같은 기준에 할 수 있도록 알려드리고 있습니다. 현대건설의 경우 2022년 8월까지의 차트를 놓고 볼 때 매수타이밍은 2번 나왔습니다.

아무것도 모르더라도 RSI 과매도권에서 샀

으면 과매수권에서 팔겠다는 간단한 기준 만 세우더라도 거기에 투여할 수 있는 시간 만 감당할 수 있다면 누구든 수익을 거둘 수 있기도 합니다.

현대건설의 경우 원칙에 따른 매매를 했다면 ⓐ에서 ⓑ까지 27%, ⓒ에서 ⓓ까지 35%의 수익 라인에 자신을 세울 수 있었을 것입니다. 건설경기가 어떠니 하는 세상의 이야기에 귀 기울여서 매매 판단을 내리는 것이 아니라, 차트의 신호대로 기계적으로 매매를 해도 좋은 수익을 꾸준히 거둘 수 있습니다.

그 회사에서 일하는 사람들은 모두가 더 열심히 일하고 있기 때문이죠.

LG화학 (051910)

그림9-1 LG화학 2021~2022년

그림9-1 LG화학의 2년간의 차트입니다. 장이 좋아서 누구나 수익을 낼 수 있었던 것 같았던 2021년도에도 LG에너지솔루션으로의 물적분할과 관련하여 추세적으로는 하락하였고, 주가가 내릴만한 충분한 이유가 생긴 2022년도에는 또 박자를 맞추는 듯 하락했습니다. 최고가에서 최저가까지는 60% 가까이 하락했습니다.

내릴만한 이유밖에 없을 것 같지만, LG화학이 망할까? 라고 질문했을 때 아니라는 답이 나오면 그다음부터는 저가매수의 규칙에 따라 매수할 뿐입니다. 2022년도의 수익을 어떻게 내는지 보지요.

그림9-2 LG화학 2022년 3월

그림9-2

매수 근거

ⓐ RSI 과매도권 진입 매수 and 엔벨로프 -10% 하단 매수 (2022년 3월 8일)

ⓑ RSI 과매도권 탈출 매수 (2022년 3월 17일)

ⓔ 엔벨로프-10% 하단 매수 (2022년 4월 27일)

ⓖ 엔벨로프-10% 하단 매수 (2022년 7월 4일)

RSI 과매도권 진입/탈출 시 매수나 엔벨로프 -10% 하단선 매수는 저가매수의 기술의 중요한 매수 포인트입니다. ⓐ에서 1차 매수 후 10% 가까이 추가하락이 있었기 때문에 그 지점에서 추가매수를 할 수도 있고, 보다 확실히 하기 위해 10% 가까이 추가 하락했다가 RSI 과매도권을 탈출하는 ⓑ같은 봉의 종가에 추가매수를 할 수 있습니다. 그리고 ⓒ에서 가볍게 상당 비중을 익절합니다. (15% 수익 라인)

20일 이동평균선이 하향곡선을 그리면서 깊은 하락이 나오면 V자로 반등하는 것이 쉽지 않습니다. 특히 대형주는요. 추세를 돌리기 위해서 20일 이동평균선을 상향으로 돌리려면 하락하던 20일 이동평균선의 기울기를 평평하게 만들어주고 돌려내는 과정이 필요합니다. U자 반등이라 할까요. 그래서 20일 이동평균선 부근에서는 첫 번째 반등일 경우 한번 털어내는 것이 좋습니다. 거기서부터 다시 20일 이동평균선 아래로 왔다 갔다 하면서 5-10일 이동평균선을 모으고 그 이동평균선들을 20일 이동평균선 위로 올리는 작업들이 진행되기 때문입니다.

ⓔ에서 엔벨로프 -10% 하단선에서 매수한 분량은 20일 이동평균선 부근에서 다 턴다기 보다는 일정 분량만 털어주는 것입니다(8~12% 수익라인). 20일 이동평균선의 기울기가 평평해진 것을 볼 수 있습니다. 여기서부터 바로 위로 꺾어 올릴 수도 있기 때문에 일부만 익절하는 테크닉을 쓸 수 있는 것입니다. 다행히 상승했으며, 우리는 엔벨로프 -10% 하단선 매수였기 때문에 기본적으로는 +10% 상단선 매도를 계획합니다. ⓕ지점이 바로 상단선에 접하는 봉이며 동시에 RSI 과매수권으로 들어가는 느낌이니까 일단 고점이라고 생각하고 또 일정분량 매도할 수 있습니다(26% 수익 라인).

ⓕ에서 매도하지 않고 남겨놓은 물량들이 있을 수 있습니다. 5-10일 이동평균선의 정배열이 유지되는 것을 보고 끝까지 가고 싶다는 생각을 할 수도 있거든요. 하지만 어떤 경우라도 종가가 20일 이동평균선 밑으로 떨어지면 전량 매도입니다.

ⓖ에서도 엔벨로프 -10% 하단선에서 매수할 수 있습니다. 추가하락 한다고 해도 RSI 과매도권 진입이라 추가 매수할 수 있는 기법상의 근거가 있습니다. 20일 이동평균선이 움직이는 게 보이십니까. 큰 하락을 평평한 바닥을 만들면서 멈추고 이동평균선을 들어 올렸습니다. 그리고 다시 하락하지만 이건 저점을 높이는 움직입니다.

여기서 매수한 물량들은 좀 더 큰 수익을 기대하면서 5-10일 이동평균선이나 MACD 상승교차 유지를 보면서 20일 이동평균선 익절과 같이 짧게 끊어내는 방식이 아니라 끝까지 들고 가볼 수 있습니다. 왜냐하면 20일 이동평균선을 놓고 3번을 왔다 갔다 하는 것입니다. 쉽게 빠지지 않는 선까지 왔다는 것이지요.

엔벨로프 10% 상단선인 ⓗ나(15% 수익 라인) RSI 과매수권 진입/이탈인 ⓘ(30% 수익 라인)같은 데까지 충분히 기다리다가 익절할 수 있습니다. 2022년 8월 19일 현재 5-10일 이동평균선을 몸통으로 하향으로 뚫어내는 음봉이 나왔고, RSI 과매수권에서는 완전히 이탈했습니다. MACD도 하향교차를 준비하고 있는 것 같습니다. 하락으로 완전히 전환될지, 아니면 잠깐 조정 후 다시 오를지는 모르겠습니다. 다만 이 시점에서 우리는 LG화학에 투자할 비중을 모두 현금화했고, 다음의 매수타이밍을 기다릴 뿐이라는 말씀을 드리겠습니다.

한솔제지 (213500)

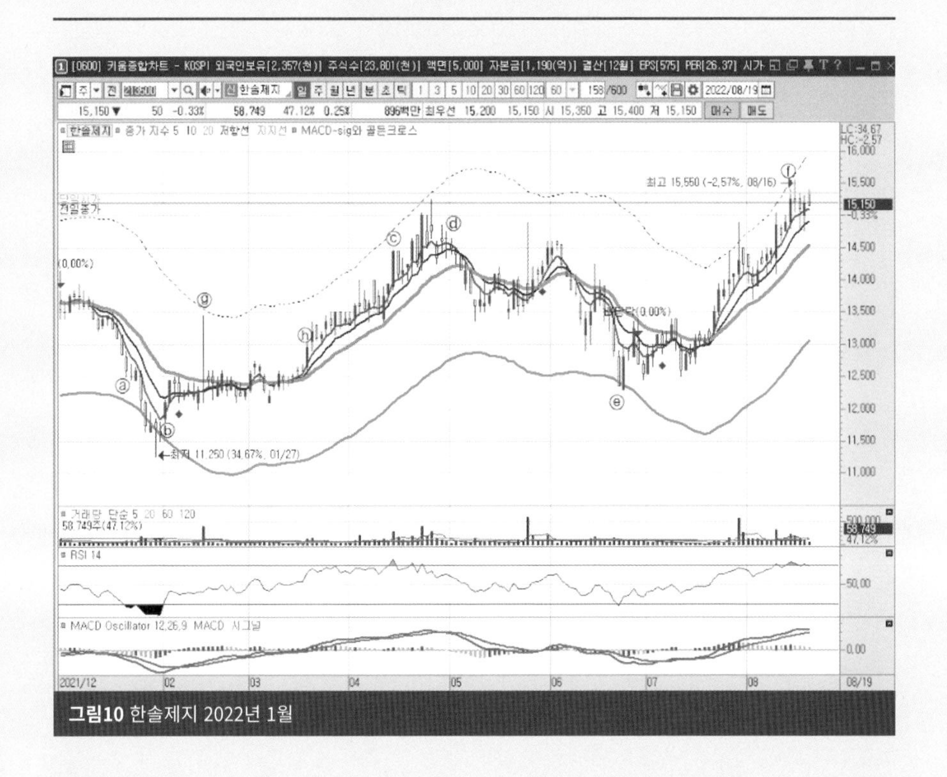

그림10 한솔제지 2022년 1월

그림10

> **매수 근거**
>
> ⓐ RSI 과매도권 진입 매수 (2022년 1월 19일)
>
> ⓑ RSI 과매도권 탈출 매수 (2022년 2월 3일)
>
> ⓔ RSI 과매도권 진입 매수 and 엔벨로프 -10% 하단 매수 (2022년 6월 23일)

2022년 1월 19일 ⓐ에서 RSI 과매도권으로 진입합니다. 1차 매수. 매수 후 주가가 아래로 밀립니다. 1월 27일 최저가까지 떨어지는 과정에서 종가기준으로는 -7% 정도의 평가손이 찍힙니다. 1차 매수 이후 추가매수하기에는 아직 충분한 하락이 아니라는 판단을 내릴 수 있고, 주가가 하락하는 과정에서 엔벨로프 하단을 건드릴 때 RSI 과매도권 안에서의 엔벨로프 하단, 즉 보조지표 신호가 겹치는 것을 보고 추가매수 할 수도 있습니다.

ⓑ에서 며칠간의 RSI 과매도권으로부터 탈출하므로 추가매수를 합니다. 종가기준으로는 -4% 정도에서 ⓐ와 동일비중을 매수했으므로 매수시점에서는 -2% 정도의 평가손인 상태일 것입니다.

RSI 과매도권 매수이므로 과매수권에 갈 때까지 버틸 수 있습니다. 5-10일 이동평균선의 간격이 시원하게 벌어지면서 골든크로스를 만들지 않아 답답하게 느껴지겠지만 과매도권은 탈출했고, MACD가 상승교차한 채 계속 정배열을 유지하고 있습니다. ⓗ같은 지점에서 5-10일 이동평균선이 간격을 확 벌리면서 확실한 정배열이 만들어지는 것을 보여주면 안 팔고 버틸 근거가 하나 더 생기는 것입니다.

물론 그 사이에서도 얼마든지 매매자의 판단에 따라 익절할 수 있습니다. 특히 ⓖ와 같이 재밌는 지점이 나왔는데요, 종가기준 매매자는 장이 끝날 무렵에 보고 좀 억울(?)할 수도 있겠지만 - 장중 10%나 올라갔었지만 - 이 또한 게임의 한 장면입니다. 장중 매매자 입장에서는 보유물량의 일부분을 익절할 수도 있을 것입니다.

ⓐ와 ⓑ에서 매수하여 보유 중인 물량을 RSI 과매수권인 ⓒ에서 익절(16% 수익 라인) 하거나, MACD 하향교차하는 ⓓ에서 익절(17% 수익 라인) 할 수 있습니다.

모두 현금화한 이후, 약 2달 정도 시간이 흘러서 ⓔ에서 매수타이밍이 나옵니다. 1차 매수합니다. 이번에는 지난 경우와 같이 하락하지 않고 매수 이후부터 매수가를 깨지 않고 시간이 흘러갑니다. 작으나마 평가익인 상태로 계속 있으면 심리적으로 압박이 덜하고 기다리기가 편합니다.

RSI 과매도권을 짧게 찍고 나온 이후 RSI는 계속해서 상승하였고, MACD도 상승교차를 한 이후 반락하지 않습니다. 일봉상 20일 이동평균선 근처에서 일부 익절할 수 있겠지만 신호에 정직한 종목들은 손에서 놓지 않고 갖고 갈 수 있습니다. 5-10일 이동평균선의 골든크로스 이후 계속 유지되며 상승하는 것을 볼 수 있습니다.

RSI 과매수권으로 진입하는 ⓕ정도에서 보유비중의 일부 또는 전부를 익절할 수 있습니다. 23% 정도의 수익 라인입니다. 5-10일 이동평균선이 계속해서 정배열을 유지하고 있고, MACD도 상승교차 이후 계속 흐름을 유지하고 있기 때문에 그 신호들을 믿고 조금 더 버텨볼 수도 있을 것입니다.

대동전자 (008110)

그림11-1 대동전자 2022년 4월

그림11-1 종목선정의 기술이기도 합니다만, 배당수익률이 좋은 종목들은 관심종목에 미리 챙겨놓았다가 저가신호가 잡히면 매수해서 수익내기가 편안합니다. 특히 2022년과 같이 시장 전체가 불안할 때는 이런 기술을 아느냐 모르느냐가 결정적인 차이를 만들죠.

대동전자도 배당을 꾸준히 주는 주식입니다. 2022년 4월 28일 ⓐ에서 RSI 과매도권에 진입합니다. 1차 매수합니다. 종가기준 7,860원입니다. 배당을 300원만 준다고 해도 3.8% 정도의 수익을 미리 먹고 들어가는 것입니다. 하지만 저가매수의 기술을 모르는 사람들이라면 전고점으로부터 45%나

그림11-2 대동전자 2022년 5월

하락한 종목을 매수할 엄두를 못 내겠죠.

배당주로 이름이 있는 종목들은 안전한 수익률을 올릴 필요가 있는 큰 손들이 종목을 받쳐주기 때문에 저가신호가 오면 매수해서 그냥 묻어두면 됩니다.

그림11-2 ⓐ에서 매수한 이후 살짝 반등했다가 다시 RSI 과매도권으로 진입(ⓑ)합니다. ⓐ로부터의 하락폭이 추가매수를 고려할 만큼 안된다고 생각하면 추가 매수할 필요가 없으며, 배당주니까 저가 신호 나올 때마다 매수하겠다 싶으면 추가 매수할 수도 있습니다. (결국 배당은 주식 수가 중요하니까요) ⓐ와 ⓑ는 -7% 정도 차이가 납니다.

그리고는 반등합니다. 엔벨로프 상단을 찍은 ⓓ같은 지점에서 일부 익절할 수도 있을 것입니다. ⓐ의 종가에서 매수한 사람이라면 ⓓ의 종가가 +7% 정도의 수익을 준 지점이니까, 배당을 노리고 들어간 사람이라면 배당수익률보다 더 좋은 수익이 나왔으니까 익절할 수 있을 것입니다. 종가가 20일 이동평균선을 깬 ⓔ같은 지점에서는 보유

그림11-3 대동전자 2022년 6월

물량을 상당부분 털어주는 게 맞습니다.

어렵게 이동평균선의 정배열을 만들었는데 (5-10-20일 이동평균선) 밀어 올리지 못하고 다시 20일 이동평균선을 깼다는 것은 아직 매도세가 조금 더 남아있음을 뜻합니다. 그리고 6월 24일 ⓒ가 나옵니다. 또 매수합니다.

그림11-3 ⓐ에서 매수했을 때와는 달리 ⓒ에서 매수한 이후로는 주가가 매수가 아래로 떨어지지 않습니다. 마음이 편안합니다. ⓒ의 매수가인 5,730원은 배당을 300원 준다고 했을 때 ⓐ에서 매수했을 때보다도 높은 수익률(5.2%)을 담보해주고 있습니다.

간단히 말해, 매수가보다 5% 더 떨어지더라도 본전인 셈이라 마음이 불안하지 않은데 오히려 계속 올라가주고 있으니 말이지요.

RSI 과매도권을 벗어난 이후, MACD도 상승교차합니다. 주가가 계속해서 옆으로 흐르고 있는 것 같지만 그 안에서는 무언가 꿈틀거리고 있는 것이죠. 7월 20일, 뜬금없이 ⓕ에서 상한가가 폭발합니다.

종가 무렵에 '오늘은 또…'라며 주식프로그램을 열었을 때 얼마나 기뻤을까요. 매도 신호가 너무나 명확합니다. RSI 과매수권 진입과 엔벨로프 10% 상단선을 완벽하게 돌파했습니다. ⓒ에서의 매수자는 ⓕ에서 전량 수익을 실현해도 40% 정도의 수익이 실현됩니다.

배당주를 저가에 매수해서 몇 퍼센트 정도의 수익을 기본으로 확보해야지…하는 소박한 마음으로 저가에 신호 따라 매수한 물량이 40%의 수익을 준 것입니다.

하지만 차트 전체를 봤기 때문에 하는 말이 아니라, ⓕ를 기점으로 5-10-20일 이동평균선이 정배열로서 완전히 간격을 벌리기 시작했고 MACD는 상향교차 이후 계속해서 추세를 이어가고 있습니다. 따라서 물론 ⓕ에서 거두게 되는 수익도 기쁘겠지만 기술적 매매를 하는 매매자의 입장에서는 ⓕ에서 전량매도 보다는 일부라도 남겨서 나머지 신호들이 매도를 알릴 때 익절하겠다는 계획을 세울 수 있습니다. (이런 실험을 통해 경험치를 쌓아야 합니다.)

차트의 끝에서 220%의 수익률을 보여줍니다.

실력으로 얻은 결과일까요? 아니요. 저는 그렇게 생각하지 않습니다. 그저 시장의 기본적인 룰과 우리가 함께 공부한 저가매수의 기술이 보여주는 신호대로 매수하고 매도할 뿐이며, 이 종목 자체의 운이 좋았기 때문이라고 생각합니다.

그렇지만 종목선정의 기술이나 저가매수의 기술 정도를 간단하게 알아둔다면 누구나(!) 얻을 수도 있는 행운이 아닐까요.

리드코프 (012700)

그림12-1 리드코프 2022년 1월

그림12-1

매수 근거

ⓐ RSI 과매도권 진입 매수 and 엔벨로프 -10% 하단 매수 (2022년 1월 19일)

ⓑ RSI 과매도권 탈출 매수 (2022년 1월 28일)

리드코프는 중간배당 300원 정도, 연말배당 500원 정도를 주는 배당주입니다. (물론 배당금액은 회사 사정에 따라 달라질 수 있습니다) 따라서 앞선 대동전자의 사례와 같이 과매도권에 진입 시 매수해야 할 더 충분한 이유가 있는 종류의 주식이기도 합니다. 1월 19일 ⓐ에서 RSI 과매도 진입 신호가 나왔으므로 1차매수 합니다. 그리고 하락이 지속되다가 ⓑ에서 RSI 과매도권을 탈출하므로 추가매수 합니다.

배당을 받을 경우까지 생각한다면 주식 수를 늘려놓는 것이 좋겠죠.

ⓐ의 매수가는 종가기준 7,840원이니 연말까지 보유해서 800원의 배당을 받게 된다면 10.2%의 수익을 내포하고 있다 말할 수 있습니다. ⓑ의 매수가는 7,530원이니 10.6%입니다. 비중을 같이해서 2차 매수까지 했다면 평단가는 7,685원이며 기대배당 수익률은 10.4%가 됩니다.

RSI 과매도권을 탈출하면서 조금 있다 MACD도 상향교차를 합니다. 홀딩할 수 있습니다. RSI 과매수권 진입이나 MACD 하향교차, 종가 상 20일 이동평균선 하향돌파면 매도합니다.

ⓒ에서 MACD 하향교차가 일어납니다. 익절합니다. 13% 정도의 수익 라인입니다. 그냥 보유해서 배당을 받으나 여기서 수익을 실현하나 별 차이가 없으니 그냥 홀딩할래, 라고 할 수도 있습니다. 하지만 이 판단은 기술적 판단은 아닙니다. 기술적으로는 일부만이라도 익절하여 현금화하는 것이 답

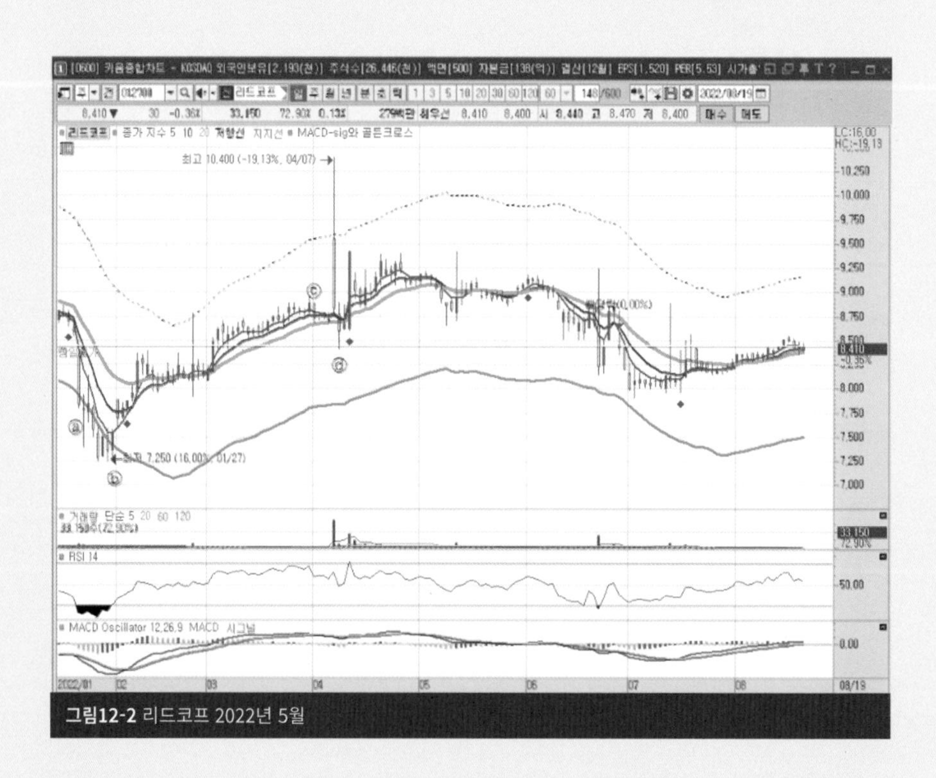

그림12-2 리드코프 2022년 5월

입니다.

ⓒ에서 일부라도 익절하는 판단을 내리지 않은 매매자는 며칠 후의 장대 음봉에 멘탈이 깨집니다. 장중 19%까지 상승했다가 큰 하락을 한 장대음봉. 종가매매자라면 '아, 아침에 팔걸' 같은 식의 후회를 하게 되기 때문에 평정심을 잃게 됩니다. 신호대로만 해도 우리가 얻을 수익은 챙길 수 있습니다.

ⓓ에서 종가 상 20일 이동평균선을 깹니다. 일단은 추세가 무너진 것으로 판단하고 보유물량을 현금화하도록 합니다.

그림12-2 ⓓ에서 보유물량을 전부 매도한 다음 이틀 후에 장대양봉이 나오고 어쩌어찌 더 갈 것 같은 분위기가 만들어지지만, RSI 상으로는 고점이 계속 낮아지고 있고, MACD도 마찬가지입니다. 명확한 저가신호가 나올 때까지 또 기다리면 됩니다.

보조지표의 신호에 따른 기술적 매매를 근거로 홀딩을 하는 것이 아니라, '어차피 배당수익이 있을 텐데'라고 해서 홀딩을 했다면 물론 배당이 나올 경우에는 목적을 이루게 되겠지만 그 기간 동안 움직일 수 없게 된 현금과 시간이 아깝습니다. 또한 주가가 내리면 내리는 대로 자신의 계좌에 찍힌 평가익이 늘었다 줄었다 하는 것을 보면서 마음이 흔들릴 수 있습니다. 피곤합니다.

기술적 매매를 해서 이 종목에 더이상 포지션이 없는 분은 수익 13%를 거둔 채 마음이 편한 것입니다.

엘앤에프 (066970)

그림13 엘앤에프 2022년 1월

그림13

매수 근거

ⓐⓑ 엔벨로프 -10% 하단 매수 (2022년 1월 27일/28일)

ⓔ 엔벨로프 -10% 하단 매수 (2022년 3월 14일/15일)

ⓘ 엔벨로프 -10% 하단 매수 (2022년 6월 23)

ⓚⓛ 엔벨로프 -10% 하단 매수 (2022년 6월 30일/7월 4일)

전기차 시대가 올 것이라고 하고, 테슬라 이야기가 자주 나오니 2차전지 관련 주식을 몇 개 관심에 두는 것도 나쁘지 않다고 생각했고, 미디어에서 자주 다루는 종목이 엘앤에

프라 매매했습니다.

RSI 과매도로 잘 안 떨어지는 종목입니다. 엔벨로프 -10% 하단 매수로 대응하였습니다. ⓐ는 엔벨로프 하단을 깨는 음봉이고 ⓑ는 하단 아래에서 만들어진 양봉입니다. 자신의 성향에 따라 리스크를 조금 더 안는 성격이면 음봉에, 하락이 멈춘 것을 조금이라도 확인하고 싶으면 양봉의 종가에 매수하면 되겠습니다.

언제나처럼 20일 이동평균선 근처에서 익절할 수 있습니다. ⓒ는 종가 상 20일 이동평균선을 깼기 때문에 큰 미련 없이 익절해도 좋습니다. 11% 수익 라인입니다. 그리고 나머지 물량은 엔벨로프 +10% 상단인 ⓓ에서 일부익절 또는 전량익절할 수 있습니다. 20% 수익 라인입니다. 5-10일 이동평균선이 정배열인 상태라서 '어? 더 가나?' 하고 일부 홀딩할 수도 있었겠지만 아무리 그래도 며칠 후 20일 이동평균선을 종가로 깰 때는 전량 익절해야 합니다.

ⓔ에서의 매수도 마찬가지 입니다. 매수한 물량의 일부를 20일 이동평균선 근처에서 10% 남짓한 일부 익절을 합니다. ⓕ는 엔벨로프 +10% 상단입니다. (25% 수익 라인) 역시 일부 익절해줍니다. 다음날에도 상승해서 ⓖ에서 RSI 과매수권으로 들어갑니다. 익절할 수 있습니다. (33% 수익 라인) ⓗ는 RSI 과매수권 이탈입니다. 역시 익절해야만 하는 포인트입니다. (35% 수익 라인) ⓖ-ⓗ에서 익절할 때 만약 물량을 남겼다면 그 논리는 5-10일 이동평균선 골든크로스 유지와 MACD의 상승교차 유지입니다. 남은 물량은 그 논리가 깨지는 순간에 모두 처분해야 할 것입니다.

ⓘ-ⓙ와 ⓚ,ⓛ-ⓜ,ⓝ,ⓞ도 같은 방식으로 매수하고 수익실현하게 됩니다. 2022년 8월 22일 현재 일봉상 종가로 20일 이동평균선을 깼습니다. RSI도 과매수권까지 들어가지 못하고 꺾였고 MACD도 하방교차가 시작되었습니다. 종가매매자는 여기서 모두 자신의 보유물량을 정리해서 현금화해야 합니다.

코스모신소재 (005070)

그림14 코스모신소재 2022년 2월

그림14 2차전지 관련 종목입니다.

> **매수 근거**
> ⓐ RSI 과매도권 진입 and 엔벨로프 -10% 하단 매수 (2022년 3월 14일)
> ⓖⓗ 엔벨로프 -10% 하단 매수 (2022년 6월 30일/7월 5일)

주가가 하락하다 ⓐ에서 RSI 과매도권으로 들어갑니다. 엔벨로프 -10% 하단을 깨는 음봉이나 3월 15일 작은 양봉의 종가에 매수합니다. 이런 신호에 매수를 망설일 필요는 없습니다. 종목당 비중과 분할 기준만 잘 세우면 나머지는 시간이 해결해줍니다.

매수 후 적절히 익절을 해나가면서 이익

을 챙기고 현금화해나갑니다. 보조지표를 복합적으로 활용할 수 있는 기술은 매매를 거듭해가면서 자신에게 붙게 되는 감각의 영역입니다. RSI 과매도권을 이탈하고 MACD도 상승교차를 했기 때문에 ⓐ를 저가로 해서 상승할 것은 분명해 보이지만 20일 이동평균선을 뚫어주는 ⓑ같은 지점(13% 수익 라인)이나, 엔벨로프 +10% 상단선인 ⓒ (24% 수익 라인), RSI 과매수권으로 들어서는 ⓓ (30% 수익 라인) 같은 부분에서 역시 익절을 실행할 수 있습니다.

한편 ⓒ의 장대양봉으로 5-10-20일 이동평균선이 확실히 정배열로 자리 잡는 것이 보입니다. 단기적인 상승을 보증해주는 5-10일 이동평균선의 정배열 상태도 그 간격에 따라 힘이 다른데 이렇게 장대양봉이 나오면서 간격을 확 벌려주면 5-10일 이동평균선의 데드크로스까지 보유라는 결정을 내릴 수 있습니다. 한편 어떤 경우든지 RSI 과매수권에서 이탈한다거나 (ⓔ 65% 수익 라인), MACD가 하향교차하는 시점 ⓕ에서는 모두 현금화해주는 것이 현명합니다.

ⓖ와 ⓗ는 매매자의 성격에 따라 종가매수를 선택할 수 있습니다. 엔벨로프 -10% 하단선에서 가격이 만들어져서 매수 타이밍을 줬습니다. ⓘ의 음봉은 20일 이동평균선을 뚫지 못하는 것으로 보이니 익절을 할 합당한 이유가 있습니다. 7% 수익 라인입니다. (물론 익절을 하지 않고 버텨도 괜찮습니다. 매수 후 수익이 나 있는 상태이니 말입니다)
ⓙ는 엔벨로프 +10% 상단선이니 하단선에서 매수한 사람이라면 역시 익절해도 좋은 지점입니다. 20% 수익 라인입니다.

하지만 상승하는 가운데 5-10일 이동평균선이 정배열을 깨지 않고 계속 유지하고 있으니 홀딩하는 의사결정을 내릴 수도 있으며, RSI 과매수권을 진입하는 ⓚ정도에서 수익을 실현할 수 있습니다. 35% 수익 라인입니다. 일봉상 20일 이동평균선이 위태롭네요.

파인테크닉스 (106240)

그림15 파인테크닉스 2022년 5월

그림15

매수 근거

ⓐ 엔벨로프 -10% 하단 매수 (2022년 5월 12일)

ⓓ RSI 과매도권 진입 and 엔벨로프 -10% 하단 매수 (2022년 6월 22일)

ⓗ RSI 과매도권 진입 and 엔벨로프 -10% 하단 매수 (2022년 8월 18일)

폴더블폰 관련주입니다. 삼성전자가 전 세계적으로 사용 신뢰성이 높은 폴더블폰을 시장 차별화의 주력상품으로 밀고 있기 때문에 관련 주식도 일정 주기를 타고 항상 움직입니다.

ⓐ에서 매수해서 엔벨로프 +10% 상단인 ⓑ나 ⓒ에서 매도할 수 있습니다. 종가매매자의 경우 ⓑ와 같이 엔벨로프 상단을 찍고 위꼬리를 달게 된다면 차트해석에 큰 자신이 없는 경우 종가에 매도하는 게 맞습니다. 왜냐하면 엔벨로프 상단을 돌파할 정도로 강한 매수세가 붙지 못했다는 말이기도 하고, 그 정도면 됐다고 판단하고 매도하는 매도세가 붙어있다는 뜻이기도 하기 때문입니다. 보통 차트상 전고점이 붙어있으면 이런 경우가 많이 나옵니다.

물론 ⓐ에서 ⓑ까지의 상승구간에서 익절은 자신의 판단에 따라 할 수 있겠지요. ⓐ에서 ⓑ까지는 종가에 매수하고 매도했다고 하더라도 17%가량의 수익 라인입니다.

매도 후 ⓓ에서도 엔벨로프 -10% 하단선을 깨고 종가가 형성됩니다. ⓐ에서 매수해서 수익을 냈었으므로 ⓓ에서도 큰 의심 없이 매수합니다. 그런데 다음날에도 종가기준 -9.05% 하락이 일어납니다. 몰빵을 하면 안 된다는 것을 이런 사례를 통해서도 배울 수 있습니다. 이 하락이 RSI 과매도권으로 진입하는 봉이므로 2차 매수를 합니다.

저가권 신호 이후 2차 매수는 보통 매매자에 따라 -10%나 -20% 정도에서 하니까 크게 부담스럽지 않습니다. 2차 매수를 통해 평단가는 낮아지고 비중은 높아졌습니다. 이후 종가기준으로 10% 양봉과 3% 양봉이 연이어 나타났습니다. 즉 2차에 이은 매수가 8% 정도의 수익 라인에 있게 되는 것입니다. 익절 여부는 매매자의 기준에 따릅니다.

엔벨로프 -10% 하단에서 매수했기 때문에 +10% 상단에 닿는 ⓕ까지 기다리는 것이 이번 매수에서 거둘 수 있는 최대수익 구간이라면, 그 사이에 20일 이동평균선을 돌파했다가 위꼬리를 다는 ⓔ정도에서 일부 익절을 할 수도 있습니다.

ⓖ에서도 엔벨로프 하단을 터치합니다. 저는 이때 즉시 매수하지 않았습니다. 왜냐하면 이전의 ⓓ에서 매수한 다음에 한 번 더 하락한 것을 경험했기 때문입니다. 하루 더 참아보자는 생각이 들었습니다. 그리고 ⓗ에서 매수하게 되었습니다. RSI 과매도권 진입을 통해 저가권을 확인해주는 신호가 2개 나왔으니까 매수 후 하락이 있으면 추가매수를 전제하고 매수합니다.

그래도 추가하락이 있었습니다. 하지만 기죽을 것 없습니다. 매수가 이후 -10% 가까이 되면 한 번 더 매수해줍니다. 그리고 운 좋게 (?) 연이은 상승이 나옵니다. ⓗ의 종가 9,700원과 8월 23일의 종가 8,660원의 평균가 9,180원을 8월 26일 종가 10,050원에 일부 익절하였습니다. 9% 정도의 수익 라인에서 일부 익절한 것입니다.

차트는 RSI 과매도권을 탈출하고 MACD도 상승교차를 준비하고 있습니다만, 내 수익 내가 일부 챙기겠다는데 누가 뭐라 하겠습니까? 상승하면 나머지 남긴 비중이 상승해서 신나고, 하락하면 저가권에서 다시 추가 매수할 기회가 오는 것이니 역시 신나는 겁니다.

포스코케미칼 (003670)

그림16-1 포스코케미칼 2022년

그림16-1 전기차와 그에 따른 배터리 관련 언급이 계속되는 이상 빼놓을 수 없는 종목 중 하나입니다. 2022년 1월부터 대단히 다이나믹한 움직임을 보여줬는데, 저가권 매수 이후에도 주가가 하락하는 모습을 볼 수 있습니다. 이런 때에도 당황하지 않고 어떻게 관리하는지 알려드립니다.

그림16-2 2022년 1월 7일, RSI 과매도권으로 진입하는 ⓐ의 종가는 133,500원입니다. 그리고 반등다운 반등 없이 아쉽지만 계속 주가가 흘러내립니다. 1월 25일 ⓑ의

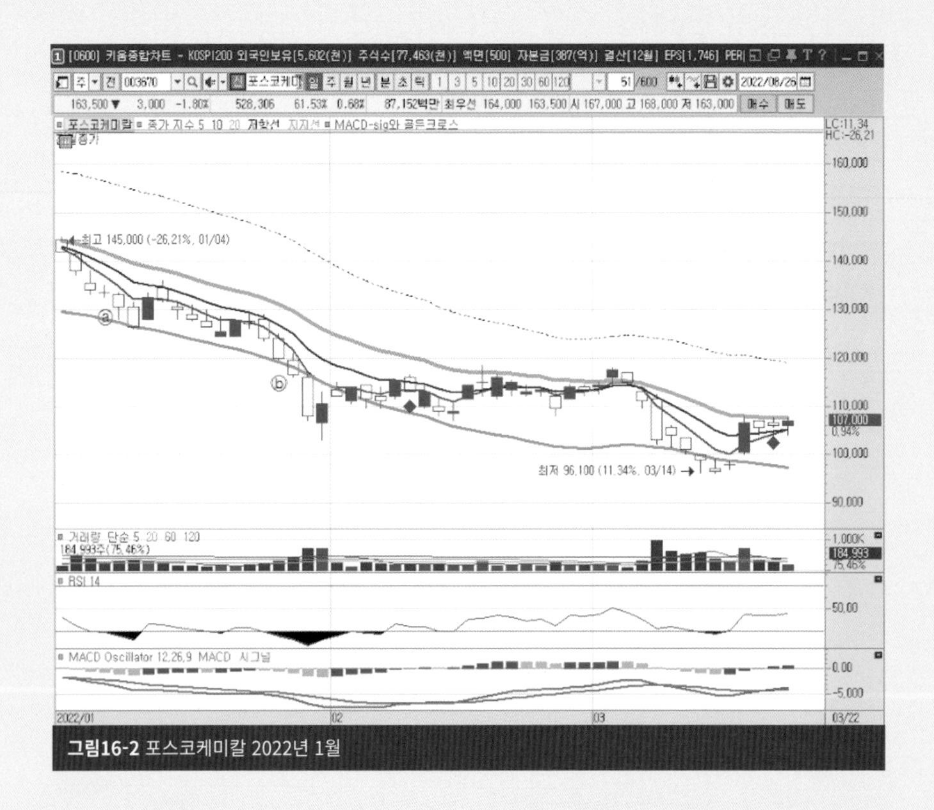

그림16-2 포스코케미칼 2022년 1월

종가 120,000원이 매수가 이후 -10% 영역의 가격입니다. 동일비중으로 2차 매수를 한 결과 평단가는 126,750원입니다.

그림16-3 ⓐ와 ⓑ에서 2차에 걸쳐 매수하면서 평단가는 126,750원이고 평가손은 -5%입니다. 종가 상 평가손이 -15% 되는 선 (즉, 평단가에서 -10% 더 내려가는 종가 상 113,850원 정도 이하)이 나오면 3차 매수를 하고 아니면 상승하는 것을 기다리며 시간을 투자해줄 뿐입니다.

1월 27일 ⓒ에서 종가 108,000원을 기록합니다. 3차 매수를 합니다. 동일비중으로 분할매수를 한다고 하면 최종적인 평단가는 120,500원입니다. 이 시점에서의 평가손은 -10%입니다.

무슨 말인지 잘 이해가 안 가시면 책의 비중조절과 분할매수를 다시 한번 살펴보십시오. 간단히 설명하자면 자신의 총 투자자금 1,000만 원인 사람이 한 종목당 최대 비중을 10%로 하겠다고 하면 종목당 100만

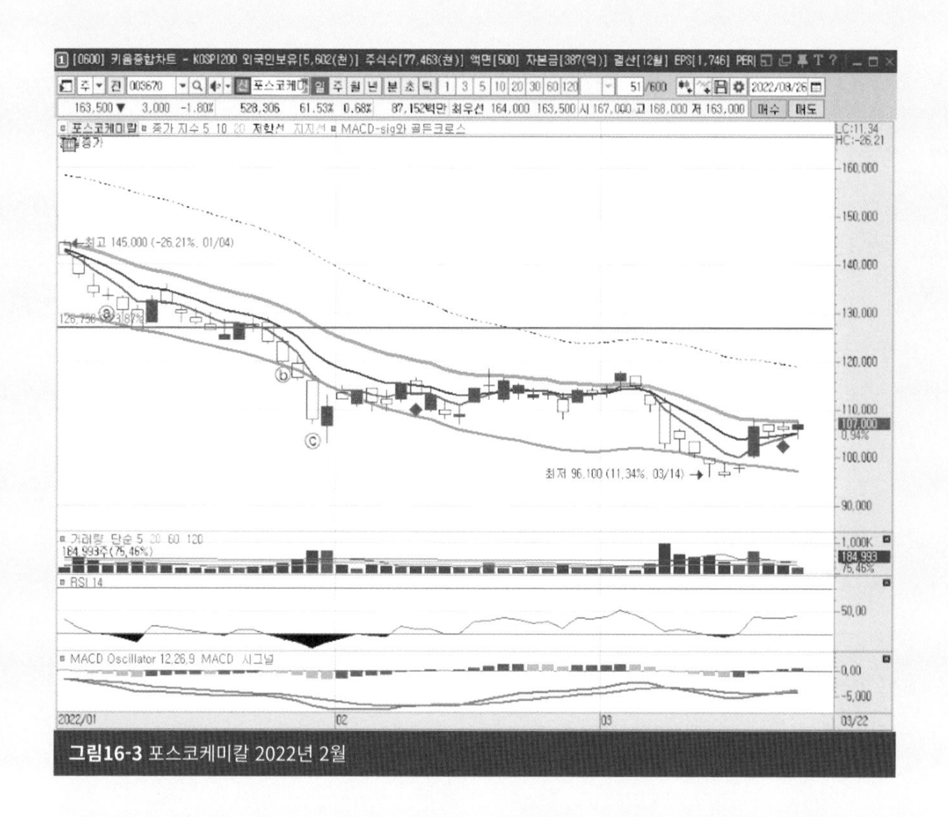

그림16-3 포스코케미칼 2022년 2월

원을 투여할 수 있다는 말이고, 이 비중을 몇 번 분할 매수할 것인지를 정하면 한 번 매수에 들어갈 금액이 나오는 것입니다. 4차 매수까지 하겠다고 하면 1회 매수에 25만 원씩 사용할 수 있고 3차 매수까지 하겠다고 하면 33만 원씩 사용할 수 있는 것이죠.

이를 본 사례에 적용하면 99만 원어치 매수했는데 현재 10만 원 정도 평가손인 상황이 된다는 말입니다. 자신의 성향에 따라 비중과 분할은 다양하게 조정할 수 있습니다.

그림16-4 ①은 3차 매수가 이며, 이를 통해 만들어진 평단가 120,500원에서 -10% 평가손인 라인입니다. 즉, 이 선에서 위로 올라가면 손실폭이 점점 줄어들어서 120,500원을 넘는 순간 수익으로 돌아서는 것이며, 아래로 내려가면 손실폭이 -10%에서 더 아래로 내려간다는 뜻입니다. 그리고 2월과 3월을 거쳐 평단가까지 올라오나 싶지만 돌파하지 못하고 다시 하락해서

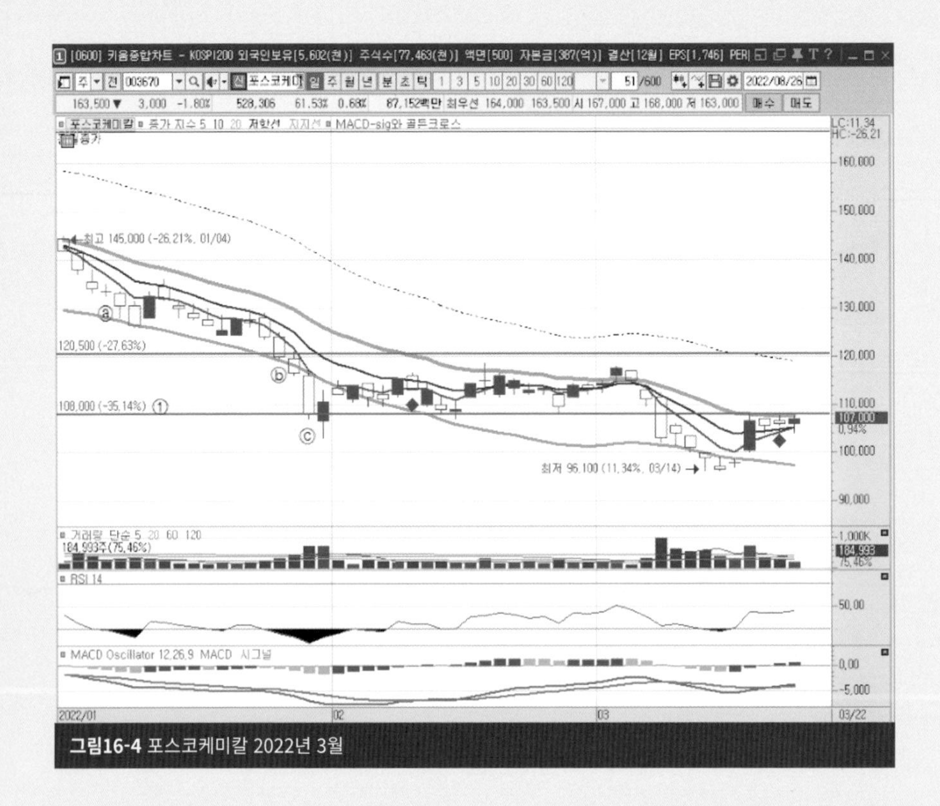

그림16-4 포스코케미칼 2022년 3월

-20% 정도까지 계좌에 찍히는 것을 보는 괴로운 시간도 있었을 것입니다.

그림16-5 1월 초 ⓐ에서부터 시작해서 분할 매수를 하면서도 좀처럼 상승하지 않아서 두 달 정도 마음을 썩이던 종목이 최저가인 ② 지점에서 시작해서 보름 만에 ⓓ와 같이 평단가를 회복해주고, ⓔ에서 RSI 과매수권으로 진입하면서 평단가 대비 15%의 수익 라인에 매매자를 데려다 놓습니다.

일정 비중은 익절해주는 것이 좋을 것입니다. 그리고 5-10일 이동평균선 정배열의 유지 및 MACD의 상향교차 유지를 지켜보면서 최종적으로는 20일 이동평균선을 깨는 ⓕ정도에서 모든 비중을 수익으로 청산합니다. 잔량의 최종수익률은 5% 정도입니다.

이해하기 쉽게 동일비중으로 매수가 대비 일정 퍼센트 하락 때마다 추가 매수하는 방법을 설명했지만, 추가 매수하는 하락 퍼센트를 10%가 아닌 15나 20%로 설정할 수도

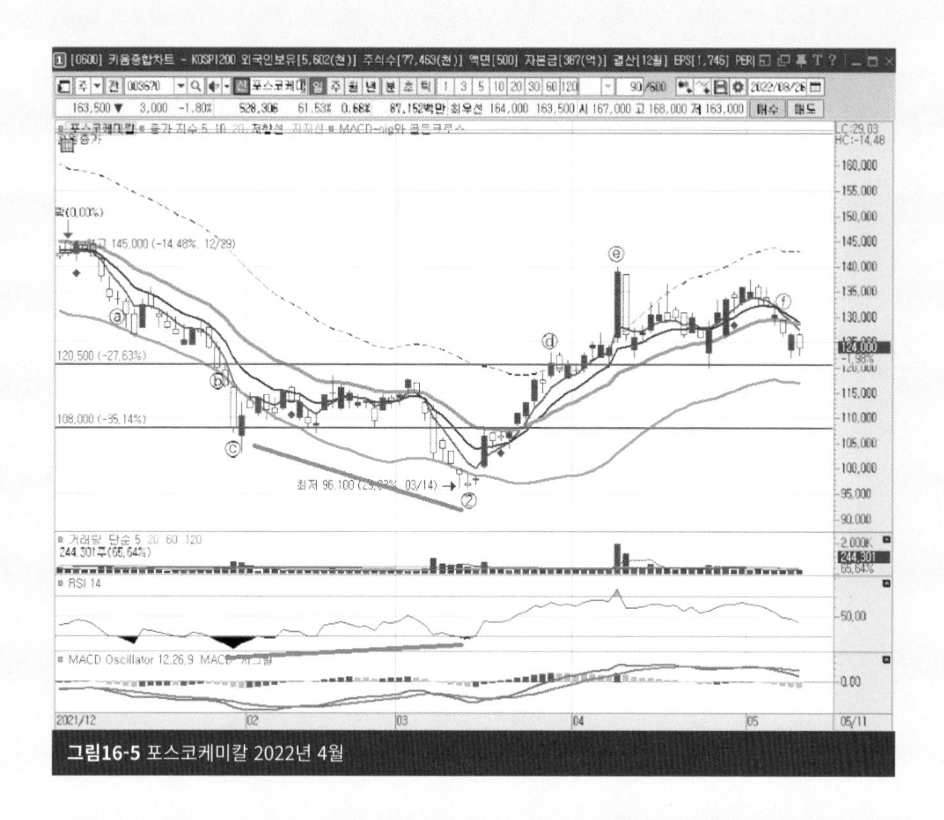

그림16-5 포스코케미칼 2022년 4월

있고, 추가 하락 시의 추가매수 비중을 달리하는 방식으로 하는 등 다양한 방식이 존재할 수 있습니다. 이는 많은 매매를 통해 자신의 심리와 타협해야 하는 부분입니다.

한편, 본 차트에서 ⓒ와 ②를 잇는 하늘색 선이 있습니다. 저가는 하락하는데, 그 밑의 RSI 과매도권은 깊이가 얕아지는 것을 볼 수 있습니다. 이런 현상을 '다이버전스'라고 하며, RSI 다이버전스는 저가매수에서는 '꿀과 같은 포인트'로 취급받고 있습니다. 너무 복잡해질 것 같아 관련해서 더 많은 설명은 드리지 않겠습니다만 관심 있으신 분들은 다이버전스에 대해 살펴보시는 것도 좋을 것 같습니다.

그림16-6 5월에 모두 현금화 한 돈으로 다시 6월달 저가 신호가 나오는 것을 보면서 매수합니다. 엔벨로프 -10% 하단선을 돌파하는 ⓐ에서 1차 매수, RSI 과매도권으로 진입하는 ⓑ나 탈출하는 ⓒ에서 2차 매수합니다. 엔벨로프를 안 보고 RSI로만 매수하

그림16-6 포스코케미칼 2022년 7월

는 매매자는 ⓑ나 ⓒ에서만 매매했을 것입니다.

지난번처럼 마음고생시키지 않고 계속 상승합니다. RSI 과매수권으로 들어가는 ⓓ에서 일부 익절할 수 있습니다. 27%의 수익 라인입니다. 한편 MACD 상승교차가 계속해서 이어지고 5-10일 이동평균선의 정배열이 계속 유지되고 있습니다. 익절 후 나머지 물량으로 최대한 홀딩할 수 있습니다. ⓔ와 같이 RSI 과매수권으로 다시 들어가는 지점에서 역시 일부 익절할 수 있을 것이며, 이동평균선 정배열이 계속 유지되는 동안은 특별히 매도할 이유를 찾기 어렵습니다. 8월 26일 현재 잔여 보유량이 약 60%의 수익 라인에 있게 됩니다.

현대바이오 (048410)

그림17-1 현대바이오 2022년

그림17-1

> **매수 근거**
> 엔벨로프 -10% 하단 매수

차트 전체를 통해 눈으로 확실히 확인할 수 있듯, 현대바이오는 엔벨로프 -10% 하단선을 기준으로 한 매매가 대단히 효율적으로 작동했습니다. 종목별로 저가신호를 알려주는 보조지표 중 특히 엔벨로프가 잘 먹히는 종목이 있습니다. 이는 차트를 열어서 긴 기간 동안의 특성을 보면 바로 느낌이 옵니다.

그림17-2 현대바이오 2022년 8월

물론 6월달 엔벨로프 하단에 걸렸을 때 매수한 물량이 추가하락을 통해 마음고생을 시키기도 했지만 이런 경우 또한 비중조절과 분할매수를 통해 수익으로 전환할 수 있음을 앞선 포스코케미칼에서 배웠습니다. 그리고 부록 원고를 작성하는 이때에도 본 종목은 좋은 수익을 선사해줬습니다.

그림17-2 2022년 8월 24일 ⓐ에서 엔벨로프 -10% 하단을 찍고 반등하는 양봉이 있어서 종가 27,450원에 매수했습니다. 그리고 매수 후 이틀 만에 엔벨로프 상단을 돌파한 다음 위꼬리를 단 장대양봉을 뽑아냈습니다. 21%의 수익 라인. 그저 행운입니다. 우리가 공부한 신호대로만 차근차근하면 행운도 찾아올 때가 있습니다.

삼아알미늄 (006110)

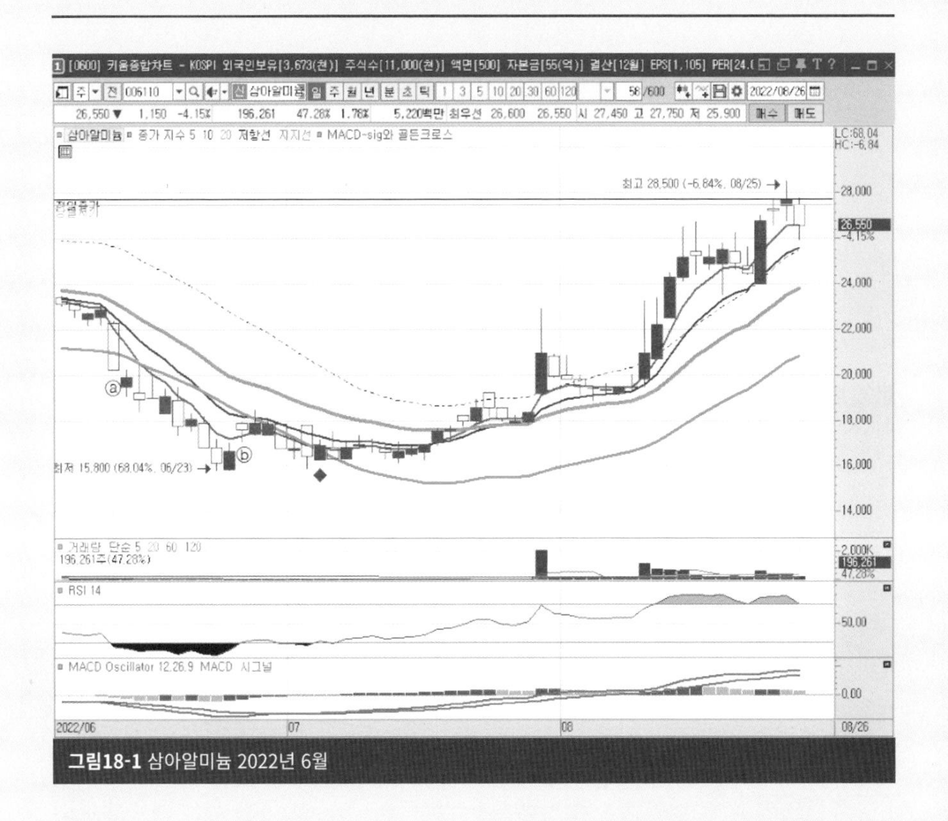

그림18-1 삼아알미늄 2022년 6월

그림18-1

매수 근거

ⓐ RSI 과매도권 진입 and 엔벨로프 -10% 하단 매수 (2022년 6월 13일)

ⓑ RSI 과매도권 탈출 매수 (2022년 6월 27일)

2022년 6월 13일 ⓐ에서 엔벨로프 -10% 하단을 깨고 내려가면서 RSI 과매도권으로 진입합니다. 이런 신호가 나오면 매수 기준점을 삼기 위해서라도 1차 매수를 합니다. 그다음 추가하락이 있으면 어떻게 대응할 것인지, 상승이 시작되면 어떤 방식으로 수익을 실현시켜갈 것인지를 대응해가면 됩니다.

ⓐ에서 매수 이후 아쉽게도 하락이 지속됩니다. 하락이 지속될 경우에는 매수가 대비 일정 % 하락했을 때 추가매수하는 방식으로 대응할 수 있습니다. 또는 하락이 지속하면서 RSI 과매도권이 유지되면 아예 과매도권을 탈출하는 가격에서 매수할 수도 있습니다. 이탈하는 시점인 ⓑ에서 종가로 추가 매수합니다.

ⓐ의 종가 20,250원이고 ⓑ의 종가는 17,600원입니다. 평단가는 18,925원으로 형성됩니다.

그림18-2 차트에서 보이는 수평선은 2차에 걸친 평단가입니다. ⓑ에서 추가 매수한 이후로도 빠른 반등이 일어나지 않아 계속 마음이 타는 시간이 있었을 텐데요, 7월 중순에 본전에 약간 모자란 종가로 끝나서 빨리 약간의 손절이라도 보고 나가고 싶으셨을 겁니다.

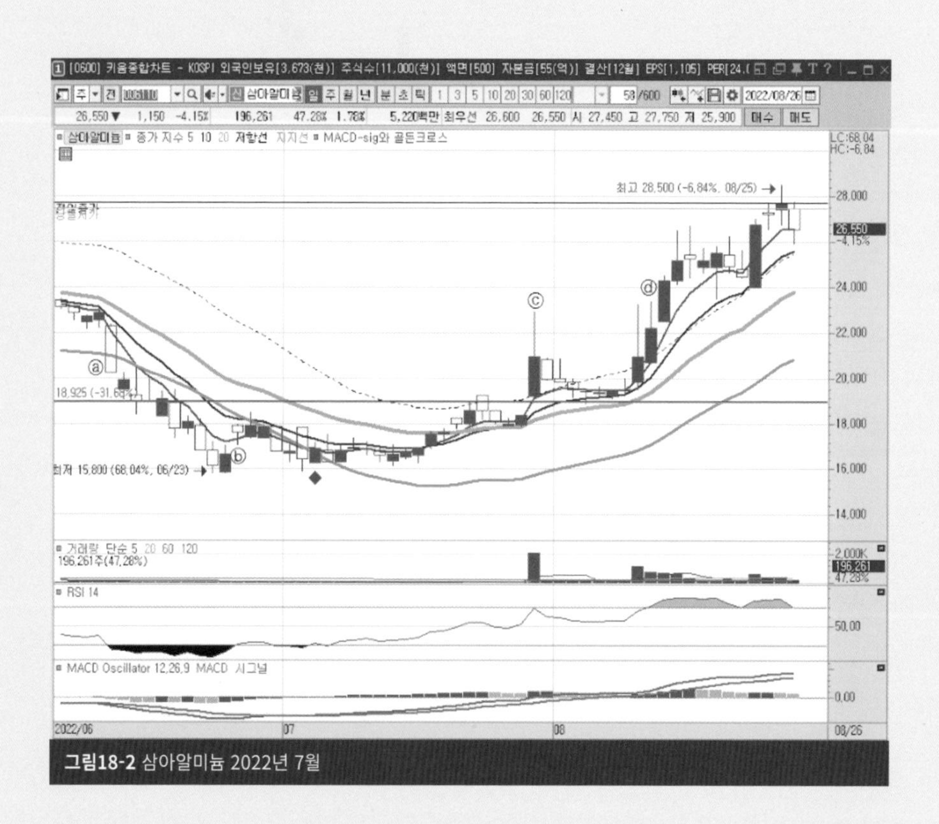

그림18-2 삼아알미늄 2022년 7월

그런데 이런 데서 마음이 흔들리면 버텨온 시간이 너무 아깝습니다. ⓑ에서 매수한 다음 추가하락이 크게 나오는 것이 아니라 저가가 유지되면서 이동평균선들의 방향이 바뀌는 것을 볼 수 있습니다. 그리고 7월 중순부터는 5-10일 이동평균선의 골든크로스가 나오면서 주가가 20일 이동평균선들을 넘어서는 것을 볼 수 있습니다. 즉, 뭔가 만들어진 상태입니다. 오히려 버텨야만 하는 시기입니다.

이동평균선과 함께 MACD도 상승교차를 유지하고 있습니다.

ⓒ에서는 익절할 수 있습니다. RSI 과매수권에 진입했기 때문입니다. 9.5% 정도의 수익 라인입니다. ⓓ도 마찬가지 라인입니다. RSI를 기준으로 매수했으니 RSI 과매수권에 들어가면 어느 정도는 덜어주는 것이 맞습니다.

하지만 ⓒ와 ⓓ로 진행하면서 5-10일 이동평균선이 간격을 벌리면서 정배열 유지를 더 강하게 만들어가고 있기 때문에 익절과 홀딩의 의사결정을 적절히 할 수 있습니다. 익절 후 남은 잔여 물량은 8월 26일 현재 39% 정도의 수익 라인에 놓여있습니다.

테슬라 (TSLA)

그림19 테슬라 2022년 1월

그림19 저가매수의 기술이 해외주식에도 같이 적용되느냐는 질문을 종종 받습니다만, 그때마다 '네, 물론입니다'라고 대답합니다. 오히려 더 거래량이 많아서 방향성이 분명히 잡히기 때문에 해외주식을 하는 분들이라면 더 저가매수의 기술에 관심을 가지셔야 하지 않을까 생각합니다.

많은 투자자들이 테슬라에 대해 관심을 갖고 있습니다. 워낙 노이즈를 많이 발생시키는 CEO 덕에 항상 뭔가가 요란하다라는 느낌을 받게 되지만, 그와 관계없이 시장에서는 매매자들의 가격과 차트로 매수 타점을 알려주고 있습니다.

테슬라를 비롯한 미국 주식은 꾸준한 우상향을 한다는 대전제 (국내 주식보다는 확실히 그렇고요)를 갖고 계셔서 주식 수를 늘리는 것이 목표라고들 하시는데, 저가에 살수록 더 도움이 되겠죠?

차트를 보시면 ⓐ,ⓑ,ⓒ,ⓓ는 RSI 과매도권으로 떨어진 지점이라는 것을 알 수 있습니다. 테슬라 같은 주식은 RSI 과매도권인 30선 아래로 들어가면서 굴을 파는 경우를 거의 찾아볼 수 없습니다. 위에서 매수하지 마시고, 항상 저가가 확인될 때 매수하시면 좋을 것 같습니다.

TQQQ

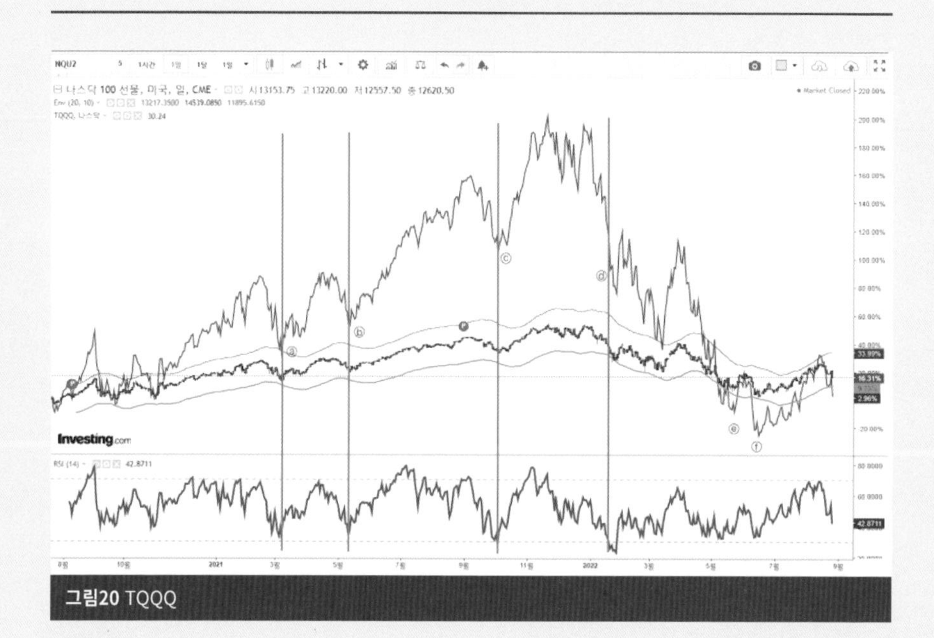

그림20 TQQQ

그림20 위험하다고 소문난 레버리지 ETF인 TQQQ입니다. 나스닥 지수의 등락 폭의 3배가 적용됩니다. 대세 상승장에서는 정말 짜릿할 정도의 수익을 주지만 잘못 사서 하락추세를 맞게 되면 돈이 다 녹아나죠.

하지만 결국 주가는 저가와 고가를 왔다 갔다 한다고 하면, 이 EFT가 추종하는 나스닥 역시 저가권과 고가권을 왔다 갔다 할 것이고, 미국 주식에 투자하는 이유가 미국 주가는 장기적으로는 상승하기 때문에 꾸준히 물량을 늘리고 싶은 것이라고 하면 저가권에서 사서 모으면 됩니다.

위의 차트는 나스닥 선물 차트(봉차트)와 TQQQ차트(보라색 선 차트)를 같이 묶어놓은 것입니다. 나스닥 선물의 RSI가 차트 아래에 보입니다. 하늘색 수직선이 바로 나스닥 선물의 RSI가 과매도권으로 들어갔을 때입니다.

ⓐ, ⓑ, ⓒ에서는 RSI를 기준으로 매수매도를 했을 경우 시장은 각각 40%, 50%+알파. 40%+알파의 수익을 올릴 수 있도록 해줬습니다. 2021년은 대세 상승이라 누구나 수익을 낼 수 있었다는 말을 들을 정도였지만, 그러는 가운데에서도 지수가 보조지표상 과매도권까지 떨어지는 때가 있다는 사실이 주목할만한 부분입니다.

ⓓ는 매수 후 하락이 있었지만, 본전 이상을 실현해주는 기회가 있었습니다. ⓔ와 ⓕ는 RSI 과매도권으로 떨어진 상황은 아니니 매수자의 성향에 따라서 판단할 수 있을 것입니다.

MEMO

MEMO